공무원 영어 시험대비

박문각
공무원

기본서

합격까지 함께
영어 만점 기본서

New 출제 기조 전환 완벽 반영

문법 기본 개념, 독해의 유형별 해법 제시

실전문제 + 기출문제 / 부록 - 구문독해

김세현 편저

김세현

영어 All In One

영상강의 www.pmg.co.kr

박문각

이 책의 머리말

공무원 시험을 준비하는 공시생들에게 영어는 가장 좋은 과목입니다.

지금까지 공시생들의 대다수는 영어 때문에 불합격했고 영어 때문에 괴로워하고 영어 때문에 시험을 그만 둘까?라는 생각을 끊임없이 해 왔습니다. 하지만 지금부터는 다릅니다. 인사혁신처의 9급 공무원시험 영어 과목의 출제기조 전환 발표 이후 영어가 쉬워졌습니다. 이는 조금만 영어에 관심을 갖고 최소한의 시간을 들이면 영어가 합격을 위한 가장 좋은 과목이 될 수 있다는 것을 의미합니다. 영어 때문에 고민했던 모든 수험생 여러분 한 번 도전해 보세요. 틀림없이 영어가 가장 효자과목이 될 겁니다.

쉬운 영어에 대한 가장 경제적이고 효율적인 방향성을 제시합니다.

김세현 영어는 가장 효율적이고 경제적인 방향을 제시하려 합니다. 여기에서 효율적이고 경제적이라 함은 단기간의 시간 투자로 합격할 수 있는 방향성과 거기에 맞는 학습 과정(curriculum)의 구성을 의미합니다. 공무원 시험에 합격하기 위한 영어 공부는 영어를 학문적으로 연구하며 공부하는 것이 아니라 오직 합격만을 위해 존재해야 한다고 생각합니다. 따라서 김세현 영어는 시험에 꼭 나올 것만을 다루고 문제를 풀 수 있는 방법론에 초점을 맞춘 교재입니다.

공무원 합격을 위한 영어 공부에 대한 해결책을 만들었습니다.

무엇보다도 중요한 것은 기본에 충실하셔야 합니다. 기본 어휘, 기본 문법, 그리고 기본 독해로 먼저 출발하고 그다음 심화 과정 그리고 고급 과정으로 진행한다면 여러분들은 반드시 합격하실 수 있습니다. 김세현 영어의 가장 큰 특징이 바로 체계성입니다. 즉, 기본 이론을 익히고 그 이론에 따른 문제풀이를 단계별(기본 문제풀이 → 심화 문제풀이 → 기출 문제풀이)로 학습할 수 있게 구성함으로써 공무원 영어에 대한 가장 확실한 해결책을 마련했습니다.

수험생 여러분께 경의를 표합니다.

끊임없는 치열한 경쟁 속에서 오직 하나의 목표를 위해 지금 이 책을 마주하고 있는 여러분의 궁극적 목표는 이번 공무원 시험에서의 합격일 것입니다. 그 합격을 위해 작은 마음을 보태고자 합니다. 모두 다 합격할 수는 없습니다. 단, 스스로를 잘 관리한다면 그리고 최선을 다한다면 그 합격의 영광은 여러분들에게 반드시 돌아올 것입니다. 힘내시고 김세현 영어와 함께합시다. 합격의 영광을 곧 맞이하게 될 여러분께 경의를 표합니다.

모든 분들께 감사드립니다.

이 교재가 나오기까지 많은 힘을 실어 주신 박용 회장님께 깊은 감사를 드립니다. 또한 우리 연구실 직원들에게도 고마움을 표합니다. 마지막으로 주말을 반납하면서 애써주신 박문각 출판팀의 노고에 깊은 감사 말씀을 전합니다.

2024년 6월
수험생 여러분의 건승을 기원하며 노량진 연구실에서

구성과 특징

문법

❶ 기본 개념 제시

새로운 시험체계에 대비하여 너무 구석에 치우치거나 예외적인 문법 설명을 모두 지우고 기본 개념에 충실한 각 문법 내용들을 쉽고 명쾌하게 이해할 수 있도록 구성하였다.

❷ Tip 활용

각 문법 개념 설명 중에서도 중요하지만 놓치기 쉬운 문법 포인트를 Tip을 이용해서 다시 한번 정리할 수 있게 하였다.

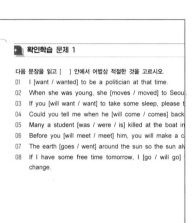

확인학습 문제 1

다음 문장을 읽고 [ ] 안에서 어법상 적절한 것을 고르시오.

01 I [want / wanted] to be a politician at that time.
02 When she was young, she [moves / moved] to Seoul.
03 If you [will want / want] to take some sleep, please t
04 Could you tell me when he [will come / comes] back
05 Many a student [was / were / is] killed at the boat in
06 Before you [will meet / meet] him, you will make a c
07 The earth [goes / went] around the sun so the sun al
08 If I have some free time tomorrow, I [go / will go] change.

실 전 · 문 제
▶정답 및 해설

01 밑줄 친 부분에 들어갈 말로 가장 적절한 것을 고르시오.

A friend of mine didn't figure out the formula and _____ my siste

① nor did
② neither was
③ so was
④ neither did

09 우리말을 영어로 잘못 옮긴 것을 고르시오.
2023. 지방직 9급

① 식사를 마치자마자 나는 다시 배고프기 시작했다.
→ No sooner I have finishing the meal than I started feeling hungry again.
② 그녀는 조만간 요금을 내야만 할 것이다.
→ She will have to pay the bill sooner or later.
③ 독서와 정신의 관계는 운동과 신체의 관계와 같다.
→ Reading is to the mind what exercise is to the body.
④ 그는 내향에서 의학을 공부하였으나 결국 회계 회사에서 일하게 되었다.

③ 기본개념을 바로 적용할 수 있는 다양한 문제풀이

기본개념을 바로 적용할 수 있도록 확인학습 문제를 제시하고 이를 통해 한 단계 더 발전할 수 있도록 다양한 형태의 실전문제를 구성하였다. 또한 실전문제에는 새로운 시험에 가장 근접한 기출문제를 엄선하여 수록해서 또 한 번 기본개념을 정리할 수 있게 하였다

01 Teenagers have played a video game phones in class without any permission.

해석 10대들은 허락 없이 교실에서 게임을 해 왔다.
어휘 permission 허락 (permit 허락하다)

02 She has often been making her own clothes.

해석 그녀는 종종 자신의 옷을 만들어 입어 왔다.
어휘 clothes 옷 *cloth 옷감, 천 *clothing 의류

03 Traveling many countries may have cost a lot of money.

해석 많은 나라들을 여행하는 것은 많은 돈을 썼다.
어휘 cost-cost-cost 비용이 들다 a lot of 많은

04 To watch a baseball game cannot be allowed in his life.

해석 야구 경기를 보는 것은 그의 삶에서 허락될 수 없다.
어휘 allow 허락하다

05 That I have much money than he can make me comfortable.

해석 내가 그보다 더 많은 돈을 갖고 있다는 것이 내게는 위안이 될 수 있다.
어휘 comfortable 편안한, 위로하는

06 Whether it was an accident or intention will never be known.

해석 그것이 우연인지 의도분인지 아도분인지는 결코 알려지지 않을 것이다.
어휘 accident 사고, 우연 intention 의도

07 What I'd like to explain to you relies on your will in itself.

해석 내가 당신에게 설명하고 싶은 것은 본질적으로 당신의 의지에 달려 있다.
어휘 would like to ⓥ ⓥ하고 싶다 explain 설명하다 rely on ~에 달려 있다, ~에 의지(의존)하다 in itself 본질적으로

02 다음 밑줄 친 부분 중 어법상 적절하지 않은 것은?

Of the younger people in some countries, the custom of
magazines ① has been on the decline and three quarters
spent on newspaper advertising ② have absolutely migr
course, most of this decrease in newspaper reading ③ h
that we are doing more of our newspaper reading online
worked in my company ④ was a number of employees

해설 ④ 문두에 only + 시간개념(when I worked ~)이 있으므로 주
어가 a number of이므로 복수동사로 받아야 한다. 따라서 w
① 주어가 custom(단수)이므로 단수동사 has는 어법상 적절
② 주어가 부분 주어(three quarters)이므로 다음 명사 do
한다. 따라서 복수동사 have의 사용은 어법상 옳다.
③ 주어가 부분 주어(most)이므로 of 다음 명사 decrease(단
따라서 단수동사 has는 어법상 적절하다.

해석 몇몇 나라에서 젊은 사람들 가운데 신문과 잡지를 읽는 관습이
에 쓰였던 돈의 3/4이 인터넷으로 전적으로 이동하고 있다.
대부분은 우리가 온라인상에서 신문을 더 많이 읽는다는 사실
내가 회사에 있을 때 많은 피고용인들은 신문을 읽고 있었다

④ 자세한 해설

강의를 듣지 않고 교재로만 공부를 해도 될 만큼 자세한 해설을 담았다. 또한 실전문제는 문제를 한 번 더 수록해서 복습의 효과를 극대화하였다.

구성과 특징

독해

1 유형별 풀이 해법 제시

공무원 독해 시험을 유형으로 분류해서 각 유형별 풀이 해법을 제시하였다. 또한 그 풀이 해법을 예제 문제의 분석을 통해 완벽하게 이해할 수 있게 하였다. 물론 새로운 시험체계에 대비하여 다양한 신유형 독해문제도 추가시켰다.

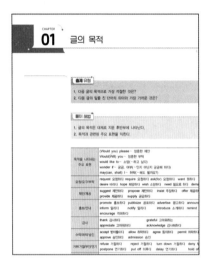

2 실전문제 + 기출문제

유형별 풀이 해법을 실전문제를 통해 다시 한번 점검할 수 있게 하였다. 특히, 올바른 독해법을 토대로 글을 정확하고 빠르게 이해할 수 있도록 그 방법을 제시함으로써 수험생 여러분들의 독해에 관한 고민을 상당 부분 해결할 수 있게 하였다. 또한 각 유형별 독해 문제에 최적화된 최신 기출문제를 엄선하여 수록하였다.

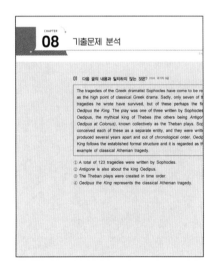

꼼꼼 독해

01 Even worse than reaching a conclusion with just a little evidence is the [...] of reaching a conclusion without any evidence at all. Sometimes p[...] mistake a separate event for a cause-and-effect relationship.

[해석] 단지 약간의 증거만을 가지고 결론에 도달하는 것보다 훨씬 더 나쁜 것은 전혀 어떤 증거도 없[...]에 이르는 오류이다. 때때로 사람들은 분리된 사건들을 인과 관계로 오해한다.

02 They see that "A" happened before "B", so they mistakenly assume th[...] caused "B". This is an error known in logic as a post hoc fallacy.

[해석] 그들은 A가 B보다 먼저 일어난 것을 보고, A가 B의 원인이라는 잘못된 추정을 한다. 이것은 [...]서 인과관계의 오류라고 알려진 오류이다.

03 For example, suppose you see a man in a black jacket hurry into a bank[...] notice he is nervously carrying his briefcase, and a few moments late[...] hear a siren.

[해석] 예를 들어, 당신은 검은 옷을 입은 사람이 은행으로 급히 들어가는 것을 본다고 추정해 보자[...] 그가 그의 가방을 초조하게 가지고 가는 것을 주시하고, 몇 분 있다가 사이렌 소리를 듣는다[...]

04 You therefore leap to the conclusion that the man in the black jacke[...] robbed the bank. However, such a leap tends to land far from the truth [...] matter.

[해석] 따라서 당신은 그 불길한 검은 옷을 입은 사람이 은행에서 강도질을 했다고 속단한다. 그러나 [...] 비약은 그 문제의 진실과 거리가 먼 경향이 있다.

꼼꼼 독해

01 People from more individualistic cultural environment tend to be mot[...] maintain self-focused agency or control as these play a role as the [...] one's self-worth.

[해석] 더 개인주의적인 문화 환경의 출신자들은 자신에게 초점을 맞춘 주체성이나 통제력을 유지[...]를 가지는 경향이 있는데 이는 이러한 것들이 자긍심의 토대 역할을 하기 때문이다.

02 With this form of agency comes the belief that individual successes[...] primarily on one's own abilities and actions, and thus, whether by inf[...] the environment or trying to accept one's circumstances, the use o[...] ultimately centers on the individual.

[해석] 이러한 형태의 주체성의 결과로 개인의 성공이 주로 자신의 능력과 행동에 달려 있다는 믿[...] 따라서 환경에 영향을 미치거나, 자신의 상황을 받아들이려고 노력함에 의해서든, 통제력[...] 국적으로 개인에게 집중된다.

03 The independent self may be more driven to cope by appealing to [...] of agency or control.

[해석] 독립적 자아는 주체 의식이나 통제 의식에 호소함으로써 대처하도록 더 많이 유도될 수도[...]

04 However, people from more interdependent cultural contexts tend to [...] focused on issues of individual success and agency and more m[...] towards group goals and harmony.

[해석] 하지만 더 상호의존적인 문화 환경의 출신자들은 개인의 성공과 주체성의 문제에 덜 집중[...] 목표와 화합 쪽으로 더 많은 동기부여가 되는 경향이 있다.

---

3 꼼꼼 독해

꼼꼼 독해를 각 실전문제에 수록하여 좀 더 정확한 독해법을 구현할 수 있게 하였다. 특히 독해에 필요한 어휘들을 정리함으로써 쉽게 글을 이해하는 데 상당 부분 도움이 될 수 있게 하였다.

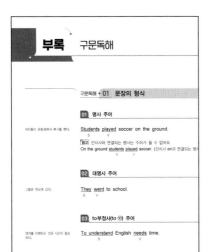

부록 구문독해

구문독해 ◆ 01 문장의 형식

01 명사 주어

마이콘이 운동장에서 축구를 했다.

Students played soccer on the ground.
　　S　　　V

[참고] 전치사와 연결되는 명사는 주어가 될 수 없어요.
On the ground students played soccer. (전치사 on과 연결되는 명사[...]
　　　　　　　　S　　　V

02 대명사 주어

그들은 학교에 갔다.

They went to school.
　S　　V

03 to부정사(to ⓥ) 주어

영어를 이해하는 것은 시간이 필요하다.

To understand English needs time.
　　　S　　　　　V

Two Tips to부정사나 동명사와 연결되는 의미상 목적어 / 보어 또는 전치사구 / 부사(구)를 하나로 묶[...]

to부정사나 동명사는 준동사이기 때문에 위에 의미상 목적어 또는 의미상 보어가 위치할 수 있어[...] 물론 전치사구나 부사(구)도 될 수 있구요. 따라서 준동사 위에 이어지는 딸린 어구를 준동사와 연결[...] 켜 글을 읽으면 의미단위가 자연스럽게 만들어 집니다.

05 명사절 주어

연결사 + S1 + V1 + … / 동사
　　　　S　　　V　　　　　V

① That I have much money / makes him angry.
　　　　　　S　　　　　　　　V

② What I want now / is to look at him.
　　　　S　　　　　V

③ Whether he believes it or not / is not important.
　　　　　S　　　　　　　　V

④ Why the building was made / is a mystery.
　　　　　S　　　　　　V

⑤ When he leaves the company / depends on her.
　　　　　S　　　　　　　V

[참고] to부정사 주어나 명사절 주어는 '가주어 진주어' 구문으로 사용 가능합니다.
• To understand English needs time.(영어를 이해하는 것은 시간이 필요하다.)
　→ It needs time to understand English.
• That I have much money makes him angry.(내가 많은 돈을 갖고 있는 것이 그를 화나게 한다.)
　→ It makes him angry that I have much money.
• Why the building was made is a mystery.(그 건물이 왜 만들어졌는지는 미스터리하다.)

---

4 부록 - 구문독해

영어 노베이스 학생들을 위하여 구문독해 부록을 구성하였다. 강의를 듣지 않아도 자세한 내용설명을 통해 혼자 영어독해를 할 수 있는 토대를 마련하였다.

이 책의 **차례**

I

김세현 영어 ✦
All In One

문법

합격까지 **박문각**

김세현 영어

All In One

합격까지 박문각

PART

01

동사

Unit ✦ 01 주어와 동사의 기본개념

01 주어와 동사

주어는 일반적으로 동사 앞에 위치하며, 어떤 동작이나 상태를 나타내는 '누구' 또는 '무엇'을 의미하며 우리말로는 '은, 는, 이, 가'로 해석하고 동사란 주어의 동작이나 상태를 나타내며 주로 주어 다음에 위치하며 우리말로는 '이다, 하다, 되다, 지다'로 해석한다.

① 학생들은 학교 구내식당에서 점심식사를 한다.
cafeteria 식당

① Students have lunch at the school cafeteria.

② 그는 그의 누나에게 「해리포터」를 사주었다.
buy(−bought−bought) 사다

② He bought a *Harry Potter* for his sister.

③ 실제의 동물을 TV로 보는 것은 정말 흥미롭다.

③ To watch real animals on TV is really exciting.

④ 이 책을 읽는 것이 당신이 영어를 배우는 데 도움을 줄 것이다.

④ Reading this book helps you to learn English.

⑤ 내가 더 많은 친구를 갖고 있는 것이 그녀를 질투하게 만든다.
jealous 질투하는
*jealousy 질투

⑤ That I have more friends makes her jealous.

⑥ 그가 이 회사를 떠날 것을 언제 결심했는지는 중요하지 않다.
decide 결정[결심]하다
leave 떠나다; 남겨 두다

⑥ When he decided to leave this company is not important.

One Tip 주어가 될 수 있는 5가지 항목

문두(문장 처음 또는 접속사 다음)에 명사, 대명사, to부정사, 동명사, 명사절(의문사절)이 주어가 된다. 단, 전치사와 연결되는 명사는 주어가 될 수 없다.

02 동사를 하나로 묶어라

동사는 단순하게 한 단어로만 만들어지는 것이 아니라 시제나 태에 따라서 또는 조동사와 결합해서 여러 개의 단어로 구성될 수 있다.

① Eating a balanced diet will help you stay healthy.

② Teenagers have used cellular phones in class.

③ My friend is quickly writing her report.

④ The novel was never written by easy English.

⑤ I cannot wait for you any more.

⑥ I have always been teaching English for the past two years.

① 균형 잡힌 식사를 하는 것이 당신을 건강하게 하는 데 도움이 될 것이다.
diet 식사; 식이요법
② 10대들은 수업 시간에 휴대전화를 사용해 왔다.

③ 나의 친구는 빠르게 보고서를 쓰는 중이다.

④ 그 소설은 결코 쉬운 영어로 쓰여지지 않았다.
novel 소설; 새로운(= new)

⑤ 나는 더 이상 너를 기다릴 수 없다.
not ~ any more 더 이상 ~ 않다

⑥ 나는 지난 2년 동안 항상 영어를 가르치고 있다.
past 과거; 지나간, 지난

One Tip 동사를 하나로 묶어라(verb group)

[조동사 + 본동사], [have + p.p.], [be + -ing], [be + p.p.], [구동사]는 하나의 동사로 간주한다.

✦ 📖 확인학습 문제

다음 문장을 읽고 주어와 동사를 찾아서 표시하시오.

01 Teenagers have played a video game without any permission.

02 She has often been making her own clothes.

03 Traveling many countries may have cost a lot of money.

04 To watch a baseball game cannot be allowed in his life.

05 That I have more money than he can make me comfortable.

06 Whether it was an accident or intention will never be known.

07 What I'd like to explain to you relies on your will in itself.

---

01 <u>Teenagers</u> <u>have played</u> a video game phones in class without any permission.
      S   V

해석 10대들은 허락 없이 비디오 게임을 해 왔다.
어휘 permission 허락 (permit 허락하다)

02 <u>She</u> <u>has often been making</u> her own clothes.
   S   V

해석 그녀는 종종 자신의 옷을 만들어 입어 왔다.
어휘 clothes 옷 *cloth 옷감, 천 *clothing 의류

03 <u>Traveling</u> many countries <u>may have cost</u> a lot of money.
   S   V

해석 많은 나라들을 여행하는 것은 많은 돈이 들 수 있다.
어휘 cost-cost-cost 비용이 들다 a lot of 많은

04 <u>To watch</u> a baseball game <u>cannot be allowed</u> in his life.
   S   V

해석 야구 경기를 보는 것은 그의 삶에서 허락될 수 없었다.
어휘 allow 허락하다

05 <u>That I have much money than he</u> <u>can make</u> me comfortable.
            S   V

해석 내가 그보다 더 많은 돈을 갖고 있다는 것이 내게는 위안이 될 수 있다.
어휘 comfortable 편안한, 위로하는

06 <u>Whether it was an accident or intention</u> <u>will never be known</u>.
               S   V

해석 그것이 우연인지 의도했던 것인지는 결코 알려지지 않을 것이다.
어휘 accident 사고; 우연 intention 의도

07 <u>What I'd like to explain to you</u> <u>relies on</u> your will in itself.
            S   V

해석 내가 당신에게 설명하고 싶은 것은 본질적으로 당신의 의지에 달려 있다.
어휘 would like to ⓥ ⓥ하고 싶다 explain 설명하다 rely on ~에 달려 있다; ~에 의지[의존]하다 will 의지
     in itself 본질적으로

Unit ✦ 02 동사의 수 일치

01 주어 동사 찾기

동사의 수 일치는 주어의 형태에 따라 정해진다. 즉 주어가 단수(N)이면 동사는 단수동사(Vs/es)로, 주어가 복수(Ns/es)이면 복수동사(V)로 받는다. 주어가 to부정사, 동명사 그리고 명사절일 때에는 동사는 단수로 받는다.

① One of the most important things is concentration.

② To be kind is not always good to her and her brother.

③ Watching these movies reminds me of my childhood.

④ What learned about the problems was beneficial to me.

① 가장 중요한 것들 중 하나는 집중이다.
concentration 집중

② 친절한 것이 항상 그녀나 그녀의 오빠에게 좋지만은 않다.
kind 친절한

③ 이런 영화들을 보는 것은 나의 어린 시절을 떠올리게 한다.
remind A of B A로 하여금 B를 떠올리게 하다(상기시키다)
childhood 어린 시절

④ 그 문제점에 대해서 배웠던 것이 내게는 유익했다.
beneficial 유익한, 이로운

동사의 수 일치 문법포인트
1. 주어 찾기
2. N → Vs/es / Ns/es → V
3. 도치 구문
4. 수 일치 주의사항

One Tip 단수동사, 복수동사

동사 단·복수	be동사		have	do	일반동사	조동사	과거동사
주어가 단수	is	was	has	does	ⓥs/es	조동사	과거동사
주어가 복수	are	were	have	do	동사원형	조동사	과거동사

✦ 확인학습 문제

다음 문장을 읽고 [   ] 안에 어법상 적절한 것을 고르시오.

01 The average life of a street tree surrounded by concrete and asphalt [is / are] seven to fifteen years.

02 To solve many problems [is / are] no big deal in this situation.

03 Leading your children in the right directions [depends / depend] on your efforts.

04 What the president pledged to do in his election campaigns [turns / turn] out to go after them in earnest.

05 Citizens opposed to building the house [was / were] demonstrating.

06 When he decided to leave this company [is / are] none of your business.

07 Whether I should enroll in business school or find a job [is / are] not easy to decide.

---

01 **해설** The average life가 문장의 주어이다. 따라서 단수동사인 is가 정답이다.
   해석 콘크리트나 아스팔트에 둘러싸여진 가로수의 평균 수명은 7년에서 15년 정도이다.
   어휘 average 평균   street(= roadside) tree 가로수   concrete 콘크리트; 확실한

02 **해설** to부정사(To solve)가 문장의 주어이다. 따라서 단수동사 is가 정답이다.
   해석 많은 문제를 해결하는 것이 이 상황에서는 별일이 아니다.
   어휘 deal 거래 (no big deal 별일 아니다)

03 **해설** 동명사(Leading) 주어는 단수 취급한다. 따라서 depends가 정답이다.
   해석 너의 자녀들을 올바른 길로 인도하는 것은 너의 노력에 달려 있다.
   어휘 lead 이끌다, 인도하다   depend on ~에 달려 있다; ~에 의존하다   effort 노력

04 **해설** 명사절 주어(What ~ campaigns)는 단수로 취급한다. 따라서 turns가 정답이다.
   해석 대통령이 그의 선거 운동에서 맹세했던 것은 진심으로 그것들을 추구하는 것으로 판명된다.
   어휘 pledge 맹세하다, 서약하다   election 선거   campaign 선거 운동; 캠페인   turn out to ⓥ ⓥ라고 판명되다
        go after 추구하다   in earnest 진심으로

05 **해설** Citizens가 문장의 주어이다. 따라서 복수동사인 were가 정답이다.
   해석 그 집을 짓는 데 반대하는 시민들이 시위 중이었다.
   어휘 opposed to ~에 반대하는   demonstrate 시위하다, 데모하다

06 **해설** 의문사절(When ~ company)은 명사절로 단수 취급한다. 따라서 is가 정답이다.
   해석 언제 그가 이 회사를 떠나는 것을 결정했는지는 당신이 상관할 바가 아니다.
   어휘 leave ~을 떠나다; 남겨 두다

07 **해설** 의문사절(Whether ~ a job)은 명사절로 단수 취급한다. 따라서 is가 정답이다.
   해석 내가 경영 대학원에 입학할지 직업을 구할지 결정하기가 쉽지 않다.
   어휘 enroll 입학하다, 등록하다   business school 경영 대학원   decide 결정하다

02 주어 동사 도치

1 시간 · 장소 · 위치를 나타내는 전치사구나 부사구 + V + S

- A nice house stood <u>on the hill in front of them</u>.
  → On the hill in front of them stood a nice house.

> • 그들 앞에 있는 언덕 위에는 멋진 집이 (서) 있었다.

2 부정어구 + V + S

- I had <u>little</u> dreamed that he would come home on time.
  → Little had I dreamed that he would come home on time.

≫ 부정어구

> never, little, seldom, hardly, scarcely, rarely, barely,
> not until, not only, no longer, no sooner

> • 나는 그가 제시간에 집에 올 것이라고는 전혀 꿈도 꾸지 않았다.

3 so + V + S

① A: I am a student.　② A: I can swim.　③ A: I like an apple.
　 B: So am I.　　　　 B: So can I.　　　 B: So do I.

> ① A : 나 학생이야.
> 　 B : 나도.
> ② A : 나 수영할 수 있어.
> 　 B : 나도.
> ③ A : 나 사과 좋아해.
> 　 B : 나도.

4 neither/nor + V + S

- I hadn't been to New York before and <u>neither had Jane</u>.

> • 나는 전에 뉴욕에 가 본 적이 없고 Jane도 가 본 적이 없다.

5 There/Here + V + S

- Many students are in the class <u>there/here</u>.
  → There/Here are many students in the class.

  참고 He is there/here.
  → There/Here is he. (×)
  → There/Here he is. (○)

> • 많은 학생들이 거기에서/여기에서 수업 중에 있다.
> 참고 그가 저기에/여기에 있다.

6 Only + 딸린 어구(시간, 장소) + V + S

- He came to know the seriousness <u>only then</u>.
  → Only then did he come to know the seriousness.

> • 그는 그때서야 상황의 심각성을 알게 되었다.
> come to ⓥ ⓥ하게 되다
> seriousness 심각성

7 형용사(분사) 보어 + V + S / So + 형용사(부사) + V + S

- She looked <u>so beautiful</u> that everyone watched her for a long time.
  → So beautiful did she look that everyone watched her for a long time.

> • 그녀는 너무 예뻐서 모든 사람들이 오랫동안 그녀를 보았다.

One Tip 도치 구문 만드는 방법

❶ S + 1형식 동사 / be동사 → 1형식 동사 / be동사 + S
- The children are on the stage. 아이들이 무대 위에 있다.
  → On the stage are the children.

❷ S + 조동사(have / be) + 본동사(p.p. / ⓥ-ing) → 조동사(have / be) + S + 본동사(p.p. / ⓥ-ing)
- He will not only be late, but he'll drink. 그는 늦을 뿐만 아니라 술도 마실 것이다.
  → Not only will he be late, but he'll drink.

- I have never seen her before. 나는 전에 그녀를 결코 본 적이 없다.
  → Never have I seen her before.

❸ S + 일반동사 → do + S + 동사원형
- He realized the truth only yesterday. 그는 어제서야 그 사실을 알았다.
  → Only yesterday did he realize the truth.

✦ 확인학습 문제

다음 문장을 읽고 [ ] 안에서 어법상 적절한 것을 고르시오.

01 Around the corner on the street [a new face came / came a new face].

02 Only when I was young [did I know / I knew / knew I] the secret.

03 I did not recognize her name and [nor / neither] [John did / did John].

04 Rarely [the fact embarrassed / did the fact embarrass] me when I heard of the news.

05 Among the members in UN [exist negative views / negative views exist].

06 So dangerous [the weather conditions were / were the weather conditions] that all airport shut down.

---

01 **해설** 문두에 장소의 전치사구로 시작하고 뒤에 오는 동사(came)가 1형식 동사이므로 주어와 동사를 도치시켜야 한다. 따라서 정답은 came a new face가 된다.
해석 그 거리의 모퉁이에서 새로운 얼굴이 나타났다.

02 **해설** only 다음 시간 부사절이 있으므로 뒤에 오는 주어와 동사를 도치시켜야 하고 동사 know가 일반동사이므로 do가 필요하다. 따라서 정답은 did I know가 된다.
해석 단지 어렸을 때 나는 그 비밀을 알았었다.

03 **해설** and 다음 nor는 함께 사용할 수 없으므로 neither가 정답이 되고 neither 뒤에 오는 주어와 동사가 도치되어야 하므로 did John이 정답이 된다.
해석 나는 그녀의 이름을 알지 못했고 John도 또한 알지 못했다.
어휘 recognize 인식하다, 알아차리다

04 **해설** 부정어 rarely가 문두에 있으므로 뒤에 오는 주어와 동사를 도치시켜야 한다. 따라서 did the fact embarrass가 정답이 된다.
해석 내가 그 소식을 들었을 때 나는 좀처럼 당황하지 않았다.
어휘 embarrass 당황하게 하다

05 **해설** 문두에 장소의 전치사구로 시작하고 뒤에 오는 동사(exist)가 1형식 동사이므로 주어와 동사를 도치시켜야 한다. 따라서 정답은 exist negative views가 된다.
해석 UN 회원국들 사이에 부정적인 견해가 존재한다.
어휘 anomg ~가운데 exist 존재하다

06 **해설** 문두에 형용사 보어 (So) dangerous가 있으므로 뒤에 오는 주어와 동사를 도치시켜야 한다. 따라서 were the weather conditions가 정답이 된다.
해석 기상 상황이 너무 위험해서 모든 공항들은 폐쇄됐다.
어휘 shut down 폐쇄하다, 닫다

Unit ✦ 03 수 일치 주의사항

01 수 일치 주의사항 (I)

1 a number of + 복수명사 + 복수동사

- A number of children are dying of hunger.

• 많은 아이들이 굶주림으로 죽어가
고 있다.
hunger 기근, 굶주림

2 the number of + 복수명사 + 단수동사

- The number of hungry children is increasing.

• 굶주린 아이들의 수는 증가하고
있다.
increase 증가하다

3 many a + 단수명사 + 단수동사

- Many a student is learning English very hard.
  참고 Many students are learning English very hard.

• 많은 학생들이 매우 열심히 영어
를 배우고 있다.

4 every[each, either, neither] + 단수명사 + 단수동사

- Every[Each, Either, Neither] subway and bus is crowded every morning.

• 각각의 지하철과 버스는 매일 아
침 붐빈다.
crowded 붐비는, 혼잡한

5 all → 사물 + 단수동사 / all → 사람 + 복수동사

① All that I want to do is to wait for you.

② All that I want to meet are to make me upgrade.

① 내가 하고 싶은 모든 것은 당신
을 기다리는 것이다.

② 내가 만나고 싶은 모든 사람들이
나를 향상시켜 줄 것이다.

One **Tip** 부정형용사

each, either, neither은 부정대명사로서 주어 역할을 할 수 있다. 이때 동사는 단수동사로 받아야
한다. 단, every는 부정대명사로 사용할 수 없기 때문에 단독으로 주어 역할은 할 수 없고 항상 단수
명사가 이어지는 부정형용사로만 사용해야 한다.

- Every in the school is smart. (×)
- Every student in the school is smart. (○)
  학교에 있는 모든 학생은 똑똑하다.

Two Tips 상관접속사 주어와 동사의 수 일치

not only A but (also) B = B as well as A	A뿐만 아니라 B도 역시	B에 일치
either A or B	A, B 둘 중 하나	B에 일치
neither A nor B	A, B 둘 다 아니다	B에 일치
not A but B	A가 아니라 B다	B에 일치
both A and B	A, B 둘 다	항상 복수

- Not only he but also I **am** confused of it.
  그 사람뿐만 아니라 나도 또한 그것에 대해 혼란스럽다.
  참고 I as well as he am confused of it.
- Neither the man nor we **know** the fact. 그 사람도 우리도 그 사실을 모른다.
- Both you and I **are** not good at English. 당신과 나 둘 다 영어를 잘 못한다.

확인학습 문제

다음 문장을 읽고 [ ] 안에서 어법상 적절한 것을 고르시오.

01   All that knew her [miss / misses] Jenny too much.

02   Many a soldier [was / were] killed at the battle field.

03   Neither she nor I [has / have] any plan for the weekend.

04   Not only you but also she [is / are] pretty as you know.

05   Every word of his speech [reflects / reflect] his earnestness.

06   The number of children attending school [has / have] more than doubled during the last half century.

01   해설 All이 사람을 지칭하므로 복수동사가 필요하다. 따라서 miss가 정답이 된다.
해석 Jenny를 알았던 모든 사람들이 그녀를 아주 많이 그리워한다.
어휘 miss ① 그리워하다 ② 실종되다

02   해설 many a + 단수명사는 뜻은 복수지만 단수 취급한다. 따라서 was가 정답이 된다.
해석 많은 군인들이 전쟁터에서 죽었다.
어휘 battle field 전장, 전쟁터

03   해설 Neither A nor B는 B에 수를 일치시킨다. I가 주어이므로 have가 정답이 된다.
해석 그녀도 나도 어떤 주말 계획도 세우지 않았다.

04   해설 상관접속사 not only A but also B 구문은 B에 수를 일치시켜야 한다. 따라서 is가 정답이다.
해석 당신도 알다시피 당신뿐만 아니라 그녀도 예쁘다.

05   해설 Every + 단수명사는 단수 취급해야 한다. 따라서 reflects가 정답이다.
해석 그의 연설에 쓰인 모든 단어는 그의 정직함을 반영한다.
어휘 speech 연설   reflect 반영하다, 반사하다   earnestness 정직함

06   해설 the number of + 복수명사는 단수 취급한다. 따라서 has가 정답이 된다.
해석 학교에 다니는 아이들의 수는 지난 반세기 동안 두 배가 넘게 늘었다.
어휘 attend 참석하다   double 두 배로 늘다   half (절)반의

02 수 일치 주의사항 (II)

1 부분 주어 + of + 명사는 of 다음에 나오는 명사에 의해서 동사의 수 일치가 결정된다.

① Half of the passengers were injured in the car accident.

② The rest of her books are cooking, comic and humor books.

① 그 자동차 사고에서 승객 중 절반이 다쳤다.
passenger (탑)승객
injure 상처를 입히다

② 그녀의 책들 중 나머지는 요리, 만화 그리고 유머 서적들이다.
comic 만화의, 우스꽝스런

One Tip 부분 주어

most, some, a lot, half, any, part, rest, majority, minority, 분수(%)

2 불가분의 관계나 동일인은 단수 취급한다.

① Slow and steady wins the race.

② The poet and businessman is famous for his great talent and skill.
참고 The poet and the businessman are famous for their great talent and skill.

① 꾸준함과 착실함이 경기에서 승리한다(일을 서두르면 망친다).
steady 꾸준한, 한결같은

② 시인이자 사업가는 그의 재능과 능력으로 유명하다.
참고 그 시인과 그 사업가는 재능과 능력으로 유명하다.
talent 재능
skill 능력; 기술

One Tip 불가분의 관계

bread and butter 버터 바른 빵	a needle and thread 바늘과 실
a watch and chain 시계줄	slow and steady 꾸준함, 일관됨
trial and error 시행착오	curry and rice 카레라이스
time and tide 세월	early to bed and early to rise 일찍 자고 일찍 일어남

❸ 주어가 시간·거리·가격·무게·학과명일 때에는 단수 취급한다.

① Ten miles is a good distance for her to walk in a day.

② Physics is a difficult subject but ethics is easy one for me.

① 10마일은 그녀가 하루 동안 걷기에 상당한 거리이다.
good 상당한, 꽤

② 물리학은 어려운 과목이지만 윤리학은 나에게 쉽다.
physics 물리학
subject 과목
ethics 윤리학

One Tip 학과명

mathematics 수학	politics 정치학	physics 물리학
ethics 윤리학	gymnastics 체육	phonetics 음성학
economics 경제학	statistics 통계학	

참고 statistics가 통계수치나 통계의 의미로 사용될 때에는 복수 취급해야 한다.

✦ 확인학습 문제

다음 문장을 읽고 [ ] 안에서 어법상 적절한 것을 고르시오.

01 The number of foreigners interested in the Korean language [has / have] dramatically increased over the past few years.

02 A lot of beer [has / have] gone down since then.

03 A poet and a novelist [is / are] holding the seminar.

04 Three quarters of teens [applies / apply] to the rock band.

05 Early to bed and early to rise [makes / make] a healthy body.

06 A million dollars [is / are] a lot of money to keep under your mattress.

---

01 해설 the number of + 복수명사는 단수 취급한다. 따라서 **has**가 정답이다.
해석 지난 몇 년 동안 한국어에 관심을 갖는 외국인의 수가 급격하게 증가하였다.

02 해설 a lot은 부분 주어이므로 of 다음 명사에 의해서 동사의 수가 결정된다. **beer**는 단수이므로 has가 정답이다.
해석 그 이후로 많은 맥주가 사라졌다.

03 해설 접속사 and가 a + 명사와 a + 명사를 연결하고 있으므로 복수로 수를 일치시켜야 한다. 따라서 **are**가 정답이다.
해석 시인과 소설가가 토론회를 열고 있다.
어휘 hold 개최하다; 붙잡다 seminar 토론회, 세미나

04 해설 부분 주어 + of + 명사는 of 다음 명사에 의해서 동사의 수 일치가 결정된다. 따라서 **teens**가 복수이므로 apply가 정답이다.
해석 10대 중 4분의 3(75%)은 락밴드에 지원한다.
어휘 quarter 4분의 1(= 25%) apply to ~에 지원하다

05 해설 불가분의 관계는 단수 취급해야 한다. 따라서 **makes**가 정답이다.
해석 일찍 자고 일찍 일어나는 것은 건강한 신체를 만든다.

06 해설 특정 숫자와 결합된 가격이 주어이므로 단수로 수를 일치시켜야 한다. 따라서 **is**가 정답이 된다.
해석 백만 달러는 침대 매트리스 아래 보관하기에 많은 돈이다.
어휘 million 백만(의) keep 보관하다, 간직하다

실 전 ✦ 문 제

▶ 정답 및 해설 p.28

01 밑줄 친 부분에 들어갈 말로 가장 적절한 것을 고르시오.

> During the last five years the number of road accidents _____
> up to five percent.

① have gradually increased
② has gradually increased
③ have gradual increased
④ has gradual increased

02 다음 밑줄 친 부분 중 어법상 적절하지 않은 것은?

> Of the younger people in some countries, the custom of reading
> newspapers and magazines ① <u>has</u> been on the decline and three quarters
> of the dollars previously spent on newspaper advertising ② <u>have</u>
> absolutely migrated to the Internet. Of course, most of this decrease in
> newspaper reading ③ <u>has</u> been due to the fact that we are doing more of
> our newspaper reading online. Even so, only when I worked in my
> company ④ <u>was</u> a number of employees reading the papers.

03 어법상 옳지 않은 것은?

① All of them in the institution are studying philosophy.

② In history, one of the longest wars was the *Hundred Year's War*.

③ So poor was the situation of the plant that many a person were shocked.

④ Every material defined by "magnetic" is attracted by magnets.

04 다음 밑줄 친 부분 중 어법상 적절하지 않은 것은?

Half of the guidelines for the safe disposal of industrial waste ① <u>are</u> being compelled to do something more carefully. However, neither a drop nor maintenance in demand for factory goods ② <u>is</u> seen as a sign of trouble in the manufacturing. As a result, there ③ <u>are</u> a lot of members at the conference room. However, all that lie there ④ <u>seems</u> not to care.

05 밑줄 친 부분에 들어갈 말로 가장 적절한 것을 고르시오.

> Not only _____ Spanish fluently, but he also writes poetry in the language.

① does Bill speak ② Bill does speak

③ speaks Bill ④ Bill speaks

06 다음 중 어법상 적절하지 않은 것은?

① What we have now is not necessary for this recipe.

② Of the seven members is the school principal and delegate.

③ Each believes that he wants you to put your nose into his matter.

④ Into the severe storms and heavy rains are flying to the sky *Ironman* who is our hero.

07 밑줄 친 부분에 들어갈 말로 가장 적절한 것을 고르시오.

> Among her most prized possessions sold during the evening auction
> _____ and a necklace made by Cartier.

① was a 1961 time piece

② a 1961 time piece was

③ were a 1961 time piece

④ a 1961 time piece were

08 다음 중 우리말을 영어로 잘못 옮긴 것은?

① 선행의 기쁨을 아는 사람들은 행복하다.

　→ Happy is those who know the pleasure of doing good.

② 내가 백만장자가 될 것이라고는 전혀 꿈꾸지 않았다.

　→ Little did I dream that I was a millionaire.

③ 그녀는 너무 우스꽝스러워 보여서 모두가 웃음을 터트렸다.

　→ So ridiculous did she look that everyone burst out laughing.

④ 나는 그가 시험을 통과했다고 들었을 때 전혀 당황하지 않았다.

　→ Never was I embarrassed when I heard him pass the exam.

09 다음 밑줄 친 부분 중 어법상 적절하지 않은 것은? 2023. 국가직 9급

> While advances in transplant technology have made ①it possible to extend the life of individuals with end-stage organ disease, it is argued ②that the biomedical view of organ transplantation as a bounded event, which ends once a heart or kidney is successfully replaced, ③conceal the complex and dynamic process that more ④accurately represents the experience of receiving an organ.

10 밑줄 친 부분 중 어법상 옳지 않은 것은? 2022. 국가직 9급

> To find a good starting point, one must return to the year 1800 during ①which the first modern electric battery was developed. Italian Alessandro Volta found that a combination of silver, copper, and zinc ②were ideal for producing an electrical current. The enhanced design, ③called a Voltaic pile, was made by stacking some discs made from these metals between discs made of cardboard soaked in sea water. There was ④such talk about Volta's work that he was requested to conduct a demonstration before the Emperor Napoleon himself.

정답 해설

01
during ~하는 동안에
the number of ~의 수
up to ~까지
gradually 점진적으로
increase 증가하다

01 밑줄 친 부분에 들어갈 말로 가장 적절한 것을 고르시오.

> During the last five years the number of road accidents _____ up to five percent.

① have gradually increased
② has gradually increased
③ have gradual increased
④ has gradual increased

해설 ② the number of는 단수주어이므로 단수동사 has가 필요하고 또한 have p.p.사이에 부사가 위치해야 하므로 형용사 gradual의 사용은 어법상 적절하지 않다. 따라서 has gradually increased가 밑줄 친 부분에 들어가기에 가장 적절하다.
해석 지난 5년 동안 도로사고의 수가 5%까지 점진적으로 늘어나고 있다.

02
custom 관습
decline 감소
previously 이전에
absolutely 절대적으로
migrate 이주하다
decrease 감소
due to ~때문에
even so 그럼에도 불구하고
employee 피고용인, 근로자

02 다음 밑줄 친 부분 중 어법상 적절하지 않은 것은?

> Of the younger people in some countries, the custom of reading newspapers and magazines ① has been on the decline and three quarters of the dollars previously spent on newspaper advertising ② have absolutely migrated to the Internet. Of course, most of this decrease in newspaper reading ③ has been due to the fact that we are doing more of our newspaper reading online. Even so, only when I worked in my company ④ was a number of employees reading the papers.

해설 ④ 문두에 only + 시간개념(when I worked ~)이 있으므로 뒤에 주어동사는 도치되었고 주어가 a number of이므로 복수동사로 받아야 한다. 따라서 was는 were로 고쳐 써야 한다.
① 주어가 custom(단수)이므로 단수동사 has는 어법상 적절하다.
② 주어가 부분 주어(three quarters)이므로 of 다음 명사 dollars(복수)와 수 일치를 시켜야 한다. 따라서 복수동사 have의 사용은 어법상 옳다.
③ 주어가 부분 주어(most)이므로 of 다음 명사 decrease(단수)와 수 일치를 시켜야 한다. 따라서 단수동사 has는 어법상 적절하다.
해석 몇몇 나라에서 젊은 사람들 가운데 신문과 잡지를 읽는 관습이 감소해 왔고 이전에 신문 광고에 쓰였던 돈의 3/4이 인터넷으로 전적으로 이동하고 있다. 물론 이러한 신문 읽기 감소의 대부분은 우리가 온라인상에서 신문을 더 많이 읽는다는 사실 때문이다. 그럼에도 불구하고 내가 회사에 있을 때 많은 피고용인들은 신문을 읽고 있었다.

정답 01 ② 02 ④

03 어법상 옳지 않은 것은?

① All of them in the institution are studying philosophy.

② In history, one of the longest wars was the *Hundred Year's War*.

③ So poor was the situation of the plant that many a person were shocked.

④ Every material defined by "magnetic" is attracted by magnets.

해설 ③ so + 형용사가 문두에 위치하면 주어 동사가 도치되어야 하고 주어가 situation(단수)이므로 단수동사 was는 어법상 적절하지만 many a 단수명사는 단수동사로 수 일치를 시켜야 하므로 were는 was로 고쳐 써야 한다.

① 주어 All이 사람을 지칭하므로 복수동사 are는 어법상 적절하다.

② 주어가 one(단수명사)이므로 단수동사 was의 사용은 어법상 옳다.

④ 'Every + 단수명사 + 단수동사' 구조를 묻고 있다. 따라서 단수동사 is의 사용은 어법상 적절하다.

해석 ① 그 기관에 있는 그들 모두는 철학을 공부하고 있다.

② 역사상, 가장 긴 전쟁 중에 하나는 <백년 전쟁>이었다.

③ 그 공장의 상황이 너무 열악해서 많은 사람들이 충격에 빠졌다.

④ '자성이 있는'으로 정의 내려진 모든 물질은 자석에 의해 끌린다.

03
institution 기관, 단체
philosophy 철학
plant ① 식물 ② 공장
material 물질
define 정의내리다
attract 매혹하다, 끌어당기다
magnet 자석
*****magnetic** 자성이 있는

04 다음 밑줄 친 부분 중 어법상 적절하지 않은 것은?

Half of the guidelines for the safe disposal of industrial waste ① <u>are</u> being compelled to do something more carefully. However, neither a drop nor maintenance in demand for factory goods ② <u>is</u> seen as a sign of trouble in the manufacturing. As a result, there ③ <u>are</u> a lot of members at the conference room. However, all that lie there ④ <u>seems</u> not to care.

해설 ④ 주어 all이 회의실에 있는 사람들을 지칭하므로 단수동사 seems는 복수동사 seem으로 고쳐 써야 한다.

① 주어가 부분주어 Half이고 of 다음 명사가 guidelines(복수)이므로 복수동사 are는 어법상 옳다.

② 주어 자리에 상관접속사 neither A nor B가 있고 동사의 수 일치는 B(maintenance → 단수명사)에 일치시켜야 하므로 단수동사 is의 사용은 어법상 적절하다.

③ 주어가 부분 주어 a lot이고 of 다음 명사가 members(복수)이므로 복수동사 are의 사용은 어법상 옳다.

해석 산업폐기물의 안전한 처리에 대한 지침들 중 절반이 더욱더 세심하게 무언가를 할 것을 강요하고 있다. 하지만 공산품 수요의 감소 또는 유지가 제조업이 어려움을 겪게 될 징조를 보이지는 않는다. 그 결과 많은 회원들이 회의장에 있었다. 하지만, 그곳에 있는 모든 이들은 신경 쓰지 않는 것 같다.

04
guideline 지침
safe ① 안전한 ② 금고
disposal 처리, 처분
industrial waste 산업폐기물
compel 강요하다
demand 수요
goods 상품
factory goods 공산품
manufacturing 제조업
lie ① 있다, 존재하다 ② 눕다
　　③ 거짓말하다
conference room 회의실

정답 03 ③　04 ④

05
fluently 유창하게
poetry 시

05 밑줄 친 부분에 들어갈 말로 가장 적절한 것을 고르시오.

> Not only _____ Spanish fluently, but he also writes poetry in the language.

① does Bill speak   ② Bill does speak
③ speaks Bill   ④ Bill speaks

해설 ① 부정어 Not only가 문두에 위치해 있기 때문에 주어동사가 도치되어야 하고 speak가 일반동사이므로 도치동사 does가 필요하다. 따라서 does Bill speak가 밑줄 친 부분에 들어가기에 가장 적절하다.

해석 Bill은 스페인어를 유창하게 말할 뿐 아니라 그 언어로 시도 쓴다.

06
necessary 필요한
principal 교장선생님
delegate 대표자
put one's nose into ~에 간섭하다

06 다음 중 어법상 적절하지 않은 것은?
① What we have now is not necessary for this recipe.
② Of the seven members is the school principal and delegate.
③ Each believes that he wants you to put your nose into his matter.
④ Into the severe storms and heavy rains are flying to the sky *Ironman* who is our hero.

해설 ④ 장소의 전치사구(Into the severe storms and heavy rains)가 문두에 위치해서 주어동사가 도치된 구조로 주어가 단수명사(Ironman)이므로 복수동사 are는 단수동사 is로 고쳐 써야 한다.
① 주어가 명사절(What we have now)이므로 단수동사 is의 사용은 어법상 적절하다.
② 장소의 전치사구(Of the seven members)가 문두에 위치해서 주어동사가 도치된 구조로 주어가 단수(동일인)이므로 단수동사 is의 사용은 어법상 옳다.
③ 주어가 each이므로 단수동사 believes의 사용은 어법상 적절하다.

해석 ① 우리가 지금 가지고 있는 것은 이 요리법에는 불필요하다.
② 7명의 회원 가운데 그 학교의 교장선생님이자 대표가 있다.
③ 각각은 그가 당신이 그의 문제에 간섭하고 싶어 한다고 믿는다.
④ 폭우속에서 우리의 영웅 「아이언맨」이 하늘을 날고 있다.

정답 05 ① 06 ④

07 밑줄 친 부분에 들어갈 말로 가장 적절한 것을 고르시오.

Among her most prized possessions sold during the evening auction _____ _____ and a necklace made by Cartier.
---

① was a 1961 time piece
② a 1961 time piece was
③ were a 1961 time piece
④ a 1961 time piece were

07
prized 소중한, 값비싼
possession 소유(물)
auction 경매
time piece 시계
necklace 목걸이

> 해설 ③ 장소의 전치사 Among이 문두에 위치해서 주어동사가 도치된 구조로 주어가 복수(a 1961 time piece and a necklace)이므로 복수동사 were가 필요하다. 따라서 were a 1961 time piece가 밑줄 친 부분에 들어가기에 가장 적절하다.

> 해석 그 날 저녁 경매에서 팔린 그녀의 가장 값비싼 소유물들 중에는 1961년 Cartier의 시계와 목걸이가 있었다.

08 다음 중 우리말을 영어로 잘못 옮긴 것은?

① 선행의 기쁨을 아는 사람들은 행복하다.
  → Happy is those who know the pleasure of doing good.
② 내가 백만장자가 될 것이라고는 전혀 꿈꾸지 않았다.
  → Little did I dream that I was a millionaire.
③ 그녀는 너무 우스꽝스러워 보여서 모두가 웃음을 터트렸다.
  → So ridiculous did she look that everyone burst out laughing.
④ 나는 그가 시험을 통과했다고 들었을 때 전혀 당황하지 않았다.
  → Never was I embarrassed when I heard him pass the exam.

08
pleasure 기쁨, 즐거움
do good 선행을 베풀다
millionaire 백만장자
ridiculous 우스꽝스러운
burst out 터뜨리다
embarrassed 당황스러운

> 해설 ① 형용사 보어가 문두에 위치하므로 주어와 동사는 도치되어야 한다. 주어가 those(복수)이므로 단수동사 is를 복수동사 are로 고쳐 써야 한다.
> ② 부정어구 Little이 문두에 위치하므로 주어와 동사는 도치되어야 한다. dream이 일반동사이므로 도치할 때 조동사 did를 사용하는 것은 어법상 적절하다.
> ③ 형용사 보어가 문두에 위치하므로 주어와 동사는 도치되어야 한다. look이 일반동사이므로 도치할 때 조동사 did를 사용하는 것은 어법상 옳다.
> ④ 부정어구 Never가 문두에 위치하므로 주어와 동사는 도치되어야 한다. be동사가 있으므로 was I 도치는 어법상 적절하다.

정답 07 ③ 08 ①

09 다음 밑줄 친 부분 중 어법상 적절하지 않은 것은?

2023. 국가직 9급

> While advances in transplant technology have made ①it possible to extend the life of individuals with end-stage organ disease, it is argued ②that the biomedical view of organ transplantation as a bounded event, which ends once a heart or kidney is successfully replaced, ③conceal the complex and dynamic process that more ④accurately represents the experience of receiving an organ.

해설 ③ 주어가 단수(the biomedical view)이므로 동사도 단수동사가 필요하다. 따라서 conceal 은 conceals로 고쳐 써야 한다.
① 뒤에 to부정사를 대신하는 가목적어 it의 사용은 어법상 적절하다.
② that 앞에 선행사가 없고 뒤에 문장구조가 완전하므로 접속사 that의 사용은 어법상 옳다.
④ 부사 accurately가 동사 represents를 수식하므로 부사 accurately의 사용은 어법상 적절하다.

해석 이식 기술의 발전으로 말기의 장기 질환 환자의 수명을 연장시킬 수 있는 반면에 심장이나 콩팥이 성공적으로 교체되면 끝나는 한정적인 사건으로 장기 이식을 여기는 생물의학적 관점이 장기를 (이식)받는 경험을 더 정확하게 보여주는 복잡하고 역동적인 과정을 숨긴다는 주장이 제기되고 있다.

10 밑줄 친 부분 중 어법상 옳지 않은 것은?

2022. 국가직 9급

> To find a good starting point, one must return to the year 1800 during ①which the first modern electric battery was developed. Italian Alessandro Volta found that a combination of silver, copper, and zinc ②were ideal for producing an electrical current. The enhanced design, ③called a Voltaic pile, was made by stacking some discs made from these metals between discs made of cardboard soaked in sea water. There was ④such talk about Volta's work that he was requested to conduct a demonstration before the Emperor Napoleon himself.

해설 ② 주어가 단수명사 combination이므로 복수동사 were는 단수동사 was로 고쳐 써야 한다.
① 앞에 사물명사 the year 1800이 있고 전치사 during which 다음 문장구조가 완전하므로 관계대명사 which의 사용은 어법상 적절하다.
③ 자릿값에 의해 준동사 자리이고 뒤에 목적어가 없으므로 수동의 형태 called는 어법상 옳다. 참고로 a Voltaic pile은 called의 목적격 보어로 사용되었다.
④ such ~ that 구문의 사용은 어법상 적절하고 또한 such 다음 명사(talk)의 사용 역시 어법상 적절하다.

해석 좋은 출발점을 찾기 위해 우리는 최초의 현대식 전기 배터리가 개발된 1800년으로 돌아가야 한다. 이탈리아의 Alessandro Volta는 은, 구리 그리고 아연의 결합이 전류를 만들어내는 데 이상적이라는 것을 알아냈다. 볼타 파일이라 불리어지는 그 강화된 디자인은 바닷물에 적셔진 골판지로 만든 디스크 사이에 이러한 금속으로 만들어진 몇몇 디스크를 쌓아올려 만들어졌다. 볼타의 작업에 대한 이야기가 있어서 그는 Napoleon 황제 앞에서 직접 시연을 수행하라는 요청을 받았다.

정답 09 ② 10 ②

Unit ✦ **01** 기본시제

01 현재시제(V 또는 Vs/es)

지금 현재의 사실, 상태, 습관, 불변의 진리(과학적 사실, 일반적 통념)는 현재시제를 사용한다. 현재시제는 옛날에도 그랬고 지금도 그렇고, 앞으로도 쭉 그러할 것이라는 전제하에(permanent) 사용하는 시제이다.

① I don't like chocolate but my husband likes it.

② My father goes jogging at six every morning.

③ Water freezes at 0℃ and boils at 100℃.

① 나는 초콜릿을 좋아하지 않지만 남편은 좋아한다.

② 내 아버지는 매일 아침 6시에 조깅을 한다.

③ 물은 섭씨 0도에서 얼고 섭씨 100도에서 끓는다.

One Tip 현재시제가 미래를 대신하는 경우

❶ ⓢ간이나 ⓒ건의 ⓑ사절에서는 ⓗ재시제를 ⓜ래시제 대신 사용한다. ➡ 시조부는 현미

• I will call you when I get there. 내가 거기에 도착하면 전화할게.
  참고 I will ask if he will get there. 난 그가 거기에 도착할지 물어볼 것이다.

• I'll not go out if it rains tomorrow. 내일 비가 온다면, 나는 밖에 나가지 않을 것이다.

02 과거시제(Ved)

과거의 동작이나 상태 또는 역사적 사실은 과거시제를 사용한다. 또한 과거시제는 현재와는 완전히 단절된 시제이다.

① 나는 어제 집에 가는 도중에 지갑을 잃어버렸다.

② 그녀는 지난주에 그를 만났고 그들은 사랑에 빠졌다.

③ 영화가 10분 전에 시작했다.

④ 개척자였던 Columbus는 미 대륙을 1492년에 발견했다. pioneer 개척자

① I lost my wallet on my way home yesterday.

② She met him last week and they fell in love.

③ The movie started about ten minutes ago.

④ Columbus who was a pioneer discovered America in 1492.

One Tip 과거 표시 부사구

ago, then(= at that time, those days), last(year/night), just now, once, in the past, yesterday, in + 과거 연도

Two Tips 불규칙 동사표

❶ A-A-A형

현재형	과거형	과거분사형	의미
burst	burst	burst	터지다
cast	cast	cast	던지다
cost	cost	cost	비용이 들다
cut	cut	cut	자르다
hit	hit	hit	때리다, 치다
hurt	hurt	hurt	상처를 입히다
let	let	let	시키다
put	put	put	~을 두다, 놓다
set	set	set	~을 두다, 놓다; 설치하다
shed	shed	shed	없애다; 떨어뜨리다
shut	shut	shut	닫다
spread	spread	spread	펼치다; 퍼지다
thrust	thrust	thrust	밀치다, 쑤셔 넣다
upset	upset	upset	뒤엎다
read	read	read	읽다

❷ A−B−A형

현재형	과거형	과거분사형	의미
become	became	become	되다
come	came	come	오다
run	ran	run	달리다

❸ A−B−B형

현재형	과거형	과거분사형	의미
bend	bent	bent	구부리다
bring	brought	brought	가져오다
buy	bought	bought	사다
catch	caught	caught	잡다
creep	crept	crept	(엉금엉금) 기다
deal	dealt	dealt	거래하다
dig	dug	dug	파다
dwell	dwelt	dwelt	거주하다
feed	fed	fed	먹다; 먹이다
feel	felt	felt	느끼다
fight	fought	fought	싸우다
hear	heard	heard	듣다
hold	held	held	잡다, 붙들다
keep	kept	kept	유지하다, 지키다
lead	led	led	이끌다
leave	left	left	떠나다, 남겨 두다
lend	lent	lent	빌려주다
lose	lost	lost	잃어버리다
mean	meant	meant	의미하다
meet	met	met	만나다
pay	paid	paid	지불하다
say	said	said	말하다
seek	sought	sought	추구하다, 찾다
sell	sold	sold	팔다
shine	shone	shone	빛나다
shoot	shot	shot	쏘다
sleep	slept	slept	자다
spend	spent	spent	소비하다
spin	spun	spun	돌다, 돌리다
stand	stood	stood	서다
stick	stuck	stuck	찌르다; 고정시키다
strike	struck	struck	치다, 때리다
sweep	swept	swept	쓸다, 청소하다
swing	swung	swung	흔들다
teach	taught	taught	가르치다
think	thought	thought	생각하다

❹ A−B−C형

현재형	과거형	과거분사형	의미
begin	began	begun	시작하다
bite	bit	bitten, bit	깨물다
blow	blew	blown	불다
break	broke	broken	깨다, 부수다
choose	chose	chosen	고르다
draw	drew	drawn	끌어내다; 그리다
drink	drank	drunk	마시다
drive	drove	driven	몰다, 운전하다
eat	ate	eaten	먹다
fly	flew	flown	날다
forget	forgot	forgotten	잊다
freeze	froze	freezen	얼다
grow	grew	grown	자라다, 기르다
hide	hid	hidden	숨기다
know	knew	known	알다
ride	rode	ridden	타다
ring	rang	rung	울리다
rise	rose	risen	오르다
shake	shook	shaken	흔들다
show	showed	shown	보여 주다
sing	sang	sung	노래하다
sink	sank	sunk	가라앉다
speak	spoke	spoken	말하다
steal	stole	stolen	훔치다
strive	strove	striven	애쓰다, 노력하다
swear	swore	sworn	맹세하다
swim	swam	swum	수영하다
tear	tore	torn	찢다
throw	threw	thrown	던지다
wear	wore	worn	입다
write	wrote	written	쓰다

03 미래시제(will/shall + 동사원형)

미래에 발생할 일 또는 주어의 의지나 결심으로 일어나게 될 일을 표현할 때 사용하는 시제가 미래시제이다.

① There will be a midterm next Monday.

② I will do this despite your objection.

① 다음 주 월요일에 중간고사가
  있을 것이다.
  midterm 중간고사

② 너의 반대에도 불구하고 나는
  이 일을 하겠다.
  despite ~에도 불구하고
  objection 반대

One Tip 미래시제 대용

❶ 시조부는 현미

• We will wait for him until he comes here.
  우리는 그가 여기에 올 때까지 그를 기다릴 것이다.

❷ 왕래 발착 시종 동사 + 미래표시부사(구)

• My uncle comes here tomorrow night. 내 삼촌이 내일 밤 여기에 올 것이다.
  참고 My uncle will come here tomorrow night. 내 삼촌이 내일 밤 여기에 올 것이다.

❸ 현재진행시제 + 미래표시부사(구)

• Tim and Jane are getting married next month.
  Tim과 **Jane**은 다음 달에 결혼할 예정이다.

❹ 숙어적 표현

is going to ⓥ	is about to ⓥ	is due to ⓥ
is planning to ⓥ	is scheduled to ⓥ	is to ⓥ

• I'm going to clean this room tonight.
  나는 오늘 저녁 이 방을 치울 것이다.

• The movie is about to hit the jackpot.
  그 영화는 대박이 날 것이다.

• He is due to make a speech this evening.
  그는 오늘 저녁 연설할 예정이다.

• They are planning to go shopping at the department store.
  그들은 백화점에서 쇼핑할 계획이다.

• The items are scheduled to be sent on August 13th.
  그 품목들은 8월 13일에 보내질 예정이다.

• The important meeting is to be held next Friday.
  그 중요한 회의가 다음 금요일에 열릴 것이다.

확인학습 문제 1

다음 문장을 읽고 [ ] 안에서 어법상 적절한 것을 고르시오.

01 I [want / wanted] to be a politician at that time.

02 When she was young, she [moves / moved] to Seoul.

03 If you [will want / want] to take some sleep, please tell me.

04 Could you tell me when he [will come / comes] back home?

05 Many a student [was / were / is] killed at the boat in 2012.

06 Before you [will meet / meet] him, you will make a call to him.

07 The earth [goes / went] around the sun so the sun always [rises / rose] in the east.

08 If I have some free time tomorrow, I [go / will go] to the amusement park for a change.

01 해설 과거표시부사구 at that time(그 당시에는)이 있으므로 과거시제 wanted가 정답이 된다.
해석 나는 그 당시에는 정치가가 되고 싶었다.
어휘 politician 정치가

02 해설 when절의 시제가 과거이므로 주절의 시제도 과거시제를 사용해야 한다. 따라서 moved가 정답이 된다.
해석 그녀가 어렸을 때, 서울로 이사했다.

03 해설 '시조부는 현미(시간이나 조건의 부사절에서는 현재가 미래시제를 대신해야 한다)'이므로 현재시제 want가 정답이 된다.
해석 만약 당신이 잠자기를 원하면, 제게 말해주세요.

04 해설 tell의 목적어는 when절이고 여기에서 when절은 명사절이 된다. 따라서 부사절이 아닌 명사절이기 때문에 미래시제 will come이 정답이 된다.
해석 그가 언제 집으로 돌아올지 말해 주시겠어요?

05 해설 many a가 주어 자리에 있으므로 단수동사가 필요하고 과거표시부사구 in 2012가 있으므로 was가 정답이 된다.
해석 많은 학생들이 2012년에 배에서 죽음을 당했다.

06 해설 '시조부는 현미(시간이나 조건의 부사절에서는 현재가 미래시제를 대신해야 한다)'이므로 현재시제 meet이 정답이 된다.
해석 당신이 그를 만나기 전에, 당신은 그에게 전화를 하십시오.

07 해설 불변의 진리는 현재시제를 사용해야 한다. 따라서 goes와 rises가 각각 정답이 된다.
해석 지구는 태양 주변을 돌고 그래서 항상 태양은 동쪽에서 뜬다.

08 해설 미래표시부사구 tomorrow가 있으므로 미래시제가 필요하다. 따라서 will go가 정답이 된다.
해석 만약 내일 여유 시간이 생긴다면 나는 기분 전환을 위해 놀이공원에 갈 것이다.
어휘 amusement park 놀이공원 for a change 기분 전환으로

확인학습 문제 2

다음 문장을 읽고 그 의미상 시제가 미래면 F, 현재면 P로 표기하시오.

01 They are due to leave the country. _____

02 I am going to Europe with my wife. _____

03 My hobby is to read western novels. _____

04 We are having a nice dinner tomorrow. _____

05 This accident is due to driving carelessly. _____

06 He is going to call Sharon around seven. _____

07 The president is to visit China next month. _____

08 I am about to have dinner with my family. _____

09 The last train arrives at 9 o'clock tonight. _____

01 해설 **be due to** ⓥ '~할 예정이다'라는 뜻으로 미래를 나타낸다. **F**
　　해석 그들은 그 나라를 떠날 예정이다.

02 해설 **be going to** 다음 명사가 있기 때문에 '~할 예정이다'의 의미가 아니므로 현재를 나타낸다. **P**
　　해석 나는 아내와 유럽으로 가는 중이다.

03 해설 현재의 습관을 나타내므로 현재를 나타낸다. **P**
　　해석 나의 취미는 서양 소설을 읽는 것이다.

04 해설 현재진행시제가 미래표시부사(구)와 함께하면 미래를 나타낸다. **F**
　　해석 내일 우리는 멋진 저녁 식사를 할 것이다.

05 해설 **be due to + 명사(ⓥ-ing)**는 '~ 때문이다'의 뜻으로 미래시제를 나타낼 수 없으므로 현재시제가 된다. **P**
　　해석 이 사고는 부주의한 운전 때문이다.

06 해설 **be going to** ⓥ는 '~할 예정이다'이므로 미래를 나타낸다. **F**
　　해석 그는 7시쯤 Sharon에게 전화할 것이다.

07 해설 **be to** ⓥ는 '~할 예정이다'의 뜻으로 미래를 나타낸다. **F**
　　해석 대통령은 다음달 중국을 방문할 예정이다.

08 해설 **be about to** ⓥ는 '막 ~하려 하다'의 뜻으로 가까운 미래를 나타낸다. **F**
　　해석 나는 가족과 막 저녁 식사를 하려고 한다.

09 해설 왕래 발착 동사가 미래표시부사(구)와 결합하면 현재시제로 미래를 나타낸다. **F**
　　해석 마지막 기차는 오늘 밤 9시 정각에 도착할 것이다.

완료 · 진행시제 문법포인트
1. 현재완료 vs. 과거시제
2. 과거시제 vs. 과거완료
3. 시제 일치 예외

Unit ✦ 02 완료 · 진행시제

01 현재완료시제(have/has + p.p.)

과거에 이미 발생한 일이 현재까지 이어져 어떤 형태로든 현재에 영향을 미칠 때 사용하는 시제이다.

① 나는 하와이에 가본 적이 있다
(나는 하와이가 어땠는지 설명
할 수 있다).

① I have been to Hawaii.
(I can explain to you what Hawaii was like.)

② Karen은 지난 2년 동안 런던에
머무르고 있다(그녀는 현재 런던
에 있으므로, 지금 이곳에 없다).

② Karen has stayed in London over the past 2 years.
(She stays in London now. So, she's not here.)

③ 그는 막 숙제를 마쳤다(방금 전
그는 숙제를 끝냈다. 그래서 그
는 축구를 해도 된다).

③ He has just finished his homework.
(He finished it just ago. So, he can play football now.)

④ 나는 다리가 부러졌다(현재 내
다리는 부러져 있다. 그래서 난
불행해).

④ I have broken my leg.
(My leg is broken now. So, I feel unhappy.)

One **Tip** 현재완료시제를 꼭 사용해야 하는 경우

> 현재완료(have + p.p.) ~ since + S + 과거시제/과거표시부사구
> 현재완료(have + p.p.) ~ for/over/during/in + past/last/recent + 시간개념

- It has been 15 years since we graduated from high school.
  우리가 고등학교를 졸업한 이래로 15년이 지났다.

- Movie industry has changed over the past two decades.
  영화 업계는 지난 20년 동안 변화해 왔다.

Two **Tips** have gone to vs. have been to

have gone to는 결과를 표현하여 '~에 가 버리고 없다'의 뜻이고, have been to는 경험을 표현하여 '~에 가 본 적이 있다'의 뜻이다. 따라서 논리상 have gone to는 1인칭이나 2인칭이 주어가 될 수 없고 언제나 3인칭이 주어가 되어야 한다.

- I have been to Hawaii. (○) 나는 하와이에 가 본 적이 있다.

- I have gone to Hawaii. (×)

- He has been to Hawaii. (○) 그는 하와이에 가 본 적이 있다.

- He has gone to Hawaii. (○) 그는 하와이로 가버렸다.

Three **Tips** 의문사 when은 현재완료시제와 함께 사용하지 않는다.

- When have you heard the news? (×)
  → When did you hear the news? (○)
  당신은 그 소식을 언제 들었나요?

02 과거완료시제(had + p.p.)

과거완료는 과거보다 이전에 있었던 일(대과거)이나 그 일이 과거에 영향을 미치는 경우에 사용되는 시제이다.

① 내가 그녀를 만나기 전에 나는 그녀의 소식을 자주 들어왔다.

① I had often heard from her before I met her.

② 내가 돌아왔을 때, 그녀는 이미 5일째 병을 앓고 있었다.
ill in bed 병으로 누워 있는

② She had been ill in bed for five days when I returned.

③ 그는 (이미) 휴대폰을 잃어버린 상태라고 우리에게 말했다.

③ He told us that he had lost his cellular phone.

④ 나는 사무실에 열쇠를 놔두고 온 것을 알았다.

④ I found that I had left my key in my office.

⑤ 나는 아버지가 사주셨던 시계를 잃어버렸다.

⑤ I lost my watch that my father had bought.

One Tip 과거 = 과거완료

접속사 before, after, because 등이 있는 경우는 전후 상황을 분명히 알 수 있기 때문에 굳이 과거완료를 사용할 필요가 없다. 따라서 과거시제로 과거완료를 대신 사용할 수 있다.

- After I (had) finished it, I went home.
  나는 그것을 끝낸 다음 집으로 갔다.

- My bus (had) left before I reached the terminal.
  내가 터미널에 도착하기 전에 버스는 이미 떠났다.

- I couldn't sleep because I (had) had too much coffee.
  나는 커피를 너무 많이 마셨기 때문에 잠을 잘 수가 없었다.

Two Tips 과거완료시제를 꼭 사용해야 하는 경우(~하자마자 …했다)

> S + had + hardly/scarcely + p.p. ~, when/before + S' + 과거동사
> → Hardly/Scarcely + had + S + p.p. ~, when/before + S' + 과거동사
> S+had+no sooner + p.p. ~, than + S' + 과거동사
> → No sooner + had + S + p.p. ~, than + S' + 과거동사

- The rabbit had hardly/scarcely seen the hunter when/before he ran away.
  → Hardly/Scarcely had the rabbit seen the hunter when/before he ran away.

- The rabbit had no sooner seen the hunter than he ran away.
  → No sooner had the rabbit seen the hunter than he ran away.
  토끼는 사냥꾼을 보자마자 달아났다.

Three Tips ~하자마자

- As soon as the rabbit saw the hunter, he ran away.

- The moment/instant/minute the rabbit saw the hunter, he ran away.

- On(Upon) seeing the hunter, the rabbit ran away.
  사냥꾼을 보자마자, 토끼는 달아났다.

03 미래완료시제(will have + p.p.)

과거, 현재, 미래의 어느 시점에서부터 미래의 일정한 기준 시점까지 연속상에 걸쳐 있는 상황을 설명해야 할 때 미래완료시제를 사용한다. 이때에는 미래의 기준 시점을 나타내는 미래표시부사절(구)이 동반된다. 참고로, 현대영어에서는 미래완료시제를 거의 사용하지 않는다.

① 내가 다음 주에 괌에 간다면 난 그곳에 세 번째 가 보게 될 것이다.

① I will have been to Guam three times if I visit there next week.

② 당신이 한국에 돌아올 때쯤이면 그는 검사가 돼 있을 것이다.
prosecutor 검사

② He will have been a prosecutor by the time you get back to Korea.

04 진행시제(be + ⓥ-ing)

진행시제는 각 해당 시점에서 동작이 진행되고 있음을 보다 강조할 경우에 사용되며 일시적 개념(temporary)을 포함하고 있다.

① 마지막 기차가 역에 도착하고 있다.

① The last train is arriving at the station.

② 우리는 할로윈 때 집에서 파티를 할 계획이다.

② We are having a party at my house on Halloween.

③ 지난밤 폭우 때문에 그 강은 매우 빠르게 흐르고 있었다.

③ The river was flowing very fast because of heavy rain last night.

④ 내일 이맘때쯤이면 내 아기는 상태가 더 호전되고 있을 것이다.
get better (상황, 병세가) 더 좋아지다, 호전되다

④ My baby will be getting better at this time tomorrow.

⑤ 우리 애가 두 시간째 독서 중이다.

⑤ My kid has been reading a book for two hours.

⑥ 내가 그곳에 도착했을 때 그는 나를 한 시간째 기다리고 있었다.

⑥ He had been waiting for me for an hour when I got there.

⑦ 그녀는 내일까지 24시간 동안 자고 있을 것이다.

⑦ She will have been sleeping for 24 hours by tomorrow.

One Tip 진행형 불가 동사

❶ 상태동사

resemble

- My son is resembling me very much. (×)
  → My son resembles me very much. (○)
  나의 아들은 나를 많이 닮았다.

❷ 인지동사

know

- I am knowing he leaves school after graduation. (×)
  → I know he leaves school after graduation. (○)
  나는 졸업 후에 그가 학교를 떠날 것을 알고 있다.

❸ 감각동사

feel, smell, look, taste, sound + 형용사 보어

- This soup is tasting too salty. (×)
  → This soup tastes too salty. (○)
  나는 스프가 너무 짜지 않은지 확인하려고 맛보고 있는 중이다.
  참고 I am tasting the soup to make sure it's not too salty. (○)

- She was looking happy when she heard the news. (×)
  → She looked happy when she heard the news. (○)
  그녀는 그 소식을 들었을 때 행복해 보였다.
  참고 She was looking at the plane flying across the sky. (○)
  그녀는 하늘을 나는 비행기를 보고 있었다.

❹ 소유동사

have, belong to

- Jane is having tickets for the movie. (×)
  → Jane has tickets for the movie. (○)
  Jane은 영화 티켓을 가지고 있다.
  참고 Jane is having lunch now. (○)
  Jane은 지금 점심 식사 중이다.

- This house is belonging to my mother. (×)
  → This house belongs to my mother. (○)
  이 집은 우리 어머니 소유이다.

❺ 감정동사

like, dislike, want, prefer

- I am disliking the fact that he is right. (×)
  → I dislike the fact that he is right. (○)
  나는 그가 옳다는 사실이 싫다.

05 시제 일치

주절과 종속절의 동사 시제를 글의 흐름상 문맥에 맞게 선택하는 것이 시제 일치이다.

① 그는 집에 가고 싶다고 말한다.

② 그는 집에 가고 싶었다고 말한다.

③ 그는 집에 가고 싶을 거라고 말한다.

④ 그는 집에 가고 싶다고 말했다.

⑤ 그는 앓아 누워 있었다고 말했다.

① He says that he wants to go home.

② He says that he wanted to go home.

③ He says that he will want to go home.
  참고 He says that he had wanted to go home. (×)

④ He said that he wanted to go home.

⑤ He said that he had been ill in bed.
  참고 He said that he wants to go home. (×)
  When he was young, he goes to church. (×)

One Tip 시제 일치 예외

❶ 주절이 과거시제라도 종속절에 불변의 진리 / 일반적 사실(통념) / 속담이 오는 경우
❷ 부사절에서 현재시제가 미래를 대신하는 경우

• Columbus believed that the earth is round.
  콜럼버스는 지구가 둥글다고 믿었다.

• As soon as she shows up, we will leave for the train station.
  그녀가 나타나자마자 우리는 기차역으로 떠날 것이다.

◆ 확인학습 문제 1

다음 문장을 읽고 [   ] 안에서 어법상 적절한 것을 고르시오.

01 There [has been / was] no car then.

02 After I had taken medicine, I [felt / had felt] a lot better.

03 By the time you [get / will get] back, I shall have gone to bed.

04 When [have you seen / did you see] Ms. Hur who is my teacher?

05 We [knew / have known] each other since we were in our mid-twenties.

---

01 **해설** 과거표시부사구 **then**이 있으므로 과거시제가 필요하다. 따라서 정답은 **was**가 된다.
　　해석 그 당시에는 자동차가 없었다.

02 **해설** 약을 먹은 것이 좋아진 것보다 먼저 일어난 일이므로 약을 먹은 것은 과거완료시제를 사용해야 하고 좋아진 것은
　　과거시제를 사용해야 한다. 따라서 **felt**가 정답이 된다.
　　해석 약을 먹고 난 후 기분이 훨씬 더 좋아졌다.
　　어휘 take (음식, 약물 등)을 섭취하다　medicine 약(물)

03 **해설** **by the time**이 시간을 나타내는 접속사로 사용되었다. '시조부는 현미(시간이나 조건의 부사절에서는 현재가 미
　　래시제를 대신해야 한다)'이므로 현재시제가 필요하다. 따라서 **get**이 정답이 된다.
　　해석 당신이 돌아올 때쯤이면 나는 (이미) 잠자리에 들었을 것이다.

04 **해설** 의문사 **when**은 현재완료와 함께 사용할 수 없으므로 과거시제가 필요하다. 따라서 정답은 **did you see**가 된다.
　　해석 당신은 언제 저희 허 선생님을 보았나요?

05 **해설** **since** 다음 과거시제가 있으므로 주절의 시제는 현재완료시제가 필요하다. 따라서 정답은 **have known**이 된다.
　　해석 우리는 20대 중반 이후로 서로 알게 되었다.
　　어휘 mid-twenties 20대 중반

✦ 확인학습 문제 2

다음 문장을 읽고 [   ] 안에서 어법상 적절한 것을 고르시오.

01 Annie will ask me if I [need / will need] a pen.

02 The plant [has / is having] roots in appearance.

03 He will [know / be knowing] us when he gets home alone.

04 Before they [visit / will visit] you tomorrow, they will call you first.

05 She agreed on the proposal and so [does / did] the man.

06 The moment she [shows / will show] up, we will leave for Seoul.

07 When he appeared at the conference room, he [looks / looked] like a hero.

---

01 **해설** ask 다음 if절은 부사절이 아니라 명사절이므로 미래시제를 사용해야 한다. 따라서 **will need**가 정답이다.
　　해석 Annie는 내게 펜이 필요할지 물을 것이다.

02 **해설** have는 진행형 불가 동사이므로 **has**가 정답이 된다.
　　해석 그 식물은 외견상으로 뿌리를 가지고 있다.
　　어휘 appearance 외모, 모습(= look)

03 **해설** know는 진행형 불가 동사이므로 **know**가 정답이 된다.
　　해석 그가 집에 홀로 오면 우리를 알것이다.

04 **해설** 시간을 나타내는 부사절에서는 현재가 미래를 대신한다. 따라서 **visit**가 정답이다.
　　해석 내일 그들이 당신을 방문하기 전에 그들은 먼저 당신에게 전화할 겁니다.

05 **해설** 앞에 있는 동사의 시제가 과거이므로 so 다음 동사의 시제도 과거시제여야 한다. 따라서 **did**가 정답이다.
　　해석 그녀는 그 제안에 동의를 했고 그 남자도 마찬가지였다.
　　어휘 agree on ~에 동의하다 proposal 제안

06 **해설** The moment는 '~하자마자'의 뜻으로 시간을 나타내는 접속사로 사용되었다. '시조부는 현미(시간이나 조건의 부사절에서는 현재가 미래시제를 대신해야 한다)'이므로 현재시제 **shows**가 정답이 된다.
　　해석 그녀가 나타나자마자 우리는 서울로 향할 것이다.
　　어휘 the moment S + V ~하자마자 show up 나타나다

07 **해설** when절에 과거시제가 있으므로 문맥상 주절의 시제는 과거시제가 필요하다. 따라서 **looked**가 정답이 된다.
　　해석 그가 회의실에 나타났을 때 그는 마치 영웅처럼 보였다.
　　어휘 conference 회의

실 전 ◆ 문 제

▶ 정답 및 해설 p.54

01 밑줄 친 부분에 들어갈 말로 가장 적절한 것을 고르시오.

> A friend of mine didn't figure out the formula and _____ my sister.

① nor did　　　　　② neither was

③ so was　　　　　④ neither did

02 다음 밑줄 친 부분 중 어법상 적절하지 않은 것은?

> My geology teacher ① <u>explained</u> to us that the earth ② <u>goes</u> around so the sun always ③ <u>rises</u> in the east two days ago in his class. However, many a student ④ <u>doesn't</u> understand his explanation, then.

03 밑줄 친 부분에 들어갈 말로 가장 적절한 것을 고르시오.

> In 1981, a number of regions of Siberian countryside were devastated when an asteroid which _____ around the sun reached our atmosphere and caused an explosion.

① moves   ② are moving

③ moved   ④ had moved

04 우리말을 영어로 가장 잘 옮긴 것을 고르시오.

① 이 사무실 컴퓨터의 1/3이 어제 밤에 도난당했다.

   → A third of the computers in this office was stolen last night.

② 소년이 잠들자마자 그의 아버지가 집에 왔다.

   → The boy had no sooner fallen asleep than his father had come home.

③ 그때 이래로 혼밥하는 사람들의 수는 점차로 증가하고 있다.

   → Since then, the number of solo eaters have gradually increased.

④ 그 교수는 최근 3년 동안 그 일에 주의를 기울였다.

   → The professor has paid attention to the task over the recent 3 years.

05 밑줄 친 부분에 들어갈 말로 가장 적절한 것을 고르시오.

If you are personally acknowledged by your teachers, you will study hard. However, I wonder if you _____ your best.

① try

② will try

③ tried

④ had tried

06 다음 밑줄 친 부분 중 어법상 적절하지 않은 것은?

I ① <u>am</u> about to contact my future manager who ② <u>makes</u> the final hiring decision. Once I ③ <u>approach</u> the work, I ④ <u>will be</u> a good employee.

07 다음 중 어법상 적절한 것은?

① Barely did I dream that I become a doctor.

② He forced his son to enter Harvard Law School, does he?

③ Remodeling the entire buildings cost over a million dollars last year.

④ What came up with the solutions were not beneficial to us just now.

08 다음 중 어법상 적절한 것은?

① My son is resembling me very much.

② I had once believed the ridiculous event.

③ You will have to see this one if you'll like horror movies.

④ Jamie learned from the book that World War I broke out in 1914.

09 우리말을 영어로 잘못 옮긴 것을 고르시오. 2023. 지방직 9급

① 식사를 마치자마자 나는 다시 배고프기 시작했다.

→ No sooner I have finishing the meal than I started feeling hungry again.

② 그녀는 조만간 요금을 내야만 할 것이다.

→ She will have to pay the bill sooner or later.

③ 독서와 정신의 관계는 운동과 신체의 관계와 같다.

→ Reading is to the mind what exercise is to the body.

④ 그는 대학에서 의학을 공부했으나 결국 회계 회사에서 일하게 되었다.

→ He studied medicine at university but ended up working for an accounting firm.

10 어법상 옳은 것은? 2021. 국가직 9급

① Cindy loved playing the piano, and so was her son.

② I was born in Taiwan, but I have lived in Korea since I started work.

③ The novel was so excited that I lost track of time and missed the bus.

④ It's not surprising that book stores don't carry newspapers any more, doesn't it?

정 답 ✦ 해 설

01
figure out ① 이해하다 ② 계산하다
formula 공식

01 밑줄 친 부분에 들어갈 말로 가장 적절한 것을 고르시오.

> A friend of mine didn't figure out the formula and _____ my sister.

① nor did ② neither was
③ so was ④ neither did

해설 ④ 앞에 부정문이 있으므로 and 다음 neither가 있어야 하고 앞에 동사의 시제가 과거이므로 neither 다음 역시 과거시제가 필요하다. 또한, 앞에 동사가 일반동사(figure)이므로 neither 다음 도치 조동사 did가 필요하다. 따라서 neither did가 빈칸에 들어가기에 가장 적절하다. 참고로 nor는 and와 함께 사용할 수 없으므로 ①은 정답이 될 수 없다.

해석 나의 친구는 그 공식을 이해하지 못하였고 나의 여동생도 또한 이해하지 못하였다.

02
geology 지질학
explain 설명하다
explanation 설명
then 그 당시에

02 다음 밑줄 친 부분 중 어법상 적절하지 않은 것은?

> My geology teacher ① explained to us that the earth ② goes around so the sun always ③ rises in the east two days ago in his class. However, many a student ④ doesn't understand his explanation, then.

해설 ④ many a student 다음 단수동사 doesn't는 적절하지만 과거표시부사구 then이 있으므로 doesn't는 didn't로 고쳐 써야 한다.
① 과거표시부사구 two days ago가 있으므로 과거시제 explained는 어법상 적절하다.
② 불변의 진리는 현재시제를 사용해야 하고 주어가 3인칭 단수이므로 goes는 어법상 적절하다.
③ 불변의 진리는 현재시제를 사용해야 하고 주어가 3인칭 단수이므로 rises는 어법상 적절하다.

해석 지질학 선생님께서 이틀 전에 지구는 태양 주변을 돌고 그래서 태양은 항상 동쪽에서 뜬다고 우리에게 설명하셨다. 하지만 많은 학생들은 그 당시에는 그의 설명을 이해하지 못했다.

정답 01 ④ 02 ④

03 밑줄 친 부분에 들어갈 말로 가장 적절한 것을 고르시오.

> In 1981, a number of regions of Siberian countryside were devastated when an asteroid which _____ around the sun reached our atmosphere and caused an explosion.

① moves　　　　　　　　　② are moving
③ moved　　　　　　　　　④ had moved

해설 ③ 과거표시부사구 In 1981이 있으므로 과거동사 moved가 빈칸에 들어가기에 가장 적절하다.
해석 1981년, 태양을 돌던 한 소행성이 지구의 대기에 접근해서 폭발을 야기했을 때, 시베리아의 많은 시골지역들이 완전히 파괴되었다.

03
region 지역
devastate 파괴하다, 황폐화시키다
asteroid 소행성
reach ~에 이르다, 다다르다
atmosphere ① 대기 ② 분위기
explosion 폭발

04 우리말을 영어로 가장 잘 옮긴 것을 고르시오.

① 이 사무실 컴퓨터의 1/3이 어제 밤에 도난당했다.
　→ A third of the computers in this office was stolen last night.
② 소년이 잠들자마자 그의 아버지가 집에 왔다.
　→ The boy had no sooner fallen asleep than his father had come home.
③ 그때 이래로 혼밥하는 사람들의 수는 점차로 증가하고 있다.
　→ Since then, the number of solo eaters have gradually increased.
④ 그 교수는 최근 3년 동안 그 일에 주의를 기울였다.
　→ The professor has paid attention to the task over the recent 3 years.

해설 ④ 'have + p.p. ~ over / during / for / in + past / last / recent / 시간' 구문을 묻고 있다. 따라서 현재완료 has paid의 사용은 어법상 적절하다.
① 과거표시부사구 last night이 있으므로 과거동사 was의 사용은 어법상 적절하지만 주어가 부분 주어이고 of 다음 명사가 복수명사(computers)이므로 동사도 복수동사가 필요하다. 따라서 was는 were로 고쳐 써야 한다.
② 'had + no sooner + p.p. ~ than + 과거동사' 구문을 묻고 있다. 따라서 than 다음 had come은 과거시제 came으로 고쳐 써야 한다.
③ 'since + 과거(then) ~ have + p.p.(have increased)' 구문을 묻고 있다. 따라서 시제 관계는 어법상 적절하지만 the number of가 주어 자리에 위치할 때에는 단수동사가 필요하므로 have는 has로 고쳐 써야 한다.

03
steal(-stole-stolen) 훔치다
gradually 점진적으로
pay attention to
~에 주의를 기울이다

정답 **03** ③　**04** ④

05
personally 개인적으로
acknowledge 인정하다
wonder 궁금해하다, 궁금하다
try one's best 최선을 다하다

05 밑줄 친 부분에 들어갈 말로 가장 적절한 것을 고르시오.

> If you are personally acknowledged by your teachers, you will study hard. However, I wonder if you _____ your best.

① try   ② will try
③ tried   ④ had tried

해설 ② wonder 다음 if절은 명사절이고 전반적인 글의 시제가 미래 시제이므로 **will try**가 빈칸에 들어가기에 가장 적절하다.

해석 만약 당신이 개인적으로 선생님들에게 인정받는다면 당신은 열심히 공부할 것이다. 하지만 나는 당신이 최선을 다할지 궁금하다.

06
be about to ⓥ 막 ⓥ하려 하다
hiring 고용
*hire 고용하다
decision 결정
once S + V~ 일단 ~하면
employee 근로자, 피고용인

06 다음 밑줄 친 부분 중 어법상 적절하지 않은 것은?

> I ① am about to contact my future manager who ② makes the final hiring decision. Once I ③ approach the work, I ④ will be a good employee.

해설 ② is about to ⓥ는 가까운 미래를 나타내므로 문맥상 현재 동사 **makes**는 미래시제 **will make**로 고쳐 써야 한다.
① be about to ⓥ 구문은 가까운 미래를 나타내므로 현재시제 **am**의 사용은 어법상 옳다.
③ 시조부는 현미(시간이나 조건의 부사절에서는 현재가 미래시제를 대신해야 한다)이므로 현재시제 **approach**의 사용은 어법상 적절하다.
④ 시조부는 현미이므로 주절의 미래시제 **will be**의 사용은 어법상 옳다.

해석 나는 최후의 고용 결정을 할 미래의 나의 매니저가 될 사람과 곧 만날 것이다. 일단 내가 그 직장에 가면 나는 좋은 근로자가 될 것이다.

07 다음 중 어법상 적절한 것은?

① Barely did I dream that I become a doctor.

② He forced his son to enter Harvard Law School, does he?

③ Remodeling the entire buildings cost over a million dollars last year.

④ What came up with the solutions were not beneficial to us just now.

07
force 강요하다
cost (-cost-cost) 비용이 들다
come up with 생각해내다,
　　　　　　 떠오르다
beneficial 유익한, 이로운
just now 방금 전에(=just ago)

해설 ③ 주어가 Remodeling(동명사)이므로 동사는 단수동사가 필요하다. 하지만 문장 제일 마지막에 last year(과거 표시 부사구)가 있으므로 동사 cost는 현재시제가 아니라 과거시제로 사용되었다(cost는 과거나 과거분사 모두 cost이다). 따라서 어법상 옳다.

① 부정어 Barely가 문두에 위치해 주어동사의 도치는 어법상 적절하지만 주절의 시제가 과거(did)이므로 that절의 시제도 과거나 과거완료가 필요하다. 따라서 현재시제 become은 문맥상 would become으로 고쳐 써야 한다.

② 주절의 시제가 과거시제이므로 부가의문문의 시제도 과거시제가 필요하다. 따라서 does는 didn't로 고쳐 써야 한다.

④ 과거표시 부사구 just now가 있으므로 과거시제의 사용은 어법상 적절하지만 주어가 명사절(What came~)이므로 단수동사가 필요하다. 따라서 복수동사 were는 단수동사 was로 고쳐 써야 한다.

해석 ① 내가 의사가 될 것이라고는 전혀 꿈꾸지 않았다.
② 그는 아들이 하버드 로스쿨에 입학하기를 강요했어, 그렇지?
③ 전체 건물들을 리모델링하는 것 때문에 작년에 백만 불 이상의 비용이 들었다.
④ 방금 전에 그 해결책과 함께 떠오른 것이 우리에게 유리하지는 않았다.

08 다음 중 어법상 적절한 것은?

① My son is resembling me very much.

② I had once believed the ridiculous event.

③ You will have to see this one if you'll like horror movies.

④ Jamie learned from the book that World War I broke out in 1914.

08
resemble 닮다
ridiculous 어처구니없는,
　　　　　 터무니없는
break out 발발하다, 발생하다

해설 ④ 과거표시부사구(in 1914)는 과거시제와 함께 사용해야 하므로 과거시제 broke의 사용은 어법상 적절하다.

① resemble은 진행형 불가동사이므로 어법상 적절하지 않다. 따라서 is resembling은 resembles로 고쳐 써야 한다.

② 과거표시부사 once가 있으므로 과거완료시제 had believed는 과거시제 believed로 고쳐 써야 한다.

③ 시조부는 현미이므로 will like는 like로 고쳐 써야 한다.

해석 ① 나의 아들은 나를 많이 닮았다.
② I 는 한때 그 어처구니없는 사건을 믿었었다.
③ 만약 당신이 공포영화를 좋아한다면 이 영화는 반드시 봐야할 것이다.
④ Jamie는 책으로부터 제1차 세계대전이 1914년에 발발했다는 것을 배웠다.

정답 07 ③ 08 ④

09

no sooner A than B
A하자마자 B했다
end up ~ing 결국 ~하게 되다
accounting 회계
firm 회사

09 우리말을 영어로 잘못 옮긴 것을 고르시오. 2023. 지방직 9급

① 식사를 마치자마자 나는 다시 배고프기 시작했다.

→ No sooner I have finishing the meal than I started feeling hungry again.

② 그녀는 조만간 요금을 내야만 할 것이다.

→ She will have to pay the bill sooner or later.

③ 독서와 정신의 관계는 운동과 신체의 관계와 같다.

→ Reading is to the mind what exercise is to the body.

④ 그는 대학에서 의학을 공부했으나 결국 회계 회사에서 일하게 되었다.

→ He studied medicine at university but ended up working for an accounting firm.

[해설] ① 부정어 No sooner가 문두에 위치하면 주어와 동사가 도치되어야 하고 No sooner는 과거완료시제를 이끌므로 No sooner I have finishing은 No sooner had I finished로 고쳐 써야 한다.
② 조동사 will have to의 사용과 '조만간'의 의미를 갖는 sonner or later의 사용 모두 어법상 적절하다.
③ 관계대명사 what의 관용적 표현인 'A is to B what C is to D (A와 B의 관계는 C와 D의 관계와 같다)' 구문의 사용은 어법상 옳다.
④ 접속사 but을 기준으로 과거동사의 병렬과 동명사의 관용적 용법인 end up ~ing(결국 ~하게 되다) 구문 모두 어법상 적절하다.

10

miss ① 그리워하다 ② 놓치다
③ 실종되다, 사라지다

10 어법상 옳은 것은? 2021. 국가직 9급

① Cindy loved playing the piano, and so was her son.

② I was born in Taiwan, but I have lived in Korea since I started work.

③ The novel was so excited that I lost track of time and missed the bus.

④ It's not surprising that book stores don't carry newspapers any more, doesn't it?

[해설] ② 'have + p.p. ~ since + 과거시제'의 사용은 어법상 적절하고 태어난 시점은 과거이고 지금 현재 한국에 살고 있으므로 문맥상 시제 일치 역시 어법상 옳다.
① so + V + S (도치구문) 을 묻고 있다. 앞에 긍정문이 있으므로 so의 사용은 어법상 적절하지만 주절의 동사가 일반동사 loved가 있으므로 이를 대신하는 대동사 was의 사용은 어법상 적절하지 않다. 따라서 was는 did로 고쳐 써야 한다.
③ 감정표현동사 exite의 주체가 사물(novel)이므로 exited는 exiting으로 고쳐 써야 한다.
④ 부가의문문은 앞에 부정문이 있을 때 뒤에 긍정이 와야 하고 앞에 동사가 be동사일 때에는 be동사를 사용해야 하므로 doesn't는 is로 고쳐 써야 한다

[해석] ① Cindy는 피아노 치는 것을 매우 좋아했고 그녀의 아들도 그랬다.
② 나는 대만에서 태어났지만 일을 시작한 후 한국에서 살고 있다.
③ 그 소설이 너무 재미있어서 나는 시간가는 줄 몰랐고 그래서 버스를 놓쳤다.
④ 서점에 신문을 더 이상 두지 않는 것은 놀랄 일이 아니야, 그렇지 않니?

정답 **09** ① **10** ②

CHAPTER 03 동사와 문장의 형식(동사의 본질)

Unit ✦ 01 주어 + 동사 + 다음 구조

01 완전 자동사와 1형식 문장 구조

1형식 문장은 주어(S)와 동사(V)로만 의미가 통하는 문장 형식을 말하며 이러한 1형식 문장에 쓰이는 동사를 완전 자동사라 한다. 1형식 동사 뒤에는 수식어구[전치사구 또는 부사(구)]가 올 수 있다.

① They came here yesterday.

② The problem only exists in your head.

③ I should go to Italy on business.

① 어제 그들이 이곳에 왔다.

② 그 문제는 오직 당신의 생각일 뿐이다.
exist 존재하다, 있다

③ 난 업무상 이탈리아로 가야만 한다.
on business 업무상(때문에)

1 주요 1형식 동사

(1) 나고 오는 동사

come 오다	return 돌아오다	arrive 도착하다
appear 나타나다	emerge 나오다, 나타나다	
happen 일어나다, 발생하다(= occur, arise, take place)		

(2) 존재하며 사는 동사

be ~에 있다, 존재하다(= exist)	live 살다	settle ~에 정착하다
dwell ~에 거주하다(= reside)	lie ~에 있다, 눕다	rest 휴식하다
work 일하다	wake 깨다	sleep 잠자다
breathe 숨 쉬다	last 지속되다	continue 계속하다
laugh 웃다	yawn 하품하다	extend ~에 걸쳐 있다(= range)
remain 남아 있다	function 기능하다	

1형식 문법포인트

1. S + 1형식 동사 + 부사
2. S + 1형식 동사 + 전치사구
3. 1형식 동사는 수동 불가

(3) 올라갔다 내려갔다 동사

increase 증가하다	decrease 감소하다	soar 치솟다
skyrocket 치솟다	stand 서다	sit 앉다
surge 급증하다	grow 성장하다, 자라다	dwindle 줄어들다
rise 오르다	fall 떨어지다	jump 뛰어오르다
develop 발전하다	evolve 진화하다	decline 감소하다

(4) 가는 동사

go 가다	die 죽다	disappear 사라지다
vanish 사라지다	walk 걷다	roam 배회하다
wander 배회하다	run 뛰다	move 움직이다
depart 출발하다	leave ~를 향해 가다	cease 중단되다
end 끝나다	migrate 이주하다	fade 사라지다
expire 만료되다	retire 은퇴하다	resign 사직(사임)하다

■ 확인학습 문제

다음 중 어법상 틀린 것은?

① Peter Smith went to Rome for a honeymoon yesterday.
② The price of oil has rapidly decreased nowadays.
③ The employer wandered aimlessly around the office.
④ Wisdom teeth are emerged after 18-year old of age.

해설 ④ emerge는 1형식 동사이므로 수동이 불가하다. 따라서 are emerged는 emerge로 고쳐 써야 한다.
　　① go는 1형식 동사이므로 수동이 불가하고 또한 바로 뒤에 전치사구가 위치할 수 있으므로 어법상 적절하다.
　　② decrease는 1형식 동사이므로 수동이 불가하고 has p.p.사이에 부사가 위치할 수 있으므로 어법상 옳다.
　　③ wander는 1형식 동사이므로 수동이 불가하고 또한 바로 뒤에 부사가 위치할 수 있으므로 어법상 적절하다.
해석 ① Peter Smith는 어제 로마로 신혼여행을 갔다.
　　② 기름 가격이 요즘 빠르게 하락하고 있다.
　　③ 그 고용주는 정처 없이 사무실 주변을 배회했다.
　　④ 사랑니는 18살 이후에 나온다.
어휘 honeymoon 신혼여행　rapidly 빠르게　nowadays 요즘　employer 고용주 *employ 고용하다 *employee
피고용인　aimlessly 목적 없이, 정처 없이 *aim 목적 *aimless 목적 없는, 정처 없는　around 주위에, 둘레에; 대략, 약
wisdom tooth 사랑니

정답 ④

2 완전 자동사의 주어 동사 도치

완전 자동사로 이루어진 1형식 문장에서 시간·장소·위치의 전치사구나 부사(구)가 강조를 위해 문두로 나오게 되면 주어와 동사의 어순이 도치된다.

① After a storm comes a calm.

② Last night happened a strong earthquake.

③ On the hill in front of them stood a great castle.

④ There were people who obtain their water in some villages.

① 폭풍이 지나고 고요함이 찾아왔다(고생 끝에 낙이 온다).
storm 폭풍(우)
calm 고요함, 평온함
② 어젯밤 강진이 발생했다.
earthquake 지진

③ 그들 앞에 있는 언덕 위에 큰 성이 서 있었다.
hill 언덕
stand 서 있다, 위치하다
castle 성
④ 몇몇 마을에서 물을 구하는 사람들이 있었다.
obtain 얻다, 구하다
village 마을

02 불완전 자동사와 2형식 문장 구조

2형식 문장은 주어와 동사만으로 의미 전달이 안 되며 주어를 보충해 주는 보어가 필요한데, 이러한 2형식 문장에 쓰이는 동사를 불완전 자동사라 한다. 이때 보어 자리에는 형용사나 명사가 온다.

① He was a legend in his field.

② Mr. Kim remained silent during the meeting.

③ My father turned pale at the news.

④ When we heard the noise, we felt nervous.

⑤ She really seemed normal at the moment.

① 그는 자기 분야에서 전설이었다.
legend 전설
field 분야, 현장
② 김 선생님은 회의 동안 침묵했다.
remain 유지하다
silent 조용한
meeting 회의
③ 그 소식에 아버지는 창백해지셨다.
pale 창백한, 핏기 없는
turn pale 안색이 창백해지다
④ 우리가 소음을 들었을 때, 우리는 불안했다.
noise 소음, 잡음
nervous 불안한, 긴장한
⑤ 그때 그녀는 정말 괜찮은 것 같았다.
seem ~인 것 같다
normal 정상적인
at the moment 그때, 그 순간에

One Tip 2형식 동사 해석 요령

2형식 동사 뒤에 형용사가 보어 자리에 위치하면 2형식 동사는 '이다, 하다, 되다, 지다' 정도로 해석하면 된다.

2형식 문법포인트
1. S + 2형식 동사 + 형용사
2. 2형식 동사는 수동 불가

1 주요 2형식 동사

(1) 2형식 상태 지속 동사('~이다, ~하다'의 의미)

> be, stay, remain, keep, hold, lie, stand, sit

(2) 2형식 상태 변화 동사('~되다, ~지다'의 의미)

> become, get, grow, turn, go, fall, run, come, continue

(3) 2형식 감각 동사

> smell ~한 냄새가 나다
> taste ~한 맛이 나다
> look ~처럼 보이다
>
> feel ~인 느낌이 들다
> sound ~처럼 들리다

(4) 2형식 판명(판단) 동사

> prove, turn out ~로 판명되다
>
> seem, appear ~인 것 같다

(5) VC 하나로 묶기

> stay awake 깨어 있다
> go mad 미치다
> come loose 느슨해지다
> fall sick 병들다
> run dry (강 등이) 마르다
> lie thick 두텁게 쌓여 있다
> grow loud 시끄러워지다
> hold good 유효하다
>
> go bad (음식들이) 상하다
> go wrong (일이) 잘못되다
> fall(run) short 부족해지다
> fall asleep 잠들다
> continue weak 약해지다
> grow distant (관계가) 멀어지다
> come true 실현되다
> turn pale 창백해지다

확인학습 문제

다음 중 어법상 가장 적절한 것은?

① I feel happily whenever I saw her.

② In summer, foods go badly with ease.

③ You turn pale and your voice sounds strange.

④ This rule holds well to all students in the school.

해설 ③ 2형식 동사 turn 다음 형용사 pale은 적절하고 2형식 감각동사 다음 형용사 strange도 적절하므로 어법상 옳다.
　　① 2형식 감각동사인 feel은 형용사보어를 필요로 한다. 따라서 부사 happily를 형용사 happy로 바꿔야 한다.
　　② 2형식 자동사인 go는 형용사보어를 필요로 한다. 따라서 부사 badly를 형용사 bad로 고쳐 써야 한다.
　　④ 2형식 자동사인 hold는 형용사보어를 필요로 한다. 부사 well을 형용사 good으로 바꿔야 한다.
해석 ① 나는 그녀를 볼 때마다 행복하다.
　　② 여름에는, 음식이 쉽게 상한다.
　　③ 당신은 안색이 창백해 보이고 목소리가 이상하게 들린다.
　　④ 이 규칙은 이 학교 모든 학생들에게 유효하다.
어휘 whenever ~할 때마다　badly (부정적 개념) 심하게, 몹시　with ease 쉽게(＝easily)　meeting 회의
　　pale 창백한 (turn pale 창백해지다)　strangely 이상하게　rule 규칙; 지배하다　well 잘; 우물

정답 ③

2 자리값에 의해 달라지는 동사의 의미

같은 동사라도 동사 다음에 위치하는 내용에 따라서 그 의미가 달라진다.

① 그는 아들과 함께 공항으로 갔다.

① He got to the airport with his son.

② 그는 그 소식을 들었을 때 화가 났다.

② He got angry when he heard the news.

③ 그는 그의 상사로부터 이메일을 받았다.

③ He got an email from his boss.

④ 그는 그녀에게 생일날 멋진 선물을 주었다.

④ He got her a nice gift for her birthday.

⑤ 그는 그녀에게 나가기 전에 자기 방을 청소하도록 시켰다.

⑤ He got her to clean his room before going out.

One Tip 동사의 종류에 따라서 의미가 달라지는 주요 동사

동사	1형식 자동사	3형식 타동사	동사	1형식 자동사	3형식 타동사
count	중요하다	세다, 계산하다	pay	이익이 되다	지불하다
do	충분하다	하다	run	달리다	운영하다
decline	감소하다	거절하다	stand	서다	참다, 견디다
survive	생존하다	이겨내다, 견디다	miss	실종되다, 사라지다	그리워하다, 놓치다
leave	~를 향해 가다	~를 떠나다	settle	정착하다	해결하다

3 be to 용법

be동사 다음 to ⓥ가 나오면 '~하는 것이다'로 해석하는 게 원칙이다. 하지만 be동사 다음 to ⓥ가 '예정(~할 것이다)'이나 '가능(~할 수 있다)' 또는 '의무(~해야 한다)'의 의미로 사용될 수도 있다.

① My plan is to go to Europe.

② He is to go to Europe.

③ Every student is to take the exam this month.

④ You are to hand in your homework until tomorrow.

① 내 계획은 유럽으로 가는 것이다.
plan 계획, 일정

② 그는 유럽으로 갈 예정이다.

③ 모든 학생이 이번 달에 시험을 치를 예정이다(치러야 한다).
take the exam 시험을 치르다

④ 당신은 내일까지 숙제를 제출해야 한다.
hand in 제출하다
until ~까지

★ 확인학습 문제

다음 우리말을 영어로 옮긴 것 중 가장 적절한 것은?

① 그 변호사를 고용하는 것은 아마도 비용이 많이 들 것 같다.
  → To employ the attorney will probably pay too much.
② 그녀의 남편은 2개의 공장과 3개의 멋진 식당을 뛰어다닌다.
  → Her husband runs two factories and three nice restaurants.
③ 모든 피고용인들은 제시간에 그 프로젝트를 끝내야만 한다.
  → All the employees are to finish the project on time.
④ 그의 계획은 탁월한 것 같고 효과적인 것 같았다.
  → His plan seemed brilliance and proved effective.

해설 ③ be to ⓥ는 'ⓥ해야 한다'의 뜻으로 사용될 수 있으므로 적절한 영작이다.
　　① pay가 1형식 동사로 사용될 때에는 '이익이 되다'의 뜻이므로 적절한 영작이 될 수 없다.
　　② run이 3형식 동사로 사용될 때에는 '운영하다'의 뜻이므로 적절한 영작이 될 수 없다.
　　④ 2형식 동사 prove 다음 형용사 effective는 적절하지만 2형식 동사 seem 다음 명사 brilliance는 적절하지 않다.
어휘 **attorney** 변호사 **employee** 피고용인, 직원 **on time** 정각에, 제시간에 **brilliance** 탁월함; 명석함
　　effective 효과적인

정답 ③

3형식 문법포인트
1. 재귀대명사
2. 구동사의 쓰임
3. 자동사로 착각하기 쉬운 타동사

03 완전 타동사와 3형식 문장 구조

타동사는 동사 뒤에 대상(목적어)이 있어야 하는 동사를 말하며 이러한 3형식 문장에 쓰이는 동사를 완전 타동사라 한다. 완전 타동사 다음에 목적어가 이어지는 구조가 3형식 문형이 된다.

① 나는 새 자전거를 사려고 돈을 저금했다.
save ~을 저축하다, 아껴 두다

① I saved money for a new bike.

② 그는 온 맘을 다해 그녀를 사랑했다.
with a whole heart
온 마음을 다해

② He loved her with a whole heart.

③ 그는 2년 전 히말라야를 등반하기로 결심했다.
decide ~을 결심하다
climb 등반하다, 오르다

③ He decided to climb the Himalayas two years ago.

④ 그녀는 뉴욕으로 그녀의 비서를 보내는 것을 연기했다.
postpone ~을 연기하다
secretary 비서

④ She postponed sending her secretary to New York.

⑤ 우리는 삶에 있어 무엇이 중요하거나 하찮은 것인지 결정했다.
determine ~을 결정[결심]하다
trivial 사소한, 하찮은

⑤ We determined what is important or trivial in life.

⑥ 그는 그녀가 웃는지 우는지 알 수가 없었다.
laugh 웃다
if 만약 ~라면; ~인지 아닌지; 비록 ~일지라도

⑥ He couldn't know if she was laughing or crying.

One Tip 자동사와 타동사

자동사 : 동사의 동작이나 상태가 주어 자신에게만 영향을 준다.
• The oil price increased very fast. 유가가 아주 빠르게 올랐다.

타동사 : 동사의 동작이나 상태가 주어가 아닌 대상(목적어)에 영향을 준다.
• The inflation increased the oil price. 인플레이션이 유가를 올렸다.

Two Tips 재귀대명사

동사의 목적어는 동사의 대상이며, 동사의 주체인 주어와 동일하지 않다(I love you). 그러나 경우에 따라서는 동사의 주체인 주어와 동사의 대상인 목적어가 일치하는 경우가 있다. 이런 경우 영어는 목적어 자리에 특별한 목적어를 사용하는데 이를 재귀대명사(목적격/소유격 + self)라 한다.

• He killed himself with a pistol the day before yesterday. 엊그제 그는 총으로 자살했다.
cf He killed him with a pistol the day before yesterday.
엊그제 그는 그 사람을 총으로 살해했다. (그와 그 사람은 다른 사람)

어휘 kill ~을 죽이다, 살해하다 pistol 권총 the day before yesterday 그저께, 엊그제

1 구동사(Phrasal Verb)

자동사에 전치사를 붙여서 타동사로 사용되는 경우가 있는데 이를 구동사라 한다. 구동사는
숙어처럼 외워야 한다.

① He always subscribes to the daily newspaper.

② The doctor operated on the patient.

③ He graduated from the high school 5 years ago.

① 그는 항상 일간지를 구독한다.
subscribe to ~을 구독하다

② 그 의사는 환자를 수술했다.
operate on ~을 수술하다

③ 그는 **5**년 전에 고등학교를 졸업
했다.
graduate from ~을 졸업하다

One Tip 그냥 숙어처럼 외워야 할 구동사

❶ 전치사 for와 결합하는 동사

account for ~을 설명하다	look for ~을 찾다, 구하다
care for ~을 돌보다	apply for ~을 신청하다
wait for ~을 기다리다	compete for ~을 위해 싸우다

❷ 전치사 with와 결합하는 동사

interfere with ~을 방해하다	comply with ~에 순응하다
cope with ~에 대처하다	contend with ~와 싸우다
deal with ~을 다루다	cooperate with ~와 협력하다
experiment with ~을 실험하다	go with ~와 어울리다
proceed with ~을 진행하다	hang out with ~와 놀다
contrast with ~와 대조를 이루다	

❸ 전치사 on과 결합하는 동사

operate on ~을 수술하다	fall back on ~에 의존하다
embark on ~을 시작하다	count on ~에 의존하다
attend on ~을 시중들다	focus on ~에 집중하다
rely on ~에 달려 있다, ~에 의존하다	concentrate on ~에 집중하다
depend on ~에 달려 있다, ~에 의존하다	insist on ~을 고집하다

❹ 전치사 from과 결합하는 동사

differ from ~과 다르다	result from ~에서 기인하다
stem from ~에서 비롯(유래)되다, ~에서 얻다	graduate from ~을 졸업하다
derive from ~에서 비롯(유래)되다, ~에서 얻다	refrain from ~을 삼가다, ~을 억제하다

❺ 전치사 in(to)와 결합하는 동사

participate in ~에 참여하다	result in ~을 초래하다
engage in ~에 참여[종사]하다	enter into ~을 시작하다

❻ 전치사 of와 결합하는 동사

consist of ~으로 구성되다	approve of ~을 인정하다
dispose of ~을 제거하다	speak of ~에 대해 말하다
beware of ~을 주의하다	

❼ 전치사 to와 결합하는 동사

attend to ~에 관심을 기울이다	subscribe to ~을 구독하다
get to ~에 도착하다	belong to ~에 속하다
object to ~에 반대하다	listen to ~을 듣다
lead to ~을 초래하다	refer to ~을 언급[참고]하다
react to ~에 반응하다	amount to ~에 달하다
respond to ~에 반응[응답]하다	resort to ~에 의존하다

❽ 기타 전치사와 결합하는 동사

laugh at ~을 비웃다	go through 겪다, 경험하다
look at ~을 보다	look down on ~을 깔보다
get through ~을 끝내다, ~을 통과하다	get over 극복하다, 회복하다

❾ 다른 전치사와 결합하면 의미가 달라지는 동사

agree	agree with + 사람	~에게 동의하다
	agree to + 사물	~에 동의하다
	agree on + 사물	~에 합의하다

- I couldn't agree with you more. 난 전적으로 너에게 동의한다.
- Finally they agreed to my opinion. 그들은 마침내 내 의견에 동의했다.
- We agreed on the arrangement. 우리는 그 협약에 합의했다.

succeed	succeed in	~에 성공하다
	succeed to	~을 계승하다

- He succeeded in the exam. 그는 시험에 성공했다.
- The man succeeded to his father's business. 그 남자는 아버지의 사업을 계승했다.

result	result from + 원인	~로부터 기인하다
	result in + 결과	~을 초래하다[야기시키다]

- Disease often results from poverty. 질병은 종종 빈곤으로부터 기인한다.
- Her small mistakes result in the big incident. 그녀의 작은 실수는 큰 사고를 초래한다.

Two Tips 타동사 + 목적어 + 전치사 + 명사

❶ S + V(주다, 제공하다) + 목적어 + with + 명사
                                   A   B

provide, supply, furnish, present 주다, 제공하다

- He provided her with rice. 그는 그녀에게 쌀을 주었다.
- You must supply a user with the useful information.
  당신은 사용자에게 유용한 정보를 제공해야 한다.
- I want to furnish you with some examples to prove this.
  나는 당신에게 이것을 증명할 수 있는 몇몇 예를 주고 싶다.
- We presented the older people with a medical service.
  우리는 노인들에게 의료 서비스를 제공했다.

❷ S + V(제거 · 박탈하다) + 목적어 + of + 명사
                                   A   B

rob 강탈하다	deprive 빼앗다	rid 없애다, 제거하다
ease 진정시키다	relieve 완화시켜 주다, 덜어 주다	

- The big man robbed me of my watch. 그 큰 남자가 나에게서 시계를 빼앗았다.
- Her illness deprived her of a chance to go to college.
  그녀의 질병이 그녀에게서 대학에 갈 기회를 빼앗았다.
- My grandma rid the living room of the old furniture.
  나의 할머니는 거실에 있는 오래된 가구를 없앴다.
- This medicine will ease her of her headache. 이 약이 그녀의 두통을 진정시켜줄 것이다.
- The new secretary relived us of some of the paperwork.
  그 새로운 비서가 우리의 몇몇 업무를 덜어주었다.

❸ S + V(통고 · 확신하다) + 목적어 + of + 명사
                                   A   B

inform(notify) 알리다	remind 상기시키다	assure 확신시키다
convince 확신시키다	warn 경고하다	accuse 고발하다

- She informed(notified) her customer of its address. 그녀는 그녀의 고객에게 그 주소를 알려주었다.
- This picture reminded her of her father. 그 사진이 그녀에게 아버지를 상기시켰다.
- They assured him of their innocence. 그들은 그에게 자신들의 무죄를 확신했다.
- He must convince his boss of his ability. 그는 그의 상사에게 자신의 능력을 확신시켜야만 한다.
- Many doctors warned him of drug abuse. 많은 의사들이 그에게 약물 남용을 경고했다.
- The customer accused the employee of his dishonest.
  그 고객은 그 직원이 정직하지 않아서 고발했다.

❹ S + V(비난 · 칭찬 · 감사하다) + <u>목적어</u> + for + <u>명사</u>
                                         A   B

blame 비난하다	criticize 비판하다	punish 벌하다
scold 꾸짖다	praise 칭찬하다	reward 보상하다
thank 감사하다		

- The manager blamed(criticized) workers for their carelessness.
  그 매니저는 노동자들을 그들의 부주의 때문에 비난했다.
- They used to punish the criminal for not behaving correctly.
  그들은 그 범죄자가 올바르게 행동을 하지 않은 것 때문에 처벌하곤 했다.
- The teacher scolded the student for his laziness and rudeness.
  그 선생님은 그 학생의 게으름과 무례함을 꾸짖었다.
- The column praised a government official for the investment.
  그 사설은 정부관료의 투자를 칭찬했다.
- They rewarded her efforts for a cash bonus and vacation.
  그들은 그녀의 노력을 현찰 보너스와 휴가로 보상했다.

❺ S + V(구별하다) + <u>목적어</u> + from + <u>명사</u>
                          A   B

distinguish 구별하다	tell 구별하다	know 구별하다
discriminate 차별하다		

- They cannot distinguish him from his classmate. 그들은 그와 그의 학우를 구별할 수 없다.
- The program is to discriminate letters from numbers.
  그 프로그램은 문자와 숫자를 식별하는 것이다.
- He can tell the right from the wrong. 그는 옳고 그름을 구별할 수 있다.
- Do you know my voice from his one? 당신은 내 목소리와 그의 목소리를 구별할 수 있나요?

❻ S + V(탓으로 돌리다, 기인하다) + <u>목적어</u> + to + <u>명사</u>
                                        A   B

attribute, ascribe ~탓으로 돌리다	owe 덕택[덕분]이다

- He attributed his error to his mom. 그는 자신의 잘못을 엄마 탓으로 돌렸다.
- He owes his success to hard work. 그는 열심히 일한 덕분에 성공했다.

❼ S + V(막다, 못하게 하다) + <u>목적어</u> + from + <u>명사(ⓥ-ing)</u>
                                A   B

stop, keep, prevent, hinder, deter, discourage, prohibit 막다, 못하게 하다

- They kept their kids from attending the club.
  그들은 그들의 아이들이 그 클럽에 가입하는 것을 못하게 했다.
- The boss deterred the employee from smoking. 그 사장은 직원이 흡연하는 것을 못하게 했다.
- To prohibit them from entering the place is discrimination.
  그들이 그 곳에 들어가는 것을 막는 것은 차별이다.

❽ S + V(여기다, 간주하다) + <u>목적어</u> + as + <u>명사(형용사/분사)</u>
                              A   B

regard, see, view, look upon, think of, describe... 여기다(간주하다)

- The businessman thought of himself as a successful leader.
  그 사업가는 자신을 성공한 지도자라고 여겼다.
- Some people looked upon going to a shopping mall as luxury.
  몇몇 사람들은 쇼핑몰에 가는 것을 사치라고 여겼다.
- Describing him as 'king of kings' was not a good judgement.
  그를 '왕중왕'으로 묘사하는 것은 좋은 판단이 아니었다.

❷ 자동사로 착각하기 쉬운 타동사

어떤 동사들은 우리말로 해석할 때 마치 자동사처럼 해석이 되는데 이 때문에 타동사로 착각하기 쉬워진다. 그래서 공시영어에서는 이 부분을 시험 문제로 자주 출제하고 있다. 예를 들어 marry라는 동사는 우리말로 '~와 결혼하다'로 해석된다. 그래서 마치 marry 뒤에는 전치사 with가 와도 전혀 어색하지 않을 것 같지만 marry는 타동사이므로 전치사 없이 결혼하는 대상인 목적어가 이어져야 한다.

① 나는 결코 그녀가 얼마나 아름다운지에 대해 언급하지 않았다.
mention ~에 대해 언급하다

① I never mentioned how beautiful she is.

② 우리는 언제 우리가 한국에 가야만 하는지에 대해 논의할 필요가 있다.
discuss ~에 대해 토론하다

② We need to discuss when we should go to Korea.

③ 나는 에어컨 없이 여름을 버텨냈다.
survive ~을 견디다, 버티다
air conditioner 에어컨

③ I survived the summer without an air conditioner.

④ 나는 어머니를 닮았지만 여동생은 아버지를 닮았다.
resemble ~를 닮다

④ I resemble my mother but my sister resembles her father.

One Tip 자동사로 착각하기 쉬운 타동사

enter (into) ~에 들어가다	attend (in/on) ~에 참석하다
reach (at/in/to) ~에 도착하다	approach (to) ~에 접근하다
marry (with) ~와 결혼하다	access (to) ~에 접근하다
discuss (about) ~에 대해 토론하다	mention (about) ~에 대해 언급하다
answer (to) ~에 답하다	follow (behind) ~의 뒤를 따르다
obey (to) ~에 복종하다	inhabit (in) ~에 살다, 거주하다
resemble (with) ~을 닮다	greet (to) ~에게 인사하다
accompany (with) ~와 동행하다	influence (on) ~에 영향을 주다
await (for) ~를 기다리다	affect (on) ~에 영향을 끼치다
equal (to) ~과 같다	join (with) ~와 함께하다
comprise (to) ~로 구성되다	oppose (to) ~에 반대하다
promote (to) ~로 승진하다	

확인학습 문제

01 다음 중 어법상 가장 적절한 것은?

① The government has trouble in disposing nuclear waste.

② She fell back her usual excuse of having no time.

③ I thought my professor could not account for this phenomenon.

④ I wish my mother would stop interfering my own decisions.

02 다음 우리말을 영어로 옮긴 것 중 가장 적절한 것은?

① 심지어 교도소에 있으면서도 그는 계속 범죄 활동에 참여했다.

→ Even in prison, he continued to engage criminal activities.

② 그 회장은 기자들에게 그 사실을 이야기하는 것을 거부했다.

→ The president refused to speak the fact to the journalists.

③ 그들은 친구들과 어울릴 때 결코 우리와 함께 동행하지는 않는다.

→ They never accompany us when they are hanging out with friends.

④ 그 시스템은 고용주들이 피고용인들의 요구에 유연하게 반응할 수 있게 해 준다.

→ The system enables employers to respond flexibly the needs of their employees.

03 다음 중 어법상 적절하지 않은 것은?

① Mothers scold their children for playing too many games.

② A number of features discriminate this species from others.

③ The new secretary will relieve us some of the paperwork.

④ The hospital has to provide patients with the best medical service.

04 다음 우리말을 영어로 옮긴 것 중 가장 적절한 것은?

① 이 지역 안에 살고 있는 몇 가지 희귀식물들이 멸종 위기에 있다.

→ Some of the rare plants that inhabit in the area are in danger of extinction.

② 미술 재료는 페인트, 붓, 캔버스 등으로 구성되어 있다.

→ Art materials comprise in paint, brushes, canvas, and so on.

③ 그 연예인은 자신의 가족에 대한 질문에 대답하기를 거부했다.

→ The entertainer denied answering to the questions against his family.

④ 그 노인은 쉬고 싶어서 의자에 앉았다.

→ The old man wants to relax, so he seated himself on the chair.

01 해설 ③ account for는 '~을 설명하다'의 의미를 갖는 구동사이므로 어법상 적절하다.
① dispose는 구동사로 전치사 of와 함께 사용해야 하므로 어법상 적절하지 않다. 따라서 dispose 다음 전치사 of가 필요하다.
② fall back은 전치사 on과 함께 '~에 의존하다'의 뜻으로 사용되므로 fall back은 전치사 on과 함께 사용해야 한다.
④ interfere는 구동사로 전치사 with나 in과 함께 사용해야 하므로 어법상 적절하지 않다. 따라서 interfere 다음 전치사 with가 필요하다.

해석 ① 그 정부는 핵폐기물 처리에 어려움을 겪고 있다.
② 그녀는 시간이 없다는 그녀의 일상적인 변명에 의존했다.
③ 나는 교수님이 그 현상을 설명할 수 없다고 생각했다.
④ 나는 엄마가 내 자신의 결정을 방해하는 것을 멈추기를 소망한다.

어휘 have trouble (in) ~ing ~하는 데 어려움을 겪다 dispose of ~을 처분[처리]하다 nuclear waste 핵폐기물 fall back on ~에 의존[의지]하다 excuse 용서하다; 변명, 핑계 interfere with[in] ~을 방해하다, ~에 개입하다 own 소유하다; (소유격 앞에서 소유격 강조) ~자신의 decision 결정, 결심

02 해설 ③ accompany는 타동사로서 전치사 없이 바로 목적어가 와야 하므로 어법상 적절하다.
① engage는 구동사로서 전치사 in과 함께 사용해야 한다. 따라서 어법상 적절하지 않다.
② speak는 구동사로서 전치사 of와 함께 사용해야 한다. 따라서 어법상 적절하지 않다.
④ respond는 구동사로서 전치사 to와 함께 사용해야 한다. 따라서 어법상 적절하지 않다.

어휘 prison 교도소, 감옥 continue 계속하다 engage in ~에 참여하다 criminal 범죄의; 범죄자 activity 활동 refuse 거절[거부]하다 journalist 기자 accompany ~와 동행하다 hang out with ~와 어울리다[놀다] enable 할 수 있게 하다 respond to ~에 반응하다(= react to) flexibly 유연하게

03 해설 ③ relieve A of B 구문을 묻고 있다. A(us) 다음 전치사 of가 없다. 따라서 어법상 적절하지 않다.
① scold A for B 구문을 묻고 있다. 따라서 어법상 옳다.
② discriminate A from B 구문을 묻고 있다. 따라서 어법상 적절하다.
④ provide A with B 구문을 묻고 있다. 따라서 어법상 옳다.

해석 ① 엄마들은 아이들이 게임을 너무 많이 하는 것 때문에 꾸짖는다.
② 많은 특징들이 이 종과 다른 종들을 구별해 준다.
③ 그 새 비서가 우리의 문서 업무 중 일부를 덜어 줄 것이다.
④ 그 병원은 최고의 의료 서비스를 환자에게 제공해야 한다.

어휘 scold A for B A를 B 때문에 꾸짖다 a number of 많은 feature 특징, 특색 discriminate A from B A를 B와 구별[차별]하다 species 종 secretary 비서 relieve A of B A에게 B를 덜어주다[완화시켜주다] paperwork 문서 업무 provide A with B A에게 B를 제공하다

04 해설 ④ seat은 타동사로 바로 뒤에 목적어가 있어야 한다. 제시문에서는 그 노인이 자리에 앉은 것으로 주어와 목적어가 일치하므로 he seated himself(재귀대명사)는 어법상 적절하다.
① inhabit은 타동사로 바로 뒤에 목적어가 있어야 한다. 따라서 inhabit in은 어법상 적절하지 않으므로 in을 없애야 한다.
② comprise는 타동사로 바로 뒤에 목적어가 있어야 한다. 따라서 comprise in은 어법상 적절하지 않으므로 in을 없애야 한다.
③ answer는 타동사로 바로 뒤에 목적어가 있어야 한다. 따라서 answer to는 어법상 적절하지 않으므로 to을 없애야 한다.

어휘 inhabit ~에 살다[거주하다] extinction 멸종 comprise ~로 구성되다 and so on 기타 등등 entertainer 연예인 deny 거부하다 against ~에 대항하여; ~쪽으로 seat 앉히다 *sit 앉다

정답 01 ③ 02 ③ 03 ③ 04 ④

04 수여동사와 4형식 문장 구조

4형식 수여동사는 '주다'의 의미를 지니고 있고 '누구에게(간접 목적어 → 주로 사람)'와 '무엇을(직접 목적어 → 주로 사물)'이라는 두 개의 목적어를 필요로 한다. 또한 4형식 문장에서는 두 목적어의 위치를 바꿀 수 있으며, 이때 직접 목적어가 앞에 나오면 간접 목적어 앞에는 전치사가 필요하다.

① I made him delicious French cheese.

② She bought me an interesting story book.

③ The prosecutor asked the witness a few questions.

④ The project is still causing him many problems.

① 나는 그에게 맛있는 프랑스식 치즈를 만들어 주었다.
make A B A에게 B를 만들어 주다

② 그녀는 나에게 재미있는 소설책을 사 주었다.
buy A B A에게 B를 사 주다

③ 그 검사는 증인에게 몇 가지 질문을 했다.
ask A B A에게 B를 묻다
prosecutor 검사
witness 증인

④ 그 프로젝트는 여전히 그에게 많은 문제를 야기하고 있다.
cause A B A에게 B를 야기하다

4형식 문법포인트
1. 3형식 전환 시 전치사 선택
2. 4형식 착각동사
3. 직접 목적어 자리에 that절 사용

One Tip 3형식 문형으로의 전환 시 전치사 선택

❶ **give류 동사** : S + V + I.O + D.O → S + V + D.O + **to** + I.O

give 주다	**show** 보여 주다	**allow** 허락해 주다	**grant** 수여하다
sell 팔다	**offer** 제공하다	**hand** 건네주다	**pass** 건네주다
owe 빚지다	**pay** 지불하다	**promise** 약속하다	**send** 보내다
bring 가지고 오다	**teach** 가르쳐 주다	**lend** 빌려주다	**tell** 말해 주다

• She gave me a pen. → She gave a pen to me. 그녀는 나에게 펜을 주었다.

❷ **buy류 동사** : S + V + I.O + D.O → S + V + D.O + **for** + I.O

buy 사 주다	**order** 주문·부탁해 주다	**make** 만들어 주다	**prepare** 준비해 주다
find 찾아 주다	**build** 지어 주다	**fix** 고쳐 주다	**cut** 잘라 주다

• I bought him a book. → I bought a book for him. 나는 그에게 책을 사 주었다.

❸ **ask 동사** : S + V + I.O + D.O → S + V + D.O + **of** + I.O

ask 묻다

• I asked her a question. → I asked a question of her. 나는 그녀에게 질문을 하였다.

1 4형식 동사로 착각하기 쉬운 3형식 동사

어떤 동사들은 우리말로는 '~에게 …을 하다'의 식으로 4형식 동사처럼 해석할 수 있지만 영어에서는 반드시 3형식 구조를 취해야 하는 동사(완전 타동사)들이 있다. 공시에서 자주 출제되는 유형이므로 잘 정리할 수 있어야 한다.

① He suggested me a good dictionary. (×)
   → He suggested a good dictionary to me. (○)

② Johnson explained me the situation. (×)
   → Johnson explained to me the situation. (○)

③ You can borrow him ten books at any time. (×)
   → You can borrow ten books from him at any time. (○)

① 그는 나에게 좋은 사전을 추천해 주었다.

② Johnson이 나에게 그 상황을 설명해 주었다.

③ 당신은 언제든지 그에게 열 권의 책을 빌릴 수 있다.

One Tip 4형식 동사로 착각하기 쉬운 3형식 동사

announce 알리다	explain 설명하다	suggest 제안하다	confess 고백하다
describe 묘사하다	introduce 소개하다	borrow 빌리다	say 말하다
propose 제안하다	mention 언급하다	notify 알리다	recommend 추천하다

2 직접 목적어 자리에 that절을 사용할 수 있는 동사

어떤 동사들은 직접 목적어 자리에 that절을 사용할 수 있는데 그 동사들은 다음과 같다.

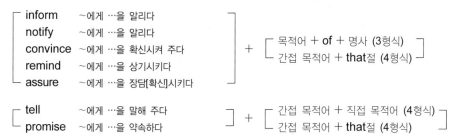

① The supporters informed the police of the date for the demonstration.

② I notified her that the meeting had been delayed.

③ The advertisement told us the information of the product for sale.

④ He told her that he saw the terrible scene in the street.

① 그 지지자들은 경찰에게 시위 날짜를 알렸다.

② 나는 그녀에게 회의가 연기됐다고 알렸다.

③ 그 광고는 우리에게 판매 상품에 대한 정보를 말해 주었다.

④ 그는 그녀에게 그가 길에서 끔찍한 장면을 보았다고 말했다.

★ **확인학습 문제**

01 다음 중 어법상 가장 적절한 것은?

① My father built a model ship out of wood to me.
② She cut a piece of bread to her son in the morning.
③ I showed a feeling of importance and dignity for him.
④ Since 1999, my uncle has been teaching English to students.

02 다음 우리말을 영어로 옮긴 것 중 가장 적절한 것은?

① 보름달 아래에서 그녀에게 사랑을 고백해 보는 게 어때?
  → Why don't you confess her your love under a full moon?
② 나는 투명성이 동시에 증가되는 것을 당신에게 제안한다.
  → I propose you an increase in transparency at the same time.
③ 그녀는 새로운 프로그램을 설치하기 위해서 부모님께 돈을 빌렸다.
  → She borrowed her parents money to install the new program.
④ 당신은 내가 일부러 그랬다고 생각하지만, 장담하건대 그렇지 않다.
  → You think I did it deliberately, but I assure you that I did not.

---

01 해설 ④ teach는 4형식 동사로 3형식으로 전환할 때 전치사 to가 필요하다. 따라서 어법상 적절하다.
  ① build는 4형식 동사로 3형식으로 전환할 때 전치사 for가 필요하다. 따라서 전치사 to를 for로 고쳐 써야 한다.
  ② cut은 4형식 동사로 3형식으로 전환할 때 전치사 for가 필요하다. 따라서 to를 for로 고쳐 써야 한다.
  ③ show 4형식 동사로 3형식으로 전환할 때 전치사 to가 필요하다. 따라서 for를 to로 고쳐 써야 한다.
  해석 ① 우리 아빠는 나에게 모형 배를 나무로 만들어 주셨다.
  ② 아침에 그녀는 빵 한 조각을 잘라 아들에게 주었다.
  ③ 나는 그에게 중요성과 존엄의 기분을 보여 주었다.
  ④ 1999년 이래로, 나의 삼촌은 학생들에게 영어를 가르쳐 오고 있다.
  어휘 model 모형 out of ~로부터(from); ~을 재료로 하여 piece 조각 dignity 근엄함
02 해설 ④ assure는 3형식 동사이지만 4형식 구조(assure + 목적어 + that + S + V~)로도 사용될 수 있으므로 어법상 적절하다.
  ① confess는 3형식 동사이므로 4형식 구조를 취할 수 없다. 따라서 her 앞에 전치사 to가 있어야 한다.
  ② propose는 3형식 동사이므로 4형식 구조를 취할 수 없다. 따라서 you 앞에 전치사 to가 있어야 한다.
  ③ borrow는 3형식 동사이므로 4형식 구조를 취할 수 없다. 따라서 her parents 앞에 전치사 from이 있어야 한다.
  어휘 why don't you ~? ~하는 게 어때?(무언가를 제안할 때 사용되는 표현) confess 고백하다 full moon 보름달 transparency 투명(성) at the same time 동시에 borrow 빌리다 install 설치하다 deliberately 일부러, 고의로 assure 확신[장담]시키다

정답 01 ④ 02 ④

05 불완전 타동사와 5형식 문장 구조(S + V + O + O.C)

타동사 뒤에 목적어를 보충해 주는 목적격 보어가 있는 문장을 5형식 문장 구조라 하며, 이러한 목적격 보어가 필요한 타동사를 불완전 타동사라 한다. 그리고 5형식 문장 구조에서 목적격 보어 자리에는 명사, 형용사, to부정사, 원형부정사(to가 없는 부정사) 그리고 분사(현재분사, 과거분사) 등이 쓰일 수 있다.

5형식 문법포인트
1. S + V + O + 명사
2. S + V + O + 형용사
3. S + V + O + to ⓥ
4. S + V + O + ⓥ
5. S + V + O + ⓥ-ing / ⓥed

① People elected him president.

① 사람들은 그를 대통령으로 선출했다.
elect 선출하다

② The girl made her father happy.

② 그 소녀는 그녀의 아빠를 행복하게 만들었다.

③ I want you to find me a job.

③ 나는 당신이 나에게 일자리를 찾아 주기를 원한다.

④ This always made me get angry.

④ 이것이 항상 나를 화나게 했다.

⑤ He watched her stealing something.

⑤ 그는 그녀가 무언가를 훔치는 것을 보았다.

⑥ Please keep the land undeveloped.

⑥ 그 땅이 개발되지 못하게 해 주세요.
develop 발전[개발]시키다, 발달[개발]하다

❶ S + V + O + O.C(O.C = 명사)

5형식 동사 중에는 목적격 보어 자리에 명사가 오는 경우가 있다. 이때 목적격 보어 자리에 신분이나 지위를 나타내는 명사로 무관사 명사가 올 수 있다.

① They often called the politician a liar.

② Mr. President appointed him Secretary of Defense.

③ The group elected one of its members spokesperson.

④ American people address the judge 'Your Honor' in the court.

① 그들은 그 정치가를 거짓말쟁이라 자주 불렀다.
politician 정치가
liar 거짓말쟁이

② 대통령은 그를 국방부 장관으로 임명했다.
Mr. President 대통령
appoint 임명하다
Secretary 장관
Secretary of Defense 국방부 장관
defense 방어

③ 그 그룹은 멤버들 중 한 명을 대변인으로 선출했다.
elect 선출하다
spokesperson 대변인
(= spokesman)

④ 미국인들은 판사를 법정에서 '**Your Honor**(존경하는 재판장님)'라고 부른다.
address 부르다; 다루다
judge 판사; 판단하다
honor 명예
court 법정, 법원

One Tip 목적격 보어 자리에 명사가 오는 경우

┌ call(부르다), name(이름 짓다), elect(선출하다), ┐
│ appoint(임명하다), consider(여기다, 간주하다), │ + O + O.C(= 명사)
└ make(만들다), address(부르다) ┘

Two Tips 4형식과 5형식의 구별

• She made me a dress. (4형식)
(간접 목적어 me ≠ 직접 목적어 a dress)

• She made me a doctor. (5형식)
(목적어 me = 목적격 보어 a doctor)

2 S + V + O + O.C(O.C = 형용사)

5형식 동사 중에는 목적격 보어 자리에 형용사가 오는 경우가 있다. 이때 주의해야 할 것은 목적격 보어 자리에 부사는 사용할 수 없다는 것이다.

① I found him honest.

② Too much stress made him sick.

③ You must not leave the little boy alone.

④ You must not consider her responsible for this accident.

① 나는 그가 정직하다는 것을 알게 되었다.

② 너무도 큰 스트레스가 그를 아프게 했다.

③ 당신은 그 어린 소년을 혼자 놔두면 안 된다.

④ 당신은 이 사고의 책임이 그녀에게 있다고 생각해서는 안 된다.
responsible 책임이 있는, 책임지는

One Tip **목적격 보어 자리에 형용사가 오는 5형식 동사**

make 만들다, ~하게 하다	**find** 발견하다, 알다	**keep** 유지하다, 지키다
leave 남겨 두다	**consider** 여기다, 간주하다	

❸ S + V + O + O.C(O.C = to ⓥ)

5형식 동사 중에는 목적격 보어 자리에 to ⓥ가 오는 경우가 있다. 이때 주의해야 할 것은 to ⓥ 자리에 동사원형이나 ⓥ-ing는 사용할 수 없다는 것이다.

① The police officer told the woman to drive slowly.

② I expect you to find me a job as soon as possible.

③ The doctor allowed me to leave the hospital.

④ Her father forbade me to marry her at that moment.

⑤ Everyone pushed my car and finally got it to start.

⑥ The coach asked the players to be active in the field.

⑦ The teacher encouraged Bill to study abroad.

⑧ Americans think number 13 to be unlucky.

One Tip S + V + O + to ⓥ

명령 · 지시 동사	tell, instruct(지시하다), order(명령하다), command(명령하다)
소망 · 기대 동사	want, like, expect(기대하다), long for(갈망하다)
허락 · 금지 동사	allow, permit(허락하다), forbid(금하다)
강요(~하게 하다) 동사	force, get, cause, compel, impel, drive, lead, oblige(의무적으로 …하게 하다)
요구[요청] 동사	ask, beg, require(요구하다)
설득 · 격려 동사	persuade, induce(설득하다), advise(충고하다), encourage, inspire(격려하다), enable(할 수 있게 하다)
인지 동사	perceive(감지하다), consider(여기다, 간주하다), think, believe

① 경찰관이 그 여성에게 운전을 천천히 하라고 지시했다.
police officer 경찰관
drive 운전하다

② 나는 당신이 가능한 한 빨리 나에게 직업을 찾아 주기를 기대한다.
expect 기대하다
job 직업, 일
as soon as possible 가능한 한 빨리

③ 의사는 나에게 병원을 떠나도록 했다(퇴원 조치를 시켰다).
leave the hospital 퇴원하다

④ 그녀의 아버지는 당시에 내가 그녀와 결혼하는 것을 막았다.
forbid(-forbade-forbidden) 금지하다
at that moment 그 당시에, 그때, 그 순간에

⑤ 모두가 내 차를 밀어 주어 마침내 시동이 걸렸다.
start 시동 걸다

⑥ 그 코치는 선수들에게 경기장에서 적극적이기를 요구했다.
player (운동)선수
active 활동적인, 적극적인
field 경기장

⑦ 선생님은 Bill이 해외로 유학 가기를 격려했다.
encourage 격려하다
abroad 해외로
study abroad 해외로 유학하다

⑧ 미국인들은 13이란 숫자를 불길한 숫자로 여긴다.

4 S + V + O + O.C(O.C = 원형부정사/ⓥ-ing)

지각동사나 사역동사(~하게 하다, 시키다)는 목적어 다음 목적격 보어 자리에 to부정사(to ⓥ)를 사용할 수 없고, to부정사 대신 동사원형이나(원형부정사나) 분사(현재분사, 과거분사)를 사용해야 한다.

① He made his son wake up early In the morning.

② The businessman noticed her enter the house in a hurry.

③ I heard someone unlocking the door at night.

④ I saw a girl crossing the street.
　　참고 I saw a girl cross the street.

⑤ The book will help you (to) understand English grammar.

① 그는 그의 아들을 아침 일찍 일어나게 했다.

② 그 사업가는 그녀가 급하게 집으로 들어가는 것을 알아차렸다.

③ 나는 늦은 밤 누군가가 문을 여는 소리를 들었다.

④ 나는 한 여성이 길을 건너고 있는 걸 보았다(길 건너는 순간).
　참고 나는 한 여성이 길을 건너가는 것을 보았다(길 건너는 내내).

⑤ 그 책은 당신이 영문법을 이해할 수 있도록 도울 것입니다.
grammar 문법

One Tip S + V + O + **원형부정사/**ⓥ-ing

❶ **사역동사** + O + **원형부정사(to 없는 부정사)**
　↳ have, make, let

❷ **지각동사** + O + **원형부정사(to 없는 부정사)/**ⓥ-ing
　↳ hear, listen to, feel, see, watch, notice, observe

❸ **기타 동사** + O + ⓥ-ing
　↳ keep, find, leave, imagine, catch

❹ help + O + ┌ to ⓥ (BrE)
　　　　　　 └ ⓥ (AmE)

5 S + V + O + O.C(O.C = ⓥed)

어떤 동사들은 목적격 보어 자리에 과거분사(ⓥed)를 사용해야 하는 경우가 있는데, 이때는 목적어와 목적격 보어(ⓥed)의 관계가 수동(뒤에 목적어가 없는)이 된다.

① 그는 그 가게에서 시계를 고쳤다.
repair 고치다, 수리하다

① He made the watch repaired in the shop.

② 나는 그 문제가 동시에 해결되
길 바란다.
at the same time 동시에

② I want the problem solved at the same time.

③ **James**는 자신의 집이 5피트
정도 물에 잠긴 것을 보았다.
flooded 물에 잠긴

③ James saw his house flooded about five feet high.

One Tip 목적격 보어 자리에 과거분사가 오는 5형식 구조의 해석 요령

'목적어가 목적격 보어되다(당하다 → 수동 느낌)' 정도로 해석하면 된다.

① I wanted the problem solved at the same time.

　나는 그 문제가 한 번에 해결되기를 원했다.

② His use of technical terms left his audience confused.

　그가 전문 용어를 사용해서 관객들은 혼란스러웠다.

Two Tips 능동·수동의 관계

목적격 보어 자리에 to ⓥ(to부정사)나 ⓥ-ing(현재분사) 그리고 ⓥ(원형부정사)는 능동(뒤에 목적어가 있어야 한다)의 관계이고, ⓥed(과거분사)는 수동(뒤에 목적어가 없어야 한다)의 관계가 된다.

• The police caught the robber [stealing / stolen] a car.
　그 경찰관은 차를 훔치는 도둑을 체포했다.

• I made the work [finish / finished] by tomorrow.
　나는 내일까지 그 일을 마치도록 시켰다.

• Some of the guests kept their meal [untouching / untouched].
　손님 중 몇몇은 음식에 손도 대지 않았다.

정답 stealing / finished / untouched

✦ 확인학습 문제

01 다음 우리말을 영어로 옮긴 것 중 적절하지 않은 것은?

① 그 위원회는 회원들 중 한 명을 부회장으로 선출했다.

→ The committee elected one of its members vice-chairman

② 그는 이 문제가 그에게 책임이 없다고 생각해서는 안 된다.

→ He must not think him irresponsible for this problem.

③ 우리는 그 어린 소년들에게 음악소리를 줄여 줄 것을 요청했다.

→ We asked the little boys to turn the music down.

④ 쇼핑객들이 더 많은 물건을 사도록 부추기는 데 음악이 사용된다.

→ Music is used to encourage shoppers buying more items.

02 다음 중 어법상 가장 적절한 것은?

① They left all the desk drawers locked.

② Do you have the windows clean every month?

③ Don't leave the children roamed outside in the hot sun.

④ She smelled strange and saw smoke risen from the oven.

---

01 해설 ④ encourage는 5형식 동사로서 목적격 보어 자리에 to ⓥ를 사용해야 한다. 따라서 buying을 to buy로 바꿔야 한다.

① elect는 5형식 동사로서 목적격 보어 자리에 명사를 사용할 수 있고 이때 그 명사가 신분이나 지위를 나타내는 경우에는 관사를 사용하지 않아도 된다. 따라서 어법상 적절하다.

② 이 문장에서 think는 5형식 인지동사로 목적어(him) 다음 목적격 보어 자리에 형용사 보어(irresponsible)가 위치하므로 어법상 적절하다.

③ ask는 5형식 동사로 목적격 보어 자리에 to ⓥ를 사용해야 한다. 따라서 어법상 적절하다.

어휘 committee 위원회 vice-chairman 부의장[회장] irresponsible 책임이 없는, 무책임한(↔ responsible 책임지는) turn down 거절하다; (소리 등을) 낮추다, 줄이다 be used to ⓥ ⓥ하는 데 사용되다

02 해설 ① leave는 5형식 동사로 목적격 보어 자리에 현재분사나 과거분사 둘 다 사용할 수 있는데, 목적격 보어 다음에 의미상 목적어가 없으므로 locked의 사용은 어법상 적절하다.

② 사역동사 have는 목적격 보어 자리에 원형부정사나 과거분사가 필요하다. clean은 언뜻 보면 어법상 적절해 보이지만 clean 뒤에 목적어가 없으므로 clean은 cleaned로 고쳐 써야 한다.

③ leave는 5형식 동사로 목적격 보어 자리에 ⓥ-ing나 형용사가 필요하다. roam은 자동사이므로 수동의 형태로 취할 수 없다. 따라서 roam을 능동의 형태 roaming으로 바꿔야 한다.

④ 2형식 감각동사 smell 다음의 형용사 보어 strange는 적절하지만 rise는 자동사이므로 수동의 형태는 불가하다. 따라서 risen을 rising이나 rise로 고쳐 써야 한다.

해석 ① 그들은 모든 책상 서랍을 잠가 두었다.

② 당신은 매달 창문을 닦게 합니까?

③ 뜨거운 태양 아래 아이들이 밖에서 배회하게 해서는 안 된다.

④ 그녀는 이상한 냄새를 맡았고 오븐에서 연기가 나는 것을 보았다.

어휘 drawer 서랍 every month 매달 roam 배회하다 strange 이상한, 낯선 smoke 흡연(하다); 연기 rise 오르다

정답 01 ④ 02 ①

▶ 정답 및 해설 p.91

01 밑줄 친 부분에 들어갈 말로 가장 적절한 것을 고르시오.

By 1955 Nikita Khrushchev _____ as Stalin's successor in the Russia.

① emerged   ② was emerged

③ had emerged   ④ had been emerged

02 다음 밑줄 친 부분 중 어법상 틀린 것은?

The anthropology professor who always compels us ① to do our research paper on time notified us ② that China failed to welcome Taiwanese refugees after the war, which caused many Taiwanese ③ immigrate around the world. The reason is that Taiwanese ④ borrowed from other Asian countries much money but they didn't pay back.

03 다음 밑줄 친 부분 중 어법상 틀린 것은?

Franklin Roosevelt was President of the United States at a time when great changes ① underline{occurred} in the nation. American business was growing ② underline{rapidly}. At the same time, people didn't want to inhabit the detestable working condition. While he worked in Congress, he suggested laws that ③ underline{was lain} a high protective tariff or tax. He also proposed all Congress members be kept thoroughly ④ underline{responsible} for them.

04 밑줄 친 부분에 들어갈 말로 가장 적절한 것을 고르시오.

Blue Planet II, a nature documentary produced by the BBC, left viewers heartbroken after showing the extent to which plastic _____ the ocean.

① affect   ② affects
③ affect on   ④ affects on

05 다음 중 어법상 옳은 것은?

① We need to approach to the situation in various ways.

② Jane was very embarrassed when people said about her past.

③ No two brothers can resemble each other more than they do.

④ Today's meeting will concentrate the new advertising campaign.

06 밑줄 친 부분에 들어갈 말로 가장 적절한 것을 고르시오.

> I _____ that making pumpkin cake from scratch won't be easy or convenient.

① convinced ② convince

③ was convinced ④ am convinced

07 우리말을 영어로 잘못 옮긴 것은?

① 제가 누군가를 시켜 그 일을 처리해 드리겠습니다.

　→ I'll have someone take care of it.

② 나는 당신이 그곳에 주유하러 가는 것을 보고 있었다.

　→ I've noticed you going there for fuel.

③ 관용어를 이해하는 것은 언어를 배우는 데 도움이 될 수 있다.

　→ To understand idioms can help you to learn the language.

④ 나는 그녀의 아버지가 한 말을 그녀에게 명심시키겠다.

　→ I'll make her keeping in mind what her father said.

08 다음 밑줄 친 부분 중 어법상 적절하지 않은 것은?

The case of theft ① <u>arose</u> at the sweet shop in the last night. Police officers ② <u>reached</u> with speed the shop. The owner immediately informed them that 200 dollars from the cash register ③ <u>had been missed</u>. However, some people claimed the distrust of the case was lying ④ <u>thick</u>.

09 우리말을 영어로 잘못 옮긴 것을 고르시오.

2021. 지방직 9급

① 그의 소설들은 읽기가 어렵다.

→ His novels are hard to read.

② 학생들을 설득하려고 해 봐야 소용없다.

→ It is no use trying to persuade the students.

③ 나의 집은 5년마다 페인트칠된다.

→ My house is painted every five years.

④ 내가 출근할 때 한 가족이 위층에 이사 오는 것을 보았다.

→ As I went out for work, I saw a family moved in upstairs.

10 다음 문장 중 어법상 가장 옳지 않은 것은?

2019. 지방직 9급

① John told Mary that he would leave early.

② John believed Mary that she would feel happy.

③ John promised Mary that he would clean his room.

④ John reminded Mary that she should get there early.

정답 해설

01 밑줄 친 부분에 들어갈 말로 가장 적절한 것을 고르시오.

> By 1955 Nikita Khrushchev _____ as Stalin's successor in the Russia.

① emerged   ② was emerged
③ had emerged   ④ had been emerged

해설 ① 과거표시부사구 1955가 있으므로 시제는 과거시제가 필요하고 emerge는 1형식 자동사이므로 수동이 불가하다. 따라서 빈칸에 들어가기에 가장 적절한 것은 emerged이다.

해석 1955년까지 Nikita Khrushchev는 러시아에서 스탈린의 후계자로 등장했다.

01
emerge 나오다, 나타나다
successor 후계자, 계승자

02 다음 밑줄 친 부분 중 어법상 틀린 것은?

> The anthropology professor who always compels us ① to do our research paper on time notified us ② that China failed to welcome Taiwanese refugees after the war, which caused many Taiwanese ③ immigrate around the world. The reason is that Taiwanese ④ borrowed from other Asian countries much money but they didn't pay back.

해설 ③ 'cause + O + to ⓥ' 구문을 묻고 있다. 따라서 동사원형 immigrate를 to immigrate로 고쳐 써야 한다.
① 'compel + O + to ⓥ' 구문을 묻고 있다. 따라서 to do는 어법상 적절하다.
② notify가 4형식 구조로 사용될 때에는 notify + O + (that) + S + V가 된다. 따라서 접속사 that은 어법상 적절하다.
④ borrow는 3형식 동사이므로 전치사구(from ~ countries) 다음 목적어(much money)를 사용하는 것은 어법상 옳다.

해석 늘 논문을 제 시간에 써야 한다고 강요하는 인류학 교수님께서 중국이 전쟁 이후 대만 사람들이 세계 도처에 이주하게 된 것이 대만 난민들을 받아들이지 않았기 때문이라고 말씀하셨다. 그 이유는 대만인들이 아시아 국가들로부터 많은 돈을 빌렸지만 갚지 않았기 때문이다.

02
anthropology 인류학
compel 강요하다
on time 정각에, 제 시간에
notify 알리다
Taiwanese 대만사람(의)
refugee 난민, 망명자
immigrate 이주해 오다
*emigrate 이민가다
borrow 빌리다

정답 01 ① 02 ③

03
occur 일어나다, 발생하다
rapidly 빠르게, 신속하게
at the same time 동시에
inhabit 살다, 거주하다
detestable 혐오스러운
Congress 의회, 국회
protective 보호하는
tariff 관세
thoroughly 철저하게, 철저히

03 다음 밑줄 친 부분 중 어법상 틀린 것은?

Franklin Roosevelt was President of the United States at a time when great changes ① occurred in the nation. American business was growing ② rapidly. At the same time, people didn't want to inhabit the detestable working condition. While he worked in Congress, he suggested laws that ③ was lain a high protective tariff or tax. He also proposed all Congress members be kept thoroughly ④ responsible for them.

해설 ③ lie는 1형식 동사이므로 수동의 형태를 취할 수 없다. 따라서 was lain은 문맥상 (should) lay로 고쳐 써야 한다.
① occur는 1형식 동사이므로 능동의 형태는 어법상 적절하고 과거사실에 대한 설명이므로 과거시제 역시 어법상 옳다.
② 1형식 동사 grow 다음 부사 rapidly의 사용은 어법상 적절하다.
④ 5형식 동사 keep 다음 형용사보어의 사용은 어법상 적절하다. 참고로 부사 thoroughly는 형용사 responsible을 수식하고 있다.
해석 Franklin Roosevelt는 국가에서 큰 변화가 일어났던 시기에 미국의 대통령이 되었다. 미국 사업은 빠르게 성장했다. 동시에, 사람들은 노동자들의 혐오스러운 작업 조건이 개선될 것을 요구하기 시작했다. 국회 개회동안 그는 높은 관세 또는 세금을 보호하는 법률을 제안했다. 그는 또한 모든 국회의원들이 그 법안에 철저히 책임질 것을 제안했다.

04
heartbroken 마음 아프게 하는, 비통해 하는
extent 정도, 범위
affect ~에 영향을 미치다

04 밑줄 친 부분에 들어갈 말로 가장 적절한 것을 고르시오.

Blue Planet II, a nature documentary produced by the BBC, left viewers heartbroken after showing the extent to which plastic _____ the ocean.

① affect
② affects
③ affect on
④ affects on

해설 ② affect는 타동사로서 전치사 없이 바로 목적어가 필요하고 또한 주어가 단수명사(plastic)이므로 단수동사가 있어야 한다. 따라서 빈칸에 들어가기에 가장 적절한 것은 affects이다.
해석 BBC에 의해 제작된 자연 다큐멘터리 <Blue Planet II>는 플라스틱이 바다에 영향을 미치는 정도를 방영한 뒤 시청자들을 마음 아프게 했다.

정답 03 ③ 04 ②

05 다음 중 어법상 옳은 것은?

① We need to approach to the situation in various ways.

② Jane was very embarrassed when people said about her past.

③ No two brothers can resemble each other more than they do.

④ Today's meeting will concentrate the new advertising campaign.

05
approach ~에 접근하다
situation 상황, 상태
embarrassed 당황스러운
past 과거
resemble ~와 닮다
each other 서로 서로
concentrate on ~에 집중하다
advertising 광고
campaign 선거운동; 캠페인

해설 ③ 자동사로 착각하기 쉬운 resemble은 '~와 닮다'의 뜻을 가진 타동사이므로 이 문장은 어법상 옳다. 또한 비교급 than 이후 문장에서 do는 앞의 일반동사 resemble을 대신하는 대동사이므로 이 역시 어법상 적절하다.

① 자동사로 착각하기 쉬운 approach는 '~에 접근하다'의 뜻을 가진 타동사이므로 전치사 to와 함께 사용할 수 없다. 따라서 전치사 to를 없애야 한다.

② 자동사로 착각하기 쉬운 say는 '~을 말하다'의 뜻을 가진 타동사이므로 전치사 about과 함께 사용할 수 없다. 따라서 전치사 about을 없애야 한다.

④ concentrate는 '~에 집중하다'의 뜻을 가진 구동사이며, 반드시 전치사 on과 함께 사용한다. 따라서 concentrate 뒤에 전치사 on이 필요하다.

해석 ① 우리는 다양한 방식으로 이 상황에 접근할 필요가 있다.

② Jane은 사람들이 그녀의 과거에 대해 말할 때 매우 당황했다.

③ 그들이 서로 닮은 것보다 더 닮을 수 있는 형제는 없다.

④ 오늘 회의는 새로운 광고 캠페인에 집중할 것이다.

06 밑줄 친 부분에 들어갈 말로 가장 적절한 것을 고르시오.

I _____ that making pumpkin cake from scratch won't be easy or convenient.

① convinced

② convince

③ was convinced

④ am convinced

06
convince 확신시키다
from scratch 아무 준비 없이;
          맨 처음부터
convenient 편리한

해설 종속절의 동사시제가 미래시제(won't)이므로 주절의 시제는 현재시제여야 하고 convince A that S + V 구조를 묻고 있으므로 빈칸에 들어가기에 가장 적절한 것은 am convinced이다.

해석 아무 준비 없이 호박 케이크를 만드는 것은 쉽지도 편리하지도 않을 거라고 나는 확신했다.

정답 05 ③ 06 ④

07
take care of 돌보다, 처리하다
fuel 연료
idiom 관용어, 숙어
language 언어, 말
keep in mind 명심하다

07 우리말을 영어로 잘못 옮긴 것은?

① 제가 누군가를 시켜 그 일을 처리해 드리겠습니다.

　→ I'll have someone take care of it.

② 나는 당신이 그곳에 주유하러 가는 것을 보고 있었다.

　→ I've noticed you going there for fuel.

③ 관용어를 이해하는 것은 언어를 배우는 데 도움이 될 수 있다.

　→ To understand idioms can help you to learn the language.

④ 나는 그녀의 아버지가 한 말을 그녀에게 명심시키겠다.

　→ I'll make her keeping in mind what her father said.

해설 ④ 사역동사 make는 목적격 보어 자리에 원형부정사 또는 과거분사(p.p.)가 필요하다. 따라서 문맥상 현재분사 keeping을 원형부정사 keep으로 고쳐 써야 한다.

① 사역동사 have는 목적격 보어 자리에 원형부정사 또는 과거분사(p.p.)가 필요하다. take 뒤에 목적어가 있으므로 원형부정사 take의 사용은 어법상 옳다.

② 지각동사 notice는 목적격 보어 자리에 원형부정사 또는 현재분사(v-ing) 또는 과거분사(p.p.)가 필요하다. go는 자동사이므로 going의 사용은 어법상 적절하다.

③ help는 목적격 보어 자리에 원형부정사 또는 to부정사 둘 다 사용 가능하다. 따라서 to learn의 사용은 어법상 옳다.

08
theft 절도
sweet shop (주로 사탕이나 초콜
릿을 파는) 사탕가게
arise(−arose−arisen) 일어나다,
발생하다
reach ~에 이르다, 다다르다,
도착하다
immediately 즉시
cash register 현금 등록기
miss ① 그리워하다, ② 놓치다
③ 실종되다, 사라지다
distrust 불신
lie thick 두텁게 쌓이다, 두터워지다

08 다음 밑줄 친 부분 중 어법상 적절하지 않은 것은?

The case of theft ① <u>arose</u> at the sweet shop in the last night. Police officers ② <u>reached</u> with speed the shop. The owner immediately informed them that 200 dollars from the cash register ③ <u>had been missed</u>. However, some people claimed the distrust of the case was lying ④ <u>thick</u>.

해설 ③ 알린 것(informed)보다 없어진 것(had been missed)이 먼저 일어난 일이므로 과거완료 시제의 사용은 어법상 적절하지만 문맥상 본문에서 miss는 1형식 동사(사라지다, 실종되다)로 사용되었으므로 수동의 형태는 어법상 적절하지 않다. 따라서 been을 없애야 한다.

① arise는 1형식 자동사이므로 능동의 형태는 어법상 옳고 뒤에 과거표시 부사구(last night)가 있으므로 시제관계도 어법상 적절하다.

② reach는 3형식 동사이므로 바로 뒤에 목적어(the shop)가 위치하는 것은 어법상 적절하다. 참고로 3형식 동사 reach와 목적어 the shop사이에 전치사구 with speed가 삽입되었다.

④ 2형식 동사 lie 다음 형용사보어 thick의 사용은 어법상 옳다.

해석 절도사건이 어제 밤 사탕가게에서 발생했다. 경찰들이 신속하게 도착했고 가게 주인은 즉시 그들에게 현금 등록기에서 200달러가 사라졌다고 알렸다. 하지만 몇몇 사람들은 그 사건의 불신이 두텁게 쌓이고 있다고 주장했다.

정답 07 ④ 08 ③

09 우리말을 영어로 잘못 옮긴 것을 고르시오.

2021. 지방직 9급

09
persuade 설득하다
upstairs 위층

① 그의 소설들은 읽기가 어렵다.

→ His novels are hard to read.

② 학생들을 설득하려고 해 봐야 소용없다.

→ It is no use trying to persuade the students.

③ 나의 집은 5년마다 페인트칠된다.

→ My house is painted every five years.

④ 내가 출근할 때 한 가족이 위층에 이사 오는 것을 보았다.

→ As I went out for work, I saw a family moved in upstairs.

해설 ④ 지각동사 saw의 목적격 보어 자리에 과거분사의 사용은 어법상 적절하지만 move는 1형식 자동사이므로 수동(과거분사)의 형태를 취할 수 없다. 따라서 moved는 move나 moving으로 고쳐 써야 한다.

① 주어동사의 수 일치는 어법상 적절하고 난이형용사 hard의 주어가 사물이므로 이 역시 어법상 옳다. 'S + be동사 + 형용사보어 + to부정사' 구문에서 to부정사의 의미상 목적어가 문법상의 주어와 일치할 때에는 to부정사의 의미상 목적어는 생략이 되므로 이 또한 적절한 영작이다.

② 동명사의 관용적 용법 'it is no use ~ing(~ 해도 소용없다)' 구문의 사용은 어법상 옳다.

③ 주어동사의 수 일치와 태 일치 모두 어법상 적절하고 'every + 2 이상의 기수 + 복수명사'의 사용 역시 어법상 옳다.

10 다음 문장 중 어법상 가장 옳지 않은 것은?

2019. 지방직 9급

10
remind 상기시키다

① John told Mary that he would leave early.

② John believed Mary that she would feel happy.

③ John promised Mary that he would clean his room.

④ John reminded Mary that she should get there early.

해설 ② believe는 3형식 동사로 4형식 구조를 취할 수 없기 때문에 ②는 John believed that Mary would feel happy로 고쳐 써야 한다. 참고로, ①, ③, ④에 tell, promise, remind는 모두 4형식 동사로 that절을 직접목적어로 사용할 수 있다.

해석 ① John은 Mary에게 그가 일찍 떠날 것이라고 말했다.

② John은 Mary가 행복할 것이라고 믿었다.

③ John은 Mary에게 그가 방을 청소할 것이라고 약속했다.

④ John은 Mary에게 그녀가 그 곳에 일찍 도착해야 할 것을 상기시켰다.

정답 09 ④ 10 ②

Unit ✦ 01 태의 기본 개념

동사의 태 문법포인트
1. 능동과 수동의 선택
2. 3/4/5형식 수동태
3. 감정표현동사의 수동태

01 능동태와 수동태

능동태는 주어가 동사의 대상(목적어)에 직접 동작을 행하는 경우이고, 수동태는 주어가 동작을 받는(당하는) 경우이다. 수동태는 동작의 주체보다는 대상을 더 중요하게 여길 때 사용되는데, 수동태를 사용하는 전형적인 경우는 ① 능동의 주어가 분명하지 않을 때(이 경우 외부의 힘에 의한 피해, 강제된 행위가 많다) 사용되고 ② 놀라움, 즐거움, 실망 등의 감정표현동사를 쓸 때 사용되며 ③ 통념이나 떠도는 이야기의 전달을 위해 사용된다.

① 누군가가 그 군인을 쐈다.
   → 그 군인은 (누군가에 의해) 총을 맞았다.
   shoot (총을) 쏘다

① <u>Someone</u> <u>shot</u> <u>the soldier</u>. (능동태)

The soldier was shot (by someone). (수동태)

② 그 개는 길거리에서 죽음을 당했다.

② The dog was killed on the street.

③ 나는 그 소식을 듣고서 놀랐다.

③ I was surprised to hear the news.

④ 코끼리는 기억력이 좋다고 전해진다.
   It is said that ~라고 전해지다,
   (사람들은) 말한다

④ It is said that elephants have good memories.

One Tip 수동태의 시제

구분	현재	과거	미래
단순형	ⓥ → is + p.p.	ⓥed → was + p.p.	will + ⓥ → will be p.p.
완료형	have + p.p. → have + been + ⓥed	had + p.p. → had + been + p.p.	will + have + p.p. → will + have + been + p.p.
진행형	is + ⓥ-ing → is + being + p.p.	was + ⓥ-ing → was + being + p.p.	×

조동사의 수동태는 '조동사 + be + p.p.' 형태를 사용한다.

02 능동과 수동을 구별하는 방법

원칙은 주어와 동사의 관계를 의미상으로 파악해서 능동과 수동을 구분하는 것이다. 하지만 의미 구조는 분명히 한계가 있으므로 형태 구조(목적어 유무)로의 판단도 필요하다.

① The letter [was written / wrote] quickly.

② The climber [was killed / killed] in the mountain.

③ The device [was expedited / expedited] delivery systems.

① 그 편지는 빠르게 쓰여졌다.

② 그 등산객은 산에서 죽음을 당했다.

③ 그 장치로 배달 체계를 처리했다.

One Tip 자동사와 타동사

수동태는 타동사만이 가능한 구조이다. 따라서 자동사(1 · 2형식 동사)는 수동이 불가하다.

• A friend of mine lives in Busan. (○)
→ Busan is lived by a friend of mine. (×)
→ A friend of mine is lived in Busan. (×)
내 친구 중 한 명이 부산에 산다.

확인학습 문제

다음 문장을 보고 [ ] 안에서 어법이 맞는 것을 고르시오.
01 Dark grey clouds [lay / were lain] thick and heavy over Edmonton.
02 The house [damaged / was damaged] by the severe storm.
03 A violence [arose / was arisen] on the crowded street.
04 The teaching system [praised / was praised] on the newspaper by him.

01 해설 lie는 자동사이므로 수동이 불가하다. 따라서 lay가 정답이 된다.
해석 어두운 회색 구름이 Edmonton 위에 두텁게 쌓였다.
어휘 lie(- lay - lain) ① ~에 있다 ② 눕다 ③ 되다, 지다
02 해설 타동사 damage 다음 목적어가 없으므로 수동태가 필요하다. 따라서 was damaged가 정답이 된다.
해석 그 집은 심각한 폭풍으로 손상되었다.
어휘 damage 손상시키다 severe 심각한
03 해설 arise는 자동사이므로 수동이 불가하다. 따라서 arose가 정답이 된다.
해석 폭력이 혼잡한 도로 위에서 발생했다.
어휘 arise(-arose-arisen) 일어나다, 발생하다 crowded 복잡한, 혼잡한
04 해설 타동사 praise 다음 목적어가 없으므로 수동태가 필요하다. 따라서 was praised가 정답이 된다.
해석 그 교육 제도는 그에 의해 신문상에서 칭찬받았다.
어휘 praise 칭찬하다

Unit ✦02   3·4·5형식 수동태

01 목적어가 명사절인 경우의 수동태

목적어가 명사절인 경우의 수동태는 가주어−진주어 구문을 이용하는 경우가 가장 흔하고 이때 동사는 say, believe, think 등이 주로 사용된다. 특히 가주어−진주어 구문 대신 to ⓥ를 사용하는 경우 주절과 종속절의 시제가 같으면 to ⓥ, 한 시제 앞서면 to have + p.p.를 써야 함에 유의해야 한다.

① 사람들이 말하길 그는 와병 중이다(현재 앓아 누워 있다).
→ 그는 와병 중이라고 전해진다.

① People say that he is ill in bed.
  → That he is ill in bed is said (by people).
  → It is said that he is ill in bed.
  → He is said to be ill in bed.

② 사람들이 말하길 그는 와병 중이었다(전에 앓아 누웠었다).
→ 그는 와병 중이었다고 전해진다.

② People say that he was ill in bed.
  → That he was ill in bed is said (by people).
  → It is said that he was ill in bed.
  → He is said to have been ill in bed.

✦ 확인학습 문제 1

다음 문장을 수동형으로 바꾸시오.

01 They say that stress causes headaches.
  → _____
  → _____
  → _____

02 People thought that she had traveled all around the world.
  → _____
  → _____
  → _____

01 정답 → That stress causes headaches is said (by them).
       → It is said that stress causes headaches.
       → Stress is said to cause headaches.
     해석 스트레스는 두통을 유발한다고 전해진다.
     어휘 cause 유발하다, 야기하다   headache 두통

02 정답 → That she had traveled all around the world was thought (by people).
       → It was thought that she had traveled all around the world.
       → She was thought to have traveled all around the world.
     해석 그녀는 전 세계를 여행했다고 여겨졌다.

확인학습 문제 2

다음 우리말을 영어로 잘못 옮긴 것은?

> 사람들은 그가 그저께 자살했다고 믿는다.

① They believe that he killed himself the day before yesterday.

② That he killed himself the day before yesterday is believed.

③ It is believed that he killed himself the day before yesterday.

④ He is believed to kill himself the day before yesterday.

해설 ④ '믿는다'보다 '자살했다'는 시제가 한 시제 앞서므로 **to kill**을 **to have killed**로 바꿔야 한다. 따라서 to kill을 to have killed로 고쳐써야 한다.

어휘 **the day before yesterday** 그저께, 그제

정답 ④

---

02 구동사(Phrasal verb) 수동태

구동사는 하나의 동사이므로 수동태를 취할 수 있다. 따라서 구동사를 수동태로 만들 때 구동사와 연결되는 전치사를 생략하거나 by를 생략해서는 안 된다.

① The teacher laughed at his students.
   → His students were laughed at the teacher. (×)
   → His students were laughed by the teacher. (×)
   → His students were laughed at by the teacher. (○)

② Many scholars spoke well of the scientist.
   → The scientist was spoken well of many scholars. (×)
   → The scientist was spoken well by many scholars. (×)
   → The scientist was spoken well of by many scholars. (○)

① 그 선생은 그의 학생들을 비웃었다.
→ 그 선생에 의해 그의 학생들은 비웃음을 샀다.
laugh at ~을 비웃다

② 많은 학자들이 그 과학자에 대해 좋게 평한다.
→ 그 과학자는 많은 학자들에게 좋은 평을 받았다.
speak well of
~에 대해 좋게 말하다,
좋게 평하다

🔖 확인학습 문제

01 다음 밑줄 친 부분 중 어법상 틀린 것은?

> Let me ① <u>imagine</u> life without the beauty and richness of forests. In fact. this kind of imagination cannot be easy. But scientists ② <u>are convinced</u> that we must not take our forest for granted. By some estimates, deforestation ③ <u>has been brought about</u> the loss of as much as eighty percent of the natural forests of the world. Currently, deforestation ④ <u>is thought to be</u> a global problem.

02 다음 중 어법상 올바른 것은?

① Her research can be relied upon many economists.
② The movement of enemies was focused by soldiers.
③ Your father was paid attention to by the press.
④ Ben was referred as a nice guy by students.

---

01 해설 ③ bring about은 구동사로서 뒤에 목적어(the loss)가 있으므로 수동의 형태는 어법상 옳지 않다. 따라서 has been brought about은 has brought about(능동의 형태)으로 고쳐 써야 한다.
　　① 사역동사 let 다음 목적격 보어 자리에 원형부정사(imagine)의 사용은 어법상 적절하고 imagine 뒤에 의미상 목적어 life가 있으므로 능동의 형태 역시 어법상 옳다.
　　② 4형식 동사 convince의 수동의 형태로 직접목적어 자리에 that절의 사용은 어법상 적절하다.
　　④ 'People think that deforestation is a global problem.'의 수동태 구문으로 is thought의 사용과 주절의 동사 think와 종속절의 동사 is의 시제가 같으므로 to be의 사용 모두 어법상 옳다.
　해석 숲의 아름다움과 풍요로움이 없는 삶을 떠올려 보자. 사실상, 이러한 상상은 쉬울 수 없다. 하지만 과학자들은 우리가 우리의 숲을 당연시 여겨서는 안 된다는 것을 분명히 하고 있다. 몇몇 추정치에 따르면 삼림벌채는 세계 자연 삼림의 80%의 손실을 야기했다. 현재, 삼림벌채는 국제적인 문제라고 생각되고 있다.
　어휘 convince 확신시키다 take A for granted A를 당연시 여기다 estimate 추정(치) deforestation 삼림벌채 bring about ~을 야기하다, 초래하다 loss 손실 currently 현재

02 해설 ③ pay attention to는 구동사이므로 수동태로 전환할 때 the press 앞에 전치사 by가 필요하다. 따라서 어법상 옳다.
　　① rely upon은 구동사이므로 수동태로 전환할 때 upon 뒤에 전치사 by가 필요하다. 따라서 어법상 적절하지 않다.
　　② focus on은 구동사이므로 수동태로 전환할 때 by 앞에 전치사 on이 필요하다. 따라서 어법상 적절하지 않다.
　　④ refer to는 구동사이므로 수동태로 전환할 때 as앞에 전치사 to가 필요하다. 따라서 어법상 적절하지 않다.
　해석 ① 많은 경제학자들에 의해 그녀의 연구가 의존을 받게 될 수 있다.
　　② 병사들에 의해 적들의 움직임이 초점에 맞춰졌다.
　　③ 당신의 아버지는 언론에 의해 집중 조명을 받았었다.
　　④ Ben은 학생들에 의해 멋진 아이라고 언급되었다.
　어휘 research 연구, 조사 economist 경제학자 movement 움직임, 이동; 이사 enemy 적(군) press 언론

정답 01 ③ 02 ③

03 4형식 문장의 수동태

4형식 문장을 수동태로 전환할 때 간접 목적어(사람)나 직접 목적어(사물) 둘 다 수동의 주어로 사용할 수 있다. 따라서 4형식 동사의 수동태 다음에는 반드시 목적어 한 개가 존재해야 한다. 또한, 이 경우 직접 목적어가 주어가 될 때에는 간접 목적어 앞에 전치사(to, for, of)를 사용해야 한다.

① The mayor gave him the award.
  → He was given the award by the mayor.
  → The award was given to him by the mayor.

② My uncle can order the manufacturer the boots.
  → The manufacturer can be ordered the boots by my uncle.
  → The boots can be ordered for the manufacturer by my uncle.

① 그 시장이 그에게 상을 수여했다.
  → 그 시장에 의해 그는 상을 받았다.
  → 그 시장에 의해 그 상이 그에게 수여됐다.
mayor 시장
award 상

② 나의 삼촌은 그 제조업자에게 구두를 주문할 수 있다.
  → 나의 삼촌에 의해 그 제조업자는 구두를 주문받을 수 있다.
  → 나의 삼촌에 의해 구두가 그 제조업자에게 주문될 수 있다.
manufacturer 제조업자

✦ 확인학습 문제

다음 빈칸에 들어갈 말로 가장 적절한 것은?

My sister _____ a present by her boy friend just ago.

① gives   ② was given
③ gave   ④ had been given

해설 give는 4형식 동사이므로 목적어가 2개 필요하다. 빈칸 뒤에 목적어가 1개 있기 때문에, give는 수동태로 사용되어야 하며 또한 just ago는 과거 표시 부사구이므로 과거시제가 필요하다. 따라서 정답은 ②가 된다.
해석 나의 여동생은 방금 전에 남자친구에게 선물을 받았다.

정답 ②

04 5형식 문장의 수동태

5형식 문장을 수동태로 바꾸면 2형식이 된다(5형식 문장에서 목적어를 주어로 표현하면 목적격 보어는 주격 보어가 되어 2형식 문장이 된다). 또한, 지각동사와 사역동사를 수동태로 쓸 때는 원형부정사를 to부정사로 바꿔야 한다.

① 우리는 그녀를 회장으로 선출했다.
→ 그녀는 (우리에 의해) 회장으로 선출되었다.
elect 선출하다
chairman 회장, 의장

② 사람들은 시간이 돈보다 더 중요하다고 여긴다.
→ 시간이 돈보다 더 중요하다고 여겨진다.

③ 그는 내가 그의 차를 사용하도록 허락했다.
→ 나는 그의 차를 사용해도 된다고 허락받았다.

④ 나는 그가 유리창을 깨는 걸 보았다.
→ 그가 유리창을 깨는 것이 나에게 목격됐다.

⑤ 그 회사는 직원들이 야근하게 했다.
→ 그 직원들은 회사에 의해 야근하게 되었다.

① We elected her chairman.
    → She was elected chairman (by us).

② People consider time more important than money.
    → Time is considered more important than money. (○)
    → Time is considered more importantly than money. (×)

③ He allowed me to use his car.
    → I was allowed to use his car by him. (○)
    → I was allowed using his car by him. (×)

④ I saw him break the window.
    → He was seen to break the window by me. (○)
    → He was seen break the window by me. (×)

⑤ The company made the employees work overtime.
    → The employees were made to work overtime by the company.
    → The employees were made work overtime by the company. (×)

One Tip 사역동사의 수동태

사역동사 let과 have의 수동태는 let과 have를 사용하지 않는다. let과 have를 수동태로 바꿀 때는 let은 be allowed to ⓥ로 have는 be asked to ⓥ로 전환한다.

• He had me sing. 그는 내게 노래를 부르도록 시켰다.
    → I was had to sing by him. (×)
    → I was asked to sing by him. (○)
• He let me go. 그는 나를 가게 했다.
    → I was let to go by him. (×)
    → I was allowed to go by him. (○)

✦ 확인학습 문제

01 다음 빈칸에 들어갈 말로 가장 적절한 것은?

> The scientific study of the motion of bodies and the action of forces that change or cause motion _____ dynamics.

① is calling ② are calling
③ is called ④ are called

02 다음 중 어법상 틀린 것은?
① Mr. Davis was appointed mayor of the city.
② Some prisoners were asked to do hard work.
③ He was considered correctly by this evidence in the end.
④ The teacher was heard to say that cheating was unacceptable.

03 다음 두 문장이 서로 같지 않은 것은?
① I will look for him.
  → He will be looked for by me.
② I saw her play the guitar.
  → She was seen to play the guitar.
③ Move this chair.
  → Let this chair moved.
④ She made him a cake.
  → A cake was made for him by her.

01 **해설** ③ call은 5형식 동사로 목적어와 목적격 보어가 필요하고 이 때 목적격 보어 자리에는 명사가 온다. 빈칸 다음 명사(dynamics)가 있고 이 명사는 목적격 보어가 되므로 빈칸에는 수동태가 필요하고 주어가 단수명사(study)이므로 동사는 단수동사가 필요하다..
  해석 물체의 운동과 운동을 변화시키거나 야기시키는 힘의 작용에 대한 과학적 연구는 역학이라 불린다.
  어휘 motion 운동, 활동 action 활동, 행동 dynamics 역학
02 **해설** ③ consider는 5형식 동사이므로 목적격 보어 자리에 형용사가 필요하다. 따라서 correctly를 correct로 바꿔야 한다.
  ① appoint는 5형식 동사로 목적격 보어 자리에 명사가 올 수 있다. 따라서 어법상 옳다.
  ② ask는 5형식 동사(ask + O + to ⓥ)이므로 목적격 보어 자리에 to do는 어법상 적절하다.
  ④ hear는 지각동사로 수동태로 바꾸면 목적격 보어 자리에 원형부정사를 to부정사로 바꾸어야 하므로 어법상 옳다.
  해석 ① Davis씨는 그 도시의 시장으로 임명되었다.
  ② 몇몇 죄수들은 고된 일을 하도록 요구받았다.
  ③ 결국 이 증거에 의해 그가 옳다고 여겨졌다.
  ④ 우리는 선생님께서 부정행위[커닝]는 용납할 수 없다고 말씀하시는 것을 들었다.
  어휘 mayor 시장 prisoner 죄인, 죄수 cheating 부정행위[커닝] unacceptable 받아들일 수 없는
03 **해설** ③ 명령문의 수동태는 'let + 목적어 + be p.p.'이다. 따라서 moved 앞에 be가 필요하다.
  ① look for는 '~을 찾다'라는 뜻의 구동사이며 수동태로 바꿀 수 있다. 따라서 옳은 문장이다.
  ② 5형식 지각동사의 수동태에서는 보어로 쓰인 원형부정사 앞에 to를 사용해야 한다. 따라서 옳은 문장이 된다.
  ④ 4형식 동사 make를 수동태로 바꿀 때 전치사 for가 필요하므로 어법상 적절하다.
  해석 ① 나는 그를 찾을 것이다.
  ② 나는 그녀가 기타를 연주하는 것을 보았다.
  ③ 이 의자를 옮겨라.
  ④ 그녀는 그에게 케이크를 만들어 주었다.

정답 01 ③ 02 ③ 03 ③

Unit ✦ 03 태 주의사항

01 수동태 불가 동사

1형식이나 2형식 동사는 수동이 불가하다. 또한 소유나 상태를 나타내는 동사도 수동이 불가하다.

① 겨울철에 우리에게 거대한 폭풍이 발생했다.
storm 폭풍
occur 발생하다, 일어나다

① The big storm occurred to us in winter.
→ The big storm was occurred to us in winter. (×)

② 그는 행복해 보였다.
seem ~인 것 같다.

② It seemed that he is happy.
→ It is seemed that he is happy. (×)

③ 그는 그의 아버지를 많이 닮았다.
closely 가깝게

③ He resembles his father closely.
→ His father is closely resembled by him. (×)

④ 그 위원회는 10명의 위원으로 구성되어 있다.
committee 위원회
consist of ~로 구성되다

④ The committee consisted of ten members.
→ The committee was consisted of ten members. (×)

One Tip 시험에 자주 등장하는 수동태 불가 동사

❶ 1형식 동사

happen, occur, take place, arise, rise, appear(↔ disappear), emerge(↔ vanish), collide, exist, result from, last, continue, stand(↔ sit), lie

❷ 2형식 동사

seem, remain, stay, fall, look, sound, taste

❸ 소유·상태 동사

possess, belong to, consist of, resemble, lack, have

단, have가 '가지다'라는 뜻이 아닐 때에는 수동태가 가능하다.

★ 확인학습 문제

01 다음 중 어법상 올바른 것은?

① His father is resembled by him.

② He was made to learn bookbinding.

③ He was seen enter the room.

④ The meeting was seldom lasted a few minutes.

02 다음 중 어법상 올바른 것은?

① Tens of thousands of people were died in Iraq war.

② The film festival was happened in last October.

③ His explanation is greatly sounded reasonably to me.

④ The statue was looked at in the art center by the audience.

---

01 해설 ② 사역동사 **make**의 수동태를 묻고 있다. 보어인 동사원형 앞에 **to**가 있으므로 올바른 문장이다.
    ① resemble은 '닮다'라는 뜻으로 '상태 동사'로 수동태가 될 수 없다. 따라서 is resembled를 resembles로 고쳐
    써야 한다.
    ③ 지각동사의 수동태 구문이다. 보어로 사용된 동사원형 앞에 **to**가 들어가야 한다. 따라서 enter를 to enter로
    고쳐 써야 한다.
    ④ last는 자동사이기 때문에 수동이 불가하다. 따라서 **was lasted**는 lasted로 고쳐 써야 한다.
  해석 ① 그는 그의 아빠를 닮았다.
    ② 그는 제본술을 배우도록 강요받았다.
    ③ 그가 방에 들어가는 것이 보였다.
    ④ 그 회의는 거의 몇 분밖에 지속되지 않았다.
  어휘 resemble ~와 닮았다 bookbinding 제본(술) seldom 거의 ~않는 last 지속되다

02 해설 ④ 2형식 감각동사 **look**은 수동태 전환이 불가하다. 하지만, **look** 뒤에 **at**을 붙여서 구동사를 만들 수 있고 **look
    at**은 타동사가 되므로 수동이 가능해진다. 따라서 **was looked at**은 어법상 적절하다.
    ① 1형식 동사 **die**는 수동태 전환이 불가하다. 따라서 **were died**는 died로 고쳐 써야 한다.
    ② 1형식 동사 **happen**은 수동태 전환이 불가하다. 따라서 **was happened**를 happened로 고쳐 써야 한다.
    ③ 2형식 감각동사 **sound**는 수동태 전환이 불가하다. 그리고 2형식 감각동사 **sound** 다음에는 형용사 보어가
    필요하므로 부사 reasonably 또한 적절하지 않다. 따라서 His explanation sounded greatly reasonable
    to me로 고쳐 써야 옳다.
  해석 ① 수만 명의 사람들이 이라크 전쟁에서 죽었다.
    ② 지난 10월 영화제가 있었다.
    ③ 그의 설명은 상당히 타당하게 들린다.
    ④ 그 조각상은 미술관에서 관객들에게 관람되었다.
  어휘 tens of thousands 수만의 *hundreds of thousands 수십만의 greatly 상당히, 꽤 reasonable 타당한,
    합리적인, 이성적인 statue 조각상 art center(= museum) 미술관, 박물관

정답 **01** ② **02** ④

02 감정표현동사

감정표현동사는 사람이 주체이면 p.p., 사물이 주체이면 ⓥ-ing 형태를 취한다.

① 그 소식은 우리 모두에게 놀라웠다.

① The news was surprising to all of us.

② 그 소식을 들었을 때 그 회원은 놀랐다.

② The member got surprised when he heard the news.

③ 그 회원은 놀라운 소식을 받았다.

③ The member received a surprising news.

④ 그 소식은 그를 놀라게 했다.

④ The news made him surprised.

One Tip 감정표현동사

overwhelm(＝ embarrass) 당황하게 하다	confuse 혼란시키다
disappoint 실망시키다	satisfy 만족시키다
surprise 놀라게 하다	excite 흥분시키다
interest 관심(흥미)을 끌다	frustrate 좌절시키다
annoy 화나게 하다	concern 걱정시키다
shock 충격을 주다	impress 감명을 주다
please 기쁘게 하다	exhaust(＝ tire) 피곤하게 하다
bore 지루하게 하다	puzzle 어리둥절하게 하다

Two Tips 전치사 by 대신 다른 전치사를 쓰는 동사

be filled with ~로 가득 차다	be devoted to ~에 전념하다
be covered with ~로 덮이다	be exposed to ~에 노출되다
be satisfied with ~에 만족하다	be committed to ~에 전념·헌신하다
be acquainted with ~와 알고 지내다	be opposed to ~에 반대하다
be bored with ~에 싫증이 나다	be accustomed to ~에 익숙하다
be divorced with ~와 이혼하다	be burnt to death 불타 죽다
be equipped with ~을 갖추다	be absorbed in ~에 열중하다
be surprised at ~에 놀라다	be involved in ~에 종사하다/관계하다
be astonished at ~에 놀라다	be located in[at] ~에 있다
be frightened at ~에 놀라다	be situated in[at] ~에 있다
be alarmed at ~에 놀라다	be derived from ~에서 유래되다

★ 확인학습 문제

01 다음 어법상 밑줄 친 부분에 들어가기에 가장 적절한 것은?

> The circumstance you have to provide people with money must _____.

① overwhelm   ② be overwhelmed
③ overwhelming   ④ be overwhelming

02 다음 우리말을 영어로 옮긴 것 중 가장 적절한 것은?
① 나는 최근에 좀처럼 흥미로운 소문을 듣지 못했다.
   → I rarely heard the rumor excited recently.
② 피곤하면 한 시간 정도 낮잠을 자는 게 어떻습니까?
   → If you are exhausting, why not take a nap for an hour?
③ 그 설교가 너무 지루해서 나는 30분 후에 잠이 들었다.
   → I felt his sermon so bored that I fell asleep after half an hour.
④ 나는 아직 그 동영상을 못 봤어. 뭐 재미있는 것 있니?
   → I have watched the video yet. Is there anything interesting in it?

---

01 해설 ④ 조동사 must 뒤에 동사원형이 있어야 하고 overwhelm은 감정표현동사이고 주체가 사물(circumstance)이
    므로 빈칸에 가장 적절한 것은 be overwhelming이다.
    해석 당신이 사람들에게 돈을 줘야만 하는 상황은 틀림없이 당황스럽다.
    어휘 circumstance 상황 overwhelm 당황하게 하다; 압도하다
02 해설 ④ interest는 감정표현동사이고 주체가 사물(anything)이므로 interesting의 사용은 어법상 적절하다.
    ① excite는 감정표현동사이고 주체가 사물(rumor)이므로 excited는 exciting으로 고쳐 써야 한다.
    ② exhaust는 감정표현동사이고 주체가 사람(you)이므로 exhausting은 exhausted로 고쳐 써야 한다.
    ③ bore는 감정표현동사이고 주체가 사물(sermon)이므로 bored는 boring으로 고쳐 써야 한다.
    어휘 rarely 좀처럼 ~ 않는 recently 최근에 exhaust 피곤하게 (지치게) 하다 take a nap 낮잠 자다
    sermon 설교 bore 지루하게 하다

정답 01 ④ 02 ④

▶ 정답 및 해설 p.113

01 밑줄 친 부분에 들어갈 말로 가장 적절한 것을 고르시오.

> Don't let the patient _____ from the hospital too early.

① discharged   ② is discharged

③ be discharged   ④ had been discharged

02 다음 밑줄 친 부분 중 어법상 옳지 않은 것은?

> Today's purposes of education ① are certainly centered on making us all better humans, in addition to making a good living. However, when education ② is considered a mere means of making a good fortune, you think, don't let it ③ be kept in your mind ④ permanently.

03 다음 중 어법상 적절한 것은?

① The nice car I've wanted so much is belonging to me.

② The dehumidifier will install in your office next week.

③ She is thought to have spoken French fluently by me.

④ The trash bags were done away with street cleaners just now.

04 다음 빈칸 (A)와 (B)에 들어갈 말로 가장 적절한 것을 고르시오.

> Last week I was sick with the flu. When my father heard me sneezing and coughing, he opened my bedroom door to ask me ___(A)___ I needed anything. I was really happy to see his kind and caring face, but there wasn't anything he could do it to make the flu ___(B)___ away.

	(A)	(B)
①	if	go
②	that	go
③	if	gone
④	that	going

05 다음 밑줄 친 부분 중 어법상 적절하지 않은 것은?

> My secretary, Jenny, was good at doing her job. I ① was always reminded of a number of business affairs. She sometimes ② assured me that I received e-mail message. Not only ③ was she told that my company launched the new project, she ④ was also impeded that I was going to take much business trip.

06 밑줄 친 부분 중 어법상 옳은 것을 고르시오.

> A myth is a narrative that embodies the religious, philosophical, moral and political values of a culture. According to this definition, *the Iliad* and *the Odyssey*, *the koran*, and *the Old and New Testaments* can all _____ as myths.

① refer   ② refer to
③ be referred   ④ be referred to

07 다음 밑줄 친 부분 중 어법상 틀린 것은?

A swing vote is a vote that ① <u>is seen as</u> potentially going to any of a number of candidates in an election, or, in a two-party system, may go to either of the two dominant political parties. Such votes ② <u>are usually sought</u> in election campaigns, since they can play a big role in determining the outcome. A swing voter or floating voter is a voter who may not ③ <u>be affiliated</u> with a particular political party(Independent) or who will vote across party lines. In American politics, many centrists, liberal Republicans, and conservative Democrats are considered swing voters since their voting patterns cannot ④ <u>predict</u> with certainty.

08 다음 밑줄 친 부분 중 어법상 가장 적절한 것은?

Someone who ① <u>has been dwelled</u> in the auto industry since 1980s ② <u>must be quit</u> his job now that his job ③ <u>is now being done</u> more quickly by a robot. According to the technicians, the robot's memory volume ④ <u>can load</u> into 86 billion bits of information.

09 다음 우리말을 영어로 옮긴 것 중 가장 적절한 것은?

① 그 회사는 직원들에게 야근을 하게 했다.

→ The employees were made to work overtime by the company.

② 당신이 참여했던 그 설문조사의 결과가 틀림없이 혼란스러웠을 것이다.

→ The result of survey you took part in must have been confused.

③ 신나는 축구경기 때문에 나는 어제 밤에 잠을 잘 못 잤다.

→ Little did I sleep because of the soccer game excited last night.

④ 그 소설이 너무 감동적이어서 나는 한참을 울었다.

→ The novel was so impressed that I cried for a long time.

10 우리말을 영어로 잘못 옮긴 것을 고르시오.

2021. 지방직 9급

① 경찰 당국은 자신의 이웃을 공격했기 때문에 그 여성을 체포하도록 했다.

→ The police authorities had the woman arrested for attacking her neighbor.

② 네가 내는 소음 때문에 내 집중력을 잃게 하지 말아라.

→ Don't let me distracted by the noise you make.

③ 가능한 한 빨리 제가 결과를 알도록 해 주세요.

→ Please let me know the result as soon as possible.

④ 그는 학생들에게 모르는 사람들에게 전화를 걸어 성금을 기부할 것을 부탁하도록 시켰다.

→ He had the students phone strangers and ask them to donate money.

정답 해설

01 밑줄 친 부분에 들어갈 말로 가장 적절한 것을 고르시오.

> Don't let the patient _____ from the hospital too early.

① discharged   ② is discharged

③ be discharged   ④ had been discharged

01
patient 환자
discharge 퇴원시키다

[해설] 부정명령문의 수동태 구문을 묻고 있다. 이 문장을 능동으로 바꾸면 'Don't discharge the patient from the hospital too early.'가 되고 다시 이 문장을 수동으로 바꾸면 'Don't let the patient be discharged from the hospital too early.'가 되어야 하므로 discharged 앞에 be가 있어야 한다. 따라서 빈칸에 들어가기에 가장 적절한 것은 be discharged이다. ②와 ④는 사역동사 let 다음 목적격 보어자리에 동사원형이 필요하므로 정답이 될 수 없다.

[해석] 환자들을 병원에서 너무 빨리 퇴원시켜서는 안 된다.

02 다음 밑줄 친 부분 중 어법상 옳지 않은 것은?

> Today's purposes of education ① <u>are certainly centered</u> on making us all better humans, in addition to making a good living. However, when education ② <u>is considered</u> a mere means of making a good fortune, you think, don't let it ③ <u>be kept</u> in your mind ④ <u>permanently</u>.

02
purpose 목적
certainly 확실히, 분명히
center 집중시키다
in addition to ~이외에도
mere 단순한
means 수단
make a fortune 돈을 벌다
permanently 영원히

[해설] ④ keep은 5형식 동사이므로 be kept 뒤에 형용사보어가 있어야 한다. 따라서 permanently를 permanent로 고쳐 써야 한다.

① be + p.p. 사이에 부사 certainly는 적절하고 뒤에 목적어가 없으므로 수동의 형태 또한 적절하다.

② consider은 5형식 동사로 보어 a mere means의 쓰임은 적절하고, 목적어 없이 목적격 보어가 바로 나왔으므로 수동태로 쓰인 is considered 역시 어법상 적절하다.

③ 명령문 수동태로 뒤에 목적어가 없으므로 be kept는 어법상 옳다.

[해석] 오늘날의 교육 목적은 더 좋은 삶을 만드는 것 이외에도 인간을 만드는 데 집중하고 있다. 하지만 당신이 생각하기에 교육이 돈을 버는 단순한 수단으로만 여겨진다면 마음속에 그것(돈 버는 수단)을 영원히 간직하게 해서는 안 된다.

[정답] 01 ③   02 ④

03

belong to ~에 속하다;
　　　　　 ~의 소유이다
dehumidifier 제습기
install 설치하다
fluently 유창하게
trash 쓰레기
do away with ~을 없애다,
　　　　　 제거하다
just now 방금 전에

03 다음 중 어법상 적절한 것은?

① The nice car I've wanted so much is belonging to me.
② The dehumidifier will install in your office next week.
③ She is thought to have spoken French fluently by me.
④ The trash bags were done away with street cleaners just now.

해설 ③ I think that she spoke French fluently를 수동태로 바꾼 문장이다. 따라서 어법상 옳다.
① belong은 진행형 불가동사이므로 어법상 적절하지 않다. 따라서 is belonging은 belongs 로 고쳐 써야 한다.
② install은 '~을 설치하다'의 뜻으로 타동사이다. 제습기가 설치되는 것이므로(또한 뒤에 목적어가 없다) 수동의 형태(will be installed)가 필요하다. 따라서 어법상 적절하지 않다.
④ do away with는 구동사이므로 구동사 수동태(be done away with)는 적절하지만 street cleaners(청소부들)에 '의해서'의 의미인 전치사 by가 빠져 있으므로 어법상 적절하지 않다. with 다음 전치사 by가 필요하다.

해석 ① 내가 그렇게 원했던 그 멋진 자동차가 내 소유가 되었다.
② 제습기가 다음 주에 너의 사무실에 설치될 것이다.
③ 나는 그녀가 유창하게 불어를 말했다고 생각했다.
④ 방금 전에 청소부들에 의해 쓰레기 봉투들이 치워졌다.

04

flu 독감
sneeze 재채기하다
cough 기침하다
caring 배려하는, 돌보는
go away 떠나가다, 사라지다

04 다음 빈칸 (A)와 (B)에 들어갈 말로 가장 적절한 것을 고르시오.

Last week I was sick with the flu. When my father heard me sneezing and coughing, he opened my bedroom door to ask me ____(A)____ I needed anything. I was really happy to see his kind and caring face, but there wasn't anything he could do it to make the flu ____(B)____ away.

	(A)	(B)
①	if	go
②	that	go
③	if	gone
④	that	going

해설 ① ask me 다음 직접목적어 자리에는 that절이 올 수 없으므로 (A)에는 if가 있어야 하고 사역동사 make 다음 목적격 보어자리에 원형부정사가 필요하므로 (B)에는 go가 있어야 한다.
해석 지난주에 나는 독감 때문에 아팠다. 아버지는 내가 재채기를 하고 기침하는 것을 들었을 때, 나의 침실 문을 열고 내게 무엇이 필요한지를 물어보셨다. 나는 아버지의 친절하고 배려하는 얼굴을 보면서 정말 행복했지만, 독감을 떨쳐내기 위해 아버지가 할 수 있는 것은 없었다.

05 다음 밑줄 친 부분 중 어법상 적절하지 않은 것은?

My secretary, Jenny, was good at doing her job. I ① was always reminded of a number of business affairs. She sometimes ② assured me that I received e-mail message. Not only ③ was she told that my company launched the new project, she ④ was also impeded that I was going to take much business trip.

05
be good at ~에 익숙하다,
~을 잘하다
remind A of B A에게 B를 상기
시키다
business affairs 업무
assure 확신시키다, 확인시키다
launch 시작하다
impede 막다, 방해하다

해설 ④ impede는 3형식 동사이고 뒤에 명사절(that + S + V ~)이 있으므로 수동의 형태는 어법상 적절하지 않다. 따라서 수동의 형태 was also impeded는 능동의 형태 also impeded로 고쳐 써야 한다.
① remind A of B의 수동태 구문(A be reminded of B)은 어법상 적절하다.
② assure는 4형식 동사(assure + I.O + that + S + V ~)로 사용할 수 있으므로 어법상 옳다.
③ Not only가 문두에 위치하므로 주어동사 도치는 어법상 적절하고 4형식 동사 tell의 수동태 역시 어법상 적절하다.

해석 나의 비서 Jenny는 자신의 일을 잘했다. 그녀는 내게 많은 업무를 상기시켜 주었다. 그녀는 가끔 나에게 이메일 받은 것을 확인시켜 주었다. 그녀는 나의 회사가 새로운 프로젝트를 시작한 것을 말해주었을 뿐 아니라 또한 내가 너무 많은 출장을 가는 것을 막았다.

06 밑줄 친 부분 중 어법상 옳지 않은 것을 고르시오.

A myth is a narrative that embodies the religious, philosophical, moral and political values of a culture. According to this definition, *the Iliad* and *the Odyssey*, *the Koran*, and *the Old and New Testaments* can all _____ as myths.

① refer
② refer to
③ be referred
④ be referred to

06
myth 신화
narrative 이야기, 담화
embody 포함하다, 담다
religious 종교적인
philosophical 철학적인
moral 도덕적인
political 정치적인
definition 정의
old(new) testament 구약(신약)성서

해설 구동사 refer to A as B의 수동 구문을 묻고 있다. 따라서 빈칸에 들어가기에 가장 적절한 것은 be referred to이다.

해석 신화는 어떤 문화의 종교적, 철학적, 도덕적, 그리고 정치적 가치를 담은 어떤 경우들을 설명하는 데 도움을 주는 이야기이다. 이러한 정의에 따르면, <일리아드>와 <오디세이>, <코란>, <구약 및 신약 성경>은 신화로 일컬을 수 있다.

정답 05 ④   06 ④

07
swing vote 부동표
potentially 잠재적으로
candidate 입후보자
political 정치적인
party 정당
seek 찾다, 구하다
election campaign 선거 운동
play a role 역할을 하다
determine 결정하다
outcome 결과
floating 유동적인
affiliate 제휴하다
centrist 중도파
liberal 진보적인, 자유로운
conservative 보수적인
certainty 확실[분명]함

07 다음 밑줄 친 부분 중 어법상 틀린 것은?

A swing vote is a vote that ① is seen as potentially going to any of a number of candidates in an election, or, in a two-party system, may go to either of the two dominant political parties. Such votes ② are usually sought in election campaigns, since they can play a big role in determining the outcome. A swing voter or floating voter is a voter who may not ③ be affiliated with a particular political party(Independent) or who will vote across party lines. In American politics, many centrists, liberal Republicans, and conservative Democrats are considered swing voters since their voting patterns cannot ④ predict with certainty.

해설 ④ predict 뒤에 목적어가 없으므로 predict는 be predicted로 고쳐 써야 한다.
① 주어가 단수명사(a vote)이므로 단수동사 is는 어법상 적절하고 see A as B의 수동태 구문 역시 어법상 옳다.
② 주어가 복수명사(votes)이므로 복수동사 are는 어법상 적절하고 sought 다음 목적어가 없으므로 수동의 형태 역시 어법상 옳다.
③ 조동사 may 다음 동사원형 be는 어법상 적절하고 affiliated 다음 목적어가 없으므로 수동의 형태 역시 어법상 옳다.

해석 부동표는 선거에서 많은 입후보자 중에 어떤 특정 후보에게 잠재적으로 투표하거나 양당 체제에서 지배적인 한 당으로의 투표를 의미한다. 그러한 투표들은 대체로 선거 운동 중에서 나타나는데 그 이유는 투표 결과를 결정하는 데 중요한 역할을 하기 때문이다. 부동표 유권자 또는 유동적인 유권자는 특정 정당과 제휴하지 않거나 그 정당 노선에 반대하는 쪽으로 투표하는 사람을 의미한다. 미국 정치에서는 많은 중도파나 진보적인 공화당원 및 보수적인 민주 당원들이 부동표 유권자로 여겨지는데 그 이유는 그들의 투표 패턴이 확실하게 예측될 수 없기 때문이다.

08
auto 자동차
industry 산업; 업계
dwell in ~에서 살다, 거주하다
quit 그만두다, 멈추다
now that + S + V ~ ~ 때문에
according to ~에 따르면,
~에 따라서
technician 기술자
volume 용량
load 싣다, 적재하다
billion 10억

08 다음 밑줄 친 부분 중 어법상 가장 적절한 것은?

Someone who ① has been dwelled in the auto industry since 1980s ② must be quit his job now that his job ③ is now being done more quickly by a robot. According to the technicians, the robot's memory volume ④ can load into 86 billion bits of information.

해설 ③ is being done은 진행시제의 수동태 구문으로 done 뒤에 목적어가 없으므로 수동의 형태 being done의 사용은 어법상 적절하다.
① since 다음 과거표시부사(1980s)가 있으므로 현재완료시제의 사용은 어법상 적절하지만 dwell은 1형식 자동사이므로 수동이 불가하다. 따라서 has been dwelled를 has dwelled로 고쳐 써야 한다.
② quit의 목적어(job)가 뒤에 있으므로 능동의 형태가 필요하다. 따라서 must be quit는 must quit로 고쳐 써야 한다.
④ 타동사 load의 목적어가 없으므로 수동의 형태가 필요하다. 따라서 can load는 can be loaded로 고쳐 써야 한다.

해석 이제 인간의 일이 로봇에 의해 더욱 빠르게 행해지고 있기 때문에 1980년대부터 자동차 산업에서 살아온 사람은 직장을 그만 두어야 한다. 기술자들에 따르면, 로봇의 기억 용량은 8백 6십억 비트의 정보를 수용할 수 있다.

정답 07 ④ 08 ③

09 다음 우리말을 영어로 옮긴 것 중 가장 적절한 것은?

① 그 회사는 직원들에게 야근을 하게 했다.

→ The employees were made to work overtime by the company.

② 당신이 참여했던 그 설문조사의 결과가 틀림없이 혼란스러웠을 것이다.

→ The result of survey you took part in must have been confused.

③ 신나는 축구경기 때문에 나는 어제 밤에 잠을 잘 못 잤다.

→ Little did I sleep because of the soccer game excited last night.

④ 그 소설이 너무 감동적이어서 나는 한참을 울었다.

→ The novel was so impressed that I cried for a long time.

해설 ① 사역동사 make의 수동태에서 be made 다음 목적격 보어 자리에 to부정사가 필요하므로 to work는 어법상 적절하다.

② confuse는 '혼란시키다'의 뜻으로 감정표현동사이다. 따라서 주체가 사물(result)이므로 과거분사 confused는 현재분사 confusing으로 고쳐 써야 한다.

③ excite는 '흥분시키다'의 뜻으로 감정표현동사이다. 따라서 주체가 사물(game)이므로 과거분사 excited는 현재분사 exciting으로 고쳐 써야 한다.

④ impress는 '감명을 주다'의 뜻으로 감정표현동사이다. 따라서 주체가 사물(novel)이므로 과거분사 impressing으로 고쳐 써야 한다.

09
employee 근로자, 피고용인
take part in ~에 참여하다

10 우리말을 영어로 잘못 옮긴 것을 고르시오.   2021. 지방직 9급

① 경찰 당국은 자신의 이웃을 공격했기 때문에 그 여성을 체포하도록 했다.

→ The police authorities had the woman arrested for attacking her neighbor.

② 네가 내는 소음 때문에 내 집중력을 잃게 하지 말아라.

→ Don't let me distracted by the noise you make.

③ 가능한 한 빨리 제가 결과를 알도록 해 주세요.

→ Please let me know the result as soon as possible.

④ 그는 학생들에게 모르는 사람들에게 전화를 걸어 성금을 기부할 것을 부탁하도록 시켰다.

→ He had the students phone strangers and ask them to donate money.

해설 ② 부정명령문의 수동태 구문을 묻고 있다. 이 문장을 능동으로 바꾸면 'Don't distract me by the noise (that) you make.'가 되고 다시 이 문장을 수동으로 바꾸면 'Don't let me be distracted by the noise you make.'여야 하므로 distracted 앞에 be가 있어야 한다.

① 사역동사 had의 목적격 보어 역할을 하는 과거분사(arrested) 뒤에 목적어가 없으므로 수동의 형태는 어법상 적절하고 전치사(for) + 동명사(attacking) + 의미상 목적어(her neighbor) 구문 역시 어법상 옳다.

③ 사역동사 let의 목적격 보어 역할을 하는 원형부정사(know) 뒤에 목적어(the result)가 있으므로 능동의 형태는 어법상 적절하다.

④ 사역동사 had의 목적격 보어 역할을 하는 원형부정사(phone)뒤에 목적어(strangers)가 있으므로 능동의 형태는 어법상 적절하고 접속사 and를 기준으로 phone과 병렬을 이루는 ask의 사용 역시 어법상 옳다. 또한 ask 다음 목적어 자리에 strangers를 대신하는 복수대명사 them의 사용과 목적격 보어 역할을 하는 to부정사(to donate)의 사용 모두 어법상 적절하다.

10
authority 당국
arrest 체포하다
attack 공격하다
distract (마음을) 흩어지게 하다
phone 전화하다
donate 기부하다

정답 09 ① 10 ②

김세현 영어 ✦
All In One

합격까지 박문각

02

준동사

Unit ✦ 01 준동사 한눈에 보기

준동사 문법포인트

1. 자릿값 구하기
2. 준동사의 선택
3. 준동사의 관용적 용법
4. 준동사의 동사적 성질

01 준동사 기본 개념

문장 구성의 기본 원칙은 주어 하나에 동사 하나만 존재해야 한다. 따라서 또 다른 동사의 변형은 준동사를 이용한다.

① 나는 멈추어야 한다 피아노 친다 영어 공부한다.

→ _____

② I must stop play the piano study English.

→ _____

One Tip 준동사 이해하기

	형태 변화	기능	문장 내 역할
동사	to부정사(to Ⓥ)	동사적 성질	명사, 형용사, 부사
	동명사(Ⓥ-ing)	동사적 성질	명사
	분사 ⎡ 현재분사(Ⓥ-ing) ⎣ 과거분사(Ⓥ-ed)	동사적 성질	형용사

- Reading books is good. 독서는 유익하다.
- I want to go to the shopping mall everyday. 나는 매일 쇼핑몰에 가고 싶다.
- I went to the library to borrow some books. 나는 책 몇 권을 빌리러 도서관에 갔다.
- You must look at the broken window. 당신은 그 깨진 창문을 보아야 한다.

Two Tips 동사 자리 / 준동사 자리 확인(C + 1=V)

- I know that the man who wants to be a doctor is smart.
  나는 의사가 되고 싶은 그 사람이 똑똑하다는 것을 안다.
- He thought his father tried giving him a medicine that tastes bitter.
  그는 그의 아버지가 쓴 약을 그에게 먹이려고 애썼다고 생각했다.

✦ 확인학습 문제

다음 문장을 읽고 옳으면 C(correct), 옳지 않으면 I(incorrect)로 표기하시오.

01 Rick liked accompanying his friends.　　　　　_____

02 The doctor tried give him the prescription.　　　_____

03 The women walk down the street wear black jackets.　　_____

04 She finished doing her homework.　　　　　_____

05 The lady wanted to kiss him a good-bye.　　　_____

06 I would remember send the letter.　　　　　_____

07 Give up old habit is very difficult.　　　　　_____

08 Korean must be differ from English.　　　　　_____

09 He said he was surprised hear the news.　　　_____

10 The stove that is in the kitchen is effective to use.　_____

---

01 해설 like는 to ⓥ와 ⓥ-ing 둘 다를 목적어로 취할 수 있다. 따라서 옳다. __C__
　　해석 Rick은 친구들과 동행하는 것을 좋아했다.
　　어휘 accompany 동행하다

02 해설 한 문장에 접속사 없이 두 개의 동사를 사용할 수 없다. 따라서 이 문장은 옳지 않다. __I__
　　해석 그 의사는 그에게 그 처방전을 주려고 노력했다.
　　어휘 prescription 처방(전)

03 해설 한 문장에 접속사 없이 두 개의 동사를 사용할 수 없다. 따라서 이 문장은 옳지 않다. __I__
　　해석 길을 따라 걷고 있는 여성들이 검은 자켓을 입고 있다.

04 해설 finish는 ⓥ-ing를 목적어로 취한다. 따라서 이 문장은 옳다. __C__
　　해석 그녀는 숙제하는 것을 끝냈다.

05 해설 want는 to ⓥ만을 목적어로 취한다. 따라서 이 문장은 옳다. __C__
　　해석 그 숙녀는 그에게 작별의 키스를 하고 싶었다.
　　어휘 kiss sb a good-bye 작별의 키스를 하다

06 해설 한 문장에 접속사 없이 두 개의 동사를 사용할 수 없다. 따라서 이 문장은 옳지 않다. __I__
　　해석 나는 편지를 보내야 하는 것을 기억하고 있었다(or 나는 편지를 보냈던 것을 기억하고 있었다).

07 해설 한 문장에 접속사 없이 두 개의 동사를 사용할 수 없다. 따라서 이 문장은 옳지 않다. __I__
　　해석 오랜 습관을 버리기란 매우 어렵다.
　　어휘 give up ~을 포기하다

08 해설 한 문장에 접속사 없이 두 개의 동사를 사용할 수 없다. 따라서 이 문장은 옳지 않다. __I__
　　해석 한국어와 영어는 틀림없이 다르다.

09 해설 한 문장에 접속사 없이 두 개의 동사를 사용할 수 없다. 따라서 이 문장은 옳지 않다. __I__
　　해석 그는 그 소식을 듣고서 매우 놀랐다고 말했다.

10 해설 관계대명사를 이용해서 두 개의 동사를 사용한 이 문장은 어법상 적절하다. __C__
　　해석 부엌에 있는 가스레인지는 사용하기에 효율적이다.
　　어휘 stove 가스레인지 effective 효율적인, 효과적인

Unit ✦ 01   to부정사의 용법

01 to부정사의 명사적 용법

V → 형태 변화 (to ⓥ) → 동사의 성질과 함께 <u>명사</u>로서의 역할을 한다.
↳ 주어 / 목적어 / 보어

① 정크 푸드를 먹는 것은 몸에
좋지 않다.

① To eat junk food is not healthful.
→ It is not healthful to eat junk food.

② 나는 사진기를 사고 싶다.

② I want to buy a camera.

③ 나는 컴퓨터 바이러스를 없애는
것이 어렵다는 것을 알게 됐다.

③ I found it hard to remove computer viruses.

④ 내가 뭐라고 말해야 할지 모르겠다.

④ I don't know what to say.

⑤ 내 소망은 선생님이 되는 것이다.

⑤ My wish is to become a teacher.

⑥ 나는 그에게 사진기를 사주고
싶다.

⑥ I want him to buy a camera.

One Tip 가목적어 it

S + make / find / believe / think / consider + it + 목적격 보어 + [to ⓥ ~ / that S + V ~/wh의문사절]

- Some people found it difficult to drive at night.
  몇몇 사람들은 밤에 운전하는 것이 어렵다는 것을 알았다.
- He made it quite clear that he had nothing to do with the matter.
  그는 그 문제에 대해 아무 관계가 없다는 것을 분명히 했다.
  어휘 have nothing to do with ~와 관계가 없다

Two Tips S + V + O + to ⓥ

소망동사	want, expect	
강요동사	force, urge, compel, get, drive, persuade, advise, cause, prompt	
명령[지시]동사	order, command, instruct, direct, lead, teach	+ O + to ⓥ
허가[금지]동사	allow, permit, forbid	
요구[요청]동사	ask, require, request, beg	
기타동사	enable, encourage	

- Tom expected me to see the movie together.
  Tom은 내가 함께 영화 보기를 기대했다.

- I advised you not to get close to him.
  나는 당신이 그와 가까워지지 않아야 한다고 충고했었다.
  어휘 get close 가까워지다

- Lack of information leads people to make very bad decisions.
  정보의 부족이 사람들로 하여금 나쁜 결정을 하게 한다.
  어휘 lack 부족, 결핍 decision 결핍

- Using this product will allow you to cut fuel costs dramatically.
  이 상품을 사용하면 당신은 극적으로 연료비를 줄일 수 있을 것이다.
  어휘 dramatically 극적으로, 상당히, 꽤

- His occupation requires him to travel a lot.
  그의 직업은 그가 많은 여행을 하도록 요구한다.
  어휘 occuoation 직업

- This class will enable you to understand English grammar.
  이 수업은 당신이 영문법을 이해할 수 있게 해 줄 것이다.

✦ 확인학습 문제

다음 문장을 읽고 어법상 틀린 부분을 올바르게 고치시오.

01 Get a job is not easy these days.

02 I don't think it is wise eat fruit without peeling it.

03 I found easy to wake up early in the morning.

04 My daddy got my brother and me fix his car all day.

05 Parents should encourage their children exercising and playing outside.

06 Human activities also had the global temperature to rise.

07 Nothing can compel me doing such a thing.

01 **해설** 주어는 명사(구, 절)이어야만 한다. 따라서 동사 **Get**을 부정사 **To get** 또는 동명사 **Getting**으로 바꿔야 한다.
　　해석 요즘 직업을 구하기란 쉽지가 않다.

02 **해설** 가주어 **it**은 to부정사나 **that**절이 진주어로 뒤따른다. 따라서 **eat**을 **to eat**으로 바꿔야 한다.
　　해석 나는 과일을 껍질을 벗기지 않고 먹는 것은 현명하다고 생각하지 않는다.
　　어휘 peel (껍질을) 벗기다, 깎다

03 **해설** find는 가목적어 **it**을 사용하여 뒤에 to부정사구나 **that**절을 진목적어로 취한다. 따라서 **found** 다음 **it**을 추가시켜야 한다.
　　해석 나는 아침에 일찍 일어나는 것이 쉽다는 걸 알았다.

04 **해설** 강요동사 **get**은 to부정사를 목적격 보어로 사용한다. 따라서 **fix**를 **to fix**로 고쳐 써야 한다.
　　해석 내 아버지는 내동생과 나를 하루 종일 그의 차를 고치게 했다.
　　어휘 fix 고치다 all day 하루종일

05 **해설** 동사 **encourage**는 to부정사를 목적격 보어로 사용한다. 따라서 **exercising and playing**을 **to exercise and (to) play**로 고쳐 써야 한다.
　　해석 부모님들은 자녀들이 야외에서 운동하고 놀도록 북돋아야 한다.
　　어휘 encourage 용기를 주다, 북돋우다

06 **해설** 사역동사 **have**는 동사원형을 목적격 보어로 취한다. 따라서 **to rise**를 **rise**로 바꿔야 한다.
　　해석 인간 활동도 역시 지구 온도를 상승하게 만들고 있다.
　　어휘 activity 활동, 행동 global 지구의, 세계의

07 **해설** 강요동사 **compel**은 목적격 보어 자리에 to부정사를 사용해야 한다. 따라서 **doing**을 **to do**로 바꿔야 한다.
　　해석 그 어떤 것도 내가 그런 일을 하도록 강요할 수는 없다.
　　어휘 compel ~을 강요하다

02 to부정사의 형용사적 용법

V → 형태 변화 (to ⓥ) → 동사의 성질과 함께 <u>형용사로서의 역할</u>
                                     └→ 명사 수식, 보어

① I have a lot of homework to do.

   [참고] This book is not easy to read.

② She needs a pen to write. (×)

   → She needs a pen to write with. (○)

③ My hobby is to collect model plane.

④ They are to have a party this evening.

⑤ You are to finish this by seven.

---

① 나는 해야 할 숙제가 많다.

   [참고] 이 책은 읽기가 쉽지 않다

② 그녀는 쓸 펜이 필요하다.

③ 내 취미는 모형 항공기를 수집하는 것이다.

④ 그들은 오늘 저녁에 파티를 열 것이다.

⑤ 당신은 7시까지 이것을 끝내야 한다.

One Tip 명사 + to ⓥ + 전치사

a cup to drink	→	a cup to drink with (마실 컵)
a paper to write	→	a paper to write on (쓸 종이)
a pen to write	→	a pen to write with (쓸 펜)
a chair to sit	→	a chair to sit on (앉을 의자)
a place to live	→	a house to live in (살 곳)
a friend to talk	→	a friend to talk with (말할 친구)
a friend to hang out	→	a friend to hang out with (놀 친구)

확인학습 문제

다음 문장을 읽고 옳으면 C(correct), 옳지 않으면 I(incorrect)로 표기하시오.

01 We need a chair to sit on.   _____

02 I have many friends to speak.   _____

03 I want some water to drink with.   _____

04 She needs someone to rely.   _____

05 I have no way to account.   _____

---

01 해설 명사(a chair)를 수식하는 to부정사(to sit) 뒤에 전치사 on의 사용은 적절하다. _C_
    해석 우리는 앉을 의자가 필요하다.

02 해설 명사(friends)를 수식하는 to부정사(to speak) 뒤에는 전치사 with나 to를 추가시켜야 한다. _I_
    해석 나는 대화를 나눌 많은 친구가 있다.
    어휘 speak with ~와 대화하다

03 해설 명사(water)를 수식하는 to부정사(to drink) 다음 전치사 with의 사용은 적절하지 않다. _I_
    해석 나는 마실 물을 원한다.

04 해설 명사(someone)를 수식하는 to rely는 구동사로 사용해야 하므로 to rely on으로 고쳐 써야 한다. _I_
    해석 그녀는 의지할 사람이 필요하다.
    어휘 rely on ~에게 의지하다

05 해설 명사(way)를 수식하는 to account는 구동사로 사용해야 하므로 to account for로 고쳐 써야 한다. _I_
    해석 나는 설명할 방법이 없다.
    어휘 account for ~을 설명하다

03 to부정사의 부사적 용법

V → 형태변화 (to ⓥ) → 동사의 성질과 함께 <u>부사</u>로서의 역할

↳완성된 문장 다음에 위치한다.

① He came to Korea to see his best friends.

② He ran to catch the bus.
 = He ran so as to catch the bus.
 = He ran in order to catch the bus.

③ He was very surprised to hear the news.

④ You must be crazy to do such a thing.

⑤ He left home never to return.

⑥ He is old enough to vote.
 = He is so old that he can vote.

⑦ She is too old to do any work.
 = She is so old that she can't do any work.

① 그는 친한 친구들을 보러 한국에 왔다.

② 그는 버스를 잡기 위해 달렸다.

③ 그는 그 소식을 듣고 매우 놀랐다.

④ 그런 짓을 하다니 넌 미친 게 분명하다.

⑤ 그는 집을 떠나서 다시는 돌아오지 않았다.

⑥ 그는 투표하는 데 충분할 정도로 나이를 먹었다.
 =그는 꽤 나이가 들어서 투표를 할 수 있다.

⑦ 그녀는 어떤 일을 하기에도 너무 나이가 많다.
 =그녀는 너무 나이가 많아서 어떤 일도 할 수가 없다.

One Tip 형용사 + enough + to ⓥ

• She is only sixteen. She is not enough old to get married. (×)
 → She is only sixteen. She is not old enough to get married. (○)
 그녀는 단지 16세이다. 그녀는 결혼하기에 충분히 나이 들지 않았다.

• She needs food enough to eat. (○)
 그녀는 먹을 충분한 음식이 필요하다.

• She needs enough food to eat. (○)
 그녀는 먹을 충분한 음식이 필요하다.

◆ 확인학습 문제

밑줄 친 to부정사를 문맥에 맞게 우리말로 해석하시오

01 I went to the doctor **to check** up my health condition.

→ _____

02 I am pleased **to do** this project with you.

→ _____

03 He is strong enough **to lift** that box.

→ _____

04 He awoke <u>to find</u> her missing.

→ _____

05 You must be sick **to keep** coughing.

→ _____

06 Everyone would be shocked **to find** out that he is an alcoholic.

→ _____

---

01 해설 완전한 문장 다음에 to부정사가 위치하는 경우 대개 주어의 행위에 대한 목적, 이유의 뜻을 나타낸다.
해석 나는 건강 검진을 하러 의사에게 갔다.
어휘 check up 검사하다   health condition 건강 상태

02 해설 형용사(pleased) 다음에 to부정사가 위치하는 경우 이유, 원인, 판단의 기준 등의 뜻을 나타낸다.
해석 나는 이 계획을 너와 함께 하게 돼서 기쁘다.
어휘 pleased 기쁜   project 계획, 프로젝트

03 해설 부사(enough) 다음에 to부정사가 위치하는 경우 정도의 뜻을 나타낸다.
해석 그는 저 상자를 들어 올릴 수 있을 정도로 충분히 힘이 세다.

04 해설 완전 자동사(awake) 뒤에 위치하는 to부정사는 결과의 뜻을 나타낼 수 있다.
해석 그는 일어나서야 그녀가 사라진 것을 알게 되었다.
어휘 awake−awoke−awoken 깨다; 깨우다

05 해설 형용사(sick) 다음에 to부정사가 위치하는 경우 이유, 원인, 판단의 기준 등의 뜻을 나타낸다.
해석 계속 기침을 하는 걸로 봐서 너는 아픈 게 틀림없다.
어휘 cough 기침하다

06 해설 형용사(shocked) 다음에 to부정사가 위치하는 경우 이유, 원인, 판단의 기준 등의 뜻을 나타낸다.
해석 그가 알코올 중독자라는 사실을 알게 되어서 모두가 다 충격을 받았다.
어휘 shocked 충격받은   alcoholic 알코올 중독자

Unit ✦ 02 to부정사의 관용적 용법

01 to부정사의 관용적 표현

1 too ~ to ⓥ	너무 ~해서 ⓥ할 수 없다	**12** be able to ⓥ	ⓥ할 수 있다
2 enough to ⓥ	ⓥ할 만큼 충분하다	**13** be due to ⓥ	ⓥ할 예정이다
3 so ~ as to ⓥ	ⓥ할 만큼 그렇게 ~한	**14** be going(about) to ⓥ	ⓥ할 예정이다
4 so as(in order) to ⓥ	ⓥ하기 위하여	**15** be bound to ⓥ	ⓥ해야 한다
5 only to ⓥ	그러나 ⓥ하다	**16** be expected to ⓥ	ⓥ하기로 되어 있다
6 be afraid to ⓥ	ⓥ하는 것이 걱정되다	**17** be anxious to ⓥ	ⓥ하기를 갈망하다
7 be ready to ⓥ	ⓥ할 준비가 되어 있다	**18** be willing to ⓥ	기꺼이 ⓥ하다
8 be eager to ⓥ	ⓥ을 간절히 바라다	**19** happen to ⓥ	우연히 ⓥ하다
9 be likely to ⓥ	ⓥ인 것 같다	**20** appear(seem) to ⓥ	ⓥ인 것 같다
10 the last (man) to ⓥ	결코 ⓥ할 (사람)이 아닌	**21** come(get) to ⓥ	ⓥ하게끔 되다
11 the last ~ to ⓥ	결코 ⓥ하지 않는	**22** be supposed to ⓥ	ⓥ하기로 되어 있다, ⓥ해야만 한다

① My youngest brother is too young to drive.

② His sister is not old enough to drive.

③ She studied so hard as to catch up with the others.

④ He wears glasses so as(= in order) to look intelligent.

⑤ He worked hard only to fail in the exam.

⑥ Any company will be afraid to see its stocks go down.

⑦ They are ready to fight for their country.

⑧ US is eager to improve trade relations with Korea.

⑨ He is likely to lose the game.

⑩ I think he is the last man to do such a thing.

⑪ The last thing you need to do is to lie.

① 내 남동생은 운전하기엔 너무 어리다(너무 어려서 운전을 할 수 없다).

② 그의 여동생은 운전할 정도로 충분히 나이가 들지 않았다.

③ 그녀는 다른 이들을 따라잡을 만큼 열심히 공부했다.
catch up with ~을 따라잡다

④ 그는 지적으로 보이려고 안경을 쓴다.
intelligent 지적인

⑤ 그는 열심히 공부했으나 그 시험에 실패했다.

⑥ 어떤 회사라도 회사의 주식이 떨어지는 것이 걱정될 것이다.
stock 주식

⑦ 그들은 조국을 위해 싸울 준비가 되어 있다.

⑧ 미국은 한국과 통상 관계를 증진하기를 간절히 바란다.
eager 간절히 바라는, 열렬한

⑨ 그는 경기에 질 것 같다.

⑩ 내 생각에 그는 결코 그런 일을 할 사람이 아니다.

⑪ 당신이 결코 하지 말아야 할 일은 거짓말이다.

⑫ 모든 이들이 **David**가 이 문제를 처리할 수 있을 거라고 생각한다.

⑬ 그는 오늘밤 연설할 예정이다.

⑭ 그 승객들이 비행기에 이제 막 탑승할 예정이다.

⑮ 너는 법적으로 이 질문에 대답해야만 한다.

⑯ 이 약물은 시장에 곧 출시하기로 되어 있다.

⑰ 그는 결과를 알길 갈망한다.

⑱ 그 마을 사람들은 어려움에 처한 사람들에게 기꺼이 손을 내밀 의도가 있다.

⑲ 우리가 우연히 밖에 있었을 때 그녀를 길에서 만났다.

⑳ 이 마을 사람들은 통제된 삶을 사는 것 같다.

㉑ 그는 자동차 운전을 배우게끔 되었다.

㉒ 그는 **6**시에 도착할 예정이다. 내가 뭘 해야 하지?

---

⑫ Everyone thinks David will be able to deal with this problem.

⑬ He is due to speak tonight.

⑭ The passengers are going(= about) to board the plane.

⑮ You are legally bound to answer these questions.

⑯ The medicine is expected to come to market soon.

⑰ He is anxious to know the result.

⑱ The villagers are willing to give a hand to the people in trouble.

⑲ We happened to be out when we met her on the street.

⑳ The people in this town appear(= seem) to live in controlled lives.

㉑ He came to learn how to drive a car.

㉒ He is supposed to arrive at six.
What am I supposed to do?

One Tip 독립부정사

to begin with 무엇보다도, 우선	not to mention 말할 것도 없이
to be sure 확실히	needless to say 말할 필요도 없이
to make matters worse 설상가상으로	strange to say 이상한 이야기지만
to tell the truth 사실을 말하자면	to be short 요약하면
to be honest with you 솔직히 말하자면	to make a long story short 요약하면
to be frank with you 솔직히 말하자면	to sum up 요약하면

• To begin with, I don't like his looks. 무엇보다도, 난 그의 외모를 좋아하지 않는다.

• To make matters worse, it started to rain. 설상가상으로, 비가 오기 시작했다.

• Needless to say, she was extremely angry. 말할 필요도 없이, 그녀는 극도로 화가 났다.

• To be sure, this project is not for everyone. 확실히, 이 프로젝트는 모든 이를 위한 것은 아니다.

확인학습 문제

다음 빈칸에 적절한 표현을 넣어 문장을 완성하시오.

01 _____, my dog saved my life.
　　　(이상한 이야기지만)

02 After graduating, she _____ get a job.
　　　　　　　　　(~하기를 갈망하다)

03 This machnie has many unnecessary device, _____ is expensive.
　　　　　　　　　　　　　　　　　(말할 필요도 없이)

04 _____ he got sick while I was gone.
　　　(설상가상으로)

05 Don't _____ face criticism from other people.
　　　(~하는 것이 걱정되다)

06 We waited for as many as three hours _____ get the tickets to the game.
　　　　　　　　　　　　　　　　　　(~하기 위해서)

07 She is competent _____ strike a deal with the company by herself.
　　　　　　　　　(~하기 충분한)

08 He is _____ I'd trust with a secret.
　　　(~할 사람이 아닌)

09 The judiciary authorities _____ punish violent demonstrations severely.
　　　　　　　　　　　　　(기꺼이 ~하다)

10 He survived the crash _____ die in the hospital.
　　　　　　　　　　　(그러나 ~하다)

---

01 **해설** to부정사의 관용적 표현으로 Strange to say는 '이상한 얘기지만'이란 뜻으로 쓰인다.
　　해석 이상한 이야기지만, 나의 개가 내 목숨을 구했다.

02 **해설** to부정사의 관용적 표현으로 be anxious to ⓥ는 '~하기를 갈망하다'는 표현으로 쓰인다.
　　해석 졸업 후에, 그녀는 직업을 갖기를 갈망한다.

03 **해설** to부정사의 관용적 표현인 not to mention(=needless to say)은 '말할 필요도 없이'라는 뜻으로 쓰인다.
　　해석 이 기계는 비싼 것은 말할 것도 없고 많은 불필요한 장치를 가지고 있다.

04 **해설** to부정사의 관용적 표현으로 to make matters worse는 '설상가상으로'의 뜻을 나타낸다.
　　해석 설상가상으로 그는 내가 떠나있던 동안 병들었다.

05 **해설** to부정사의 관용적 표현으로 be afraid to ⓥ '~하는 것이 걱정되다'의 뜻을 나타낸다.
　　해석 다른 사람들로부터의 비판을 대면하는 것을 걱정하지 말아라.
　　어휘 face 직면하다, 대하다　criticism 비판, 비평

06 **해설** to부정사의 관용적 표현으로 so as to ⓥ 또는 in order to ⓥ는 '~하기 위해서'라는 뜻을 나타낸다.
　　해석 우리는 그 경기 표를 구하기 위해서 무려 3시간 정도를 기다렸다.
　　어휘 as many as ~ 무려 ~만큼

07 **해설** to부정사의 관용적 표현으로 enough to ⓥ는 '~하기 충분한'이란 뜻을 나타낸다.
　　해석 그녀는 그녀 혼자서 그 회사와 타협을 보기에 충분히 유능하다.
　　어휘 competent 유능한, 능력 있는　strike a deal 타협을 보다

08 **해설** to부정사의 관용적 표현으로 the last man to ⓥ '결코 ~할 사람이 아닌'의 뜻을 나타낸다.
　　해석 그는 결코 내가 믿고 비밀을 말할 수 있는 사람이 아니다.

09 **해설** to부정사의 관용적 표현으로 be willing to ⓥ '기꺼이 ~하다'의 뜻을 나타낸다.
　　해석 사법 당국은 기꺼이 폭력적인 시위를 엄중하게 처벌한다.
　　어휘 judiciary 사법부　authority 권위; 당국, 관계자　punish 처벌하다, 벌주다　violent 폭력적인
　　　　 demonstration 시위, 데모

10 **해설** to부정사의 관용적 표현으로 only to ⓥ는 '그러나 (결국) ~하다'의 뜻을 나타낸다.
　　해석 그는 충돌 사고에서 살아났지만 결국 병원에서 죽었다.
　　어휘 survive 살아남다　crash (자동차, 비행기) 충돌(사고)

03 동명사

Unit ✦ 01 동명사의 기능

01 동명사의 명사적 기능

V → 형태 변화(ⓥ-ing) → 동사의 성질과 함께 <u>명사로서의 역할</u>
　　　　　　　　　　　　　　　　　└ 주어, 목적어, 보어

① 책을 읽는 것은 도움이 된다.

① Reading a book is helpful.

② 나는 매일 책 읽는 것을 즐긴다.

② I enjoy reading books everyday.

③ 무언가를 배우는 최선의 방법은 책을 읽는 것이다.

③ The best way to learn something is reading books.

④ 나는 당신을 곧 만나길 기대하고 있다.
look forward to ⓥ-ing
~하기를 간절히 바라다

④ I look forward to seeing you soon.

⑤ 그 소식을 나에게 말해 줘서 고마워.

⑤ Thank you for telling me the news.

One Tip 동명사와 to부정사

❶ **to부정사를 목적어로 취하는 동사**
계획·결정·기대·소망·선택·약속 등을 의미하는 동사들은 to부정사를 목적어로 갖는다.

> want, hope, wish, expect, desire, decide, determine, choose, plan, promise, agree, seek, care, attempt, offer

❷ **동명사를 목적어로 취하는 동사**
동작의 중단이나 회피, 과거 지향적 동사들은 동명사를 목적어로 갖는다.

> mind, enjoy, give up, avoid, finish, escape, suggest, involve, deny, mention, postpone(= put off), practice, admit, appreciate, consider

Two Tips to부정사와 동명사에 따라 의미가 달라지는 동사

remember	**to** ⓥ	꼭 ⓥ해야 할 것을 기억하다
	ⓥ-ing	ⓥ했던 것을 기억하다
forget	**to** ⓥ	꼭 ⓥ해야 할 것을 잊다
	ⓥ-ing	ⓥ했던 것을 잊다
regret	**to** ⓥ	ⓥ해야 할 것을 유감으로 여기다
	ⓥ-ing	ⓥ했던 것을 후회하다
stop	**to** ⓥ	ⓥ하기 위해 멈추다
	ⓥ-ing	ⓥ하는 것을 그만두다
try	**to** ⓥ	ⓥ하려고 노력하다
	ⓥ-ing	시험 삼아 ⓥ해보다
mean	**to** ⓥ	ⓥ할 의도이다, 작정이다
	ⓥ-ing	ⓥ하는 것을 뜻하다

- I forgot to give you a message. 나는 당신에게 메시지를 전달해야 할 것을 잊었다.

- I didn't mean to be late. I'm sorry. 늦을 의도는 아니었습니다. 죄송합니다.

- I regret to say that I am unable to help you.
  당신을 도울 수 없다고 말씀드려야 할 것 같아 유감입니다.

- He tried putting on a new jacket. 그는 새로운 재킷을 시험 삼아 입어 보았다.

Three Tips 전치사 + 명사 vs. 전치사 + 동명사

'전치사 + 명사' 다음에 또 다른 명사는 올 수 없다. 하지만 '전치사 + 동명사' 다음에는 또 다른 명사
(의미상 목적어)가 올 수 있다.

- I have to concentrate on the project. 나는 그 프로젝트에 집중해야 한다.

- I have to concentrate on doing the project. 나는 그 프로젝트를 하는 데 집중해야 한다.

✦ 확인학습 문제

다음 [   ] 안에서 어법상 알맞은 것을 고르시오.

01 We suggest [to use / using] the safe to protect money or important documents.

02 Let me think about [explanation / explaining] the problem.

03 We seek [to improve / improving] relations between two countries.

04 This dictionary will enable you [to understand / understanding] English words.

05 We thought long and hard for [decision / deciding] what to do.

06 I appreciate [to be / being] with us tonight.

07 The military force forbade anyone [to cross / crossing] the border line.

08 We determined [to fight / fighting] to the last.

09 Should we consider [to buy / buying] new mobile phones?

10 This book is [too / so] thick to put into a bag.

---

01 해설 suggest는 동명사를 목적어로 취한다. 따라서 using이 어법상 적절하다.
　　해석 우리는 돈이나 중요한 서류를 보관하려면 금고를 사용하는 것을 제안한다.
　　어휘 safe 금고; 안전한 protect 보호하다 document 서류, 문서

02 해설 전치사(about)의 목적어로 명사 또는 동명사 둘 다 어법상 적절하다. 하지만 그 뒤에 또 다른 명사(의미상의 목적어)가 오게 될 경우에는 명사가 아닌 동명사가 필요하다. 따라서 동명사 explaining이 어법상 적절하다.
　　해석 이 문제를 설명하는 것에 대하여 생각 좀 해 봅시다.
　　어휘 explanation 설명 explain 설명하다

03 해설 seek은 to부정사를 목적어로 취한다. 따라서 to improve가 어법상 적절하다.
　　해석 우리는 양국 간의 관계 증진을 추구하고 있다.
　　어휘 seek 찾다, 구하다 improve 증진시키다, 개선하다 relation(s) 관계

04 해설 enable은 목적격 보어로 to부정사를 사용한다. 따라서 to understand가 어법상 적절하다.
　　해석 이 사전은 당신이 영단어를 이해하는 것을 가능하게 해 줄 것이다.

05 해설 전치사(for)의 목적어로 명사 또는 동명사 둘 다 어법상 적절하다. 하지만 그 뒤에 또 다른 명사(의미상의 목적어)가 오게 될 경우에는 명사가 아닌 동명사가 필요하다. 따라서 deciding이 어법상 적절하다.
　　해석 우리는 뭘 해야 할지를 결정하기 위하여 심사숙고했다.
　　어휘 decision 결정, 결심

06 해설 appreciate는 동명사를 목적어로 취한다. 따라서 being이 어법상 적절하다.
　　해석 나는 오늘 밤 우리와 함께 해 준 것에 감사한다.

07 해설 금지동사 forbid는 목적격 보어로 to부정사를 사용한다. 따라서 to cross가 어법상 적절하다.
　　해석 그 군대는 누구도 그 국경선을 넘는 것을 금했다.
　　어휘 military 군(대) cross 넘어가다 border 국경

08 해설 determine은 to부정사를 목적어로 취한다. 따라서 to fight가 어법상 적절하다.
　　해석 우리는 최후까지 싸우기로 결심했다.
　　어휘 to the last 마지막까지, 최후까지

09 해설 consider는 동명사를 목적어로 취한다. 따라서 buying이 어법상 적절하다.
　　해석 우리가 새 휴대폰 사는 것을 고려해야만 합니까?
　　어휘 mobile 이동하는, 움직임이 자유로운

10 해설 too~to 구문을 묻고 있다. 뒤에 to부정사가 있으므로 too가 어법상 적절하다.
　　해석 이 책은 너무 두꺼워서 가방 안에 들어가지 않는다.
　　어휘 thick 두꺼운

Unit ✦ 02   동명사의 관용적 용법

01   동명사의 관용적 표현

1 There is no ⓥ-ing   ⓥ할 수 없다
2 It goes without saying (that) ~   ~은 말할 것도 없다
3 It is no use ⓥ-ing   ⓥ해도 소용없다
4 have trouble[= difficulty, a hard time] (in) ⓥ-ing   ⓥ하는 데 어려움을 겪다
5 feel like ⓥ-ing   ⓥ하고 싶다
6 not(= never) … without ⓥ-ing   …할 때마다 ⓥ하다
7 keep (on) ⓥ-ing   계속 ⓥ하다
8 be on the verge(point) of ⓥ-ing   막 ⓥ하려고 하다
9 go on ⓥ-ing   계속 ⓥ하다
10 spend 시간(돈) ⓥ-ing   ⓥ하는 데 시간(돈)을 쓰다
11 go ⓥ-ing   ⓥ하러 가다
12 make a point of ⓥ-ing   반드시 ⓥ하다
13 be busy ⓥ-ing   ⓥ하느라 바쁘다
14 far from ⓥ-ing   결코 ⓥ하지 않는
15 be worth ⓥ-ing   ⓥ할 만한 가치가 있다(= be worthy of ⓥ-ing)
16 end up ⓥ-ing   결국 ⓥ하게 되다

① There is no telling when the rain will stop.

① 언제 비가 멈출지 말할 수 없다 (모르겠다).

② It goes without saying that she is beautiful.

② 그녀가 아름답다는 것은 말할 필요도 없다.

③ It is no use talking.

③ 말해 봤자 소용없다.

④ Students had trouble[= difficulty, a hard time] (in) doing their homework.

④ 학생들은 숙제하는 데 어려움을 겪었다.

⑤ I don't feel like going out tonight.

⑤ 오늘 밤 나는 외출하고 싶은 기분이 아니다.

⑥ 그들은 만나기만 하면 싸운다.
quarrel 논쟁하다, 말다툼하다

⑥ They never meet without quarreling.

⑦ 다른 무엇보다도 이것을 명심하세요. 계속 웃으세요!
have in mind 명심하다, 염두에 두다
first and foremost
다른 무엇보다도

⑦ Have this in mind first and foremost: Keep smiling!

⑧ 그는 막 집을 떠나려고 한다.

⑧ He is on the verge(point) of leaving home.

⑨ 그는 아무 말도 하지 않고 그저 계속 일만 했다.

⑨ He said nothing but just went on working.

⑩ 나는 새 차를 사는 데 15,000달러를 썼다.
나는 TV를 보며 저녁을 보냈다.

⑩ I spent $15,000 buying a new car.
I spend my evenings watching television.

⑪ 그들은 이번 주말에 낚시하러 갈 것이다.

⑪ They will go fishing this weekend.

⑫ 그는 반드시 매일 걷는 것을 잊지 않고 있다(습관으로 하다).

⑫ He makes a point of taking a walk everyday.

⑬ 그들은 시험 준비를 하느라 바쁘다.

⑬ They are busy preparing for the exam.

⑭ 열심히 공부하기는커녕 그는 책도 열어보지 않았다.

⑭ Far from studying hard, he didn't open the book.

⑮ 이 책은 읽을 가치가 있다.

⑮ This book is worth reading.
= This book is worthy of reading.

⑯ 그녀는 결국 모든 일을 다하게 되었다.

⑯ She ended up doing all the work.

One Tip to + ⓥ-ing 구문

look forward to ⓥ-ing   ⓥ하기를 간절히 바라다
be opposed to ⓥ-ing   ⓥ하는 것을 반대하다
object to ⓥ-ing   ⓥ하는 것을 반대하다
devote(= dedicate) 목적어 to ⓥ-ing   목적어를 ⓥ하는 데 몰두하다(헌신하다)
contribute to ⓥ-ing   ⓥ하는 데 기여하다
be equal to ⓥ-ing   ⓥ할 능력이 있다
with a view to ⓥ-ing   ⓥ하기 위하여
when it comes to ⓥ-ing   ⓥ에 관하여
from ⓥ-ing to ⓥ-ing   ⓥ부터 ⓥ까지

① We are looking forward to meeting you again.

② They are very much opposed to going there.

③ They object to going there very much.

④ She wanted to devote(dedicate) her full attention to her business.

⑤ Fresh air contributes to maintaining good health.

⑥ Bill is equal to solving the problem.

⑦ He has bought land with a view to building a house.

⑧ Toddlers are very selfish when it comes to sharing toys.

⑨ This book ranges from speaking to listening English.

① 우리는 당신을 다시 만나기를 간절히 바랍니다.

② 그들은 거기에 가는 것을 아주 많이 반대한다.

③ 그들은 거기에 가는 것을 아주 많이 반대한다.

④ 그녀는 자신의 사업에만 몰두하기를 원했다.

⑤ 신선한 공기는 좋은 건강을 유지하는 데 기여했다.
maintain 유지하다

⑥ Bill은 이 문제를 풀 능력이 있다.

⑦ 그는 집을 짓기 위하여 땅을 샀다.

⑧ 유아들은 장난감을 공유하는 데 관하여 아주 이기적이다.
selfish 이기적인

⑨ 이 책은 영어 말하기에서부터 듣기까지 걸쳐 있다.
range A to B
A에서 B까지 걸쳐 있다[이르다]

◆ 확인학습 문제

다음 빈칸에 적절한 동명사 표현을 넣으시오.

01 _____ we are delighted about the new baby.
    (~은 말할 것도 없다)

02 You should _____ closing all the windows before leaving the house.
    (반드시 ~하다)

03 She always _____ adapting quickly to change.
    (~하는 데 어려움을 겪다)

04 He does not drink alcohol _____ gossiping about his co-workers.
    (~할 때마다 …하다)

05 I _____ leaving when the phone rang.
    (막 ~하려고 했다)

06 Working mothers _____ doing office work and house work at the same time.
    (~하느라 바쁘다)

07 The firm _____ a huge amount of money developing new products.
    (~하는 데 돈 쓰다)

08 Many workers _____ taking a vacation.
    (~하기를 간절히 바라다)

09 Some soldiers _____ following the unfair orders.
    (~하는 것을 반대하다)

10 This campaign _____ raising awareness of health issue.
    (~하는 데 기여하다)

11 He _____ pushing ahead with the project.
    (~할 능력이 있다)

12 Mr. Simpson is painting the house _____ selling it for a better price.
    (~하기 위하여)

01 **해설** 동명사의 관용적 표현으로 It goes without saying (that)은 '~는 말할 것도 없다'라는 뜻이다.
　 해석 우리가 새 아기에 대해서 기쁘다는 것은 말할 것도 없다.
　 어휘 delighted 기쁜, 즐거운

02 **해설** 동명사의 관용적 표현으로 make a point of ⓥ-ing는 '반드시 ⓥ하다'라는 뜻이다.
　 해석 당신은 집을 떠나기 전에 반드시 모든 창문을 닫아야 한다.

03 **해설** 동명사의 관용적 표현으로 have trouble ⓥ-ing는 'ⓥ하는 데 어려움을 겪다'라는 뜻이다.
　 해석 그녀는 항상 변화에 빠르게 적응하는 데 어려움을 겪는다.
　 어휘 adapt 적응하다

04 **해설** 동명사의 관용적 표현으로 not(never) ~ without ⓥ-ing는 'ⓥ할 때마다 (반드시) ⓥ하다'라는 뜻이다.
　 해석 그는 술을 마실 때마다 (반드시) 그의 동료 직원에 대해 험담을 한다.
　 어휘 gossip 험담하다　co-worker 동료

05 **해설** 동명사의 관용적 표현으로 be on the verge(point) of ⓥ-ing는 '막 ⓥ하려 하다'의 뜻이다.
　 해석 나는 전화가 울렸을 때 막 떠나려 했다.

06 **해설** 동명사의 관용적 표현으로 be busy ⓥ-ing는 '~하느라 바쁘다'는 뜻이다.
　 해석 일하는 어머니들은 동시에 회사 일과 집안일을 하느라 바쁘다.

07 **해설** 동명사의 관용적 표현으로 spend 시간/돈 ⓥ-ing는 'ⓥ하는 데 돈/시간을 쓰다'라는 뜻이다.
　 해석 그 회사는 새로운 상품을 개발하는 데 막대한 돈을 썼다.
　 어휘 huge 막대한, 거대한

08 **해설** 동명사의 관용적 표현으로 look forward to ⓥ-ing는 'ⓥ하기를 간절히 바라다'라는 뜻이다.
　 해석 많은 일꾼들이 휴가 얻기를 간절히 바란다.
　 어휘 take a vacation 휴가를 얻다

09 **해설** 동명사의 관용적 표현으로 object to ⓥ-ing 또는 be opposed to ⓥ-ing는 'ⓥ하는 것을 반대하다'라는 뜻이다.
　 해석 몇몇 군인들은 부당한 명령을 따르기를 반대한다.
　 어휘 unfair 부당한, 불공정한　order 명령, 주문

10 **해설** 동명사의 관용적 표현으로 contribute to ⓥ-ing는 'ⓥ하는 데 기여하다'라는 뜻이다.
　 해석 이 캠페인은 건강문제에 관하여 자각하도록 기여한다.
　 어휘 campaign 캠페인, 운동

11 **해설** 동명사의 관용적 표현으로 be equal to ⓥ-ing는 'ⓥ할 능력이 있다'라는 뜻이다.
　 해석 그는 이 계획을 밀어붙이는 능력이 있다.
　 어휘 push ahead 밀어붙이다, 단호하게 나아가다

12 **해설** 동명사의 관용적 표현으로 with a view to ⓥ-ing는 'ⓥ하기 위하여'라는 뜻이다.
　 해석 Simpson씨는 더 좋은 가격에 집을 팔기 위하여 집을 칠하고 있다.

CHAPTER
04   분 사

Unit ✦ 01   분사의 기능

01 분사의 형용사적 용법

V → 형태변화(ⓥ-ing / ⓥ-ed) → 동사의 성질과 함께 <u>형용사로의 역할</u>
　　　　　　　　　　　　　　　　　　　　↳ 명사수식, 보어

① 당신은 이 결정된 합의를 따라
야만 한다.
decide 결정된

② 지친 운전수들은 대체로 반응이
느리다.
exhausted 지친, 탈진한
normally 대체로

③ 빨간 드레스를 입은 소녀가 내
여동생이다.

④ 모퉁이에 주차된 빨간 차가 내
것이다.

⑤ 더 많은 돈을 모금하려는 그의
계획은 당황스럽다.
raise money 돈을 모으다,
　　　　　　　기금을 마련하다
embrass 당황하게 하다

⑥ 회의하는 동안 나는 내 차를
수리시켰다.
repair 수리하다

① You have to follow this decided agreement.

② Exhausted drivers normally have slow reactions.

③ The girl wearing a red dress is my sister.

④ The red car parked on the corner is mine.

⑤ His plan for raising more money sounds embarrassing.

⑥ I had my car repaired during the meeting.

◆ 확인학습 문제

다음 [ ] 안에서 어법상 알맞은 것을 고르시오.

01 The [boring / bored] movie made me drowsy.

02 It is difficult to study animals [residing / resided] in the underwater.

03 The [wounding / wounded] soldiers were sent to the hospital for treatment.

04 The chairman who was heedful announced [disappointing / disappointed] results.

05 The combine resulted in a reduction in the labor [requiring / required] to harvest crops.

06 On behalf of our community, I really appreciate you for an achievement [done / doing] well.

---

01 해설 bore는 감정표현동사이고 수식하는 명사가 사물(movie)이므로 현재분사가 필요하다. 따라서 boring이 정답이 된다.
해석 그 지루한 영화는 나를 졸리게 했다.
어휘 bore 지루하게 하다 drowsy 졸린

02 해설 reside가 명사 animals를 후치수식하는 구조로 reside는 1형식 자동사이므로 능동의 형태가 필요하다. 따라서 residing이 정답이 된다.
해석 수중에 사는 동물을 연구하는 것은 어렵다.
어휘 reside in ~에서 살다 underwater 수중의

03 해설 wound가 soldiers를 전치수식하는 구조로 의미구조가 필요하다. 문맥상 부상당한 병사이므로 wounded가 정답이 된다.
해석 부상당한 병사들이 치료를 위해 병원으로 보내졌다.
어휘 wound 부상시키다, 상처를 입히다

04 해설 disappoint는 감정표현동사이고 수식하는 명사가 사물(results)이므로 현재분사가 필요하다. 따라서 disappointing이 정답이 된다.
해석 신중한 그 의장은 실망스러운 결과를 알렸다.
어휘 chairman 의장 heedful 신중한, 주의하는, 조심하는 announce 알리다, 공표하다 disappoint 실망시키다

05 해설 require가 앞에 있는 명사 labor를 후치수식하는 구조로 뒤에 목적어가 없으므로 과거분사 required가 정답이 된다.
해석 콤바인의 사용은 작물 수확에 필요한 노동력의 감소를 초래했다.
어휘 combine 콤바인(농기구) result in 초래하다, 야기하다 reduction 감소, 감축 labor 노동력 harvest 수확(하다)

06 해설 do가 뒤에서 앞에 있는 명사 achievement를 후치수식하는 구조로 뒤에 목적어가 없으므로 과거분사 done이 정답이 된다.
해석 우리 지역사회를 대신해서 나는 잘 이루어낸 성취에 대해 당신에게 진정으로 감사드립니다.
어휘 on behalf of ~을 대신해서 appreciate 감사하다 achievement 성취, 업적

02 분사구문

분사구문이란 분사를 이용해서 복문을 단문으로 바꾸는 문장 전환 기법이다.

① 내가 **TV**를 보고 있을 때 나는 이상한 소리를 들었다.
→ **TV**를 보면서 나는 이상한 소리를 들었다.

① When I watched TV, I heard a strange sound.
→ Watching TV, I heard a strange sound.

② 나는 그에게 질문을 받았기 때문에 나는 그 질문에 답했다.
→ 그에게 질문을 받아서 나는 그 질문에 답했다.

② Because I was asked by him, I answered the question.
→ (Being) asked by him, I answered the question.

③ 당신이 왼쪽으로 돌면, 당신은 병원을 보게 될 것이다.
→ 왼쪽으로 돌면, 당신은 병원을 보게 될 것이다.

③ If you turn to the left, you will find the hospital.
→ Turning to the left, you will find the hospital.

④ 비록 나는 손해를 봤지만 그 책을 사는 것을 포기할 수 없다.
→ 손해를 봤지만 나는 그 책을 사는 것을 포기할 수 없다.

④ Even though I have lost my money, I cannot give up buying the book.
→ Having lost my money, I cannot give up buying the book.

⑤ 내가 창밖을 보았을 때 나는 내 영어 선생님을 생각했다.
→ 창밖을 바라보면서 나는 내 영어 선생님을 생각했다.

⑤ As I looked out the window, I thought about my English teacher.
→ Looking out the window, I thought about my English teacher.

⑥ 그는 눈물을 닦으면서 사랑한다고 말했다.
→ 눈물을 닦으면서, 그는 그녀를 사랑한다고 말했다.

⑥ He said that he loved her while he was wiping the tears.
→ He said that he loved her, (being) wiping the tears.

One Tip 독립분사구문

주절과 종속절의 주어가 서로 다를 때 종속절의 주어를 그대로 남겨야 하는데 이를 독립분사구문이라 한다.

• As it was cold, we stayed at home.
→ It being cold, we stayed at home.

확인학습 문제

다음 문장을 분사구문으로 전환하시오.

01 As I knew what to do, I didn't ask for his advice.

→ _____

02 If they are read carelessly, some books will do more harm than good.

→ _____

03 Though they were born from the same parents, they bear no resemblance to each other.

→ _____

04 Because he lived on the seashore, he is able to swim.

→ _____

05 As we sang and danced together, we had a good time.

→ _____

06 He was sitting alone while he was folding his arms.

→ _____

07 If you sell the house now, you will lose some money.

→ _____

08 When I looked down into the pond, I saw a reflection of the round moon.

→ _____

09 If weather permits, the performance will take place outside.

→ _____

10 Because there was no class today, I went driving with my boyfriend.

→ _____

01 **정답** Knowing what to do, I didn't ask for his advice.

　해설 부사절에서 접속사 As를 생략하고 주절과 주어가 동일하므로 I를 생략한다. 주절과 시제가 같으므로 동사 knew를 현재분사로 고쳐 쓰면 분사구문이 완성된다.

　해석 뭘 해야 할지를 알고 있었기 때문에 나는 그의 조언을 구하지 않았다.

02 **정답** (Being) Read carelessly, some books will do more harm than good.

　해설 부사절에서 접속사 If를 생략하고 주절과 주어가 동일하므로 they(=books)를 생략한다. 주절과 시제가 같으므로 [시조부는 현미(시간이나 조건의 부사절에서는 현재가 미래시제를 대신해야 한다)] 동사 are를 현재분사로 고쳐 Being을 쓰면 분사구문이 완성된다. 이때 현재분사 Being은 생략이 가능하다.

　해석 소홀히 읽히면 몇몇 책들은 이롭기보다는 더 해롭다.

　어휘 carelessly 소홀히, 부주의하게 do harm 해를 끼치다, 악영향을 주다 (do good 이롭다)

03 **정답** (Having been) Born from the same parents, they bear no resemblance to each other.

　해설 부사절에서 접속사 Though를 생략하고 주절과 주어가 동일하므로 they를 생략한다. 주절과 시제가 다르므로 were born을 Having been born으로 고쳐 쓰면 분사구문이 완성된다. 이때 Having been은 생략이 가능하다.

　해석 같은 부모에게서 태어났어도, 그들은 서로 닮지 않았다.

　어휘 bear (a) resemblance to ~과 닮다

04 **정답** Having lived on the seashore, he is able to swim.

　해설 부사절에서 접속사 Because를 생략하고 주절과 주어가 동일하므로 he를 생략한다. 하지만 주절과 시제가 서로 다르기 때문에 lived를 having lived로 고쳐 써야 한다.

　해석 바닷가에 살고 있어서 그는 수영을 할 수 있다.

　어휘 seashore 바닷가, 해안(= beach, coastline, seaside)

05 **정답** Singing and dancing together, we had a good time.

　해설 부사절에서 접속사 As를 생략하고 주절과 주어가 동일하므로 we를 생략한다. 주절과 시제가 같으므로 동사 sang and danced를 현재분사로 고쳐 쓰면 분사구문이 완성된다.

　해석 노래하고 춤추며 우리는 함께 즐거운 시간을 보냈다.

　어휘 have a good time 즐거운 시간을 보내다

06 **정답** He was sitting alone, (being) folding his arms.

　해설 접속사 while을 생략하고 앞 문장과 주어가 동일하므로 he를 생략한다. 앞 문장과 시제가 같으므로 동사 was를 현재분사로 고쳐 쓰면 분사구문이 완성된다. 이때 현재분사 being은 생략이 가능하다.

　해석 그는 팔짱을 긴 채 홀로 앉아 있던 중이었다.

　어휘 fold one's arms 팔짱을 끼다

07 **정답** Selling the house now, you will lose some money.

　해설 부사절에서 접속사 If를 생략하고 주절과 주어가 동일하므로 you를 생략한다. 주절과 시제가 같으므로(시조부는 현미(시간이나 조건의 부사절에서는 현재가 미래시제를 대신해야 한다)) 동사 sell을 현재분사 selling으로 고쳐 쓰면 분사구문이 완성된다.

　해석 만약 지금 그 집을 판다면, 너는 손해를 볼 것이다.

　어휘 lose money 손해를 보다, 돈을 잃다

08 **정답** Looking down into the pond, I saw a reflection of the round moon.

　해설 부사절에서 접속사 When을 생략하고 주절과 주어가 동일하므로 I를 생략한다. 주절과 시제가 같으므로 동사 looked를 현재분사로 고쳐 쓰면 분사구문이 완성된다.

　해석 연못 아래를 쳐다볼 때 나는 둥근달의 반사된 모습을 보았다.

　어휘 pond 연못 reflection 반영, 반사

09 **정답** Weather permitting, the performance will take place outside.

　해설 부사절에서 접속사 If를 생략하고 주절과 주어가 다르므로 weather를 생략할 수 없다. 주절과 시제가 같으므로[시조부는 현미(시간이나 조건의 부사절에서는 현재가 미래시제를 대신해야 한다)] permit을 현재분사로 고쳐 쓰면 분사구문이 완성된다.

　해석 날씨만 허락한다면 그 공연은 야외에서 열릴 것이다.

　어휘 permit 허락하다, 허가하다 performance 공연, 연주(회); 실적, 성과 take place 발생하다

10 **정답** There being no class today, I went driving with my boyfriend.

　해설 부사절에서 접속사 Because를 생략하고 주절과 주어가 다르므로 no class를 생략할 수 없다. 주절과 시제가 같으므로 동사 was를 현재분사로 고쳐 쓰면 분사구문이 완성된다.

　해석 수업이 없어서 나는 남자친구와 드라이브를 갔다.

Unit ◆ 02   분사구문의 기타 용법

01   분사구문의 관용적 표현

---

1 generally speaking   일반적으로 말하자면
2 admitting (that)   ~을 인정할지라도
3 granting(＝granted) (that)   ~을 인정할지라도
4 strictly speaking   엄밀히 말하면, 엄격하게 말해서
5 frankly(＝honestly) speaking   솔직히 말하자면, 솔직히 말해서
6 considering (that)   ~임을 고려하면
7 given (that)   ~임을 고려하면
8 speaking of   ~에 관해 말하자면
9 judging from   ~으로 판단하건대
10 provided (that)   만약 ~라면

---

① Generally speaking, coffee has more caffeine than tea.

② Admitting that he is honest, he cannot be trusted with money.

③ Granting(Granted) that it is true, you are still in the wrong.

④ Strictly speaking, spiders aren't insects.

⑤ Frankly speaking, I forgot his name.

⑥ Considering that he is a new actor, his acting wasn't that bad.

⑦ Given that she is interested in children, I am sure teaching is the right career for her.

⑧ Speaking of myself, I read books on the weekend.

⑨ Judging from what I have heard, he is a man of high birth.

⑩ Provided that you give me a discount, I'll buy the car right away.

① 일반적으로 말하자면, 커피는 차보다 카페인이 더 많다.

② 그가 정직한 것은 인정할지라도, 그는 돈에 있어서 믿을 수 없다.
admit 인정하다

③ 그게 사실이라 인정할지라도, 여전히 너는 잘못했다.
in the wrong (사고, 실수, 언쟁 등에서) 잘못을 한, 과실이 있는

④ 엄밀히 말하면, 거미는 곤충이 아니다.
insect 곤충

⑤ 솔직히 말하면, 나는 그의 이름이 기억나지 않았다.

⑥ 그가 신인 배우인 것을 고려하면, 그의 연기는 그렇게 나쁘진 않다.

⑦ 그녀가 아이들에게 관심이 있는 것을 고려하면, 내가 확신하건 대 교직은 그녀에게 딱 맞는 직업이다.
teaching 교직 **career** 직업

⑧ 나에 관해 말하자면, 나는 주말에 책을 읽는다.

⑨ 내가 들은 것으로 판단하건대, 그는 명문가 출신이다.
a man of (a) high birth 명문가 출신

⑩ 만약 당신이 나에게 할인을 해준 다면, 나는 이 차를 당장 사겠다.
right away 지금 당장

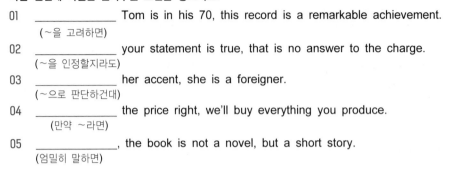 확인학습 문제

다음 빈칸에 적절한 분사구문 표현을 넣으시오.

01 _____ Tom is in his 70, this record is a remarkable achievement.
　(～을 고려하면)

02 _____ your statement is true, that is no answer to the charge.
　(～을 인정할지라도)

03 _____ her accent, she is a foreigner.
　(～으로 판단하건대)

04 _____ the price right, we'll buy everything you produce.
　(만약 ～라면)

05 _____, the book is not a novel, but a short story.
　(엄밀히 말하면)

---

01 해설 분사구문의 관용적 표현으로 considering that(= given that)은 '～을 고려하면'이란 뜻을 나타낸다.
　해석 Tom이 70대인 것을 고려하면, 이 기록은 놀랄 만한 결과다.
　어휘 record 기록 remarkable 놀랄 만한, 기록할 만한 achievement 업적, 성취, 결과

02 해설 분사구문의 관용적 표현으로 admitting that(= granted that)은 '～을 인정할지라도'란 뜻을 나타낸다.
　해석 당신 말이 사실이라고 인정하더라도, 그것은 변명이 될 순 없다.
　어휘 statement 진술, 말 charge 책임; 비난

03 해설 분사구문의 관용적 표현으로 judging from은 '～으로 판단하건대'란 뜻을 나타낸다.
　해석 그녀의 억양으로 판단하건대, 그녀는 외국인이다.
　어휘 accent 억양, 강세 foreigner 외국인, 이방인

04 해설 분사구문의 관용적 표현으로 provided (that)은 '만약 ～라면'이란 뜻을 나타낸다.
　해석 만약 가격이 적절하다면, 우리는 당신이 생산해 내는 모든 것을 살 것이다.
　어휘 right 적절한, 적당한; 권리 produce 생산하다; 농작물

05 해설 분사구문의 관용적 표현으로 strictly speaking은 '엄밀히 말하면'란 뜻을 나타낸다.
　해석 엄밀히 말하면, 그 책은 소설이 아니라 짧은 이야기 글이다.
　어휘 novel 소설; 새로운

Unit ✦ 01   준동사의 의미상의 주어

01   준동사의 동사적 성질

준동사는 동사에 준하기 때문에 동사적 성질을 갖는다. 따라서 준동사도 의미상의 주어가 있어야 하고 경우에 따라서는 의미상 목적어나 보어 또는 전치사구나 부사(구)가 뒤에 딸린 어구로 있어야 한다. 또한 준동사도 시제나 태의 원칙을 따른다.

① The doctor advised me to keep my room clean.

② We thank you for your son's applying for our company.

③ Bill Gates saw him crossing the street yesterday.

① 그 의사가 나에게 방을 깨끗이 유지하라고 충고했다.

② 우리는 당신의 아들이 우리 회사에 지원한 것에 대해 감사드립니다.

③ **Bill Gates**는 어제 그 남자가 길을 건너고 있는 것을 보았다.

02   준동사의 의미상의 주어

to부정사의 의미상의 주어는 그 격을 목적격으로 취하고 동명사의 의미상의 주어는 그 격을 소유격이나 목적격으로 취하며 분사의 의미상의 주어는 그 격을 목적격으로 취한다.

① I want him to do it.

② I minded your opening the window.

③ I watched him crossing the street.

① 나는 그가 그것을 하기를 원한다.

② 나는 당신이 창문을 여는 것을 꺼려 한다.

③ 나는 그가 길을 건너는 것을 지켜보았다.

03 준동사의 의미상의 주어 생략

준동사의 의미상의 주어와 문법상의 주어가 일치하는 경우 그리고 준동사의 의미상의 주어가 막연한 일반 인일 때에는 의미상의 주어는 생략할 수 있다.

① 나는 영어를 열심히 공부하고 싶다.
참고 나는 그가 영어를 열심히 공부하기를 원한다.

① I want to study English hard. (의미상의 주어 = I)
　참고 I want him to study English hard. (의미상의 주어 ≠ him)

② 나쁜 습관을 없애기는 쉽지 않다.
참고 그가 나쁜 습관을 없애기는 쉽지 않다.

② It is not easy to break a bad habit. (의미상의 주어 = 막연한 일반인)
　참고 It is not easy for him to break a bad habit. (문법상 주어 = him)

One Tip for + 의미상의 주어 + to ⓥ

• I want him to do it. 나는 그가 그것을 하기를 원했다.

• It is difficult for him to do it. 그가 그것을 하기는 어렵다.

• I made a cake for him to eat. 나는 그가 먹을 케이크를 만들었다.

Two Tips It is 인성형용사 + of + 목적격 + to ⓥ

인성형용사 : stupid(어리석은), kind(친절한), considerate(사려깊은), careless(부주의한), generous(관대한), nice(멋진), polite(공손한), clever(영리한), rude(무례한), cruel(잔인한)

• It is stupid of you to say so. 당신이 그렇게 말하는 것은 어리석다.

• It is kind of him to help me out. 그가 나를 도와주는 것은 친절하다.

PART
02

✦ 확인학습 문제 1

다음 준동사의 '의미상의 주어', '의미상의 목적어', '의미상의 보어'를 찾아 표시하시오.

01   Lucy pretended to know the answer to my question.

02   I look forward to your listening to the great music.

03   It was kind of you to lend me the money.

04   He went to the bookstore to buy some books.

05   It is usual for my sister to get up late in the morning.

---

01   해설 부정사 **to know**의 의미상의 주어는 **Lucy**이고 의미상의 목적어는 **the answer**이다.
　　해석 Lucy는 나의 질문에 답을 아는 체했다.
　　어휘 **pretend to** ⓥ ⓥ인 체하다

02   해설 동명사 **listening**의 의미상의 주어는 **your**이고 의미상의 목적어는 **music**이다.
　　해석 나는 당신이 그 위대한 음악을 듣기를 간절히 바란다.
　　어휘 **look forward to** ⓥ-ing ⓥ하기를 바라다, 간절히 바라다

03   해설 부정사 **to lend**의 의미상의 주어는 **you**이고 의미상 간접 목적어는 **me**, 그리고 직접목적어는 **the money**이다.
　　해석 당신이 나에게 돈을 빌려준 것은 매우 친절한 일이었다.

04   해설 부정사 **to buy**의 의미상의 주어는 **He**이고 의미상의 목적어는 **some books**이다.
　　해석 그는 서점에 몇 권의 책을 사러 갔다.

05   해설 부정사 **to get up**의 의미상의 주어는 **my sister**이다.
　　해석 아침에 내 여동생이 늦게 일어나는 것은 흔한 일이다.

✦ 확인학습 문제 2

Correct the error, if any.

01   It was stupid for him to accept their offer.

02   My parents went outside me to study quietly at home.

03   It was generous for her to give me an advice.

04   It is disgraceful a newspaper to publish such lies.

---

01   해설 to ⓥ의 의미상의 주어를 쓸 때, 사람의 인성을 나타낼 때에는 전치사 **of**를 사용한다. 따라서 **for him**을 **of him**으로 고쳐 써야 한다.
　　해석 그가 그들의 제안을 받아들인 것은 어리석었다.

02   해설 to ⓥ의 의미상의 주어의 격을 목적격으로 하기 위하여 **me** 앞에 전치사 **for**가 필요하다.
　　해석 나의 부모님은 내가 집에서 조용히 공부할 수 있도록 외출하셨다.

03   해설 인성을 나타내는 형용사(**generous**) 다음 to ⓥ의 의미상의 주어는 전치사 **of**를 사용해야 한다. 따라서 **for**를 **of**로 고쳐 써야 한다.
　　해석 그녀가 나에게 조언을 해 준 것은 관대한 일이다.

04   해설 to ⓥ의 의미상의 주어의 격을 목적격으로 하기 위하여 **a newspaper** 앞에 전치사 **for**가 필요하다.
　　해석 신문이 그런 거짓말을 게재한 것은 수치스러운 것이다.
　　어휘 **disgraceful** 우아하지 못한, 수치스러운   **publish** 출판하다

Unit ✦ 02 준동사의 시제와 태

01 준동사의 시제

준동사도 동사에 준하기 때문에 시제 일치가 필요하다. 주절의 시제와 준동사의 시제가 같으면 단순시제를 사용하며 주절의 시제보다 하나 앞서면 완료시제를 사용한다.

준동사 　 　 　 　 시제		단순시제	완료시제
to부정사		to ⓥ	to have p.p.
동명사		ⓥ-ing	having p.p.
분사	현재분사	ⓥ-ing	having p.p.
	과거분사	ⓥ-ed	having been p.p.

① 코끼리는 영리하다고 전해진다.
clever 영리한

① It is said that elephants are clever.
　 = Elephants are said to be clever.

② 코끼리는 영리했다고 전해진다.

② It is said that elephants were clever.
　 = Elephants are said to have been clever.

③ 그는 네 명의 아들을 둔 것이 자랑스럽다.

③ He is proud that he has four sons.
　 = He is proud of having four sons.

④ 그는 그 경기에서 승리했던 것이 자랑스러웠다.

④ He was proud that he had won the game.
　 = He was proud of having won the game.

⑤ 만약 당신이 다음 단서들을 사용한다면, 해답을 구할 수 있다.
= 다음 단서들을 사용해서, 당신은 해답을 구할 수 있다.

⑤ If you use the following clues, you can find the answer.
　 = Using the following clues, you can find the answer.

⑥ 비록 그가 세 번이나 실패했지만, 그는 포기하지 않는다.
= 세 번 실패했어도, 그는 포기하지 않는다.

⑥ Although he failed three times, he doesn't give up.
　 = Having failed three times, he doesn't give up.

02 준동사의 태

준동사도 동사의 성질이 있기 때문에 태의 일치에 유의해야 한다. 준동사 뒤에 목적어가 있으면 능동의 형태(to ⓥ / ⓥ-ing)를 취해야 하고 목적어가 없으면 수동의 형태(to be p.p. / ⓥ-ed)를 취해야 한다.

① My brother was too young [to punish / to be punished].

② A mid-term is scheduled [to arise / to be arisen] this year.

③ I am proud of [having known / having been known] him.

④ She complained of [having insulted / having been insulted].

⑤ He lay on the couch with his eyes [closing / closed]

⑥ [Having deceived / Deceived] by him before, she hates him.

① 내 남동생은 너무 어려서 처벌 받지 않았다.

② 중간고사는 올해 있을 예정이다.

③ 나는 그를 알았던 것이 자랑스럽다.

④ 그녀는 모욕당했던 것을 불평했다.
insult 모욕하다

⑤ 그는 눈을 감은 채로 소파에 누워 있었다.
couch 소파

⑥ 전에 그에게 속은 적이 있어서, 그녀는 그를 싫어한다.
deceive 속이다
hate 증오하다

정답 ① to be punished, ② to arise, ③ having known, ④ having been insulted, ⑤ closed, ⑥ Deceived

One Tip 준동사의 부정

준동사의 부정은 준동사 바로 앞에 not이나 **never**를 사용한다.

• I locked the door for him **not** to get in. 나는 그가 들어오지 못하도록 문을 잠갔다.
  참고 I **didn't** lock the door for him to get in. 나는 그가 들어오도록 문을 잠그지 않았다.

• He was careful about **not** leaving any tracks. 그는 흔적을 남기지 않으려고 주의했다.
  참고 He was **not** careful about leaving any tracks.
       그는 흔적을 남기는 것에 대해 주의하지 않았다.

• **Not** knowing where to go, he got a taxi. 어디로 갈지 몰랐기 때문에 그는 택시를 탔다.

▶ 정답 및 해설 p.157

01 밑줄 친 부분에 들어갈 말로 가장 적절한 것을 고르시오.

> He was too distracted by a text message _____ that he was going over the speed limit.

① to know
② not to know
③ knowing
④ not knowing

02 밑줄 친 부분 중 어법상 옳지 않은 것을 고르시오.

> ① Domesticated animals are the earliest and most effective 'machines' available to humans. They take the strain off the human back and arms. ② Utilizing with other techniques, animals can raise human living standards very considerably, both as supplementary foodstuffs (protein in meat and milk) and as machines ③ to carry burdens, life water, and grind grain. Since they are so obviously of great benefit, we might expect ④ to find that over the centuries humans would increase the number and quality of the animals they kept.

03 다음 우리말을 영어로 가장 잘 옮긴 것은?

① 토마스는 투표하기에 충분한 나이다.

　　→ Thomas is old enough to vote.

② 나는 네 열쇠를 잃어버렸다고 네게 말한 것을 후회한다.

　　→ I regret to tell you that I lost your key.

③ 도착했을 때 영화는 이미 시작했었다.

　　→ The movie had already started when arriving.

④ 바깥 날씨가 추웠기 때문에 나는 차를 마시려 물을 끓였다.

　　→ Being cold outside, I boiled some water to have tea.

04 다음 밑줄 친 부분 중 어법상 옳지 않은 것은?

Focus means ① <u>getting</u> stuff done. A lot of people have great ideas but don't act on them. For me, the definition of an entrepreneur, for instance, is someone who can combine innovation and ingenuity with the ability ② <u>to execute</u> that new idea. Some people think that the central dichotomy in life is whether you're positive or negative about the issues that interest or concern you. There's a lot of attention ③ <u>paying</u> to this question of whether it's better to have an optimistic or pessimistic lens. I think the better question to ask is whether you are going to do something about it or just let life ④ <u>pass</u> you by.

05 밑줄 친 부분에 들어갈 말로 가장 적절한 것을 고르시오.

> _____ hard in the university then, he has lots of troubles.

① Not studying   ② Having not studied

③ Studying not   ④ Not having studied

06 다음 우리말을 영어로 옮긴 것 중 가장 적절한 것은?

① 그 남자는 머리를 흩날리며 나에게 뛰어왔다.

   → With his hair flying in the wind, he ran to me.

② 그 여자는 서울에 있을 때 아주 부자였다고 한다.

   → The woman is said to be very rich while in Seoul.

③ 이번 학기에 등록한 학생 숫자가 감소했다.

   → The number of students registering this semester has decreased.

④ 컴퓨터를 켜 보니 편지함에 새로운 메일이 와 있었다.

   → After turning on the computer, a new mail was found in the mailbox.

07 다음 밑줄 친 부분 중 어법상 옳지 않은 것은?

Most countries denied refugees' ① coming and failed ② to welcome them after the war, which drove them ③ to deport and considered ④ to scatter elsewhere.

08 다음 우리말을 영어로 옳게 옮긴 것은?

① 그는 며칠 전에 친구를 배웅하기 위해 역으로 갔다.

　→ He went to the station a few days ago to see off his friend.

② 버릇없는 그 소년은 아버지가 부르는 것을 못 들은 체했다.

　→ The spoiled boy made it believe he didn't hear his father calling.

③ 나는 버팔로에 가본 적이 없어서 그곳에 가기를 고대하고 있다.

　→ I have never been to Buffalo, so I am looking forward to go there.

④ 나는 아직 오늘 신문을 못 읽었어. 뭐 재미있는 것 있니?

　→ I have not read today's newspaper yet. Is there anything interested in it?

09 **어법상 옳은 것은?** 2022. 국가직 9급

① A horse should be fed according to its individual needs and the nature of its work.
② My hat was blown off by the wind while walking down a narrow street.
③ She has known primarily as a political cartoonist throughout her career.
④ Even young children like to be complimented for a job done good.

10 **우리말을 영어로 잘못 옮긴 것을 고르시오.** 2022. 국가직 9급

① 커피 세 잔을 마셨기 때문에, 그녀는 잠을 이룰 수 없다.
  → Having drunk three cups of coffee, she can't fall asleep.
② 친절한 사람이어서, 그녀는 모든 이에게 사랑받는다.
  → Being a kind person, she is loved by everyone.
③ 모든 점이 고려된다면, 그녀가 그 직위에 가장 적임인 사람이다.
  → All things considered, she is the best-qualified person for the position.
④ 다리를 꼰 채로 오랫동안 앉아 있는 것은 혈압을 상승시킬 수 있다.
  → Sitting with the legs crossing for a long period can raise blood pressure.

PART 02

정답 해설

01 밑줄 친 부분에 들어갈 말로 가장 적절한 것을 고르시오.

> He was too distracted by a text message ＿＿＿＿＿＿ that he was going over the speed limit.

① to know
② not to know
③ knowing
④ not knowing

해설 'too ~ to ⓥ (너무 ~해서 ⓥ할 수 없다)'구문을 묻고 있다. 따라서 동명사 knowing의 사용은 빈칸에 들어가기에 적절하지 않고 또한 not to know의 사용 역시 이중부정이므로 문맥상 적절하지 않다. 그러므로 빈칸에 들어가기에 가장 적절한 것은 to know이다.

해석 그는 문자 메시지에 너무 정신이 팔려서 제한 속도보다 빠르게 달리고 있다는 것을 몰랐다.

01
too ~ to ⓥ 너무 ~해서 ⓥ할 수 없다
distract 산만하게[흩어지게] 하다
speed limit 제한 속도

02 밑줄 친 부분 중 어법상 옳지 않은 것을 고르시오.

> ① Domesticated animals are the earliest and most effective 'machines' available to humans. They take the strain off the human back and arms. ② Utilizing with other techniques, animals can raise human living standards very considerably, both as supplementary foodstuffs (protein in meat and milk) and as machines ③ to carry burdens, life water, and grind grain. Since they are so obviously of great benefit, we might expect ④ to find that over the centuries humans would increase the number and quality of the animals they kept.

해설 ② 자리값에 의해 준동사 자리이고 뒤에 목적어가 없으므로 utilizing은 utilized로 고쳐 써야 한다.
① 문맥상 명사(animals)를 전치수식하는 과거분사 Domesticated의 사용은 어법상 적절하다.
③ 앞에 있는 명사(machines)를 후치수식하는 to부정사(to carry)의 사용은 어법상 적절하다.
④ 소망동사 expect 뒤에 to부정사(to find)의 사용은 어법상 적절하다.

해석 길들여진 동물은 인간이 이용할 수 있는 가장 오래되고 효율적인 '기계'이다. 그들은 인간의 등과 팔의 긴장을 없애준다. 다른 기술들을 이용해서 고기와 우유에 있는 단백질을 제공하는 보조 음식으로서, 그리고 짐과 물을 나르고, 곡식을 가는 기계로서도 가축들은 인간의 생활수준을 매우 상당히 높일 수 있다. 가축들은 분명히 매우 이익이 되기 때문에, 우리는 수세기에 걸쳐 인간이 기르고 있는 동물의 수와 품질을 증가시켰을 것이라 기대할 것이다.

02
domesticated 길들여진
available 이용 가능한
strain 긴장
utilize 이용하다, 활용하다
raise 올리다
living standard 생활 수준
considerably 상당히, 아주, 매우
supplementary 보조의
foodstuff 식품
protein 단백질
burden 짐, 부담
grind 갈다
grain 곡식, 곡물
obviously 분명히, 명백하게

정답 01 ① 02 ②

03
vote 투표하다
boil 끓이다

03 다음 우리말을 영어로 가장 잘 옮긴 것은?

① 토마스는 투표하기에 충분한 나이다.

→ Thomas is old enough to vote.

② 나는 네 열쇠를 잃어버렸다고 네게 말한 것을 후회한다.

→ I regret to tell you that I lost your key.

③ 도착했을 때 영화는 이미 시작했었다.

→ The movie had already started when arriving.

④ 바깥 날씨가 추웠기 때문에 나는 차를 마시려 물을 끓였다.

→ Being cold outside, I boiled some water to have tea.

> **해설** ① enough는 형용사를 수식할 때 후치수식을 해야 하므로 old enough의 사용은 어법상 적절하다.
>
> ② regret 다음 to부정사의 사용은 '앞으로 힐 일에 대한 유감'을 나타내므로 '과거사실에 대한 후회'를 나타내는 우리말은 적절한 영작이 될 수 없다. 따라서 주어진 우리말을 영어로 적절하게 옮기려면 to tell을 telling으로 고쳐 써야 한다.
>
> ③ 주절의 주어와 분사구문의 의미상 주어가 서로 다르기 때문에 when arriving은 when we arrived로 고쳐 써야 한다.
>
> ④ 주절의 주어와 분사구문의 의미상의 주어가 서로 다르기 때문에 적절한 영작이 될 수 없다. 따라서 Being cold outside는 It being cold outside로 고쳐 써야 한다.

04
entrepreneur 사업가, 기업가
innovation 혁신
ingenuity 기발함, 독창성
dichotomy 이분법
optimistic 낙천적인, 낙관적인
pessimistic 회의적인
pass by 통과하다, 지나치다

04 다음 밑줄 친 부분 중 어법상 옳지 않은 것은?

Focus means ① getting stuff done. A lot of people have great ideas but don't act on them. For me, the definition of an entrepreneur, for instance, is someone who can combine innovation and ingenuity with the ability ② to execute that new idea. Some people think that the central dichotomy in life is whether you're positive or negative about the issues that interest or concern you. There's a lot of attention ③ paying to this question of whether it's better to have an optimistic or pessimistic lens. I think the better question to ask is whether you are going to do something about it or just let life ④ pass you by.

> **해설** ③ 자릿값에 의해 준동사 자리이지만 paying 뒤에 목적어가 없으므로 현재분사 paying은 과거분사 paid로 고쳐 써야 한다.
>
> ① mean + ⓥ-ing 구문(ⓥ하는 것을 의미하다)을 묻고 있다. 따라서 문맥상 동명사 getting의 사용은 어법상 적절하다.
>
> ② 명사 ability를 후치수식하는 to부정사(to execute)의 사용은 어법상 옳다.
>
> ④ 사역동사 let 다음 원형부정사 pass의 사용은 어법상 적절하다.

> **해석** 집중이란 어떤 일을 완성하는 것을 의미한다. 많은 사람들은 훌륭한 생각들은 가지고 있지만 그것들을 실행에 옮기지는 않는다. 예를 들어, 나에게 기업가의 정의는 새로운 생각을 실행할 수 있는 능력과 혁신 그리고 독창성을 함께 갖추고 있는 사람이다. 몇몇 사람들은 인생의 중심적인 이분법적 생각은 '당신을 흥미 있게 하거나 걱정시키는 문제들에 대해서 당신이 긍정적이냐, 부정적이냐'에 관한 것이라고 생각한다. 낙관적인 관점을 갖는 것이 낫냐 아니면 회의적인 것이 낫냐에 대한 질문에 많은 관심이 쏠려 있다. 나는 우리가 무언가에 대해 어떤 것을 할 것이냐 혹은 인생이 그냥 당신을 지나치게 할 것이냐를 질문하는 것이 더 낫다고 생각한다.

정답
03 ① 04 ③

05 밑줄 친 부분에 들어갈 말로 가장 적절한 것을 고르시오.

05
then 그 당시, 그때에는

> _____ hard in the university then, he has lots of troubles.

① Not studying
② Having not studied
③ Studying not
④ Not having studied

해설 준동사의 부정은 준동사 바로 앞에 not을 사용해야 하고 과거표시부사 then이 있으므로 대학에서 공부한 것이 지금 현재보다 한 시제 앞서야 한다. 따라서 빈칸에 들어가기에 가장 적절한 것은 **Not having studied**이다.

해석 그 당시 대학에서 열심히 공부하지 않았기 때문에, 그는 많은 어려움을 가지고 있다.

06 다음 우리말을 영어로 옮긴 것 중 가장 적절한 것은?

06
register 등록하다
semester 학기

① 그 남자는 머리를 흩날리며 나에게 뛰어왔다.
   → With his hair flying in the wind, he ran to me.
② 그 여자는 서울에 있을 때 아주 부자였다고 한다.
   → The woman is said to be very rich while in Seoul.
③ 이번 학기에 등록한 학생 숫자가 감소했다.
   → The number of students registering this semester has decreased.
④ 컴퓨터를 켜 보니 편지함에 새로운 메일이 와 있었다.
   → After turning on the computer, a new mail was found in the mailbox.

해설 ① 'with A B'구문을 묻고 있다. fly는 자동사이므로 B 자리에 능동의 형태 flying은 어법상 옳다. 따라서 적절한 영작이다.
② 부자였던 시점과 사람들이 말하는 시점이 서로 다르기 때문에(부자였던 시점이 말하는 시점보다 한 시제 앞서기 때문에) to be는 to have been으로 고쳐 써야 한다.
③ 'the number of ~'는 단수동사를 사용해야 하므로 단수동사 has의 사용은 어법상 적절하지만 register는 타동사이므로 뒤에 목적어가 있어야 한다. 따라서 registering을 registered로 고쳐 써야 한다. 참고로 this semester는 시간을 나타내는 부사구이다. 따라서 register의 목적어가 될 수 없다.
④ turning on의 의미상 주어와 주절의 주어 a new mail이 일치하지 않기 때문에 어법상 적절하지 않다. 따라서 종속절을 'After he turned on ~'으로 고쳐 써야 한다.

07
refugee 난민
deport 추방하다
scatter 흩어지다
elsewhere 도처에

07 다음 밑줄 친 부분 중 어법상 옳지 않은 것은?

> Most countries denied refugees' ① coming and failed ② to welcome them after the war, which drove them ③ to deport and considered ④ to scatter elsewhere.

해설 ④ consider는 동명사를 목적어로 취해야 하므로 to scatter는 scattering으로 고쳐 써야 한다.
① deny는 뒤에 동명사를 목적어로 취해야 하므로 coming의 사용은 어법상 적절하다.
② fail은 뒤에 to부정사를 목적어로 취해야 하므로 to welcome의 사용은 어법상 옳다.
③ drive는 to부정사를 목적격 보어로 취해야 하므로 to deport의 사용은 어법상 적절하다.

해석 대부분의 나라들은 전쟁 후에 난민들이 오는 것을 거부했고 그들을 환영하지도 않았다. 그로 인해 그 난민들은 추방됐고 도처에 흩어질 것을 고려했다.

08
see off 배웅하다
spoiled ① 버릇없는 ② 망친
make believe (that) ~인 체하다
look forward to ⓥ-ing
ⓥ를 학수고대하다

08 다음 우리말을 영어로 옳게 옮긴 것은?

① 그는 며칠 전에 친구를 배웅하기 위해 역으로 갔다.
→ He went to the station a few days ago to see off his friend.
② 버릇없는 그 소년은 아버지가 부르는 것을 못 들은 체했다.
→ The spoiled boy made it believe he didn't hear his father calling.
③ 나는 버팔로에 가본 적이 없어서 그곳에 가기를 고대하고 있다.
→ I have never been to Buffalo, so I am looking forward to go there.
④ 나는 아직 오늘 신문을 못 읽었어. 뭐 재미있는 것 있니?
→ I have not read today's newspaper yet. Is there anything interested in it?

해설 ① 과거표시부사 ago가 있으므로 과거시제 went는 어법상 적절하고 완성된 문장 다음 부사 역할을 하는 to부정사 to see off(배웅하다) 역시 어법상 적절하다.
② 지각동사 hear 다음 calling 뒤에 목적어가 없으므로 어법상 적절하지 않다. 따라서, 문맥상 calling 뒤에 him을 사용해야 한다.
③ look forward to 다음에는 동명사나 명사가 위치해야 하므로 go는 going으로 고쳐 써야 한다.
④ interest는 감정표현동사이므로 사물이 주체일 때에는 ⓥ-ing가 필요하다. interest의 주체가 anything(사물)이므로 interested는 interesting으로 고쳐 써야 한다.

정답 07 ④ 08 ①

09 어법상 옳은 것은?

① A horse should be fed according to its individual needs and the nature of its work.

② My hat was blown off by the wind while walking down a narrow street.

③ She has known primarily as a political cartoonist throughout her career.

④ Even young children like to be complimented for a job done good.

해설 ① feed의 수동태 be fed 뒤에 목적어가 없으므로 수동의 형태는 어법상 적절하고 전치사 according to 다음 명사의 사용과 horse를 대신하는 대명사 its 모두 어법상 적절하다.
② 접속사 while 다음 '(주어 + be동사)'가 생략될 때에는 문법상의 주어와 일치하거나 또는 접속사의 주어가 막연한 일반인일 때 생략가능한데 문법상의 주어(my hat)와 while 다음 주어가 문맥상 일치하지 않으므로 while walking의 사용은 어법상 적절하지 않다. 따라서 while walking은 while I was walking으로 고쳐 써야 한다.
③ 동사 has known의 목적어가 없으므로 수동의 형태가 필요하다. 따라서 has known은 has been known으로 고쳐 써야 한다.
④ 과거분사 done을 수식할 수 있는 것은 부사여야 하므로 형용사 good은 부사 well로 고쳐 써야 한다.

해석 ① 말은 개별적 욕구와 말이 하는 일의 특성에 따라 먹이를 줘야 한다.
② 좁은 길을 따라 걷고 있는 동안 내 모자가 바람에 날아갔다.
③ 그녀는 일하는 동안 주로 정치 풍자만화가로 알려져 왔다.
④ 심지어 어린 아이들조차도 잘한 일에 대해 칭찬받기를 좋아한다.

09
feed ① 먹다 ② 먹이다
according to ~에 따라서, ~에 따르면
need 욕구
nature ① 본성, 특성 ② 자연
blow off ~을 날려버리다
narrow 좁은
primarily 주로
political 정치적인
cartoonist 만화가
throughout 도처에, ~동안, 쭉 내내
career ① 직업, 경력 ② 생활
compliment 칭찬하다

10 우리말을 영어로 잘못 옮긴 것을 고르시오.

① 커피 세 잔을 마셨기 때문에, 그녀는 잠을 이룰 수 없다.
  → Having drunk three cups of coffee, she can't fall asleep.

② 친절한 사람이어서, 그녀는 모든 이에게 사랑받는다.
  → Being a kind person, she is loved by everyone.

③ 모든 점이 고려된다면, 그녀가 그 직위에 가장 적임인 사람이다.
  → All things considered, she is the best-qualified person for the position.

④ 다리를 꼰 채로 오랫동안 앉아 있는 것은 혈압을 상승시킬 수 있다.
  → Sitting with the legs crossing for a long period can raise blood pressure.

해설 ④ 'with A B' 구문을 묻고 있다. B 자리에 현재분사 crossing 다음 목적어가 없으므로 crossing은 crossed로 고쳐 써야 한다.
① 분사구문 Having drunk 다음 목적어가 있으므로 능동의 형태는 어법상 적절하고 커피를 마신 시점이 지금 현재 잠을 잘 수 없다는 시점보다 한 시제 앞서기 때문에 having p.p. (having drunk)의 사용 역시 어법상 적절하다.
② 분사구문의 의미상 주어와 문법상의 주어가 서로 같으므로 Being의 사용은 어법상 적절하고 is loved 다음 목적어가 없으므로 수동의 형태 역시 어법상 적절하다.
③ 분사구문 considered 다음 목적어가 없으므로 과거분사 considered의 사용은 어법상 적절하고 분사구문의 의미상 주어와 문법상의 주어가 서로 다르기 때문에 All things의 사용 역시 어법상 적절하다.

10
raise 올리다
blood pressure 혈압

정답 09 ① 10 ④

김세현 영어

All In One

03

연결사

01 관계사

Unit ✦ 01 관계대명사의 정의와 종류

관계사 문법포인트
1. 관계대명사 용법
2. 관계부사 용법
3. 복합관계사 용법

01 관계대명사의 정의

'접속사(and) + 대명사'로서 공통된 명사가 있는 서로 다른 두 문장을 한 문장으로 연결할 때 사용되는 연결사를 관계대명사라 한다.

① 너는 그 소녀를 알고 있니?
+ 그녀(그 소녀)는 어제 이곳에 왔다.
→ 너는 어제 이곳에 온 그 소녀를 알고 있니?

① Do you know the girl? + The girl(= she) came here yesterday.
→ Do you know the girl and the girl(= she) came here yesterday?
→ Do you know the girl who came here yesterday?

② 나는 그 시계를 잃어버렸다.
+ 내 아버지가 그것(그 시계)을 나에게 사 줬다.
→ 나는 아버지가 나에게 사 준 그 시계를 잃어버렸다.

② I have lost the watch. + My father bought the watch(= it) for me.
→ I have lost the watch and my father bought the watch(= it) for me.
→ I have lost the watch which my father bought for me.

③ 나는 그 여자 분을 알고 있다.
+ 그녀(그 여자 분)의 아들이 이 차를 빌려갔다.
→ 나는 이 차를 빌려간 아들을 둔 여자 분을 알고 있다.

③ I know the lady. + The lady's(= her) son borrowed this car.
→ I know the lady and the lady's(= her) son borrowed this car.
→ I know the lady whose son borrowed this car.

One Tip 관계대명사의 종류

선행사 \ 격	주격	소유격	목적격	문장에서의 역할
사람	who	whose	who(m)	형용사절(선행사 수식)
사물	which	whose / of which	which	형용사절(선행사 수식)
사람, 동물, 사물	that	×	that	형용사절(선행사 수식)
×	what	×	what	명사절(주어, 목적어, 보어)

✦ 확인학습 문제

다음 두 문장을 한 문장으로 연결하시오.

01 I have a friend. + He lives in Australia.

→ _____

02 The woman sells flowers. + She is sick today.

→ _____

03 Korea has many mountains. + Their advantages are various.

→ _____

04 I want you to give me the thing + I need the thing.

→ _____

→ _____

---

01 정답 I have a friend who lives in Australia.
　　해설 두 문장의 공통된 명사 a friend와 He를 이용하여 두 문장을 관계대명사로 연결시키면 된다. 선행사가 사람
　　　　(a friend)이므로 주격 관계대명사 who(that)를 사용하여 완성한다.
　　해석 나는 호주에 살고 있는 친구가 한 명 있다.

02 정답 The woman who is sick today sells flowers.
　　해설 두 문장의 공통된 명사 woman과 She를 주격 관계대명사인 who를 사용하여 두 문장을 연결시키면 된다.
　　해석 오늘 몸이 아픈 저 여성이 꽃을 팔고 있다.

03 정답 Korea has many mountains of which[whose] advantages are various.
　　해설 두 문장의 공통된 명사 mountains와 Their를 소유격 관계대명사인 of which 또는 whose를 사용하여 두 문장
　　　　을 연결시키면 된다.
　　해석 한국에는 다양한 이점들을 가진 많은 산이 있다.
　　어휘 advantage 이익, 장점   various 다양한

04 정답 I want you to give me the thing (which[that]) I need.
　　　　→ I want you to give me what I need.
　　해설 두 문장의 공통된 명사 the thing을 목적격 관계대명사인 which[that]을 사용하여 두 문장을 연결시키면 된다.
　　　　목적격 관계대명사는 생략할 수 있다.
　　해석 나는 당신이 나에게 내가 필요한 것을 주길 바란다.

02   관계대명사 who, whose, who(m)

- 사람 명사 + who(주격 관계대명사)   ‖ + 동사   〈주어가 없다〉
- 사람 명사 + who(m)(목적격 관계대명사)   ‖ + S + V   〈목적어가 없다〉
- 사람 명사 + whose(소유격 관계대명사)   ‖ + 무관사 명사   〈관사가 없다〉
  └→ 소유격(×) / 지시형용사(×)

관계대명사 문법포인트
1. 관계대명사 who
2. 관계대명사 which
3. 관계대명사 that
4. 관계대명사 what

① 그가 (바로) 유리창을 깬 그 소년이다.

② 춤을 추고 있는 그 소녀가 내 여동생이다.

③ 그가 (바로) 내가 어제 만났던 소년이다.

④ 나는 그 책을 빌려 간 아들을 둔 그 선생님을 알고 있다.

① He is the boy who broke the window.

② The girl who is dancing is my sister.

③ He is the boy (who(m)) I met yesterday.

④ I know the teacher whose son borrowed the book.

One Tip 관계사절에서의 수 일치

> 선행사 + who(주격 관계대명사) + 동사
> └────── 수 일치 ──────┘

- Look at the women who were beautiful.
  아름다웠던 저 여인들을 봐라.
- The children who were in the school were all happy.
  학교에 있었던 아이들은 모두 행복했다.

확인학습 문제

Correct the error, if any.

01 This is the lady whose her son stands on the hill.

02 I don't want to marry that girl which is not pretty.

03 I met a friend who I hated him too much.

04 The boy whom is handsome is really smart and nice.

05 The victims of the crime who was innocent were all dead.

06 It's very difficult to find clothes in Chicago that fits me.

---

01 **해설** 관계대명사 whose 다음에 소유격은 사용할 수 없으므로 her를 생략해야 한다.
   해석 이 사람이 (바로) 저 언덕 위에 서 있는 아들을 둔 부인이다.

02 **해설** 선행사가 사람(that girl)이므로 사물을 나타내는 관계대명사 which의 사용은 어법상 적절하지 않다. 따라서 which는 who 또는 that으로 고쳐 써야 한다.
   해석 나는 예쁘지 않은 저 여자와 결혼하고 싶지 않다.

03 **해설** 관계대명사 who 다음 문장구조는 불완전해야 한다. 하지만 who 다음 문장구조가 완전(주어가 있고, 목적어가 있다.)하므로 어법상 적절하지 않다. 따라서 문맥상 him을 없애야 한다.
   해석 나는 내가 매우 싫어하는 친구를 만났다.

04 **해설** 관계대명사 whom은 선행사가 사람이고 뒤따르는 절 안에서 목적어의 역할을 해야 한다. 하지만 whom 다음에는 주어가 없으므로 whom을 주격 관계대명사 who로 고쳐 써야 한다.
   해석 잘생긴 그 소년은 정말로 똑똑하고 친절하다.

05 **해설** 관계대명사 who의 선행사가 복수명사 victims이므로 단수동사 was는 were로 고쳐 써야 한다.
   해석 그 범죄의 무고한 희생자들 모두가 죽었다.

06 **해설** 단수동사 was는 were로 고쳐 써야 한다.주격 관계대명사 다음 동사는 선행사와 수 일치시켜야 하는데 문맥상 선행사는 Chicago가 아니라 clothes(복수명사)이므로 단수동사 fits는 복수동사 fit으로 고쳐 써야 한다.
   해석 내게 맞는 옷을 시카고에서 찾는 것은 어렵다.

03 관계대명사 which, whose

- 사물 명사 + which (주격 관계대명사) ‖ + 동사   〈주어가 없다〉
- 사물 명사 + which (목적격 관계대명사) ‖ + S + V   〈목적어가 없다〉
- 사물 명사 + whose (소유격 관계대명사) ‖ + 무관사 명사   〈관사가 없다〉
　　　　　　　　　　　　　　　　　　　└→ 소유격(×) / 지시형용사(×)

① 그는 매우 비싼 집을 소유하고
있다.

① He has the house which is very expensive.

② 나는 빨갛고 파란 색을 지닌
가방이 있다.
[참고] 나는 영화배우인 여동생을
둔 그 소녀를 알고 있다.

② I have the bag whose color is red and blue.
　[참고] I know the girl whose sister is a movie star.

③ 이것이 우리 모두가 원하는 책
중에 하나다.

③ This is one of the books (which) we all want.

✦ 확인학습 문제

Correct the error, if any.

01 He met many people which are famous to the public.

02 I have the watch whose the band is made of leather.

03 He loves three women which don't love him any more.

04 The professor gave us the solution we want to know it.

05 You must explain the examples which is easy to us.

---

01 해설 선행사가 사람(people)이므로 관계대명사 which를 who로 고쳐 써야 한다.
　　해석 그는 대중에게 유명한 많은 사람들을 만났다.
　　어휘 public 대중(적인); 공개적인

02 해설 소유격 관계대명사 whose 뒤에는 무관사 명사가 있어야 하므로 정관사 the를 없애야 한다.
　　해석 나는 가죽 끈을 가진 손목시계가 있다.
　　어휘 band 줄, 끈, 띠　leather 가죽

03 해설 선행사가 사람(three women)이므로 관계대명사 which를 who로 고쳐 써야 한다.
　　해석 그는 그를 더 이상 사랑하지 않는 세 여인을 사랑하고 있다.

04 해설 solution 다음 목적격 관계대명사가 생략된 구조로 solution 다음 문장구조가 완전하므로 어법상 적절하지 않다.
　　　　따라서 문맥상 it을 없애야 한다.
　　해석 그 교수님이 우리가 알고 싶은 해결책을 주었다.
　　어휘 solution 해결책, 대책

05 해설 관계대명사 which의 선행사가 examples이므로 관계사절의 단수동사 is는 복수동사 are로 고쳐 써야 한다.
　　해석 당신은 우리에게 쉬운 예시들은 설명해야만 한다.

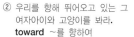

04 관계대명사 that

- 사람 · 사물명사 + that(주격 관계대명사) ‖ + 동사 〈주어가 없다〉
- 사람 · 사물명사 + that(목적격 관계대명사) ‖ + S + V 〈목적어가 없다〉

① Where is the letter that came to him yesterday?

② Look at the girl and her cat that are running toward us.

③ He didn't say anything (that) I wanted to hear.

① 어제 그에게 온 편지가 어디에 있습니까?

② 우리를 향해 뛰어오고 있는 그 여자아이와 고양이를 봐라.
toward ~를 향하여

③ 그는 내가 듣고 싶어 하는 어떤 것도 말하지 않았다.

One Tip 반드시 관계대명사 that을 사용하는 경우

❶ 사람과 동물[사물] 둘이 동시에 선행사인 경우는 반드시 관계대명사 that을 사용한다.
  • Look at the picture of men and horses that are crossing the river.
  강을 건너고 있는 사람들과 말들의 사진을 보아라.

❷ all이 선행사 또는 선행사에 포함된 경우에는 반드시 관계대명사 that을 사용한다.
  • The teacher said all that glitters is not gold.
  선생님께서 반짝인다고 다 금은 아니라고 말씀하셨다.

❸ the only, the very, the same, the next 등이 선행사에 포함되어 있는 경우에는 반드시 관계대명사 that을 사용한다.
  • Man is the only animal that is able to think.
  인간은 생각할 수 있는 유일한 동물이다.

❹ 선행사가 형용사의 최상급이나 서수로 수식을 받는 경우에는 반드시 관계대명사 that을 사용한다.
  • The elephant is the largest animal that I have ever seen.
  코끼리는 내가 봤던 가장 큰 동물이다.

❺ 선행사가 의문사인 경우 반드시 관계대명사 that을 사용한다.
  • Who that has common sense would do such a thing?
  상식이 있는 사람이라면 누가 그런 짓을 했겠는가?

Two Tips 관계대명사 that을 사용하지 않는 경우

❶ ,(comma) 다음에는 관계대명사 that을 사용할 수 없다.
  • Everybody likes the toy, **that** is very expensive. (×)
      → which (○)
  모든 이가 아주 비싼 그 장난감을 좋아한다.

❷ 전치사 다음에는 관계대명사 that을 사용할 수 없다.
  • This is the boy for **that** I was looking. (×)
      → whom (○)
  이 아이가 내가 찾고 있는 소년이다.

✦ 확인학습 문제

Correct the error, if any.

01 I saw the boy and his dog which are taking a walk together.

02 She spent all the money which she had yesterday.

03 She is the very woman who I have wanted to marry.

04 This is the oldest building which I have ever seen.

05 Every boy and girl that I know like me too much.

06 This is the house for that I am looking all the way.

07 There are many theories, that I'm interested in.

---

01 해설 사람(boy)과 동물(dog)이 동시에 선행사인 경우 관계대명사 that을 사용해야 하므로 which를 that으로 고쳐 써
        야 한다.
     해석 나는 함께 산책하는 그 소년과 개를 보았다.

02 해설 선행사에 all이 포함되어 있으므로 관계대명사 which를 that으로 고쳐 써야 한다.
     해석 그녀는 어제 그녀가 가지고 있던 모든 돈을 써버렸다.

03 해설 선행사가 the very의 수식을 받고 있으므로 관계대명사 who를 that으로 고쳐 써야 한다.
     해석 그녀가 내가 결혼하길 원했던 바로 그 여자다.

04 해설 선행사가 최상급(the oldest)의 수식을 받고 있으므로 관계대명사 which를 that으로 고쳐 써야 한다.
     해석 이것은 내가 봤던 것 중 가장 오래된 건물이다.

05 해설 선행사에 사람이 있으므로 관계사 that의 사용은 적절하지만 주어가 every로 시작하므로 단수동사가 필요하다.
        따라서 like를 likes로 고쳐 써야 한다.
     해석 내가 알고 있는 모든 소년 소녀들이 나를 굉장히 좋아한다.

06 해설 '전치사 + 관계대명사'의 구조에서 관계대명사 that은 사용할 수 없다. 따라서 that을 which로 고쳐 써야 한다.
     해석 이 집이 (바로) 내가 시종일관 찾고 있는 집이다.
     어휘 look for 찾다, 구하다 all the way 시종일관, 내내

07 해설 ,(comma) 다음 관계대명사 that을 사용할 수 없으므로 that은 which로 고쳐 써야 한다.
     해석 내가 관심을 갖는 이론들은 많다.
     어휘 theory 이론

05 관계대명사 what

- 선행사(×) + what (주격 관계대명사) ‖ + 동사 〈주어가 없다〉
- 선행사(×) + what (목적격 관계대명사) ‖ S + V 〈목적어가 없다〉

① I don't know what happened on the crosswalk.

② I couldn't understand what she was saying.

③ Tell me about what you have already known.

PART 03

① 나는 횡단보도에서 발생한 일을 (무슨 일이 일어났는지) 모른다.

② 나는 그녀가 말했던 것을(무슨 말을 하는지) 이해할 수 없있다.

③ 당신이 이미 알고 있던 것(무엇을 이미 알고 있었는지)에 대하여 나에게 말해 주세요.

One Tip 전치사 + 관계대명사

전치사 + whom ‖ 완전한 문장	전치사 + which ‖ 완전한 문장
전치사 + what ‖ 불완전한 문장	전치사 + that （×）

- Tom is the student of whom Jack is proud.
  Tom은 **Jack**이 자랑스러워하는 학생이다.

- This is the bag into which I put my book.
  이것은 내가 책을 넣어 둔 가방이다.

- He is interested in what we offered at that time.
  그는 그때 우리가 제공했던 것에 흥미를 갖는다.

Two Tips ,(comma) 다음 부정대명사 + of which(whom) ‖ 불완전한 문장(주어가 없다)

all, both, some, many, much, any, several, half, the rest, the last, most, either, each, one ┐ + of which(whom) + 불완전한 문장

- The company employs ten graphic artists, all of [which/whom] [is/are] men.
  그 회사는 열 명의 그래픽 아티스트를 채용하는데, 모두 남자들이다.

- She had five books, some of [which/whom] [is/are] really useful to me.
  그녀는 책이 **5**권 있었는데, 그것들 중 몇 권은 내게 정말로 유용하다.

Three Tips 삽입절

관계대명사 + S + V +(S)+V ~
  └→ think, believe, say, know, feel, hope, guess

• The man who I thought was honest told me a lie.
  내가 생각하기에 정직했던 그 남자가 거짓말을 했다.

• He is the officer who I felt was smart and nice.
  내가 느끼기에 그는 명석하고 멋진 관료이다.

✦ 확인학습 문제 1

다음 [ ] 안에서 알맞은 것을 고르시오.

01 I don't really know the thing [which / what] she is saying.

02 He is the second runner [who / that] I met in the race.

03 I picked the man [who / whom] I believed was honest.

04 Let me think about [what / which] you proposed to me.

05 This is the bike of [which / that] I spoke in the class.

06 Let me explain some themes, the last of [which / whom] [is / are] important.

---

01 해설 선행사가 사물(the thing)이므로 관계대명사 which가 적절하다.
    해석 나는 그녀가 말하고 있는 내용을 정말 모르겠다.

02 해설 선행사가 서수(the second)를 포함하고 있을 경우에는 관계대명사 that을 사용해야 한다.
    해석 그는 내가 경주에서 만났던 두 번째 주자이다.

03 해설 삽입절 I believed 다음에 동사가 바로 나오므로 주어가 생략되었다. 따라서 주격 관계대명사 who가 적절하다.
    해석 나는 내가 정직했다고 생각하는 그 남자를 선택했다.

04 해설 관계대명사 앞에 선행사가 없다. 따라서 선행사를 포함하고 있는 관계대명사 what이 적절하다.
    해석 당신이 내게 제안했던 것에 대하여 생각을 좀 해 보겠습니다.
    어휘 propose 제안하다

05 해설 '전치사 + 관계대명사' 다음에는 완전한 문장이 와야 한다. 또한 이 경우에 관계사 that은 사용할 수 없다. 따라서
        which가 적절하다.
    해석 이것이 내가 교실에서 언급했던 (바로) 그 자전거다.
    어휘 bike 자전거, 오토바이크 speak of ~에 대해 말하다

06 해설 themes가 사물이므로 which가 필요하고 the last가 단수이므로 동사는 is가 있어야 한다.
    해석 몇 개의 주제를 설명하겠는데, 그 중 마지막이 중요하다.
    어휘 theme 주제

확인학습 문제 2

01 다음 밑줄 친 부분 중 어법상 틀린 것은?

> Approximately majority of the African bees ① which ② inhabit a tropical swamp that is an area of very wet land with wild plants ③ growing ④ has roamed to the southeast by 100 miles.

02 다음 밑줄 친 부분 중 어법상 틀린 것은?

> Bananas contain resistant starch ① which people ② know ③ blocks conversion of some carbohydrates into fuel, ④ that boosts fat burning.

03 다음 밑줄 친 부분 중 어법상 틀린 것은?

> Mr. Becket employs ten graphic illustrators, all of ① whom consist of women. One of them ② has a lot of professional books, some of ③ which are really useful to Mr. Becket. So, he also hires a few private security detectives, half of ④ whom has an eye out for the valuables.

01 해설 ④ 부분 주어 majority of 다음에 이어지는 명사(bees)가 복수명사이므로 has를 have로 고쳐 써야 한다.
　　① 앞에 선행사 bees가 있고 which 다음에 주어가 없으므로 관계대명사 which는 어법상 적절하다.
　　② inhabit의 주어는 bees이므로 복수동사는 적절하고, 또한 inhabit은 타동사이므로 바로 뒤에 목적어(swamp)의 사용은 어법상 옳다.
　　③ with A B 구문에서 B자리에 growing은 자동사이므로 능동의 형태는 어법상 적절하다.
　해석 대략 야생식물이 자라는 아주 축축한 땅의 지역인 열대 늪지에서 사는 아프리카 벌의 대다수는 약 100마일까지 남서쪽으로 배회한다.
　어휘 approximately 대략, 약　majority 다수, 대다수　tropical 열대의　swamp 늪, 습지　roam 배회하다

02 해설 ④ 관계대명사 that 앞에 ,(콤마)가 있으므로 관계대명사 that은 which로 고쳐 써야 한다.
　　① which의 선행사가 starch(단수명사)이므로 단수동사 blocks의 사용은 어법상 적절하다.
　　② people know는 삽입절이고 주어가 복수명사(people)이므로 know의 사용은 어법상 적절하다.
　　③ which의 선행사가 starch(단수명사)이므로 단수동사 blocks의 사용은 어법상 적절하다.
　해석 바나나는 사람들이 알고 있는 것처럼 탄수화물이 에너지로 전환되는 것을 막는 저항전분을 함유하고 있는데 이것이 지방연소를 가속시킨다.
　어휘 contain 포함하다　resistant 저항성의　starch 전분　block 막다, 방해하다　conversion 전환
　carbohydrate 탄수화물　fuel 연료, 에너지　boost 가속화하다　fat 지방

03 해설 ④ whom앞에 선행사가 사람(detective)이므로 관계대명사 whom은 어법상 적절하지만 half가 부분주어이고 전치사 of 다음 whom이 지칭하는 명사가 detectives(복수명사)이므로 단수동사 has는 복수동사 have로 고쳐 써야 한다.
　　① whom앞에 선행사가 사람(illustrator)이므로 관계대명사 whom은 어법상 적절하고 all이 사람을 지칭하므로 복수동사 consist의 사용 역시 어법상 적절하다.
　　② 주어가 단수명사(one)이므로 단수동사 has는 어법상 적절하다.
　　③ which 앞에 선행사가 사물(book)이므로 관계대명사 which는 어법상 적절하고 some이 부분주어이고 전치사 of 다음 which가 지칭하는 명사가 books(복수명사)이므로 복수동사 are는 어법상 적절하다.
　해석 Mr. Becket는 10명의 그래픽 삽화가들을 고용하고 그들 모두 여성이다. 그들 중 한명은 많은 전문서적을 가지고 있는데 그 책들 중 일부는 Mr. Becket에게 아주 소중하다. 그래서 그는 또한 몇몇 사설 경호원들을 고용하는데, 그들 중 절반이 그 소중한 책들을 감시한다.
　어휘 illustrator 삽화가　consist of ~로 구성되다　hire 고용하다　private-security detective 사설 경호원
　have an eye out for ~을 감시하다

정답 01 ④　02 ④　03 ④

Unit ✦ 02 관계부사

관계부사 문법포인트
1. 관계부사 when
2. 관계부사 where
3. 관계부사 why
4. 관계부사 how
5. 복합관계사

PART 03

01 관계부사의 정의와 종류

전치사 + 관계대명사로서 공통된 명사가 있는 서로 다른 두 문장을 한 문장으로 연결할 때 사용되는 연결사를 관계부사라 한다.

① I know the quiet place. + We can talk at it(= the place).
  → I know the quiet place and we can talk at it(= the place).
  → I know the quiet place which we can talk at.
  → I know the quiet place at which we can talk.
  → I know the quiet place where we can talk.

① 나는 조용한 장소를 알고 있다. + 우리는 그곳(그 장소)에서 대화를 나눌 수 있다.
 → 나는 조용한 장소를 알고 있고 우리는 그곳(그 장소)에서 대화를 나눌 수 있다.
 → 나는 우리가 대화를 나눌 수 있는 조용한 장소를 알고 있다.

One Tip 관계부사의 종류

선행사	관계부사	전치사 + 관계대명사
시간을 나타내는 명사	when + S + V	on / at / in + which
장소를 나타내는 명사	where + S + V	on / at / in + which
reason, cause	why + S + V	for + which
way, method	how + S + V	in + which

✦ 확인학습 문제

다음 두 문장을 한 문장으로 연결하시오.

01 Tell me the day. + Your parents will come back on the day.

  → _____

  → _____

  → _____

02 I forgot the name of the hotel. + My parents are staying in the hotel.

  → _____

  → _____

  → _____

03 She knew the reason. + My parents wanted her to come for the reason.

→ _____

→ _____

→ _____

04 I don't like the way + My parents treat me in front of her in the way.

→ _____

→ _____

→ _____

→ _____

---

01 정답 → Tell me the day which your parents will come back on.
       → Tell me the day on which your parents will come back.
       → Tell me the day when your parents will come back.
   해설 앞 문장의 the day와 뒤 문장의 부사구 안에 the day가 공통된 명사이다. 따라서 시간을 나타내는 '전치사 +
       관계대명사(on which)'나 관계부사(when)를 사용해서 두 문장을 연결하면 된다.
   해석 당신 부모님이 돌아오실 날을 저에게 알려 주세요.

02 정답 → I forgot the name of the hotel which my parents are staying in.
       → I forgot the name of the hotel in which my parents are staying.
       → I forgot the name of the hotel where my parents are staying.
   해설 앞 문장의 the hotel과 뒤 문장의 부사구 안에 the hotel이 공통된 명사이다. 따라서 장소를 나타내는 '전치사
       + 관계대명사(in which)'나 관계부사(where)를 사용해서 두 문장을 연결하면 된다.
   해석 나는 부모님이 머물고 있는 호텔의 이름을 잊어버렸다.

03 정답 → She knew the reason which my parents wanted her to come for.
       → She knew the reason for which my parents wanted her to come.
       → She knew the reason why my parents wanted her to come.
   해설 앞 문장의 the reason과 뒤 문장의 부사구 안에 the reason이 공통된 명사이다. 따라서 이유를 나타내는 '전치
       사 + 관계대명사(for which)'나 관계부사(why)를 사용해서 두 문장을 연결하면 된다.
   해석 그녀는 나의 부모님이 그녀가 오기를 바라는 이유를 알고 있었다.

04 정답 → I don't like the way which my parents treat me in front of her in.
       → I don't like the way in which my parents treat me in front of her.
       → I don't like how my parents treat me in front of her.
       → I don't like the way my parents treat me in front of her.
   해설 앞 문장의 the way와 뒤 문장의 부사구 안에 the way가 공통된 명사이다. 따라서 방법을 나타내는 '전치사 + 관계
       대명사(in which)'나 관계부사(why)를 사용해서 두 문장을 연결하면 된다. 단, 선행사 the way와 관계부사 how
       는 같이 사용할 수 없다. 따라서 둘 중 하나만 사용해야 한다.
   해석 나는 나의 부모님이 그녀 앞에서 나를 대하는 방법이 맘에 들지 않는다.

02 관계부사의 주의할 용법

관계대명사 다음의 문장 구조는 불완전하지만 관계부사 다음의 문장 구조는 완전하다. 관계부사도 관계대명사처럼 생략이 가능하다.

① This is the book which I have chosen.
　　참고 This is the book where I found much information.

② This is the place I met a friend of mine.

③ He explained (the way) (how) we could get lower transportation costs.

우측 주석
① 이 책이 (바로) 내가 고른 그 책이다.
　　참고 이것이 (바로) 내가 많은 정보를 찾아낸 그 책이다.

② 여기가 (바로) 내가 내 친구 중 한 명을 만났던 장소이다.

③ 그는 우리가 더 저렴한 운송 비용을 들일 수 있는 방법을 설명했다.
lower 더 낮은; 아래쪽에 있는
transportation 운송, 수송
cost 비용

★ 확인학습 문제

[ ] 안에 알맞은 것을 고르시오.

01　I remember the way [in which / how] you solve the problem.
02　They spotted a shark in the sea [which / where] they were invited.
03　I forgot the day [which / when] we first met him.
04　This is the reason [why / which] he wants to live here.
05　I would like to live in a community [which / where] there are parks.

01　**해설** 선행사 **the way**는 관계부사 **how**와 같이 사용할 수 없다. 따라서 **in which**가 적절하다.
　　해석 나는 당신이 그 문제를 해결한 방법을 기억한다.
02　**해설** 관계사 뒤 문장은 완전한 절이다. 따라서 관계부사(**where**)가 적절하다.
　　해석 그들은 그들이 초대된 바다에서 상어 한 마리를 목격했다.
　　어휘 spot 목격하다
03　**해설** 관계사 뒤 문장은 완전한 절이다. 따라서 관계부사(**when**)가 적절하다.
　　해석 나는 우리가 그를 처음 만났던 날을 잊었다.
04　**해설** 관계사 뒤 문장은 완전한 절이다. 따라서 관계부사(**why**)가 적절하다.
　　해석 이게 바로 그가 이곳에 살고 싶은 이유다.
05　**해설** 관계사 뒤 문장은 완전한 절이다. 따라서 관계부사(**where**)가 적절하다.
　　해석 나는 공원이 있는 지역[이웃]에 살기를 바란다.

03 복합관계대명사와 복합관계부사

복합관계대명사는 '관계대명사 + ever'이고, 복합관계부사는 '관계부사 + ever'이다.

① 나는 티켓을 원하는 누구에게라
도 그 티켓을 주겠다.

② 당신은 당신이 원하는 무엇이든
지 할 수 있다.

③ 그녀가 곤경에 빠질 때마다,
그녀는 나에게 도움을 청한다.

④ 그녀가 어디에 가던지 그녀를
보려고 기다리는 많은 사람들이
있다.

① I'll give the ticket to whoever wants it.

② You can do whatever you want.

③ Whenever she is in trouble, she asks me for help.

④ There are many people waiting to see her wherever she goes.

One Tip 복합관계대명사와 복합관계부사의 의미

복합관계대명사	의미	복합관계부사	의미
who(m)ever = no matter who(m)	~하는 사람은 누구든지 = 비록 누가 ~한다 하더라도	however = no matter how	비록 ~일지라도 = ~하는 것이면 어떻게든지
whatever = no matter what	~하는 것이면 무엇이든지 = 비록 무엇이 ~한다 하더라도	whenever = no matter when	~할 때마다 = ~할 때면 언제든지
whichever = no matter which	~하는 것이면 무엇이든지 = 비록 무엇이 ~한다 하더라도	wherever = no matter where	~하는 곳마다 = ~하는 곳이면 어디든지

Two Tips 복합관계사 다음 문장 구조

복합관계대명사	다음 문장 구조	복합관계부사	다음 문장 구조
who(m)ever whatever whichever	불완전한 문장	however whenever wherever	완전한 문장

복합관계대명사나 복합관계부사는 선행사를 필요로 하지 않는다.

- You may have whatever information you ask for.
  당신은 당신이 요구하는 정보는 무엇이든지 가질 수 있다.

- Whichever happens to you does not matter.
  당신에게 무슨 일이 일어나는지는 중요하지 않다.

- I'll see him whenever he visits us.
  나는 그가 우리를 방문할 때마다 그를 볼 것이다.

- However stupid she is, she won't believe it.
  비록 그녀가 어리석다 하더라도, 그녀는 그것을 믿지 않을 것이다.

확인학습 문제 1

[ ] 안에서 알맞은 것을 고르시오.

01   I'll take [whoever / whenever] wants to go with me.

02   [Whatever / Whenever] you may visit him, you'll find him reading something.

03   [Whichever / Wherever] road you may take, you'll come to the same place.

04   She leaves the window open, [however / whoever] cold it is outside.

05   I'll give the ticket to [whoever / whomever] you recommend.

06   However [rich he may be / he may be rich], he is never happy.

---

01   **해설** 복합관계대명사 다음의 문장 구조는 불완전해야 한다. 따라서 whoever가 적절하다.
     해석 나와 가고 싶은 사람은 누구든지 내가 데려갈 것이다.

02   **해설** 복합관계부사 다음에 뒤따르는 문장은 완전하다. 따라서 Whenever가 적절하다.
     해석 당신이 그를 방문할 때마다, 당신은 그가 뭔가 읽고 있는 것을 보게 될 것이다.

03   **해설** 복합관계대명사는 명사를 수식할 수 있다. 따라서 road를 수식하는 whichever가 필요하다.
     해석 어떤 길을 당신이 선택하더라도, 당신은 같은 곳으로 가게 될 것이다.

04   **해설** 복합관계부사는 형용사를 수식할 수 있다. 따라서 cold를 수식하는 however가 적절하다.
     해석 그녀는 창문을 열어 두었는데, 바깥이 얼마나 춥든지 상관없었다.

05   **해설** 복합관계대명사의 격을 묻고 있다. 뒤의 문장에서 recommend의 목적어가 없으므로 목적격(whomever)이 필요하다.
     해석 나는 당신이 추천한 누구에게나 그 티켓을 주겠다.

06   **해설** 복합관계부사 However는 be동사의 보어가 바로 뒤에 위치해야 하므로 rich he may be가 적절하다.
     해석 얼마나 그가 부유한지 몰라도 그는 절대로 행복하지 않다.

확인학습 문제 2

01 다음 빈칸에 들어갈 말로 가장 적절한 것은?

> The sales industry is one _____ constant interaction is required, so good social skills are a must.

① whatever   ② in which
③ those which   ④ which

02 다음 빈칸에 들어갈 말로 가장 적절한 것은?

> In the aircraft I saw a man _____ I thought was a criminal.

① whom   ② whoever
③ whomever   ④ who

03 다음 빈칸에 들어갈 말로 가장 적절한 것은?

> If you were here, you could eat all the eggplants on the table of this store _____ fresh.

① which was   ② that was
③ which were   ④ that were

04 다음 빈칸에 들어갈 내용으로 가장 적절한 것은?

> The corporation employed 10 air maintenance mechanics, _____ a master's degree.

① all of which gets   ② all of whom get
③ some of which get   ④ some of whom gets

01 **해설** 빈칸 다음에 오는 문장 구조는 완전하므로 빈칸에는 관계부사 또는 전치사 + 관계대명사가 필요하다. 관계부사는 선택지에 없으므로 ②가 정답이 된다.

해석 영업의 세계란 지속적인 상호작용이 요구되는 곳이다. 따라서 능숙한 사교 능력은 필수적이다.

어휘 sales industry 영업(세계) constant 지속적인 interaction 상호작용 social 사회의; 사교적인
must 필수적인 것, 필수품

02 **해설** 삽입절 I thought 다음에 이어지는 문장에서 주어 자리가 비어 있으므로 빈칸에는 주격 관계대명사 who가 필요하다. 따라서 정답은 ④가 된다.

해석 비행기에서 나는 (내 생각에) 범인 같은 사람을 보았다.

어휘 aircraft 비행기, 항공기 criminal 범죄자

03 **해설** 빈칸에 있는 관계사의 선행사는 eggplants이고 선행사 앞에 all이 있으므로 일단 관계대명사는 that이 필요하고 수 일치는 주어가 eggplants(복수)이므로 복수동사가 필요하다. 따라서 ④가 정답이 된다.

해석 만약 당신이 여기에 있다면 이 가게 탁자 위에 있는 신선한 가지를 모두 먹을 수 있을 텐데.

어휘 eggplant (채소) 가지

04 **해설** ② 선행사가 mechanics(정비공 → 사람)이므로 관계대명사 whom이 필요하고 또한 all이 사람을 대신하므로 복수동사 get이 빈칸에 있어야 한다. 따라서 ②가 정답이 된다.

해석 그 회사는 열 명의 항공기 정비사를 고용했는데 이들 모두는 석사 학위를 가지고 있다.

어휘 corporation 회사, 법인 maintenance 유지, 관리; 보수, 정비 mechanic 기계공, 정비사, 수리공
master's degree 석사학위

정답 01 ② 02 ④ 03 ④ 04 ②

Unit ✦ 01 등위(대등)접속사

01 등위(대등)접속사 병렬

대등접속사(and, or, but, so)를 기준으로 동일한 문법 구조가 나열되는 것을 병렬 구조라 한다.

병렬 구조 문법포인트

1. 등위(대등)접속사 병렬
2. 상관접속사 병렬
3. 비교급 병렬

① 그는 공책과 책을 가지고 있다.

② 내 영어 선생님은 잘생기고 친절하다.

③ 의사의 (진료) 기록은 쉽고 안전하게 보관되어야만 한다.

④ 그 버스는 9시에 출발해서 10시에 도착한다.

⑤ 그들은 우리에게 조용히 있다가 가라고 경고했다.

⑥ 나는 운동이 싫다. 나는 독서나 영화 감상을 선호한다.

⑦ 당신은 연필 몇 자루를 책상 위나 상자 안에서 찾을 수 있다.

⑧ 그는 부유하지만 나는 가난하다.

⑨ 그녀는 예쁘다 그래서 그녀는 인기가 있다.

① He has a <u>notebook</u> and a <u>book</u>. (명사)

② My English teacher is <u>handsome</u> and <u>nice</u>. (형용사)

③ The doctor's records must be kept <u>easily</u> and <u>safely</u>. (부사)

④ The bus <u>leaves</u> at 9 o'clock and <u>arrives</u> at 10 o'clock. (동사)

⑤ They warned us <u>to stay</u> quiet or <u>to leave</u>. (부정사)

⑥ I don't like sports. I prefer <u>reading</u> or <u>watching</u> movies. (동명사)

⑦ You can find some pencils <u>on the desk</u> or <u>in the box</u>. (전치사구)

⑧ <u>He is rich</u> but <u>I'm poor</u>. (절)

⑨ <u>She is beautiful</u> so <u>she is popular</u>. (절)

One Tip 병렬 구조를 확인하는 과정

A, B		C
A, B, C	and, or	D
A, B, C, D		E

❶ 우선 and, or 다음에 어떤 형태의 문법 요소가 있는지 확인한다.
❷ 앞에 ,(comma)가 있으면 마찬가지로 ,(comma) 다음에 어떤 문법 요소가 있는지 확인해서 병렬의 시작점(A)을 찾는다.
❸ 그리고 그 (A)를 찾았으면 (A)가 무엇과 연결됐는지 확인한다.

• He likes to hike, to swim and to jog.
  그는 하이킹, 수영 그리고 조깅을 좋아한다.

• She must talk and explain the problem to her parents.
  그녀는 부모님에게 그 문제를 말하고 설명해야 한다.

• He loves hiking, swimming, jogging, fishing and shopping.
  그는 하이킹, 수영, 조깅, 낚시 그리고 쇼핑을 사랑한다.

확인학습 문제 1

다음 문장을 보고 병렬의 짝을 찾아 밑줄 그으시오.

01 He discussed the problem with the nurse and the doctor.

02 They could survive by catching some insects or picking up fruit.

03 To hear, to speak, and to write good English require constant practice.

04 There are meetings in the morning, in the afternoon, in the evening and at night.

05 She went on winning contest and singing on concert tours so she became a world-famous solo singer.

---

01 해설 대등접속사 and 다음에 명사 the doctor가 있으므로 병렬의 짝은 the nurse이다.
    해석 그는 그 문제에 관하여 간호사랑 의사와 논의했다.

02 해설 대등접속사 or 다음에 동명사 picking이 있으므로 병렬의 짝은 catching이다.
    해석 그들은 곤충을 잡고 과일을 채집해서 살아남을 수 있었다.
    어휘 insect 곤충

03 해설 대등접속사 and 다음에 to부정사 to write가 있으므로 앞에 있는 To hear, to speak가 병렬의 짝이다.
    해석 영어를 잘 듣고, 말하고 쓰려면 지속적인 연습이 필요하다.
    어휘 constant 지속적인 practice 연습, 훈련; 관행

04 해설 대등접속사 and 다음에 전치사구 at night가 있다. 따라서 접속사 and 앞에 있는 in the morning, in the afternoon, in the evening이 병렬의 짝을 이룬다.
    해석 아침, 점심, 저녁, 그리고 밤에 회의가 있다.

05 해설 대등접속사 and 다음에 동명사 singing이 있다. 따라서 접속사 and 앞에 있는 winning이 병렬의 짝을 이룬다. 또한 대등접속사 so 다음에 주어 + 동사(she became)가 있으므로 so 앞에 주어 + 동사(she went)가 병렬의 짝을 이룬다.
    해석 그녀는 계속해서 대회에서 승리하고 콘서트에서 노래를 해서 결국 그녀는 세계적으로 유명한 솔로 가수가 되었다.

확인학습 문제 2

Correct the error, if any.

01   Jane is young, devoted and talent.

02   The work is complete and skillfully done.

03   My English teacher is handsome, thorough and decently.

04   The patient's symptoms were fever, dizziness and nauseous.

05   We learned what to do, when to do and how we should do.

06   He stopped playing tennis, making cakes and swim in the pool.

07   The man went to the library, turned to page 720 and seeing the list of the greatest baseball players.

01   **해설** 대등접속사 and 앞에 병렬의 짝을 이루는 young, devoted가 형용사이다. 따라서 명사 talent를 형용사(과거분사) talented로 고쳐 써야 한다.
     해석 Jane은 젊고 헌신적이며 재능이 있다.
     어휘 devoted 헌신적인   talent 재능   *talented 재능 있는

02   **해설** 대등접속사 and 뒤에 부사(skillfully)와 형용사(done)가 이어진다. 따라서 형용사(done)를 skillfully와 함께 수식할 수 있는 부사가 필요하므로 형용사 complete를 부사 completely로 고쳐 써야 한다.
     해석 그 일은 완벽하고 능숙하게 처리되었다.
     어휘 complete 완벽한, 철저한   *completely 완벽하게, 철저하게   skillfully 능숙하게, 교묘하게

03   **해설** 대등접속사 and 앞에 병렬을 이루는 두 단어 handsome, through의 품사가 형용사이다. 따라서 and 다음의 부사 decently를 형용사 decent로 고쳐 써야 한다.
     해석 내 영어 선생님은 잘생기고, 철저하고, 품위가 있다.
     어휘 thorough 철저한, 완전한   decent 품위 있는, 예의 바른; 괜찮은, 적절한   *decently 점잖게, 단정히; 꽤

04   **해설** 대등접속사 and 앞에 fever와 dizziness가 명사로 병렬의 짝을 이루고 있다. 따라서 and 다음의 품사도 명사이어야 하므로 형용사 nauseous를 명사 nausea로 고쳐 써야 한다.
     해석 그 환자의 증상은 고열과 어지러움 그리고 메스꺼움이었다.
     어휘 symptom 증상   fever 열(병)   dizziness 어지러움   nausea 메스꺼움   *nauseous 메스꺼운

05   **해설** 대등접속사 and 앞에 의문사구 what to do, when to do가 병렬의 짝을 이루고 있다. 따라서 and 뒤의 의문사절 how we should do를 의문사구 how to do로 고쳐 써야 한다.
     해석 우리는 무엇을 해야 할지, 언제 해야 할지 그리고 어떻게 해야 할지를 배웠다.

06   **해설** 대등접속사 and 앞에 동명사 playing과 making이 병렬의 짝을 이루고 있다. 따라서 and 뒤에 동사 swim을 동명사 swimming으로 고쳐 써야 한다.
     해석 그는 테니스를 치고, 케이크를 만들고 풀장에서 수영하는 것을 모두 중단했다.

07   **해설** 대등접속사 and 앞에 과거동사 went, turned가 병렬의 짝을 이루고 있다. 따라서 and 뒤에 동명사 seeing을 saw로 고쳐 써야 한다.
     해석 그 남자는 도서관으로 가서 720쪽을 찾아 가장 위대한 야구선수의 명단을 보았다.

Unit ✦ 02　상관접속사

01　상관접속사 병렬

둘 이상의 단어가 항상 커플로 다니며 연결어의 역할을 하는 상관접속사는 접속사의 짝이 동일한 문법 구조를 갖추고 있어야 한다.

---

1 not only A but (also) B　A뿐만 아니라 B 역시

2 either A or B　A, B 둘 중 하나

3 neither A nor B　A, B 둘 다 아니다

4 both A and B　A, B 둘 다

5 between A and B　A와 B 사이에서

6 not A but B　A가 아니라 B다

7 no longer A but B　더 이상 A가 아니라 B다

8 not because A but (because) B　A 때문이 아니라 B 때문이다

9 neither (not) A nor B but C　A도 B도 아닌 C이다

---

① He <u>not only</u> helped her cook <u>but (also)</u> did the dishes.

② She should <u>either</u> take the responsibility <u>or</u> leave the company.

③ This novel is <u>neither</u> interesting <u>nor</u> informative.

④ He is experienced <u>both</u> in theory <u>and</u> in practice.

⑤ There is much difference <u>between</u> what he said <u>and</u> what he did.

⑥ It is <u>not</u> you <u>but</u> me that she really cares for.

⑦ He is <u>no longer</u> a child <u>but</u> an adult.

⑧ She quit her job <u>not because</u> she wanted <u>but (because)</u> she was forced.

⑨ The creature is <u>neither</u> carnivorous <u>nor</u> herbivorous <u>but</u> omnivorous.

① 그는 그녀가 요리하는 것을 도왔을 뿐만 아니라 접시도 닦아 줬다.

② 그녀는 그 책임을 지든지 이 회사를 떠나든지 해야 합니다.

③ 이 소설은 재미도 없고 교훈도 없다.

④ 그는 이론과 실행 둘 다에 경험이 많다.

⑤ 그가 했던 말과 그가 했던 행동에는 큰 차이가 있다.

⑥ 그녀가 정말 좋아하는 사람은 당신이 아니라 나다.

⑦ 그는 더 이상 어린아이가 아니라 다 큰 어른이다.

⑧ 그녀가 일을 관둔 이유는 그녀가 원해서가 아니라 강요받아서였다.

⑨ 그 생물은 육식도 초식도 아닌 잡식성이다.
carnivorous 육식(성)의
herbivorous 초식(성)의
omnivorous 잡식(성)의

One Tip 비교급 병렬

비교 대상도 서로 병렬을 이룬다.

• People are more interested in real <u>passion</u> than <u>true love</u>.

 확인학습 문제 1

다음 문장에서 무엇과 무엇이 병렬을 이루고 있는지 찾아서 밑줄을 그으시오.

01   The author's last name is either Raymond or Rachel.

02   Both the winner and the loser were satisfied with the game.

03   He not only read the book, but remembered what he had read.

04   He can neither write nor read English, but he can understand it.

05   I hate Thai food not because of its taste but because of its smell.

01   해설 상관접속사 either A or B의 구조이다. Raymond와 Rachel이 서로 병렬의 짝을 이룬다.
    해석 그 작가의 성은 Raymond 아니면 Rachel 둘 중에 하나이다.
    어휘 author 작가   last name 성(씨)

02   해설 상관접속사 both A and B의 구조이다. the winner와 the loser가 서로 병렬의 짝을 이룬다.
    해석 승자와 패자 둘 모두 그 경기에 만족했다.

03   해설 상관접속사 not only A but (also) B의 구조이다. 과거동사 read와 remembered가 병렬의 짝이다.
    해석 그는 책을 읽었을 뿐만 아니라 그가 읽었던 것을 기억했다.

04   해설 상관접속사 neither A nor B의 구조이다. 동사 write와 read가 병렬의 짝이다. 또 대등접속사 but 앞의 문장
    He can ~과 뒤의 문장 he can ~도 역시 병렬의 짝을 이룬다.
    해석 그는 영어를 쓸 줄도 읽을 줄도 모르지만 이해는 할 수 있다.

05   해설 상관접속사 not because A but (because) B의 구조이다. because of its taste와 because of its smell이
    병렬의 짝이다.
    해석 나는 태국 음식을 그것의 맛 때문이 아니라 그것의 향 때문에 싫어한다.
    어휘 Thai 태국(= Thailand)   taste 맛

✦ 확인학습 문제 2

[   ] 안에서 알맞은 것을 고르시오.

01 Respecting privacy, sharing household chores, and [take / taking] turns in using the telephone are major rules in living together.

02 He preferred to play baseball, go to the movies or [spent / spend] his time in the street with other boys.

03 She could either do the homework or [play / played] video game.

04 The system involves anything from taking a long walk after dinner to [join / joining] a full service health club.

05 Writing a poem is as difficult as [to finish / finishing] a 400 page novel.

06 To arrive correctly is more important than [going / to go] quickly.

---

01 **해설** 대등접속사 and 앞에 동명사 Respecting, sharing이 있으므로 and 다음에 taking이 적절하다.
　　해석 사생활을 존중하고 집안일을 분담하며 전화 사용을 번갈아 하는 것이 함께 사는 데 있어서 중요한 규칙들이다.
　　어휘 privacy 사생활   household 가사   chore 허드렛일   take turns 순서를 바꾸다   major 중요한

02 **해설** 대등접속사 or 앞에 동사원형 play와 go가 있으므로 or 다음에 spend가 적절하다.
　　해석 그는 다른 친구들과 야구하거나 영화를 보러 가거나 길에서 빈둥거리는 것을 선호한다.
　　어휘 prefer to ⓥ ⓥ하기를 선호하다[좋아하다]   spend time in the street 빈둥거리다

03 **해설** 상관접속사 either A or B의 구조이다. 따라서 do와 병렬의 짝인 play가 적절하다.
　　해석 그녀는 숙제를 하든지 비디오 게임을 하든지 둘 중 하나를 할 수 있다.
　　어휘 do the homework 숙제를 하다

04 **해설** from A to B의 구조이다. 동명사 taking과 병렬의 짝을 이루는 joining이 적절하다.
　　해석 그 시스템은 저녁 식사 후 한참을 산책하는 것으로부터 풀서비스로 제공되는 헬스클럽에 가입하는 것에 이르기까지 어떤 것이든 포함된다.
　　어휘 involve 포함하다   take a walk 산책하다

05 **해설** A as ~ as B의 구조이다. 비교대상이 시를 쓰는 것과 400페이지짜리 소설을 쓰는 것이므로 동명사 Writing과 병렬의 짝을 이루는 finishing이 적절하다.
　　해석 시를 쓰는 것은 400페이지짜리 소설을 완성하는 것만큼이나 어려운 일이다.

06 **해설** A more than B의 구조이다. 비교대상이 to arrive와 병렬의 짝을 이루어야 하므로 to go가 적절하다.
　　해석 올바르게 도착하는 것이 빨리 가는 것보다 더 중요하다.
　　어휘 correctly 올바르게, 바르게

CHAPTER
03 접속사

Unit ✦ 01 명사절을 이끄는 접속사

접속사 문법포인트
1. 명사절 접속사(간접 의문문)
2. 부사절 접속사(도치 구문)

01 명사절을 이끄는 접속사

접속사 + S + V를 갖춘 절이 문장에서 주어, 목적어, 보어 역할을 하면 명사절이 된다.

S	+	V	+	O	or	C
접속사 S + V				접속사 S + V		접속사 S + V
명사절(주어)				명사절(목적어)		명사절(보어)

① 그가 우리와 함께하고 싶다는 것은 진실이다.
→ 그가 우리와 함께하고 싶다는 것은 진실이었다.

② 나는 **John**이 집에 있는지 (없는지) 모른다.

③ 문제는 내가 컴퓨터를 사야 할지 말지이다.

① That he wants to join us is true.
→ It was true that he wants to join us.

② I don't know if John is at home.

③ The question is whether I should buy a new computer.

One Tip 명사절이 만들어지는 과정

	접속사 선택	어순
Sentence + 의문사 있는 의문문	의문사	**S + V**
Sentence + 의문사 없는 의문문	if, whether	**S + V**
Sentence + 평서문	that	**S + V**

• I don't know + Where is she? 나는 모른다 + 그녀는 어디에 있지?
= I don't know where she is. 나는 그녀가 어디에 있는지 모른다.

• He asks me. + Are you tired? 그는 내게 묻는다 + 너 피곤해?
= He asks me if(whether) I'm tired. 그는 내게 피곤한지 묻는다.

• I told him. + It was raining outside. 나는 그에게 말했다 + 밖에 비가 왔었다.
= I told him that it was raining outside. 나는 그에게 밖에 비가 왔었다고 말했다.

Two Tips 동격의 접속사 that

• They have the belief that economy will soon get better.
그들은 경제가 곧 회복될 거라는 믿음을 가지고 있다.

• We heard the news that our team had won.
우리는 우리 팀이 이겼다는 소식을 들었다.

✦ 확인학습 문제 1

다음 문장을 연결하여 다시 쓰시오.

01 I cannot ensure. + He will keep his word.

→ _____

02 I was wondering. + Did you send flowers to her?

→ _____

03 He has to decide. + Does he add another color to the painting or leave it as it is?

→ _____

04 She is certain. + Dick will stay in Busan for a long time.

→ _____

05 I don't know + When will you begin to write songs together?

→ _____

06 He didn't tell me. + What was he doing at that moment?

→ _____

---

01 정답 I cannot ensure that he will keep his word.
　　해설 타동사 ensure 뒤에 평서문이 있으므로 접속사 that을 사용하여 두 문장을 연결할 수 있다.
　　해석 나는 그가 그의 말을 지킬 것(약속을 지킬 것)이라고 확신할 수 없다.

02 정답 I was wondering if you sent flowers to her.
　　해설 타동사 wonder 뒤에 의문사가 없는 의문문이 있으므로 접속사 if나 whether를 사용하여 두 문장을 연결할 수 있다.
　　해석 나는 당신이 그녀에게 꽃을 보냈는지 궁금해하고 있었다.

03 정답 He has to decide if he adds another color to the painting or leaves it as it is.
　　해설 타동사 decide 뒤에 의문사가 없는 의문문이 있으므로 접속사 if나 whether를 사용하여 두 문장을 연결할 수 있다.
　　해석 그는 그 그림에 다른 색을 더해야 할지 그냥 놔둘지 결정해야만 한다.

04 정답 She is certain that Dick will stay in Busan for a long time.
　　해설 She is certain 다음 평서문이 있으므로 접속사 that을 사용하여 두 문장을 연결할 수 있다.
　　해석 그녀는 Dick이 오랫동안 부산에 머무를 거라고 확신한다.

05 정답 I don't know when you will begin to write songs together.
　　해설 타동사 know 뒤에 의문사가 있는 의문문이 있으므로 의문사를 접속사로 이용하고 간접의문문의 어순(의문사 + S + V 어순)으로 하여 두 문장을 연결시킬 수 있다.
　　해석 나는 언제 당신이 함께 작곡을 했는지 모른다.

06 정답 He didn't tell me what he was doing at that moment.
　　해설 tell 뒤에 의문사가 있는 의문문이 있으므로 의문사를 접속사로 이용하고 간접의문문 어순으로 하면 두 문장을 연결시킬 수 있다.
　　해석 그는 나에게 그가 그 순간 무엇을 하고 있었는지에 대해 말해 주지 않았다.

★ 확인학습 문제 2

다음 문장을 읽고 틀린 부분을 올바르게 고치시오.

01 I never knew the fact which he was a liar.

02 If he will succeed is doubtful in that situation.

03 He was afraid of that he didn't know the truth.

04 I don't know if he will come to the party or not.

05 She asked me that she was allowed to go home now.

06 Man differ from animals in that he can think and talk.

07 Let me ask her about if she will attend the meeting.

08 I don't know how much money do they have.

---

01 해설 which 다음에 문장이 완전하므로 관계대명사 which를 동격의 접속사 that으로 고쳐 써야 한다.
   해석 나는 그가 거짓말쟁이라는 사실을 절대로 알지 못했다.

02 해설 If가 명사절을 이끄는 접속사로 쓰이려면 목적어나 보어의 역할만 해야 한다. 즉 주어 역할로는 사용할 수 없다.
   따라서 주어 자리에 있는 If를 Whether로 고쳐 써야 한다.
   해석 그가 성공할지 못할지는 그런 상황에서는 의심스럽다.

03 해설 접속사 that절 앞에 전치사는 사용할 수 없다. 따라서 of를 없애야 한다.
   해석 그는 그가 진실을 몰랐던 것에 대해 걱정했다.

04 해설 명사절을 유도하는 접속사 if는 or not과 함께 사용할 수 없다. 따라서 if를 whether로 고쳐 써야 한다.
   해석 나는 그가 파티에 올지 안 올지 모른다.

05 해설 ask는 4형식 동사로 직접목적어 자리에 that절을 사용할 수 없으므로 접속사 that을 if나 whether로 고쳐 써야
   한다.
   해석 그녀는 내게 그녀가 지금 집에 가도 되는지에 대해 물었다.

06 해설 원칙적으로 전치사 다음 that절의 사용은 불가능하나 관용적으로 in that S + V(~하는 점에 있어서)는 사용이
   가능하다. 원래 in the fact that 또는 in the point that의 축약형으로 동격의 접속사 that으로 이해해도 무방하
   다. 이 문장의 틀린 부분은 수 일치이다. Man이 단수명사이므로 differ는 differs로 고쳐 써야 한다.
   해석 인간은 생각하고 말하는 점에 있어서 동물과 다르다.

07 해설 명사절을 유도하는 접속사 if는 전치사와 함께 사용할 수 없으므로 if를 whether로 고쳐 써야 한다.
   해석 그녀가 회의에 참석할지 내가 물어보겠다.

08 해설 명사절을 유도하는 의문사 how much money 다음 주어 + 동사 어순이 필요하므로 do they have는 they
   have로 고쳐 써야 한다.
   해석 나는 그들이 얼마나 많은 돈을 가지고 있는지 모른다.

02 명사절을 유도하는 접속사 that의 생략

접속사 that(목적어, 보어 역할을 하는 that절)은 언제나 생략이 가능하다.

$$
\begin{bmatrix} S + V \\ S + be동사 + 형용사 \end{bmatrix} + (that)\ S + V
$$

① I think (that) he comes from Japan.

② The trouble is (that) my father is ill in bed.

③ I am certain (that) my English teacher will be angry.

① 내 생각엔 그는 일본 출신인 것 같다.

② 문제는 내 아버지가 병상에 계시다는 것이다.

③ 나는 내 영어 선생님이 화가 날 거라 확신한다.

✦ 확인학습 문제

다음 문장에서 that이 생략된 곳을 찾아 ∨ 표시하시오.

01 You cannot deny you are nothing in this infinite space.

02 My hope is I will marry John someday.

03 The trouble is we are short of money.

04 We forget chewing gum is not good for our teeth.

05 I am sure you will succeed in the future.

---

01 **해설** 타동사 deny가 목적어 역할을 하는 명사절이 필요하다. deny와 you 사이에 **that**이 생략되었다.
　　해석 당신은 이 무한한 우주에서 아무것도 아니라는 사실을 부인할 수 없다.
　　어휘 deny ~을 부인하다, 부정하다 infinite 무한한, 끝없는 space 우주, 공간

02 **해설** 동사 is 다음에 주격 보어 역할을 하는 명사절이 필요하다. is와 I 사이에 **that**이 생략되었다.
　　해석 내 소원은 언젠가 내가 John과 결혼하는 것이다.

03 **해설** 동사 is 다음에 주격 보어 역할을 하는 명사절이 필요하다. is와 we 사이에 **that**이 생략되었다.
　　해석 문제는 우리가 돈이 부족하다는 거다.
　　어휘 short of ~이 부족한

04 **해설** 타동사 forget의 목적어 역할을 하는 명사절이 필요하다. forget과 chewing 사이에 **that**이 생략되었다.
　　해석 우리는 껌을 씹는 것이 치아에 좋지 않다는 것을 잊고 있다.
　　어휘 chew 씹다 gum 껌; 잇몸

05 **해설** I am sure와 you 사이에 접속사 **that**이 생략되었다.
　　해석 나는 당신이 미래에 성공할 것이라고 확신한다.

Unit ✦ 02   부사절을 이끄는 접속사

01 부사절을 이끄는 접속사

접속사 + S + V를 갖춘 절이 문장에서 부사 역할을 하면 부사절이 된다.

시간	when(~할 때), as(~할 때, ~하면서), since(~ 이래로), while(~ 동안에), before(~전에), after(~후에), by the time(~할 무렵에, ~할 때까지), until(~할 때까지), as soon as(~하자마자), the moment(~하자마자), the instant(~하자마자), hardly[= scarcely] ~ when[before](~하자마자 …하다), no sooner ~ than (~하자마자 …하다), whenever(~할 때마다), every time(~할 때마다)
이유·원인	because, as, since, now that(~ 때문에), so + 형용사 + that ~ , such a(n) + 명사 + that, so that ~(너무 ~해서 그 결과 …하다)
조건	if(만약 ~라면), once(일단 ~하면), unless(만약 ~이 아니라면)
양보	although, though, as, even though, even if(비록 ~일지라도), no matter how, however(아무리 ~지라도)
목적	so that ~ may[can], in order that ~ may[can](~하기 위하여)
양태	as, as though, as if(마치 ~처럼)
범위, 정도	as(so) far as, as(so) long as ~(~하는 한, ~이기만 한다면)

1 시간

① When I have finished my work, I will telephone you.

② As she was going out, the telephone rang.

③ I have known her since she was child.

④ Don't telephone me while I'm at the office.

⑤ Stay here until the sun rises.

⑥ Look both ways before you cross the road.

① 내가 일을 마치면, 너한테 전화할게.

② 그녀가 외출하려던 때에, 전화가 울렸다.

③ 나는 그녀를 그녀가 어렸을 때부터 알고 있다.

④ 근무 중일 때 나한테 전화하지 마세요.

⑤ 태양이 뜰 때까지 이곳에 있어.

⑥ 양방향 모두를 보고서 길을 건너세요.

⑦ After the train had left, I arrived at the station.

⑧ By the time the storm stopped, they didn't go home.

⑨ As soon as he came home, he went to bed.

⑩ The moment[instant] he arrived here, he went to bed.

⑪ He had hardly come home when[before] he went to bed.

⑫ No sooner had he come home than he went to bed.

⑬ Scarcely had he come home when[before] he went to bed.

⑭ Whenever I see this picture, I miss her.

⑮ Everytime his cup was empty, she filled it with tea and sugar.

2 이유 · 원인

① I lied because I was afraid.

② As she is under 7, she pays only half-price.

③ Since you said so, I believed it to be true.

④ Now that you are a high-school student, you must behave like this.

⑤ He is so honest that he never tells a lie.

⑥ He is such an honest man that he never tells a lie.

⑦ He is honest, so that he never tells a lie.

⑦ 열차가 떠난 후, 나는 역에 도착했다.

⑧ 폭풍이 멈추었을 때, 그들은 집에 가지 못했다.

⑨ 그는 집에 오자마자, 잠자리에 들었다.

⑩ 그는 이곳에 오자마자, 잠자리에 들었다.

⑪ 그는 집에 오자마자 잠자리에 들었다.

⑫ 그는 집에 오자마자 잠자리에 들었다.

⑬ 그는 집에 오자마자 잠자리에 들었다.

⑭ 내가 이 사진을 볼 때마다, 난 그녀를 그리워한다.

⑮ 그의 컵이 빌 때마다, 그녀가 차와 설탕을 채웠다.

① 내가 거짓말한 이유는 두려워서였다.

② 그녀는 7세 미만이라서, 반값만 지불하면 된다.

③ 당신이 그렇게 말해서, 나는 그게 진실일 거라 믿었다.

④ 이제 너는 고등학생이니까, 이렇게 행동해야만 한다.

⑤ 그는 매우 정직해서 절대로 거짓말하지 않는다.

⑥ 그는 매우 정직한 사람이라 절대로 거짓말하지 않는다.

⑦ 그는 정직하다, 그래서 거짓말은 절대 하지 않는다.

3 조건

① 당신이 실패한다면 조심하지 않아서다.

① You will fail if you are not careful.

② 일단 그가 와야지, 우리는 출발할 수 있다.

② Once he arrives, we can start.

③ 열심히 공부하지 않으면, 너는 시험을 통과하지 못할 것이다.

③ Unless you study hard, you won't pass the exam.

4 양보

① 그는 가난하지만 행복하다.

① Although[=Though] he is poor, he is happy.

② 그는 똑똑하지만, 절대로 대답하지 않았다.

② Smart as he was, he never answered.

③ 그가 아무리 부유하더라도, 그는 행복하지 않다.

③ However rich he is, he is not happy.

④ 그녀가 아무리 예쁘더라도, 나는 그녀에게 관심이 없다.

④ No matter how pretty she is, I am not interested in her.

⑤ 비록 우리가 여유가 되더라도, 우리는 해외여행을 가진 않을 것이다.

⑤ Even if we could afford it, we wouldn't go abroad for our vacation.

5 목적

① 일찍 출발하자, 그래야 우리가 어두워지기 전에 도착할 수 있다.

① Let's start early so that we may arrive before dark.

② 우리는 어두워지기 전에 도착하기 위해 일찍 출발했다.

② We started early in order that we might arrive before dark.

6 양태

① 내가 하라는 대로 해!

① Do as I say!

② 그는 마치 아니라고 말하는 듯이 고개를 저었다.

② He shook his head as if [=though] he said no.

7 범위, 정도

① I will help you as far as I can.

② You can go out as long as you promise to be back before 11 o'clock.

① 나는 내가 할 수 있는 한 너를 도울 것이다.

② 네가 11시 전에 돌아오겠다고 약속만 한다면 외출해도 좋다.

02 부사절에서의 도치

양보절에서 동사 다음에 위치하는 보어나 부사는 도치되어야 하는 경우가 있다.

① However he may be poor, he is always happy. (×)
　→ However poor he may be, he is always happy. (○)

② As he is brilliant, he won't solve the problem. (×)
　→ Brilliant as he is, he won't solve the problem. (○)

③ As he is a child, he can understand many things. (×)
　→ Child as he is, he can understand many things. (○)

④ Though he is strong, he cannot lift this stone. (○)
　→ Strong though he is, he cannot lift this stone. (○)

① 그는 비록 가난하더라도 항상 행복하다.

② 그가 비록 뛰어나다 하더라도 그 문제는 풀지 못할 것이다.

③ 비록 그가 아이일지라도 그는 많은 것을 이해할 수 있다.

④ 비록 그가 힘은 세지만 이 돌을 들 수는 없다.

03 전치사 vs 접속사

전치사 다음에는 명사가 위치해야 하고 접속사 다음에는 S + V가 와야 한다.

전치사 + 명사	접속사 + S + V
during (~동안에)	while
because of (~때문에)	because
despite (~에도 불구하고)	(al)though (비록 ~일지라도)
in case of (~의 경우에 대비해서)	in case (만약 ~라면)
according to (~에 따르면)	according as

① 그녀는 아픈 동안에 움직일 수 없었다.

① She could not move during her sickness.
→ She could not move while she was sick.

② 그는 자신의 무지 때문에 그 문제를 풀 수 없다.

② He cannot solve the problem because of his ignorance.
→ He cannot solve the problem because he is ignorant.

04 접속사 다음 주어 + 동사가 없는 경우

주절의 주어와 종속절의 주어가 같을 때 접속사 다음 S + Be 동사를 생략할 수 있다. 또한 분사구문 앞에서 의미를 분명하게 하기 위해 접속사를 사용할 수도 있다.

① 그가 젊었을 때, 그는 영어를 공부했다.

① When he was young, he studied English.
→ When young, he studied English.

② 나는 창 밖을 보면서 그녀를 생각했다.

② When I looked out the window, I thought of her.
→ Looking out the window, I thought of her.
→ When looking out the window, I thought of her.

확인학습 문제

01 다음 빈칸에 들어갈 말로 가장 적절한 것은?

> The recital has been called off _____ there has been little demand for tickets.

① now that   ② which
③ because of   ④ although

02 다음 빈칸에 들어갈 말로 가장 적절한 것은?

> Pure naphtha is highly explosive if _____ to an open flame.

① it revealed   ② is it revealed
③ revealed it   ④ revealed

03 어법상 옳은 것은?
① Let me ask him if he finishes this work until tomorrow.
② He got up so early that he can see the wonderful sunrise.
③ My husband gives me a feeling of security, warm, and love.
④ She is such a nice employee that everyone in this office likes her.

01 해설 ① 빈칸 다음이 완전한 문장 구조이므로 빈칸에는 접속사가 필요하다. 따라서 ② which(관계대명사)와 ③ because of(전치사)는 정답에서 제외된다. 또한 문맥상 '~ 때문에'의 의미가 필요하므로 ④ although(비록 ~일지라도)도 정답이 될 수 없다. 따라서 빈칸에는 접속사 now that(~ 때문에)이 필요하다. 그러므로 정답은 ①이 된다.

해석 그 연주회는 티켓이 거의 팔리지 않았기 때문에 취소되었다.

어휘 recital 연주회, 리사이틀   call off 취소하다(= cancel)   demand 수요, 요구

02 해설 ④ if 다음 revealed는 과거분사이고 뒤에 목적어가 없으므로 어법상 옳다.

① revealed 다음 목적어가 없으므로 능동의 형태는 적절하지 않다.

② 접속사 다음에는 주어 + 동사 어순이어야 하므로 적절하지 않다.

③ if 다음 S + be동사가 생략되는 경우에 revealed는 과거분사이기 때문에 뒤에 목적어가 없어야 하므로 it의 사용은 어법상 적절하지 않다.

해석 순수 나프타는 불길에 노출되면 폭발할 가능성이 크다.

어휘 pure 순수한, 불순물이 없는   naphtha (화학) 나프타   explosive 폭발(성)의   open flame 불길

03 해설 ④ such + 명사 + that S + V ~ 구문을 묻고 있다. 따라서 such a nice employee의 사용은 어법상 적절하고 또한 everyone이 주어가 될 때 단수동사로 수 일치시켜야 하므로 단수동사 likes의 사용 역시 어법상 옳다.

① ask의 목적어 역할을 하는 if절은 명사절이고 뒤에 미래표시부사 tomorrow가 있으므로 문맥상 현재동사 finishes는 미래시제 will finish로 고쳐 써야 한다.

② so + 형용사 / 부사 + that S + V ~ 구문의 사용은 어법상 적절하지만 주절의 시제가 과거이므로 종속절의 시제도 과거가 필요하다. 따라서 can은 could로 고쳐 써야 한다.

③ 명사 security가 있고 and 다음 명사 love가 있으므로 병렬구조상 형용사 warm은 명사 warmth로 고쳐 써야 한다.

해석 ① 내가 그에게 내일까지 이 일을 끝낼 수 있는지 물어볼게.

② 그는 너무 일찍 일어나서 멋진 일출을 볼 수 있었다.

③ 내 남편은 내게 안정감과 따뜻함 그리고 사랑을 준다.

④ 그녀는 너무 멋진 직원이라서 사무실에 있는 모든 이가 그녀를 좋아한다.

어휘 sunrise 일출   security 안전, 안보   warm 따뜻한   employee 직원, 근로자

정답 01 ①   02 ④   03 ④

01 밑줄 친 부분에 들어갈 말로 가장 적절한 것을 고르시오.

> To find a good starting point, one must return to the year 1800 during _____ the first modern electric battery was developed.

① which   ② that

③ what   ④ if

02 다음 밑줄 친 부분 중 어법상 적절하지 않은 것은?

> Books ① which are gateways into other minds and other people are valuable to us. Through them we can escape from the narrow little world ② which we reside and from fruitless brooding over our own selves. An evening spent reading great books for our mind is like ③ what a holiday in the mountains does for our bodies. We come down from the mountains stronger, we need our lungs and our mind which are cleansed of all impurities, and we prepare the courage ④ that we have to face on the plains of daily life.

03 밑줄 친 부분에 들어갈 말로 가장 적절한 것을 고르시오.

> Contrary to _____(A)_____ many believe, urban agriculture (UA) is found in every city, _____(B)_____ it is sometimes hidden, sometimes obvious.

	(A)	(B)
①	what	where
②	which	which
③	what	which
④	which	where

04 우리말을 영어로 옮긴 것 중 가장 적절한 것은?

① 그녀는 돌봐야 하는 자폐증을 가진 아들이 있다.

→ She has a kid with autism which I should take care of.

② 바다에 지금 현존하는 가장 영리한 동물이 고래이다.

→ The most clever animals in the sea that is now existent are whales.

③ 꿀은 유방암을 줄이는 데 도움이 되는 항산화제를 포함하고 있다.

→ Honey contains an antioxidant, which helps reducing the breast cancer.

④ 그 회의를 구성하는 여성 대표의 비율은 5% 미만이다.

→ The proportion of the female representative who consists of the conference is below 5%.

05 밑줄 친 부분에 들어갈 말로 가장 적절한 것을 고르시오.

A gift card will be given to _____ completes the questionnaire.

① where
② which
③ whoever
④ whomever

06 밑줄 친 부분 중 어법상 가장 적절한 것은?

Among the few things certain about the next century ① that it will be wired, networked and global ② is our dilemma. Because national borders will be able to block the flow of information and innovation, the societies ③ what thrive will become those which ④ is uncomfortable with openness and with the free flow of services, goods and ideas.

07 밑줄 친 부분에 들어갈 말로 가장 적절한 것을 고르시오.

> Children who live in another country must learn their mother language in order not to forget it and _____ proud of it.

① to be   ② being

③ be   ④ to being

08 다음 밑줄 친 부분 중 어법상 틀린 것은?

> For ①what is called "enveloped" viruses, the capsid is surrounded by one or more protein envelopes. Biologists all know ② that this simplified structure makes them different than bacteria, but no less alive. And like seeds ③ though in a suspended state, they constantly monitor the exterior world around them, they really don't know ④ where is it.

09 밑줄 친 부분에 들어갈 말로 가장 적절한 것을 고르시오.

The term 'subject' refers to something quite different from the more familiar term 'individual'. The latter term dates from the Renaissance and presupposes that man is a free, intellectual agent and _____ thinking processes are not coerced by historical or cultural circumstances.

① that
② what
③ which
④ whose

10 우리말을 영어로 가장 잘 옮긴 것을 고르시오.

2021. 국가직 9급

① 당신이 부자일지라도 당신은 진실한 친구들을 살 수는 없다.
→ Rich as if you may be, you can't buy sincere friends.
② 그것은 너무나 아름다운 유성 폭풍이어서 우리는 밤새 그것을 보았다.
→ It was such a beautiful meteor storm that we watched it all night.
③ 학위가 없는 것이 그녀의 성공을 방해했다.
→ Her lack of a degree kept her advancing.
④ 그는 사형이 폐지되어야 하는지 아닌지에 대한 에세이를 써야 한다.
→ He has to write an essay on if or not the death penalty should be abolished.

정답 해설

01
starting point 시작점, 출발점

01 밑줄 친 부분에 들어갈 말로 가장 적절한 것을 고르시오.

> To find a good starting point, one must return to the year 1800 during _____ the first modern electric battery was developed.

① which   ② that

③ what   ④ if

해설 관계대명사 that이나 접속사 if는 전치사와 함께 사용할 수 없고 what 다음 문장구조가 완전하므로 관계대명사 what은 사용할 수 없다. 앞에 사물명사 the year 1800이 있고 전치사 during 다음 문장구조가 완전하므로 빈칸에 들어가기에 가장 적절한 것은 which이다.

해석 좋은 출발점을 찾기 위해 우리는 최초의 현대식 전기 배터리가 개발된 1800년으로 돌아가야 한다.

02
gateway 통로
escape from ~로부터 벗어나다
narrow 좁은
fruitless 결실 없는
brood over 되씹다, 곱씹다
lung 폐
cleanse 깨끗이 하다
impurity 불순함
battle 전쟁, 전투
on the plains of 평범한

02 다음 밑줄 친 부분 중 어법상 적절하지 않은 것은?

> Books ① which are gateways into other minds and other people are valuable to us. Through them we can escape from the narrow little world ② which we reside and from fruitless brooding over our own selves. An evening spent reading great books for our mind is like ③ what a holiday in the mountains does for our bodies. We come down from the mountains stronger, we need our lungs and our mind which are cleansed of all impurities, and we prepare the courage ④ that we have to face on the plains of daily life.

해설 ② 선행사가 사물(world)이므로 관계대명사 which는 어법상 적절하지만 뒤에 문장구조가 완전(주어가 있고 동사가 자동사)하므로 which는 관계부사 where로 고쳐 써야 한다.
① 선행사가 사물(books)이므로 관계대명사 which는 어법상 적절하고 또한 뒤에 문장구조가 불완전(주어가 없다)하므로 관계대명사 which는 어법상 적절하다.
③ 선행사가 없고 뒤에 문장구조가 불완전(동사 does의 목적어가 없다)하므로 전치사 + 관계대명사(like what)의 사용은 어법상 옳다.
④ 선행사가 사물(courage)이고 또한 뒤에 문장구조가 불완전(동사 face의 목적어가 없다)하므로 관계대명사 that의 사용은 어법상 적절하다.

해석 책은 다른 사람의 마음으로 통하는 우리의 통로이다. 책들을 통해 우리는 우리만이 사는 좁은 세상과 혼자서는 아무리 노력해도 풀리지 않는 마음앓이에서 벗어날 수 있다. 우리의 마음을 위해 저녁에 좋은 책을 읽는 것은 휴일에 산에 올라가는 것이 몸에 좋은 작용을 하는 것과 마찬가지이다. 우리는 산에서 내려오면서 더 튼튼해지고 우리의 폐나 마음은 더러운 것에서 씻겨지며 평범한 일상생활의 대처할 수 있는 용기를 준비한다.

정답 01 ①   02 ②

03 밑줄 친 부분에 들어갈 말로 가장 적절한 것을 고르시오.

> Contrary to _____(A)_____ many believe, urban agriculture (UA) is found in every city, _____(B)_____ it is sometimes hidden, sometimes obvious.

    (A)   (B)
① what   where
② which   which
③ what   which
④ which   where

해설 ① (A) 다음 문장구조는 불완전(believe 뒤에 목적어가 없다)하고 (A) 앞에 선행사가 없으므로 (A)에는 관계대명사 what이 있어야 하고 (B) 다음 문장구조가 완전하므로 (B)에는 관계부사 where가 있어야 한다.

해석 많은 사람들이 믿는 것과는 반대로, 도시농업 (UA)은 모든 도시에서 발견되는데, 그곳은 때로는 눈에 띄지 않고 때로는 분명하다.

03
contrary to ~ 와는 반대로
urban 도시의
agriculture 농업
obvious 분명한

04 우리말을 영어로 옮긴 것 중 가장 적절한 것은?
① 그녀는 돌봐야 하는 자폐증을 가진 아들이 있다.
  → She has a kid with autism which I should take care of.
② 바다에 지금 현존하는 가장 영리한 동물이 고래이다.
  → The most clever animals in the sea that is now existent are whales.
③ 꿀은 유방암을 줄이는 데 도움이 되는 항산화제를 포함하고 있다.
  → Honey contains an antioxidant, which helps reducing the breast cancer.
④ 그 회의를 구성하는 여성 대표의 비율은 5% 미만이다.
→ The proportion of the female representative who consists of the conference is below 5%.

해설 ④ 관계대명사 who의 선행사가 사람(representative)이므로 관계대명사 who의 사용은 어법상 적절하고 주격 관계대명사 who 다음 단수동사 consists의 사용 역시 (선행사가 단수명사 representative이다) 어법상 적절하다. 또한 주어가 단수명사(proportion)이므로 단수동사 is의 사용 모두 어법상 적절하다.
① 관계대명사 which의 선행사가 문맥상 autism(사물명사)이 아닌 kid(사람명사)이므로 관계대명사 which는 who로 고쳐 써야 한다.
② 관계대명사 that의 선행사가 문맥상 animals이므로 that절의 동사는 복수동사여야 한다. 따라서 is는 복수동사 are로 고쳐 써야 한다.
③ 동사 help 다음 목적어나 목적격 보어 자리에는 동사원형이나 to부정사가 위치해야 하므로 reducing의 사용은 어법상 적절하지 않다. 따라서 reducing은 (to) reduce로 고쳐 써야 한다.

04
mammal 포유류
clever 영리한
existent 존재하는
antioxidant 항산화제
reduce 줄이다
breast cancer 유방암
proportion 비율
representative 대표자; 대표
consist of ~로 구성되다
conference 회의

정답 03 ①   04 ④

05
complete 완성하다
questionnaire 설문지

05 밑줄 친 부분에 들어갈 말로 가장 적절한 것을 고르시오.

> A gift card will be given to ＿＿＿＿＿＿＿ completes the questionnaire.

① where
② which
③ whoever
④ whomever

해설 ③ 빈칸 앞에 선행사가 없고 빈칸 다음 문장구조가 불완전(주어가 없다)하므로 빈칸에는 복합관계대명사가 필요하다. 또한 빈칸 뒤에 주어가 없고 동사가 바로 위치해 있기 때문에 주격 복합관계대명사 whoever가 빈칸에 들어가기에 가장 적절하다.

해석 설문지를 완성하는 누구에게나 선물 카드가 주어질 예정이다.

06
wire ① 철사, 선 ② 연결하다
border 국경
block 차단하다
thrive 번성[번창]하다
flow 흐름, 흐르다
goods 상품

06 밑줄 친 부분 중 어법상 가장 적절한 것은?

> Among the few things certain about the next century ① that it will be wired, networked and global ② is our dilemma. Because national borders will be able to block the flow of information and innovation, the societies ③ what thrive will become those which ④ is uncomfortable with openness and with the free flow of services, goods and ideas.

해설 ② 문두에 장소를 나타내는 전치사구(Among ~)가 위치하고 1형식 동사 is가 있으므로 주어 동사가 도치된 구조로 주어가 단수명사 dilemma이므로 단수동사 is의 사용은 어법상 적절하다.
① 관계대명사 that 다음 문장구조가 완전하므로 that의 사용은 어법상 적절하지 않다. 따라서 문맥상 that은 관계부사 when으로 고쳐 써야 한다.
③ 관계대명사 what 앞에 선행사 societies가 있으므로 어법상 적절하지 않다. 따라서 what은 which나 that으로 고쳐 써야 한다.
④ which의 선행사가 those(복수대명사)이므로 주격 관계대명사의 동사는 복수동사로 수 일치시켜야 한다. 따라서 is는 are로 고쳐 써야 한다.

해석 선이 깔리고, 망처럼 연결되고, 세계화될 것이라는 다음 세기에 관한 확실한 몇 가지 중에 우리의 딜레마가 있다. 국경선이 정보와 혁신의 흐름을 봉쇄할 수 있기 때문에, 번성하는 사회란 개방성 그리고 서비스, 상품 그리고 아이디어의 자유로운 흐름이 불편해지는 사회가 될 것이다.

정답 05 ③ 06 ②

PART 03

07 밑줄 친 부분에 들어갈 말로 가장 적절한 것을 고르시오.

> Children who live in another country must learn their mother language in order not to forget it and _____ proud of it.

① to be ② being
③ be ④ to being

07
mother language 모국어
in order to ⓥ ⓥ하기 위해서

해설 ③ and 뒤에 빈칸과 병렬을 이룰 수 있는 내용은 learn과 to forget 두 개이므로 정답의 가능성은 ①과 ③이 될 수 있다. 문맥상 '모국어에 대해 자부심을 가져야 한다'이므로 앞에 must와 연결되는 동사원형 be가 필요하다. 따라서 빈칸에 들어가기에 가장 적절한 것은 ③이다.

해석 외국에 사는 아이들은 모국어를 잊지 않기 위해서 모국어를 배워야 하고 모국어에 자부심을 가져야 한다.

08 다음 밑줄 친 부분 중 어법상 틀린 것은?

> For ① <u>what is called</u> "enveloped" viruses, the capsid is surrounded by one or more protein envelopes. Biologists all know ② <u>that</u> this simplified structure makes them different than bacteria, but no less alive. And like seeds ③ <u>though</u> in a suspended state, they constantly monitor the exterior world around them, they really don't know ④ <u>where is it</u>.

08
envelop 감싸다, 봉해 넣다
*envelope 봉투, 외피
surround 에워싸다, 둘러싸다
protein 단백질
biologist 생물학자
simplify 단순화하다
structure 구조
suspended 정지된
state 상태
constantly 끊임없이
exterior 외부(의)

해설 ④ 간접의문문의 어순을 묻고 있다. 따라서 의문사 where 다음 주어 + 동사 어순이어야 하므로 is it은 it is로 고쳐 써야 한다.
① what 다음 불완전(주어가 없다)한 문장구조가 이어지므로 관계대명사 what의 사용은 어법상 적절하고, 목적어가 없으므로 is called의 사용은 어법상 옳다. 참고로 call은 5형식 동사로 사용되었으므로 is called 뒤에 있는 명사 "enveloped" viruses는 call의 보어 역할을 한다.
② that 앞에 선행사가 없고 뒤에 문장구조가 완전하므로 접속사 that의 사용은 어법상 옳다.
③ 접속사 though 다음 주어 + 동사가 이어지므로 접속사 though의 사용은 어법상 적절하다.

해석 '봉해 넣은' 바이러스라 불리는 것에 어울리게 캡시드는 하나 이상의 단백질 외피에 둘러싸여 있다. 생물학자들은 이런 단순화된 구조로 그것(바이러스)은 박테리아와 다르게 되지만, (박테리아) 못지않게 활기차게 된다는 것을 모두 안다. 그리고 씨앗처럼 정지된 상태에서 그들이 자기 주변의 외부 세상을 끊임없이 관찰한다 하더라도, 그들은 정말로 어디에 그것이 있는지는 모른다.

정답 07 ③ 08 ④

09
refer to ① ~을 가리키다
② ~을 언급하다
familiar 친숙한
term ① 용어 ② 기간 ③ 학기
subject 국민
latter 후자의
date from ~에서 시작되다
presuppose 전제하다
intellectual 지적인
agent ① 대리인 ② 행위자
coerce 강제하다
circumstance 상황

09 밑줄 친 부분에 들어갈 말로 가장 적절한 것을 고르시오.

> The term 'subject' refers to something quite different from the more familiar term 'individual'. The latter term dates from the Renaissance and presupposes that man is a free, intellectual agent and _____ thinking processes are not coerced by historical or cultural circumstances.

① that
② what
③ which
④ whose

[해설] ① and를 기준으로 병렬구조를 묻고 있다. and 앞에 presuppose의 목적어 역할을 하는 that절과 병렬을 이루어야 하므로 and 다음에도 that절이 필요하다. 따라서 빈칸에 들어가기에 가장 적절한 것은 that이다.

[해석] '국민'이라는 용어는 좀 더 익숙한 용어인 '개인'과는 아주 다른 무언가를 가리킨다. 후자의 용어는 르네상스 시대에서 시작되었고, 사람은 자유롭고 지적인 행위자이며, 생각을 처리하는 과정이 역사적 또는 문화적 상황에 강제되지 않는다는 것을 전제로 한다.

10
sincere 진실한
meteor 유성
degree ① 온도 ② 정도 ③ 학위
death penalty 사형 (제도)
abolish 폐지하다, 없애다

10 우리말을 영어로 가장 잘 옮긴 것을 고르시오.

2021. 국가직 9급

① 당신이 부자일지라도 당신은 진실한 친구들을 살 수는 없다.
→ Rich as if you may be, you can't buy sincere friends.
② 그것은 너무나 아름다운 유성 폭풍이어서 우리는 밤새 그것을 보았다.
→ It was such a beautiful meteor storm that we watched it all night.
③ 학위가 없는 것이 그녀의 성공을 방해했다.
→ Her lack of a degree kept her advancing.
④ 그는 사형이 폐지되어야 하는지 아닌지에 대한 에세이를 써야 한다.
→ He has to write an essay on if or not the death penalty should be abolished.

[해설] ② such + a + 형용사 + 명사 + that S + V ~ 구문을 묻고 있다. 따라서 such a beautiful meteor storm that we watched ~의 사용은 어법상 적절하고 또한 strom을 대신하는 대명사 it의 사용과 시제 일치(과거시제) 모두 어법상 옳다.
① 말장난(단어장난: as if vs. as) 문제이다. 우리말의 양보의 의미를 지닌 접속사 '~ 일지라도'는 as를 사용해야 하므로 적절한 영작이 될 수 없다. 참고로 as가 양보절을 이끌 때에는 형용사보어는 as앞에 위치시켜야 한다. 따라서 적절한 영작이 되려면 Rich as if you may be는 Rich as you may be로 고쳐 써야 한다.
③ 말장난(긍정 / 부정 장난: keep A ~ing vs. keep A from ~ing) 문제이다. keep A ~ing는 'A가 계속해서 ~ 하다'(긍정)이므로 적절한 영작이 될 수 없다. 적절한 영작이 되려면 ~ing 앞에 from이 필요하다. 따라서 keep her advancing을 keep her from advancing으로 고쳐 써야 한다.
④ '~ 인지 아닌지'의 의미를 지닌 명사절을 이끄는 접속사 if는 전치사의 목적어 역할을 하는 명사절을 유도할 수 없고 주어 자리에도 위치시킬 수 없다. 이때에는 접속사 if대신 whether를 사용해야 한다. 또한 if는 바로 뒤에 or not과 함께 사용할 수 없다. 따라서 이 문장이 적절한 영작이 되려면 if를 whether로 고쳐 써야 한다.

[정답] 09 ① 10 ②

Ⅱ

김세현 영어✦
All In One

독해

Part 1. 유형별 독해
Part2. 실용문

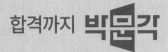
합격까지 **박문각**

김세현 영어 ✦
All In One

유형별 독해

올바른 독해법
(Connecting Reading by David Nunan)

1 독해는 해석을(우리말 말 바꾸기를) 잘하는 것이 아니라 (해석을 뛰어넘어) 이해를 잘하는 것이다.

* comprehension : 이해

The school has grown from a small building holding 200 students to a large institute that educates 4,000 students a year.

2 독자는 무엇이 중요하고 중요하지 않은지 가려내면서 읽을 수 있어야 한다.

* concentration : 집중 / summary : 요약

Playing too many online games in Internet that we use everyday will make a serious danger to our mental or physical health.

3 집중의 과정에서 중요치 않은 부분 또는 이해되지 않은 부분들은 Skip한다.

* connecting : 연결시키기

I lost my way in the gravity of a short cedar with scooped puddles in the mountain.

4 Skip하되 읽었던 내용을 하나의 흐름으로 연결시킨다.

5 영어의 본질을 이해한다.

(1) 영어는 동일어 반복을 극도로 꺼려한다.

Thank you for sending your poems to me. Your poetries are really good to me. I also feel that they show a lot of possibility despite your youth and lack of experience.

(2) 영어는 다의어 구조이다.

When my younger brother said he had a fever and headache, my mother stopped working and immediately <u>took</u> him to a hospital.

Ex 1 다음 글의 주제로 가장 적절한 것은?

The once thriving bird life of Scotland's Northern Isles is disappearing, unable to produce offspring. The reason is dearth and the cause for that is thought to be climate change. The once teeming stocks of sand eels on which nearly all the local seabirds depend, have vanished, leaving the parent birds unable to feed their young or even themselves. Behind the sand eels' disappearance is a more sinister cause: global warming. Scientists believe the steadily rising temperature of the water in the North Sea, which has gone up by two degrees centigrade in twenty years, is having a calamitous effect on this cold-water species.

① 생태계 파괴의 원인
② 지구 온난화의 원인
③ 북해가 오염되고 있는 원인
④ 지구 온난화로 인한 생태계 파괴

[해석] 후손을 생산할 수 없기 때문에 스코틀랜드 북부 섬들의 한때 번성했던 새 떼가 사라지고 있다. 그 이유는 굶주림이고 그 굶주림의 원인은 기후변화라고 생각된다. 한때, 거의 모든 지역 바닷새들이 먹는 한 무리의 바글거렸던 까나리들이 사라지고 있고, 그로 인해 부모 새들은 새끼들에게 또는 자기 자신들조차 먹이를 구할 수 없게 되었다. 까나리의 사라짐 뒤에는 더 불길한 원인이 있는데 그것은 바로 지구 온난화이다. 과학자들은 지난 20년 동안 2°C 정도 꾸준히 북해의 수온이 상승한 것이 이 냉수종의 재앙을 초래하는 원인이라고 믿는다.

[해설] 지구 온난화로 인한 해수 온도 상승으로 물고기가 점점 사라지고 그에 따른 새들의 개체 수 역시 사라진다는 내용의 글이므로 정답은 ④가 된다.

[어휘] thrive 번성[번창]하다 offspring 후손, 자손 dearth 부족, 결핍; 굶주림, 배고픔 teeming 바글거리는 stock 재고; 주식; 가축 sand eel 까나리 feed 먹이다 sinister 불길한 calamitous 재앙의, 재난의 species 종

[정답] 01 ④

02 주제, 제목, 요지

출제 유형

1. 다음 글의 주제는?

2. 다음 글의 제목은?

3. 다음 글의 요지는?

풀이 해법

주제, 제목, 요지 공통

1. 선택지(보기)를 scanning한다.

2. 올바른 독해법에 맞추어 글을 읽고 정답을 유도한다.

3. 너무 광범위하지 않은 또는 너무 세부적이지 않은 정답을 유도한다.
   (not too general or not too specific)

4. 정답을 선택할 때 선택지의 재진술(restatement)에 유의한다.

Ex 1 다음 글의 주제로 가장 적절한 것을 고르시오.

> People have various forms of communication. Words are the most commonly used: we speak or write to communicate ideas. It is, therefore, essential for people to use words effectively. Another form of communication can be pictures. Businesses use them successfully in posters, charts, and blueprints. Action is also an important communication method; actions speak loud than words. A frown, a hand-shake, a wink, and even silence have meaning; people will attach significance to these actions.

① communication
② communication with words
③ medium of communication
④ communication through pictures

해석 사람들은 다양한 형태의 의사소통을 가지고 있다. 말이 가장 보편적으로 사용이 된다. 즉, 우리는 생각을 전달하기 위해 말하고 쓴다. 그래서 사람들이 효과적으로 말을 사용하는 것은 필수적이다. 의사소통의 또 다른 형태는 그림이다. 기업체들은 이 그림들을 포스터나 차트 그리고 청사진에서 사용한다. 행동 또한 의사소통의 중요한 방법이다. 즉, 행동은 말보다 더 큰 소리를 낸다. 얼굴을 찌푸리고 악수를 하고 윙크를 하고 심지어 침묵하는 것도 의미를 지닌다. 즉 사람들은 이러한 행동에 의미를 부여할 것이다.
① 의사소통
② 말로 하는 의사소통
③ 의사소통의 수단
④ 그림을 통한 의사소통

해설 이 글은 의사소통의 세 가지 수단에 관한 글이므로 정답은 ③이다. ①은 너무 광범위한 선택지이고 ②, ④는 너무 세부적인 선택지이다. ③의 medium은 선택지의 재진술로 '매개체, 수단'의 뜻이 된다.

어휘 various 다양한   commonly 보통으로, 보편적으로   essential 필수적인   effectively 효과적으로   blueprint 청사진   frown 얼굴을 찌푸리다; 찡그림, 찌푸림   hand-shake 악수   attach 붙이다, 첨부하다; 부여하다   significance 중요성(함)   medium 중간의; 매체, 매개체; 수단, 방법

Ex 2 다음 글의 제목으로 가장 적절한 것은?

The sound we hear can travel through the air, but it can also travel through solid and liquid substances. The North American Indians, for instance, made use of the earth as a sound medium. By putting their ear to the ground, they could detect approaching animals or enemies, and also receive over fairly long distances, signals made by striking the ground. A swimmer underwater hears, very clearly, sounds made by clapping stones together. Two tin cans with a string stretched between them can be used as a simple telephone, in which the string act as the sound medium. All this indicates that sound can travel through many different mediums.

① What Is Sound?
② What Makes Sound?
③ What Carries Sound?
④ Why Is Sound Important?

[해석] 우리가 듣는 소리는 공기를 통해 이동할 수 있지만, 소리는 또한 고체나 액체를 통해 이동할 수 있다. 예를 들어, 북미 인디언들은 소리 매체로 땅을 이용했다. 땅에 귀를 댐으로써 그들은 다가오는 동물들이나 적들을 감지해낼 수 있었으며, 땅을 두드림으로써 나오는 신호를 상당히 먼 거리에서도 받을 수 있다. 물속의 수영 선수는 돌이 부딪힘으로써 나오는 소리를 매우 정확하게 듣는다. 실로 연결된 두 개의 양철 깡통은 단순한 형태의 전화로 사용될 수 있고, 그 전화에서 실은 소리 전달의 매개체 역할을 한다. 이런 모든 것들이 많은 다른 수단을 통해 소리가 이동할 수 있다는 것을 보여 주고 있다.
① 소리란 무엇인가?
② 무엇이 소리를 만드는가?
③ 무엇이 소리를 전달하는가?
④ 왜 소리가 중요한가?

[해설] 이 글은 소리 전달 매개체의 종류(고체, 액체, 실)를 나열한 글이므로 정답은 ③이다.

[어휘] solid 고체의 liquid 액체의 substance 물질 make use of ~을 이용하다 medium 매개체, 매체(media의 단수형) detect 감지하다 fairly 아주, 매우, 꽤 *fair 공정한 clap 손뼉을 치다 tin 주석, 양철 string 실, 줄 indicate 암시하다, 보여 주다

[정답] 02 ③

MEMO

실 전 · 문 제

01 다음 글의 요지로 가장 적절한 것을 고르시오.

To erase or not to erase? That is the question in many students' mind after they've penciled in one of those small circles in multiple choice tests. Folk wisdom has long held that when answering questions on such tests, you trust your first instincts. However, a teacher has found that students who change answers they're unsure of usually improve their scores. According to his research, revised answers were two-and-a-half times as likely to go from wrong to right as vice versa.

① 본능을 믿자.
② 슬픈 추억은 지우자.
③ 속담을 잘 활용하자.
④ 자신 없는 답은 고치자.

꼼꼼독해

어휘

01 To erase or not to erase? That is the question in many students' mind after they've penciled in one of those small circles in multiple choice tests.

> 해석 지울 것이냐 아니면 지우지 않을 것이냐? 이것은 객관식 시험 문제 보기의 작은 동그라미 중의 하나에 색칠을 하고 난 후에 많은 학생들의 마음속에서 일어나는 문제이다.

01
erase 지우다
multiple 많은, 다수의
*****multiple-choice** 객관식의

02 Folk wisdom has long held that when answering questions on such tests, you trust your first instincts.

> 해석 오랫동안 통하고 있는 민간 지혜에 따르면, 그런 시험에서 문제들의 답을 고를 때에는 처음의 본능을 믿으라는 것이다.

02
folk 민속(의); 사람들
wisdom 지혜 (**wise**의 명사형)
*****wisdom tooth** 사랑니
instinct 본능

03 However, a teacher has found that students who change answers they're unsure of usually improve their scores.

> 해석 그러나, 자신 없는 답을 바꿔 쓴 학생들은 그들의 성적이 대체로 올라갔다는 것을 한 선생님이 발견했다.

03
unsure 자신 없는, 분명하지 않은
improve 향상시키다

04 According to his research, revised answers were two-and-a-half times as likely to go from wrong to right as vice versa.

> 해석 그의 연구에 따르면, 고친 답은 그 반대보다 오답에서 정답으로 갈 확률이 두 배 반 정도가 더 많았다고 한다.

04
according to ~에 따라서;
　　　　　　~에 따르면
revise 수정하다, 고치다
　　　　(= alter, modify)
times 배, 배수
likely 가능성 있는
*****be likely to** ⓥ
ⓥ인 것 같다; ⓥ할 가능성이 있다
vice versa 반대로, 역으로

정답 01 ④

02 다음 글의 요지로 가장 적절한 것을 고르시오.

More and more people are turning away from their doctors and, instead, going to individuals who have no medical training and who sell unproven treatments. They go to quacks to get everything from treatments for colds to cures for cancer. And they are putting themselves in dangerous situations. Many people don't realize how unsafe it is to use unproven treatments. First of all, the treatments usually don't work. They may be harmless, but, if someone uses these products instead of proven treatments, he or she may be harmed. Why? Because during the time the person is using the product, his or her illness may be getting worse. This can even cause the person to die.

① Better training should be given to medical students.
② Alternative medical treatments can be a great help.
③ Don't let yourself become a victim of health fraud.
④ In any case, it is alright to hold off going to a doctor.

01 More and more people are turning away from their doctors and, instead, going to individuals who have no medical training and who sell unproven treatments.

[해석] 더더욱 많은 사람들이 의사로부터 그들의 등을 돌리고 있고, 대신에 의학적 훈련도 없고 검증되지 않은 치료법을 팔아대는 개개인에게로 향하고 있다.

01
individual 개인(의); 개성 있는
unproven 검증되지 않은
treatment 치료

02 They go to quacks to get everything from treatments for colds to cures for cancer.

[해석] 그들은 돌팔이에게 가서 감기 치료부터 암 치료제에 이르기까지 모든 것을 구하고 있다.

02
quack 돌팔이
cold 감기
cure 치료(제)

03 And they are putting themselves in dangerous situations.

[해석] 그리고 그들은 스스로를 위험 상황에 처하게 한다.

03
situation 상황

04 Many people don't realize how unsafe it is to use unproven treatments.

[해석] 많은 사람들은 검증되지 않은 치료법을 이용하는 것이 얼마나 위험한지 알지 못한다.

04
realize 깨닫다, 알다; 실현하다

05 First of all, the treatments usually don't work. They may be harmless, but, if someone uses these products instead of proven treatments, he or she may be harmed.

[해석] 무엇보다도, 치료가 대부분 효과가 없다. 그 치료가 해가 없을 수도 있으나 누군가 검증된 치료 대신 이러한 제품을 사용한다면 그 사람은 피해를 입을 수도 있다.

05
work 효과가 있다
harmless 무해한
*harm 해, 해를 입히다
instead of ~대신에

06 Why? Because during the time the person is using the product, his or her illness may be getting worse.

[해석] 왜 그런가? 왜냐하면 어떤 사람이 이 제품을 사용하는 동안, 그 사람의 병세가 더 나빠질 수도 있기 때문이다.

06
illness 질병; 병세
get worse 더 나빠지다

07 This can even cause the person to die.

[해석] 이것은 그 사람을 죽게 할 수도 있다.

07
cause 야기하다, 초래하다

[보기해석]
① 더 좋은 훈련이 의과생들에게 주어져야만 한다.
② 대체 의료 치료가 큰 도움이 될 수 있다.
③ 스스로 건강사기의 희생자가 되지 않도록 하라.
④ 가끔은 의사에게 가는 것을 미루는 것도 괜찮다.

보기어휘
alternative 대안의, 대체의
victim 희생자, 희생물
fraud 사기
in any case 가끔
hold off 미루다, 연기하다

[정답] 02 ③

03 다음 글의 주제로 가장 적절한 것을 고르시오.

A species that survives by eating another species is typically referred to as a predator. The word brings up images of some of the most dramatic animals on Earth: cheetahs, eagles, and killer whales. You might not picture wood warblers, a family of North American bird species characterized by their small size and colorful feathers, as predators; however, these beautiful birds are huge consumers of insects. The hundreds of millions of individual warblers collectively remove literally tons of insects from forest trees every summer. Most of these insects prey on plants. By reducing the number of insects in forests, warblers reduce the damage that insects inflict on forest plants. The results of a study that excluded birds from white oak seedlings showed that the trees were about fifteen percent smaller because of insect damage over two years, as compared to trees from which birds were not excluded.

① new ways to protect endangered species
② the role of wood warblers in forest preservation
③ the uniqueness of wood warblers' survival instinct
④ the rapid decrease in the number of predator species

꼼꼼 독해

어휘

01 A species that survives by eating another species is typically referred to as a predator. The word brings up images of some of the most dramatic animals on Earth: cheetahs, eagles, and killer whales.

> 해석 다른 종을 먹음으로써 생존하는 종은 일반적으로 포식자라고 일컬어진다. 그 단어는 치타, 독수리, 그리고 범고래와 같은 지구상에서 가장 인상적인 몇몇 동물들의 이미지를 떠오르게 한다.

02 You might not picture wood warblers, a family of North American bird species characterized by their small size and colorful feathers, as predators; however, these beautiful birds are huge consumers of insects.

> 해석 사람들은 아마도 작은 크기와 다채로운 깃털을 특징으로 하는 북미 조류과인 숲솔새를 포식자로 상상하지 않을 수도 있지만, 이 아름다운 새는 엄청난 곤충 소비자이다.

03 The hundreds of millions of individual warblers collectively remove literally tons of insects from forest trees every summer. Most of these insects prey on plants.

> 해석 수억 마리의 숲솔새 개체가 집단적으로 매년 여름마다 숲의 나무에서 문자 그대로 수 톤의 곤충을 제거한다(먹어치운다). 이 곤충들의 대부분은 식물을 먹이로 한다.

04 By reducing the number of insects in forests, warblers reduce the damage that insects inflict on forest plants.

> 해석 숲에 있는 곤충의 수를 줄임으로써, 숲솔새들은 곤충들이 숲속 식물에 가하는 피해를 경감시킨다.

05 The results of a study that excluded birds from white oak seedlings showed that the trees were about fifteen percent smaller because of insect damage over two years, as compared to trees from which birds were not excluded.

> 해석 껍질이 흰 참나무 묘목들로부터 새들의 출입을 차단했던 한 연구의 결과는 그 나무들이, 새들의 출입이 차단되지 않았던 나무들에 비해서, 2년 동안의 곤충 피해 때문에 15% 정도 더 작았다는 것을 보여 주었다.

보기해석
① 멸종위기의 종들을 보호하기 위한 새로운 방법들
② 숲 보호에 있어서 숲솔새들의 역할
③ 숲솔새들의 생존 본능에 대한 독특함
④ 포식종 수의 급격한 감소

어휘

01
species 종
typically 전형적으로, 늘 그렇듯이
refer to A as B A를 B라고 일컫다 (지칭하다)
predator 포식자
dramatic 인상적인, 극적인
killer whale 범고래

02
picture 상상하다, 묘사하다
wood warbler 숲솔새
characterize by ~로 특징짓다
feather 깃털
huge 엄청난, 거대한
consumer 소비자
insect 곤충

03
individual 개체; 개성
collectively 집단적으로, 집합적으로
remove 없애다, 제거하다
literally 말 그대로, 문자 그대로
prey on ~을 먹이로 하다
*prey 먹이(감)

04
by ⓥ-ing ⓥ함으로써
reduce 죽이다, 감소시키다
inflict A on B A를 B에 가하다

05
exclude 제외하다, 배제하다
white oak 흰 참나무
seedling 묘목
as compared to ~와 비교해서

보기어휘
endangered 멸종위기의
preservation 보호, 보존
uniqueness 독특함
instinct 본능
rapid 빠른

정답 03 ②

04 다음 글의 제목으로 가장 적절한 것을 고르시오.

Small business bodies are unhappy about reports that the government may be considering giving new fathers six months of unpaid paternity leave. Most of the executives warned the scheme could be an administrative nightmare for small firms. The government, however, says babies are the workers of the future and more should be done to increase ways of caring for them, and that this plan could potentially be good for businesses. On the contrary, the employers of most companies complain that extending parental leave at such an unprecedented rate will add more confusion and pressure to firms which are already struggling to compete.

① Dissent Concerning Paternity Leave
② Potential Benefits of Paternity Leave
③ Equal Opportunities to Working Fathers
④ Paternity Leave: What Is Problem?

어휘

꼼꼼독해

01 Small business bodies are unhappy about reports that the government may be considering giving new fathers six months of unpaid paternity leave.

[해석] 중소기업체들은 정부가 갓난아이의 아버지들에게 6개월 무급 육아 휴직을 고려하고 있다는 보도에 불쾌해 하고 있다.

01
business body 기업체
unpaid 무급의
paternity 부성(父性)
leave 휴가

02 Most of the executives warned the scheme could be an administrative nightmare for small firms.

[해석] 대부분의 기업체 임원들은 이 계획이 중소기업에게 경영상의 어려움을 줄 수 있다고 경고했다.

02
executive 행하는, 집행하는;
　고위간부[관리]
scheme 계획; 음모, 계략
administrative 관리[행정]의
nightmare 악몽

03 The government, however, says babies are the workers of the future and more should be done to increase ways of caring for them, and that this plan could potentially be good for businesses.

[해석] 그러나 정부는 아기들은 미래의 근로자들이고 따라서 그들을 보살피는 방안을 더 늘려야 한다고 말하며, 그래서 이 계획은 잠재적으로는 기업에 이득이 될 수 있다고 한다.

03
care for 돌보다
potentially 가능성 있게,
　잠재적으로

04 On the contrary, the employers of most companies complain that extending parental leave at such an unprecedented rate will add more confusion and pressure to firms which are already struggling to compete.

[해석] 반면에, 대부분의 기업체 사장들은 선례가 없는 높은 비율로 육아 휴직을 늘리는 것은 이미 경쟁에 허덕이는 기업들에게 더 많은 혼란과 압력을 줄 것이라고 불평하고 있다.

04
on the contrary 반면에, 반대로
extend 연장하다, 늘이다
unprecedented 전례[선례]가 없는,
　유례없는
confusion 혼란
pressure 압력, 압박
firm 회사; 굳은, 단단한
struggle 투쟁하다, 애쓰다,
　노력하다
compete 경쟁하다, 겨루다

[보기해석]
① 부성(父性) 육아 휴직에 관한 불일치
② 부성(父性) 육아 휴직의 잠재적 이점
③ 일하는 아버지들의 동등한 기회
④ 부성(父性) 육아 휴직: 무엇이 문제인가?

보기어휘
dissent 불일치
concerning ~에 대한[관한]
opportunity 기회

[정답] 06 ①

05 다음 글의 주제로 가장 적절한 것을 고르시오.

Beginning at breakfast with flying globs of oatmeal, spilled juice, and toast that always lands jelly-side down, a day with small children grows into a nightmare of frantic activity, punctuated with shrieks, cries, and hyena-style laughs. The very act of playing turns the house into a disaster area: blankets and sheets that are thrown over tables and chairs to form caves, miniature cars and trucks that race endlessly up and down hallways, and a cat that becomes a caged tiger, imprisoned under the laundry basket. After supper, with more spilled milk, uneaten vegetables and tidbits fed to the cat under the table, it's finally time for bed. But before they fall blissfully asleep, the children still have time to knock over one more bedtime glass of water, jump on the beds until the springs threaten to break, and demand a last ride to the bathroom on mother's back.

① happiness in living with active children
② the demanding daily life of parents with small children
③ the importance of children's learning good table manners
④ necessities for the early treatment of hyperactive children

01 Beginning at breakfast with flying globs of oatmeal, spilled juice, and toast that always lands jelly-side down, a day with small children grows into a nightmare of frantic activity, punctuated with shrieks, cries, and hyena-style laughs.

> 해석 덩어리가 뜬 채로 있는 오트밀 죽, 엎질러진 주스 그리고 늘 젤리 쪽이 아래로 떨어지는 토스트로 아침 식사를 시작하면서, 아이들과의 하루는 날카로운 비명 소리, 울음소리와 하이에나 같은 웃음소리에 가끔씩 중단되는 악몽 같은 광란의 활동으로 접어들게 된다.

02 The very act of playing turns the house into a disaster area: blankets and sheets that are thrown over tables and chairs to form caves, miniature cars and trucks that race endlessly up and down hallways, and a cat that becomes a caged tiger, imprisoned under the laundry basket.

> 해석 애들이 바로 그렇게 노는 것만으로도 집안은 재해 지역으로 탈바꿈한다. 즉, 테이블과 의자 위로 내던져 동굴 모양이 만들어진 담요와 시트, 복도 위아래로 끊임없이 질주하는 소형차와 트럭들, 세탁물 바구니 아래에 가두어진 채 우리에 갇힌 호랑이가 된 고양이로 바뀐다.

03 After supper, with more spilled milk, uneaten vegetables and tidbits fed to the cat under the table, it's finally time for bed.

> 해석 저녁 식사 후에는, 더 많은 우유가 엎질러져 있고, 테이블 아래 고양이에게 먹이로 준 먹지 않은 야채와 음식물이 있는 가운데, 마침내 잠자리에 들 시간이다.

04 But before they fall blissfully asleep, the children still have time to knock over one more bedtime glass of water, jump on the beds until the springs threaten to break, and demand a last ride to the bathroom on mother's back.

> 해석 하지만 더없이 행복하게 잠이 들기 전에, 아이들은 아직도 안 자고 다시 한 번 침실에 둔 물 잔을 넘어뜨리고, 침대 위에서 점프를 하다 보니 침대 스프링이 부서질 지경이 되고, 어머니 등에 업혀 마지막으로 한 번 더 타고 화장실에 가자고 졸라댄다.

> 보기해석
> ① 능동적인 아이들과 사는 행복
> ② 어린 자녀를 가진 부모들의 고된 일상 생활
> ③ 아이들의 좋은 식사 예절 학습의 중요성
> ④ 활동장애가 있는 아이들의 조기치료에 대한 필요성

어휘

01
glob (액체의) 작은 방울; 덩어리
spill 쏟다, 엎지르다
land 착륙하다
nightmare 악몽
frantic 미칠 듯한, 광란의
punctuate 구두점을 찍다; (이야기 등을) 가끔 중단시키다
shriek 비명, 날카로운 소리

02
disaster 재앙, 재해
miniature 소형의, 소규모의; 세밀화의
hallway 현관, 복도
caged 새장[우리]에 갇힌
imprisoned 수감된, 구속된

03
tidbit 음식물

04
blissfully 더없이 행복하여
knock over ~을 때려눕히다, 부딪쳐 넘어뜨리다

보기어휘

demanding 고된, 힘든
table manners 식사 예절
necessity 필요, 필요성
treatment 치료
hyperactive 활동장애가 있는, 극도로 활발한

> 정답 05 ②

06 다음 글의 제목으로 가장 적절한 것을 고르시오.

> The names of pitches are associated with particular frequency values. Our current system is called A440 because the note we call 'A' that is in the middle of the piano keyboard has been fixed to have a frequency of 440 Hz. This is entirely arbitrary. We could fix 'A' at any frequency, such as 439 or 424; different standards were used in the time of Mozart than today. Some people claim that the precise frequencies affect the overall sound of a musical piece and the sound of instruments. However, Led Zeppelin, a band popular in the 70s, often tuned their instruments away from the modern A440 standard to give their music an uncommon sound, and perhaps to link it with the European children's folk songs that inspired many of their compositions. Many purists insist on hearing baroque music on period instruments, both because the instruments have a different sound and because they are designed to play the music in its original tuning standard, something that purists deem important.

① Should 'A' Always Be Tuned at 440 Hz?
② Arbitrary Tuning: A New Trend in Music
③ How Do Musicians Detect Pitch Differences?
④ Unstable Pitches: A Common Context in Music

꼼꼼 독해

어휘

01 The names of pitches are associated with particular frequency values. Our current system is called A440 because the note we call 'A' that is in the middle of the piano keyboard has been fixed to have a frequency of 440 Hz. This is entirely arbitrary.

> **해석** 음 높이의 명칭은 특정한 진동수의 가치와 관련이 있다. 현재 체계는 A440이라고 불리는데, (그것은) 우리가 〈A〉라고 부르는, 피아노 건반의 가운데에 있는 음이 440 헤르츠의 진동수를 가지도록 고정이 되어 있기 때문이다. 이것은 전적으로 자의적이다.

01
pitch 음 높이
associate 관계(관련)시키다; 연상시키다; 연합[결합]시키다
particular 특정한, 특별한
frequency 진동수, 주파수; 빈도
current 현재의; 흐름
note 음, 음표
fix 고치다, 수리하다; 고정시키다
entirely 완전하게, 전적으로
arbitrary 자의적인, 임의적인, 임의의

02 We could fix 'A' at any frequency, such as 439 or 424; different standards were used in the time of Mozart than today. Some people claim that the precise frequencies affect the overall sound of a musical piece and the sound of instruments.

> **해석** 가령 439나 424처럼 어떤 진동수에도 'A'를 고정할 수 있을 것이고, (실제로) 오늘날과는 다른 기준이 모차르트가 살았던 시대에 사용되었다. 어떤 사람들은 정확한 진동수가 악곡의 전반적인 소리와 악기의 소리에 영향을 끼친다고 주장한다.

02
A such as B B와 같은 그런 A (= such A as B)
claim 주장하다
precise 정확한
affect ~에 영향을 주다
overall 전반적인
instrument 악기; 도구
tune 음을 맞추다
uncommon 흔하지 않은
inspire 영감을 주다
folk 민속의; 사람들
composition 작품, 작곡

03 However, Led Zeppelin, a band popular in the 70s, often tuned their instruments away from the modern A440 standard to give their music an uncommon sound, and perhaps to link it with the European children's folk songs that inspired many of their compositions.

> **해석** 하지만 70년대의 인기 밴드였던 Led Zeppelin은 자신들의 음악에 흔하지 않은 소리를 입히고 아마도 그것(자신들의 음악)을 자신들의 많은 작품에 영감을 주었던 유럽의 민속 동요와 연관시키려고 현대 A440 표준에서 벗어나 악기의 음을 맞추었다.

04 Many purists insist on hearing baroque music on period instruments, both because the instruments have a different sound and because they are designed to play the music in its original tuning standard, something that purists deem important.

> **해석** 많은 순수주의자들은 시대 악기로 바로크 음악을 들어야 한다고 주장하는데, (그것은) 그 악기가 다른 소리를 지니고 있기 때문이고 그 악기들이 원래의 조율 기준, 즉 순수주의자들이 중요하다고 여기는 것으로 음악을 연주하도록 설계되어 있기 때문이다.

04
purist 순수주의자
insist on ~을 주장하다
period instrument 시대 악기 (작곡 당시에 쓰였던 양식의 악기)
deem 여기다, 간주하다

보기해석

① 〈A〉를 항상 440 헤르츠에 맞춰야 하는가?
② 임의적 조율: 음악의 새로운 경향
③ 어떻게 음악가들이 음 높이 차이를 감지하는가?
④ 불안정한 음 높이: 음악의 공통된 맥락

정답 06 ①

01 다음 글의 주제로 적절한 것은? 2024. 국가직 9급

It seems incredible that one man could be responsible for opening our eyes to an entire culture, but until British archaeologist Arthur Evans successfully excavated the ruins of the palace of Knossos on the island of Crete, the great Minoan culture of the Mediterranean was more legend than fact. Indeed its most famed resident was a creature of mythology: the half-man, half-bull Minotaur, said to have lived under the palace of mythical King Minos. But as Evans proved, this realm was no myth. In a series of excavations in the early years of the 20th century, Evans found a trove of artifacts from the Minoan age, which reached its height from 1900 to 1450 B.C.: jewelry, carvings, pottery, altars shaped like bull's horns, and wall paintings showing Minoan life.

① King Minos' successful excavations
② Appreciating artifacts from the Minoan age
③ Magnificence of the palace on the island of Crete
④ Bringing the Minoan culture to the realm of reality

01 [해석] 한 사람이 어떤 문화 전체에 대한 우리의 눈을 뜨게 해줄 수 있다는 것은 믿기지 않지만, 영국의 고고학자 Arthur Evans가 크레타섬의 크노소스 궁전의 유적을 성공적으로 발굴하기 전까지 지중해의 위대한 미노스 문화는 사실보다는 전설에 가까웠다. 실제로 그 문명에서 가장 유명한 것은 신화 속에 나오는 Minos 왕의 궁전 아래에 살았다고 전해지는 반인반수의 미노타우로스라는 신화 속 생물이었다. 그러나 Evans가 증명했던 것처럼 이 왕국은 신화가 아니었다. 20세기 초 일련의 발굴을 통해 Evans는 보석, 조각, 도자기, 황소 뿔 모양의 제단, 미노스의 삶을 보여 주는 벽화 등 기원전 1900년부터 1450년까지 절정에 다다른 미노스 시대의 귀중한 인공물들을 발견했다.

① Minos 왕의 성공적인 발굴
② 미노스시대의 인공물 감상하기
③ 크레타섬 궁전의 웅장함
④ 미노스 문명을 사실의 영역으로 가져오기

[해설] 주어진 지문은 미노스 시대의 유물을 발굴함으로써 신화로만 여겨졌던 미노스 문화가 사실로 판명되었다는 내용의 글이므로 이 글의 주제로 가장 적절한 것은 ④ '미노스 문명을 사실의 영역으로 가져오기'이다.

[어휘] incredible 믿기 어려운, 믿을 수 없는 responsible 책임지는 entire 전체의, 전반적인 archaeologist 고고학자 excavate 발굴하다 ruins 유적, 유물 palace 궁전 island 섬 Mediterranean 지중해 legend 전설 famed 유명한 resident 거주자 creature 생물 mythology 신화 half-man, half-bull 반인반수 (半人半獸) *bull 황소 mythical 신화 속에 나오는 prove 증명하다, 입증하다 excavation 발굴 a trove of 소중한, 귀중한 artifact 인공물 reach ~에 이르다, 다다르다 height ① 높이 ② 키 ③ 정점, 절정 jewelry 보석 carving 조각 pottery 도자기 altar 제단 horn 뿔 wall painting 벽화 appreciate 감상하다 magnificence 장엄함, 웅장함 reality 현실, 사실

[정답] 01 ④

02 다음 글의 제목으로 적절한 것은? 2024. 국가직 9급

Currency debasement of a good money by a bad money version occurred via coins of a high percentage of precious metal, reissued at lower percentages of gold or silver diluted with a lower value metal. This adulteration drove out the good coin for the bad coin. No one spent the good coin, they kept it, hence the good coin was driven out of circulation and into a hoard. Meanwhile the issuer, normally a king who had lost his treasure on interminable warfare and other such dissolute living, was behind the move. They collected all the good old coins they could, melted them down and reissued them at lower purity and pocketed the balance. It was often illegal to keep the old stuff back but people did, while the king replenished his treasury, at least for a time.

① How Bad Money Replaces Good
② Elements of Good Coins
③ Why Not Melt Coins?
④ What Is Bad Money?

정답 해설

02 **해석** 나쁜 돈의 형태로 인한 좋은 돈의 통화 가치 저하는 귀금속 비율이 높은 동전을 더 낮은 가치의 금속으로 희석된 금이나 은을 더 낮은 비율로 재발행된 동전을 통해 나타났다. 이러한 불순물 섞기는 나쁜 동전을 위해 좋은 동전을 몰아냈다. 아무도 좋은 동전을 소비하지 않았고 그것을 보관했기 때문에 좋은 동전은 유통에서 몰아내졌고 비축되었다. 반면에 끊임없이 계속되는 전쟁과 그 밖의 이와 같은 방탕한 생활로 보물을 잃은, 보통의 경우 왕이었던 발행자가 그 배후에 있었다. 그들은 가능한 모든 좋은 오래된 동전을 모아서 녹이고 더 낮은 순도로 재발행하여 잔액을 착복했다. 왕이 적어도 잠깐 그의 금고를 다시 채우는 동안 오래된 동전들을 계속 가지고 있는 것이 종종 불법이었음에도 사람들은 그렇게 했다.

① 어떻게 나쁜 돈이 좋은 돈을 대체하는가
② 좋은 동전의 요소
③ 왜 동전을 녹이지 않는가?
④ 나쁜 돈이란 무엇인가?

해설 주어진 지문은 소비되지 않은 좋은 동전을 녹여 순도가 낮은 나쁜 동전을 만들어 그 것이 유통되었다는 내용의 글이므로 이 글의 제목으로 가장 적절한 것은 ① '어떻게 나쁜 돈이 좋은 돈을 대체하는가'이다.

어휘 currency 통화 debasement 저하 version 형태, 버전 occur 나타나다 via ~을 통해서, ~을 경유해서 precious 귀중한 metal 금속 *precious metal 귀금속 reissue 재발행[발간, 발매]하다 dilute 희석하다, 묽게 하다 adulteration 불순물 섞기 *adulterate 불순물을 섞다 drive out 몰아내다 hence 그래서 out of circulation 유통되고 있지 않는 hoard ① 비축물, 저장물 ② 비축[저장]하다 meanwhile 반면에 issuer 발행인 normally 보통 treasure 보물 interminable 끊임없이 계속되는 warfare 전쟁 dissolute 방탕한 be behind the move 배후에 있다 collect 모으다, 수집하다 melt A down A를 녹이다 purity 순도, 순수함 pocket 주머니에 넣다, 착복하다 balance ① 균형 ② 잔액, 잔고 illegal 불법적인 replenish 다시 채우다 treasury 금고 at least 적어도 for a time 잠깐, 얼마동안 replace 대체하다 element 요소

정답 02 ①

03 다음 글의 제목으로 가장 적절한 것은? 2023. 지방직 9급

Well-known author Daniel Goleman has dedicated his life to the science of human relationships. In his book *Social Intelligence* he discusses results from neuro-sociology to explain how sociable our brains are. According to Goleman, we are drawn to other people's brains whenever we engage with another person. The human need for meaningful connectivity with others, in order to deepen our relationships, is what we all crave, and yet there are countless articles and studies suggesting that we are lonelier than we ever have been and loneliness is now a world health epidemic. Specifically, in Australia, according to a national Lifeline survey, more than 80 % of those surveyed believe our society is becoming a lonelier place. Yet, our brains crave human interaction.

① Lonely People
② Sociable Brains
③ Need for Mental Health Survey
④ Dangers of Human Connectivity

정답 해설

03 [해석] 잘 알려진 작가 Daniel Goleman은 인간관계의 과학에 자신의 인생을 바쳤다. 그의 책 <사교적 지능> 에서 그는 인간의 뇌가 얼마나 사교적인지를 설명하기 위해 신경 사회학에서 나온 결과물들을 이야기 한다. Goleman에 따르면, 우리가 다른 사람과 관계를 맺을 때마다 우리는 다른 사람의 뇌에 이끌린다. 관계를 깊게 하기 위하여 다른 사람들과 의미 있게 연결되려는 인간의 욕구는 우리 모두가 갈망하는 것이지만, 우리는 과거 어느 때보다 더 외로우며 그 외로움은 지금 전 세계의 건강 유행병임을 보여주는 수많은 기사와 연구들이 있다. 특히 호주에서는, 전국적인 라이프라인 설문 조사에 따르면 조사 대상자의 **80%** 이상이 우리 사회가 더 외로운 장소가 되어가고 있다고 믿는다. 하지만 우리의 뇌는 인간의 상호 작용을 갈망한다.
① 외로운 사람들
② 사교적인 두뇌
③ 정신 건강 조사의 필요성
④ 인간의 연결됨의 위험

[해설] 주어진 지문은 전 세계적으로 인간의 외로움이 만연해 있지만 인간의 뇌가 사교적인 특성을 가지고 있고 이로 인해 인간과의 상호 작용을 갈망한다는 내용의 글이므로 이 글의 제목으로 가장 적절한 것은 ② '사교적인 두뇌'이다.

[어휘] dedicate A to B A를 B에 바치다, 헌신하다, 몰두하다 relationship 관계 neuro-sociology 신경 사회학 sociable 사교적인 draw ① 그리다 ② 잡아당기다, 끌어내다 engage with ~와 관계를 맺다 meaningful 의미 있는 connectivity 연결 in order to ⓥ ⓥ하려고, ⓥ하기 위하여 deepen 깊게 하다 crave 열망하다, 갈망하다 countless 무수히 많은 article 기사 lonely 외로운, 고독한 loneliness 외로움, 고독 epidemic 유행병, 유행성 전염병 specifically 특히 survey 조사(하다) interaction 상호 작용

[정답] **03** ②

04 다음 글의 주제로 가장 적절한 것은? 2023. 지방직 9급

Certainly some people are born with advantages (e.g., physical size for jockeys, height for basketball players, an "ear" for music for musicians). Yet only dedication to mindful, deliberate practice over many years can turn those advantages into talents and those talents into successes. Through the same kind of dedicated practice, people who are not born with such advantages can develop talents that nature put a little farther from their reach. For example, even though you may feel that you weren't born with a talent for math, you can significantly increase your mathematical abilities through mindful, deliberate practice. Or, if you consider yourself "naturally" shy, putting in the time and effort to develop your social skills can enable you to interact with people at social occasions with energy, grace, and ease.

① advantages some people have over others
② importance of constant efforts to cultivate talents
③ difficulties shy people have in social interactions
④ need to understand one's own strengths and weaknesses

정답 해설

04 **[해석]** 분명히 몇몇 사람들은 이점들을 가지고 태어나는데 예를 들어, 말을 타는 기수에게는 신체적 크기, 농구선수에게는 키, 음악가에게는 음악에 대한 '귀' 등이다. 하지만 단지 오랜 시간동안 의식적이고 계획적인 연습에 대한 전념만이 그러한 이점들을 재능으로, 그리고 그 재능을 성공으로 바꿀 수 있다. 같은 종류의 헌신적인 연습을 통해 그러한 이점을 가지고 태어나지 않은 사람들은 자연이 그들이 다다를 수 있는 곳보다 좀 더 멀리 놓아둔 재능을 개발할 수 있다. 예를 들어, 비록 당신이 수학에 대한 재능을 갖고 태어나지 않았다고 느낄지라도 의식적이고 계획적인 연습을 통해 당신의 수학적 능력을 꽤 많이 향상시킬 수 있다. 또는 당신 스스로가 '타고난' 수줍음이 많다고 생각한다면 사교적 기술을 개발하는 데 시간과 노력을 들이는 것은 사교적인 행사에서 사람들과 활기차게, 우아하게 그리고 쉽게 사람들과 상호 작용을 할 수 있다.

① 몇몇 사람들이 다른 사람들에 비해 가지고 있는 이점
② 재능을 기르기 위한 지속적인 노력의 중요성
③ 수줍은 사람들이 사회적 상호 작용에서 겪는 어려움
④ 자기 자신만의 강점과 약점에 대해 이해할 필요성

[해설] 주어진 지문은 재능이 없더라도 오랜 시간 꾸준히 노력을 한다면 재능을 키울 수 있으며 성공할 수 있다는 내용의 글이므로 이 글의 주제로 가장 적절한 것은 ② '재능을 기르기 위한 지속적인 노력의 중요성'이다.

[어휘] jockey (경마에서 말을 타는) 기수 dedication 헌신, 몰두, 전념 mindful 의식하는, 유념하는 deliberate 의도적인, 계획적인 practice ① 연습, 훈련 ② 관행 significantly 상당히, 꽤 많이 shy 수줍은 interact 상호 작용하다 occasion 행사 grace 우아함 constant 지속적인 cultivate 경작하다, 배양하다, 기르다 strength ① 힘 ② 장점

정답 04 ②

05 다음 글의 요지로 가장 적절한 것은? 2023. 지방직 9급

Dr. Roossinck and her colleagues found by chance that a virus increased resistance to drought on a plant that is widely used in botanical experiments. Their further experiments with a related virus showed that was true of 15 other plant species, too. Dr. Roossinck is now doing experiments to study another type of virus that increases heat tolerance in a range of plants. She hopes to extend her research to have a deeper understanding of the advantages that different sorts of viruses give to their hosts. That would help to support a view which is held by an increasing number of biologists, that many creatures rely on symbiosis, rather than being self-sufficient.

① Viruses demonstrate self-sufficiency of biological beings.
② Biologists should do everything to keep plants virus-free.
③ The principle of symbiosis cannot be applied to infected plants.
④ Viruses sometimes do their hosts good, rather than harming them.

정답 해설

05 [해석] Roossinck 박사와 그녀의 동료들은 우연히 어떤 바이러스가 식물 실험에 널리 사용되는 식물의 가뭄에 대한 저항력을 증가시켰다는 사실을 발견했다. 관련된 바이러스를 가지고 이루어진 더 많은 실험은 15종의 다른 식물 종에서도 사실이라는 것을 보여주었다. Roossinck 박사는 지금 다양한 식물의 내열성을 증가시키는 또 다른 유형의 바이러스를 연구하기 위한 실험을 하고 있다. 그녀는 다양한 다른 종류의 바이러스가 그들 숙주에게 주는 이점에 대해 더 깊은 이해를 하기 위해 그녀의 연구를 확장하고 싶어 한다. 이 연구는 점점 더 많은 생물학자들이 많은 생물들이 자급자족보다는 공생에 의존한다는 주장에 대한 견해를 뒷받침하는 데 도움이 될 것이다.

① 바이러스는 생물학적 존재들의 자급자족을 보여준다.
② 생물학자들은 바이러스 없는 식물을 유지하려고 모든 것을 해야 한다.
③ 공생의 원리는 감염된 식물에는 적용될 수 없다.
④ 바이러스는 때때로 숙주에게 해가 되기보다는 도움이 된다.

[해설] 주어진 지문은 식물의 가뭄에 대한 저항력을 향상시키는 바이러스가 식물의 저항력을 증가시키고 숙주에 도움이 된다는 내용의 글이므로 이 글의 요지로 가장 적절한 것은 ④ '바이러스는 때때로 숙주에게 해가 되기보다는 도움이 된다.'이다.

[어휘] colleague 동료 by chance 우연히 resistance 저항 drought 가뭄 botanical 식물의 experiment 실험 further ① 더 멀리에 ② 더 많은, 더 이상의 heat tolerance 내열성 a range of 다양한 extend 확장하다, 늘이다 sort 종류 host 주인, 숙주 rely on ~에 의존하다 symbiosis 공생 self-sufficient 자급자족하는 * self-sufficiency 자급자족 demonstrate 보여주다, 입증하다, 설명하다 virus-free 바이러스가 없는 principle 원리 infected 감염된 do A good A에게 도움이 되다

[정답] 05 ④

06 다음 글의 제목으로 알맞은 것은? 2023. 국가직 9급

The feeling of being loved and the biological response it stimulates is triggered by nonverbal cues: the tone in a voice, the expression on a face, or the touch that feels just right. Nonverbal cues — rather than spoken words — make us feel that the person we are with is interested in, understands, and values us. When we're with them, we feel safe. We even see the power of nonverbal cues in the wild. After evading the chase of predators, animals often nuzzle each other as a means of stress relief. This bodily contact provides reassurance of safety and relieves stress.

① How Do Wild Animals Think and Feel?
② Communicating Effectively Is the Secret to Success
③ Nonverbal Communication Speaks Louder than Words
④ Verbal Cues: The Primary Tools for Expressing Feelings

정답 해설

06 **해석** 사랑을 받고 있다는 느낌과 그것이 자극하는 생체 반응은 목소리 톤, 얼굴 표정, 또는 딱 맞는 느낌의 촉감 같은 비언어적 신호에 의해 유발된다. 실제 말보다 비언어적 신호는 우리와 함께 있는 사람이 우리에게 관심이 있고, 우리를 이해하며 우리를 소중히 여긴다고 느끼게 해준다. 우리는 그들과 함께 있을 때 안전하다고 느낀다. 비언어적 신호의 힘은 심지어 야생에서도 확인할 수 있다. 동물들은 포식자의 추격을 피한 후 종종 스트레스 해소의 수단으로 서로 코를 비빈다. 이러한 신체 접촉은 안전에 대한 확신을 제공하고 스트레스를 완화시켜준다.

① 야생 동물들은 어떻게 생각하고 느끼나?
② 효과적인 의사소통이 성공의 비밀이다
③ 비언어적 소통이 말보다 더 크게 말한다
④ 언어적 신호: 감정을 표현하는 주요 도구

해설 주어진 지문은 비언어적 신호가 실제 말보다 우리에게 긍정적인 감정을 주는 데 효과가 더 크다는 내용의 글이므로 이 글의 제목으로 가장 적절한 것은 ③ '비언어적 소통이 말보다 더 크게 말한다'이다.

어휘 biological 생물학적인 response 반응 stimulate 자극하다 trigger 유발하다, 야기하다 nonverbal 비언어적인 cues 신호, 단서 expression 표현 just right 딱 맞게, 알맞게 values 가치를 두다 evade 피하다 chase 추적 predators 포식자 nuzzle 코를 비비다 means 수단, 방법 relief 안도, 안정 reassurance 안심, 안도 primary 주요한

정답 06 ③

07 다음 글의 주제로 알맞은 것은? 2023. 국가직 9급

There are times, like holidays and birthdays, when toys and gifts accumulate in a child's life. You can use these times to teach a healthy nondependency on things. Don't surround your child with toys. Instead, arrange them in baskets, have one basket out at a time, and rotate baskets occasionally. If a cherished object is put away for a time, bringing it out creates a delightful remembering and freshness of outlook. Suppose your child asks for a toy that has been put away for a while. You can direct attention toward an object or experience that is already in the environment. If you lose or break a possession, try to model a good attitude ("I appreciated it while I had it!") so that your child can begin to develop an attitude of nonattachment. If a toy of hers is broken or lost, help her to say, "I had fun with that."

① building a healthy attitude toward possessions
② learning the value of sharing toys with others
③ teaching how to arrange toys in an orderly manner
④ accepting responsibility for behaving in undesirable ways

정답 해설

07 **[해석]** 명절과 생일처럼 아이들의 삶에 장난감과 선물이 쌓이는 때가 있다. 당신은 이러한 시기를 이용해 물건에 대한 건강한 비의존성을 가르칠 수 있다. 당신의 아이를 장난감들로 둘러싸지 마라. 대신에 그것들을 바구니에 정리해 두고 한 번에 한 바구니씩 꺼내놓고 가끔 바구니들을 순환시켜라. 소중한 물건이 잠시 치워지면, 그것을 꺼내오는 것은 즐거운 기억과 새로운 시야를 만들어 낸다. 당신의 아이가 잠깐 동안 치워둔 장난감을 요구한다고 가정해 보자. 당신은 이미 주변에 있는 물체나 경험으로 (아이의) 주의를 끌 수 있다. 만약 당신이 소유물을 잃어버리거나 망가뜨린다면 아이가 집착하지 않는 태도를 기르기 시작할 수 있도록 긍정적 태도 ("이것을 갖고 있는 동안 난 너무 좋았어!")를 모범으로 보여라. 아이의 장난감이 망가지거나 없어지는 경우, 아이가 "그거 재미있었어요."라고 말할 수 있도록 도와라.

① 소유물에 대한 건강한 태도 구축하기
② 다른 사람들과 장난감을 공유하는 것의 가치 배우기
③ 장난감을 질서정연하게 정리하는 방법 가르치기
④ 바람직하지 않은 방식으로 행동하는 것에 대한 책임 받아들이기

[해설] 주어진 지문은 자녀에게 물건에 대한 건강한 비의존성을 가르치는 방법에 관한 내용의 글이므로 이 글의 주제로 가장 적절한 것은 ① '소유물에 대한 건강한 태도 구축하기'이다.

[어휘] accumulate 쌓다, 축적하다 nondependency 비의존성 surround 둘러싸다, 에워싸다 arrange 정리하다 rotate 순환시키다 occasionally 가끔, 이따금 cherish 소중히 여기다 put away 치우다, 없애다 bring out ~을 꺼내다 delightful 즐거운 remembering 기억 freshness of outlook 새로운 시각 * outlook 시각, 견해 ask for 요청하다 for a while 잠시, 잠깐 동안 direct attention 주의를 끌다 possession 소유물 attitude 태도 nonattachment 애착을 갖지 않음 orderly 질서정연한 undesirable 바람직하지 않은

[정답] 07 ①

출제 유형

다음 글에서 본문 전체의 흐름과 관계가 없는 문장은?

풀이 해법

1. 단락의 도입부에서 무엇에 관한 글인지 살펴본다. (Main Idea 확인)

정답을 구하려 하지 말고 처음 3~4줄 정도 읽어가면서 주어진 글이 무엇을 말하려고 하는가 (중심 소재 + 작가의 견해)에 초점을 맞춘다.
⤷ ⊕/⊖ 확인

2. 무엇에 관한 글인지 대충 파악이 됐으면 이제 정답을 찾으러 간다.

Main Idea를 기준으로 문장과 문장 간 논리를 확인하다 보면 글의 흐름을 방해하는(논리의 비약)부분을 만나게 된다. 그 부분이 정답이 된다.

3. 언어는 느낌이요, 감각이다.

이러한 과정을 따르다 보면 분명히 '어, 이건 아닌 것 같은데?'하고 고개가 갸웃거려지는 부분이 있을 것이다. 그 부분이 정답이 된다. 물론, 고개가 두 번 또는 세 번 갸웃거려질 수도 있다. 통일성 문제가 난해할 때에는 얼마든지 그럴 수 있다. 이런 경우에는 다시 처음부터 내용을 빠르게 확인하면서 글의 흐름을 방해하는 부분을 찾는다.

Ex 1 다음 글에서 본문 전체 흐름과 관계없는 문장은?

Wherever there is a little patch of soil, there is likely to be grass growing. These green blades are actually the world's most important plants. Grass provides animals with food in the form of pasture grass, hay, and grain. ① Humans, too, get much of their food from the grass family — cereals and flour from corn, wheat, oats, and rice, and meat, eggs, and milk produced by animals whose food is grass. ② Grass that grows on hillsides and along riverbanks holds back the soil and keeps it from washing away. ③ Grass provides protection and cover for many kinds of birds and wild animals. ④ Even grass that usually grows on land may be carried along roadsides or streets in rain water and settle between cobblestones and flagstones.

해석 어디든지 흙이 조금이라도 있으면, 풀이 자라기 쉽다. 이런 푸른 잎들은 사실상 세상에서 가장 중요한 식물들이다. 풀은 동물에게 목초, 건초 그리고 곡식의 형태로 먹이를 공급한다. 인간도 역시 그들의 많은 식량, 즉 곡류와 옥수수 가루, 통밀, 귀리 그리고 쌀 그리고 풀을 식량으로 하는 동물에 의해 만들어진 고기와 달걀과 우유를 식물군에서 얻는다. 언덕이나 강둑을 따라 자라는 풀은 토양을 고정시켜, 토양이 유실되는 것을 막는다. 풀은 많은 종의 새들과 야생동물에게 보호나 위장을 제공해 준다. (심지어 보통 땅에서 자라는 풀마저도 빗물에 길가나 도로로 흘러가서 자갈과 판석 사이에 자리를 잡을지도 모른다.)

해설 이 글은 풀(grass)이 주는 이점을 나열하는 글로써 ①, ②, ③은 모두 이점을 설명하고 있지만 ④는 풀의 생명력에 대해 설명하고 있으므로 글의 흐름과 무관하다.

어휘 soil 토양, 흙 be likely to ~하기 쉽다 blade 풀잎 provide A with B A에게 B를 공급하다 pasture 초원, 목초지 *pasture grass 목초 hay 건초 grain 곡물 cereal 곡류 flour 가루 oat 귀리 riverbank 강둑 protection 보호 cover 위장, 가림막 cobblestone 자갈 flagstone (바닥 포장용) 판석

정답 01 ④

01 다음 글에서 전체의 흐름과 관계없는 문장은?

When most students think about extracurricular activities, they focus on activities offered by their high school. Think beyond that world. ① <u>One of the best things you can do to develop a unique extracurricular profile is to start thinking creatively and doing research to find activities outside of the school system to match your interests.</u> ② <u>In order to realize extracurricular activities, you can seek your classmates and your teachers' advices for your volunteer activity in your school.</u> ③ <u>Your community no doubt has hundreds of opportunities waiting to be discovered.</u> ④ <u>While thousands of kids' applications will include activities like football, student council, debate team, and other school-sponsored clubs, you can stand out by doing something different.</u> This is a particularly important tactic for students who may not have a successful track record in academics or school activities and need to compensate.

꼼꼼 독해

어휘

01 When most students think about extracurricular activities, they focus on activities offered by their high school. Think beyond that world.

> **[해석]** 대부분의 학생들이 과외 활동에 대해 생각할 때면 그들의 고등학교에서 제공하는 활동에 집중을 한다. 그 세계를 뛰어넘어서 생각해 보라.

01
extracurricular 과외의(교과 과정 이외의)
*curriculum 교과 과정
(curricula curriculum의 복수형)
*curricular 교과 과정의
beyond ~ 저편에(너머서);
~할 수 없는; ~ 이상

02 One of the best things you can do to develop a unique extracurricular profile is to start thinking creatively and doing research to find activities outside of the school system to match your interests.

> **[해석]** 독특한 과외 활동 프로필을 개발하기 위해 당신이 할 수 있는 가장 좋은 일 중 하나는 창의적으로 생각하고 당신의 흥미에 부합하도록 학교 체계 밖에서 활동을 찾도록 조사를 시작하는 것이다.

02
unique 독특한(= peculiar)
profile 옆모습; 프로필
match 성냥; 경기, 시합; 맞추다

03 In order to realize extracurricular activities, you can seek your classmates and your teachers' advices for your volunteer activity in your school. Your community no doubt has hundreds of opportunities waiting to be discovered.

> **[해석]** 과외 활동을 실현하기 위해서, 당신은 학교 안에서 봉사 활동을 위해서 급우들을 찾고 선생님들의 조언을 구할 수 있다. 당신의 지역 사회는 의심할 바 없이 아직 발견하지 못한 많은 수백 개의 기회들이 기다리고 있다.

03
in order to ⓥ ⓥ하기 위해서
(= so as to ⓥ)
realize 깨닫다; 실현하다
volunteer 자원봉사자; 자원봉사(하다)
seek(-sought-sought)
찾다, 구하다
community 지역 사회
doubt 의심(하다)
opportunity 기회

04 While thousands of kids' applications will include activities like football, student council, debate team, and other school-sponsored clubs, you can stand out by doing something different.

> **[해석]** 수천 명의 아이들의 지원서에는 축구, 학생회, 토론회, 그리고 다른 학교에서 지원하는 동아리가 포함되겠지만, 당신은 뭔가 다른 것을 함으로써 두드러질 수 있다.

04
application 지원; 적용; 응용
council 의회, 자문 위원회
debate 토론
school-sponsored
학교에서 지원해 주는
stand out 두드러지다, 눈에 띄다

05 This is a particularly important tactic for students who may not have a successful track record in academics or school activities and need to compensate.

> **[해석]** 이것은 특히 학업이나 학교 활동에서 성공적인 활동 기록이 없고 이를 보완해야 할 필요가 있는 학생들에게 중요한 전술이다.

05
tactic 전술
*strategy 전략
track record 실적, 업적, 성적
compensate 보상하다

정답 01 ②

02 다음 글에서 전체의 흐름과 관계없는 문장은?

Since the 1980's, zoos have strived to reproduce the natural habitats of their animals, replacing concrete floors and steel bars with grass, rocks, trees, and pools of water. These environments may simulate the wild, but the animals do not have to worry about finding food, shelter, or safety from predators. ① While this may not seem like such a bad deal at first glance, the animals experience numerous complications. ② And yet, most of the complications were settled with no delay in order to ensure the animals' health and safety. ③ The zebras live constantly in fear, smelling the lions in the nearby Great Cats exhibit every day and finding themselves unable to escape. ④ There is no possibility of migrating or of storing food for the winter, which must seem to promise equally certain doom to a bird or bear. In short, zoo life is utterly incompatible with an animal's most deeply-rooted survival instincts. *doom : 파멸, 종말

꼼꼼독해

01 Since the 1980's, zoos have strived to reproduce the natural habitats of their animals, replacing concrete floors and steel bars with grass, rocks, trees, and pools of water.

> **해석** 1980년대 이래로 동물원들은 콘크리트 바닥과 쇠창살을 풀, 바위, 나무, 물웅덩이로 대체하면서 동물들의 자연 서식지를 다시 만들어 주려고 노력해 왔다.

02 These environments may simulate the wild, but the animals do not have to worry about finding food, shelter, or safety from predators. While this may not seem like such a bad deal at first glance, the animals experience numerous complications.

> **해석** 이런 환경들은 야생을 흉내 내는 것이겠지만, (어쨌든) 동물들은 먹이와 잠자리, 포식동물로부터의 안전에 대해 걱정할 필요가 없다. 얼핏 보기에 이것은 그리 나쁜 거래처럼 보이지는 않겠지만, 동물들은 수많은 복잡한 문제들을 경험한다.

03 And yet, most of the complications were settled with no delay in order to ensure the animals' health and safety. The zebras live constantly in fear, smelling the lions in the nearby Great Cats exhibit every day and finding themselves unable to escape.

> **해석** 그렇지만, 대부분의 문제점들은 동물들의 건강과 안전을 위해서 지체 없이 해결되었다. 큰고양잇과 전시장 옆에서 살고 있는 얼룩말은 매일 사자의 냄새를 맡으면서도 도망갈 수 없는 처지를 알게 되며 두려움 속에 끊임없이 살고 있다.

04 There is no possibility of migrating or of storing food for the winter, which must seem to promise equally certain doom to a bird or bear. In short, zoo life is utterly incompatible with an animal's most deeply-rooted survival instincts.

> **해석** 철따라 이동할 수도, 겨울을 대비해서 음식을 저장할 수도 없는데 그런 것은 새와 곰에게는 분명 똑같이 초조함을 약속하는 것처럼 보일 것임에 틀림없다. 요약해 보면, 동물원 생활은 동물들의 가장 뿌리 깊은 생존 본능과 완전히 공존할 수 없는 것이다.

어휘

01
since ~ 이래로; ~ 때문에
strive to ⓥ ⓥ하려고 노력하다, 애쓰다
reproduce 번식하다; 재생산하다
habitat 서식지
replace A with B
A를 B로 대신하다, 대체하다
steel 강철

02
simulate 모방하다, 모의실험하다
*simulation 모방, 모의실험
shelter 주거지; 피난처
predator 포식자
at first glance 얼핏 보기에는
*glance 흘끗 보다
numerous (상당히) 많은
(= a great(good) deal of =
quite a few(bit) = plenty of =
a(n) number(amount) of)
complication 복잡함, (복잡한) 문제
(= complexity)

03
settle 해결하다; 정착하다
zebra 얼룩말
constantly 계속해서, 지속적으로
(= continually)
exhibit 전시하다; 보여 주다; 전시회,
전람회(= exhibition)

04
migrate 이주하다
*immigrate 이민 오다
(↔ emigrate 이민 가다)
*immigration 이민
store 저장하다; 가게
doom 파멸, 종말
utterly 완전히
incompatible 양립할 수 없는,
공존할 수 없는
deeply-rooted 뿌리 깊은
instinct 본능

정답 02 ②

01 다음 글의 흐름상 어색한 문장은? 2024. 국가직 9급

In spite of all evidence to the contrary, there are people who seriously believe that NASA's Apollo space program never really landed men on the moon. These people claim that the moon landings were nothing more than a huge conspiracy, perpetuated by a government desperately in competition with the Russians and fearful of losing face. ① These conspiracy theorists claim that the United States knew it couldn't compete with the Russians in the space race and was therefore forced to fake a series of successful moon landings. ② Advocates of a conspiracy cite several pieces of what they consider evidence. ③ Crucial to their case is the claim that astronauts never could have safely passed through the Van Allen belt, a region of radiation trapped in Earth's magnetic field. ④ They also point to the fact that the metal coverings of the spaceship were designed to block radiation. If the astronauts had truly gone through the belt, say conspiracy theorists, they would have died.

01 **해석** 반대되는 모든 증거에도 불구하고 NASA의 아폴로 우주 프로그램이 실제로 결코 사람들을 달에 착륙시킨 적이 없다고 진지하게 믿는 사람들이 있다. 이 사람들은 달 착륙이 러시아와 필사적으로 경쟁하고 체면을 잃을까 두려워한 정부가 영속화시킨 거대한 음모론에 지나지 않는다고 주장한다. 이러한 음모론자들은 미국이 우주 경쟁에서 러시아와 경쟁할 수 없다는 것을 알았고, 따라서 일련의 싱공적인 달 척륙을 조작하도록 강요를 받았다고 주장한다. 음모론 옹호자들은 그들이 증거로 여기는 몇 가지들을 인용한다. 우주비행사들이 지구 자기장에 갇힌 방사선 지역인 밴 앨런 벨트를 결코 안전하게 통과할 수 없었을 것이라는 주장이 그들의 사례에 결정적이다. (그들은 또한 그 우주선의 금속 덮개가 방사선을 차단하도록 설계되었다는 사실도 지적한다). 우주비행사들이 정말 이 벨트를 통과했다면 그들은 사망 했을 것이라고 음모론자들은 말한다.

해설 주어진 지문은 미국의 달 착륙을 미국 정부가 가짜로 꾸며낸 음모론이라고 믿는 사람들과 그 근거에 관한 내용의 글이므로 '우주선의 금속 덮개가 방사선을 차단한다'는 ④는 전체 글의 흐름상 어색하다.

어휘 in spite of ~에도 불구하고 evidence 증거 to the contrary 반대되는 seriously 진지하게, 심각하게 land 착륙하다, 착륙시키다 *landing 착륙 claim 주장하다 nothing more than ~에 지나지 않는, ~에 불과한 huge 거대한 conspiracy 음모론, 음모 perpetuate 영속시키다, 영속화하다 desperately 필사적으로 competition 경쟁 fearful 두려운 lose face 체면을 잃다 theorist 이론가 fake ① 가짜의, 위조의 ② 위조 (조작) 하다 advocate 옹호자 cite 인용하다 crucial 결정적인, 중요한 case 사례, 경우 astronaut 우주비행사 safely 안전하게 pass through ~을 통과하다 region 지역, 영역 radiation 방사능, 방사선 trap 가두다 magnetic field 자기장 point to ~을 지적하다 metal 금속 covering 덮개 spaceship 우주선 block 차단하다, 막다 go through ~을 통과하다

정답 01 ④

02 다음 글의 흐름상 어색한 문장은? 2023. 지방직 9급

I once took a course in short-story writing and during that course a renowned editor of a leading magazine talked to our class. ① He said he could pick up any one of the dozens of stories that came to his desk every day and after reading a few paragraphs he could feel whether or not the author liked people. ② "If the author doesn't like people," he said, "people won't like his or her stories." ③ The editor kept stressing the importance of being interested in people during his talk on fiction writing. ④ Thurston, a great magician, said that every time he went on stage he said to himself, "I am grateful because I'm successful." At the end of the talk, he concluded, "Let me tell you again. You have to be interested in people if you want to be a successful writer of stories."

정답 해설

02 **해석** 나는 한때 단편 소설 쓰기 강좌를 들었는데, 그 강좌 중에 한 주도적인 잡지의 유명한 편집장이 우리 수업에서 이야기를 했다. 그는 매일 자신의 책상에 올라오는 수십 개의 이야기 중 어느 하나든 골라 몇 단락만 읽으면 그 소설을 쓴 작가가 사람들을 좋아하는지 아닌지를 느낄 수 있다고 말했다. "만약 그 작가가 사람들을 좋아하지 않는다면 사람들은 그 작가의 소설을 좋아하지 않을 것"이라고 그는 말했다. 그 편집장은 소설 쓰기에 대한 강연 내내 사람에게 관심을 갖는 것의 중요성을 계속해서 강조했다. (위대한 마술사 Thurston은 그가 무대에 올라갈 때마다 자기 자신에게 "나는 성공했기 때문에 감사하다"라고 말했다고 했다.) 강연이 끝날 때쯤, 그는 "다시 한 번 말씀드리지만 성공적인 소설 작가가 되고 싶다면 사람들에게 관심을 가져야 합니다."라며 끝맺었다.

해설 주어진 지문은 좋은 소설가가 되려면 사람에게 관심을 가져야 한다는 내용의 글이므로 '어떤 마술사가 무대에 오를 때마다 스스로에게 하는 말을 언급하는' 내용의 ④는 전체 글의 흐름상 어색하다. 따라서 정답은 ④이다.

어휘 once 한때, 한 번 take a course in ~ 강의를 듣다 short-story 단편소설 renowned 유명한 editor 편집장, 편집자 dozens of 수십 개의 paragraph 단락 stress 강조하다 magician 마법사 every time S + V ~ ~할 때마다 grateful 감사하는, 고마워하는

정답 02 ④

03 다음 글의 흐름상 어색한 문장은? 2023. 국가직 9급

In our monthly surveys of 5,000 American workers and 500 U.S. employers, a huge shift to hybrid work is abundantly clear for office and knowledge workers. ① An emerging norm is three days a week in the office and two at home, cutting days on site by 30 % or more. You might think this cutback would bring a huge drop in the demand for office space. ② But our survey data suggests cuts in office space of 1 % to 2 % on average, implying big reductions in density not space. We can understand why. High density at the office is uncomfortable and many workers dislike crowds around their desks. ③ Most employees want to work from home on Mondays and Fridays. Discomfort with density extends to lobbies, kitchens, and especially elevators. ④ The only sure-fire way to reduce density is to cut days on site without cutting square footage as much. Discomfort with density is here to stay according to our survey evidence.

정답 해설

03 [해석] 미국인 근로자 5,000명과 미국 고용주 500명을 대상으로 실시한 우리의 월간 설문조사에 따르면, 사무직 및 지식 근로자에 대한 하이브리드 근무로의 대규모 전환이 매우 뚜렷하다. 주 3일은 사무실에서 2일은 집에서 근무하는 것이 새로운 표준으로 자리 잡으면서 현장 근무 일수가 30% 이상 단축되었다. 당신은 이러한 단축으로 인해 사무실 공간에 대한 수요가 크게 감소할 것이라고 생각할 수도 있다. 하지만 우리의 설문조사 데이터는 평균적으로 사무실 공간의 1~2%의 감소를 보여주는데, 이는 공간이 아닌 밀도의 큰 감소를 의미한다. 우리는 그 이유를 이해할 수 있다. 사무실의 높은 밀도는 불편하며 많은 근로자들은 그들 책상 주변에 사람이 붐비는 것을 싫어한다. (대부분의 직원들은 월요일과 금요일에 재택근무를 원한다.) 밀도에 대한 불편함은 로비, 주방, 특히 엘리베이터에까지 적용된다. 밀도를 낮출 수 있는 유일하고 확실한 방법은 현장 근무일을 줄이면서 그만큼 평방피트를 줄이지 않는 것이다. 우리의 조사 증거에 따르면, 밀도에 대한 불편함은 계속 남아있다.

[해설] 주어진 지문은 하이브리드 근무 방식이 점점 늘어남에 따라 사무실에서 근무하는 일수가 줄어들어 사무실 공간의 밀도가 감소했다는 내용의 글이므로 ③'대부분의 직원들은 월요일과 금요일에 재택근무를 원한다'는 전체 글의 흐름상 어색하다.

[어휘] huge 거대한, 어마어마한 shift 이동, 이전 hybrid 하이브리드의, 혼합형의 abundantly 풍부하게, 충분히, 매우, 아주 clear 뚜렷한, 분명한 cutback 감축, 삭감, 단축 emerging 새롭게 나타나는 norm 규범, 기준 on site 현장에서 imply 의미하다, 암시하다 reduction 감소, 축소 density 밀도 uncomfortable 불편한 discomfort 불쾌감, 불편함 especially 특히, 특별히 square footage 면적

[정답] 03 ③

04 다음 글의 흐름상 가장 어색한 문장은? 2022. 국가직 9급

Markets in water rights are likely to evolve as a rising population leads to shortages and climate change causes drought and famine. ① But they will be based on regional and ethical trading practices and will differ from the bulk of commodity trade. ② Detractors argue trading water is unethical or even a breach of human rights, but already water rights are bought and sold in arid areas of the globe from Oman to Australia. ③ Drinking distilled water can be beneficial, but may not be the best choice for everyone, especially if the minerals are not supplemented by another source. ④ "We strongly believe that water is in fact turning into the new gold for this decade and beyond," said Ziad Abdelnour. "No wonder smart money is aggressively moving in this direction."

정답 해설

04 **[해석]** 물의 권리에 관한 상품화는 늘어나는 인구가 물 부족을 초래하고 기후변화가 가뭄과 기근을 야기하기 때문에 진화하는 것 같다. 하지만 상품화는 지역적이고 윤리적인 무역 관행에 기반할 것이고 대부분의 상품 거래와는 다를 것이다. 비판자들은 물을 거래하는 것이 비윤리적이거나 심지어 인권침해라고 주장하지만 이미 물의 권리는 오만에서 호주까지 세계의 건조 지역에서 사고 팔리고 있다. (증류수를 마시는 것은 이롭지만 특히 광물질이 다른 공급원으로 보충되지 않는다면 모두에게 최선의 선택은 아닐 수 있다.) Ziad Abdelnour는 "우리는 물이 사실상 이 10년 그리고 그 이상동안 새로운 금으로 바뀔 것이라고 굳게 믿는다."라고 말했다. "투자금이 이 방향으로 공격적으로 움직이고 있다는 것은 놀랄 일도 아니다."

[해설] 주어진 지문은 물의 권리에 대한 상품화의 현황과 미래예측에 관한 내용의 글이므로 증류수를 마시는 것에 관한 ③은 글의 전체적 흐름과 무관하다. 따라서 정답은 ③이다.

[어휘] right 권리 be likely to ⓥ ⓥ인 것 같다 evolve 진화하다 shortage 부족, 결핍 drought 가뭄 famine 기근 regional 지역적인 ethical 윤리적인 trade 거래(하다), 무역(하다) practice ① 관행 ② 훈련, 연습, 실천 the bulk of 대부분의 commodity 상품, 물품 detractor 가치를 깎아내리는 사람, 비판자 breach 침해 arid (매우) 건조한 globe 지구, 세계 distilled 증류된 supplement 보충하다 aggressively 공격적으로 direction 방향

정답 04 ③

풀이 해법

1. 나열(Listing)의 전개 방식

Q 나열의 Signal words

• many	• several	• various	• a few	• some
많은	몇몇의	다양한	몇몇의	몇몇의

• first(of all)	• second	• third	• one	• also	• another
첫 번째(무엇보다도, 우선)	두 번째	세 번째	하나	또한	또 다른

• moreover(= in addition, additionally, besides, furthermore, further, what's more)
더욱이, 게다가

• for example(instance)	• finally(= lastly)
예를 들어서	마지막으로

≫ 나열의 전개 방식을 알고 있으면 주제문을 쉽게 찾을 수 있다.

Ex 1 나열의 Signal 찾기

> Diamonds are very expensive for several reasons. First, they are difficult to find. They are only found in a few places in the world. Second, they are useful. People use diamonds to cut other stones. Third, diamonds do not change. They stay the same for millions of years. And finally, they are very beautiful. So, many people want to buy them for beauty.

[해석] 다이아몬드는 여러 가지 이유로 매우 비싸다. 첫째, 그것들은 찾기가 어렵다. 그것들은 전 세계에서 오직 몇몇 장소에서만 발견된다. 둘째, 다이아몬드는 유용하다. 사람들은 다이아몬드를 사용해서 다른 돌을 자른다. 셋째, 다이아몬드는 변하지 않는다. 그것들은 수백만 년 동안 똑같은 상태를 유지한다. 그리고 마지막으로, 그것들은 매우 아름답다. 그래서 많은 사람들은 아름다움 때문에 다이아몬드를 사고 싶어 한다.

[해설] 이 글은 다이아몬드가 비싼 이유를 네 가지 근거로 설명하고 있다.

[어휘] several 다양한, 여러 가지의 useful 유용한, 쓸모 있는

Ex 2 나열의 Signal 찾기

> We know about many different kinds of pollution. One kind is air pollution. This usually is a problem for cities. Water pollution is another problem. It is found in rivers, lakes, and oceans. Also, pollution of the earth is sometimes a problem near farms. Finally, there is noise pollution, especially in crowded cities and near airports.

해석 우리는 다양한 종류의 오염에 대해 알고 있다. 한 종류는 공기 오염이다. 이것은 대개 도시에 관한 문제이다. 수질 오염은 또 다른 문제이다. 이 문제는 강이나, 호수, 바다에서 발견된다. 또한 토양 오염은 가끔 농장 주변에서의 문제이다. 마지막으로 소음 공해가 있다. 특히 북적대는 도시들과 공항들 주위에 존재한다.

해설 이 글은 오염의 네 가지 종류를 설명하고 있다.

어휘 pollution 오염, 공해 **earth** 지구; 땅, 대지 **crowded** 북적거리는, 붐비는

풀이 해법

2. 시간 순서(Time order)의 전개 방식

시간 순서의 Signal words

• first 첫 번째	• first of all 무엇보다도, 우선	• to begin with 우선, 먼저	• the first step 첫 번째 단계
• second 두 번째	• next 그 다음에는	• then 그러고 나서, 그 당시에는	• later 그 후에	• after (that) 그런 다음에
• finally 마지막으로	• lastly 마지막으로	• the last step 마지막 단계

• chronological order(연대순): in 2014 ⋯ two years later ⋯ in 2018

≫ 시간 순서의 전개 방식은 역사성이나 과정·절차를 설명한다.

Ex 3 시간 순서의 Signal 찾기

Agriculture developed in the Middle East and Egypt at least 10,000 years ago. Farming communities soon became the basis for society in China, India, Europe, then spread throughout the world. Agricultural reorganization along more scientific and productive lines took place in Europe in the 18th century with improved crop rotation and the agricultural revolution. Mechanization made considerable progress in the USA and Europe during the 19th century. In the 1960s there was development of high yielding species, especially in the green revolution of the Third World.

해석 농업은 중동과 이집트에서 최소 10,000년 전에 발달했다. 농경 사회는 곧 중국, 인도, 유럽의 사회 기반이 되었으며 전 세계로 퍼져나갔다. 더 많은 과학적이고 생산적인 라인과 함께 농업의 재편성은 18세기 유럽에서 일어났으며, 향상된 윤작법과 농업 혁명을 낳았다. 기계화는 19세기 동안 미국과 유럽에 상당한 발전을 가져왔다. 1960년대에 특히 제3세계의 녹색 혁명에서 생산성 높은 종의 개발이 있었다.

해설 이 글은 농업의 역사에 관한 글이다.

어휘 agriculture 농업 community 공동체, 사회 basis 기반, 기초 spread 퍼지다, 퍼트리다 throughout 도처에 reorganization 재편성, 개편 productive 생산적인 take place 발생하다, 일어나다 crop rotation 윤작법 mechanization 기계화 considerable 상당한, 꽤 많은 progress 발전, 진보 yield 생산하다; 양보하다; 굴복하다

Ex 4 시간 순서의 Signal 찾기

A trip to another country requires an amount of process. First, you must decide where you would like to go. Next, you need to look at maps and books about those places. When you have decided where to go, then, you should find out how to get there. An agent can tell you about ways to travel and the cost. After that, you should find out what kind of documents you will need to enter the country. In the meantime, you might want to learn a few important words and phrases. Finally, you should make a packing list to make sure you bring everything necessary for a pleasant trip.

해석 다른 나라로 여행하는 데는 많은 과정이 필요하다. 첫째, 당신은 어디를 가고 싶은지를 결정해야 한다. 그다음에, 당신은 그 장소들에 관한 지도와 서적들을 봐야 할 필요가 있다. 어디로 갈지 정했다면, 그러면, 당신은 그곳에 갈 방법을 찾아야 한다. 여행사 직원은 당신에게 여행 방법과 비용을 알려 줄 수 있다. 그런 다음, 당신은 그 나라에 입국하는 데 필요한 서류가 어떤 종류인지 알아봐야 한다. 그러는 동안, 당신은 아마 몇 가지 중요한 단어와 어구를 배우기를 원할지도 모른다. 마지막으로 당신은 즐거운 여행에 필요한 모든 것을 가져가는지를 확인할 수 있는 짐 꾸리기 목록을 만들어야 한다.

해설 이 글은 해외여행의 준비 과정·절차를 설명하는 글이다.

어휘 require 요구하다, 필요로 하다 an amount of 상당한, 많은 process 과정, 절차 agent 여행사 직원, 대리인 document 서류 in the meantime 그동안, 그사이에 phrase 어구 packing 짐 꾸리기 list 목록 pleasant 즐거운, 유쾌한

풀이 해법

3. 비교(Comparison)/반대/대조(Contrast)의 전개 방식

🔍 비교(Comparison)의 Signal words

| • (a)like ~처럼(같은) | • both 둘 다 | • same 같은 |
| • similar 비슷한 | • similarly 마찬가지로(= likewise, in same way) | |

Ex 5 비교의 Signal 찾기

Lemons and limes are similar kinds of fruit. Both are grown in warm places. Both have hard skins and soft insides. People do not usually eat whole lemons and limes. That is because both of these fruits have a very sour taste. The two are often used in desserts and main dishes. People make juice from lemons and also from limes. Finally, both fruits have a lot of vitamin C in them.

해석 레몬과 라임은 비슷한 종류의 과일이다. 둘 다 따뜻한 기후에서 자란다. 둘 다 단단한 껍질과 부드러운 과육을 가지고 있다. 사람들은 보통 레몬과 라임을 통째로 먹지 않는다. 그 이유는 이 두 과일 모두 매우 신맛이 나기 때문이다. 이 둘은 종종 디저트나 주요리에 사용된다. 사람들은 레몬 또는 라임을 가지고 주스를 만든다. 마지막으로, 두 과일 모두 많은 양의 비타민 C가 들어 있다.

해설 이 글은 레몬과 라임의 유사점을 설명하는 글이다.

어휘 sour 신맛이 나는 dessert 후식, 디저트 *desert 사막 dish 접시; 요리

풀이 해법

Q 반대·대조(Contrast)의 Signal words

• but 그러나	• (and) yet 그렇지만
• however 그러나(= though, still)	• al(though) 비록 ~일지라도(= despite)
• in contrast 대조적으로	• conversely 반대로, 거꾸로(= on the contrary)
• unlike ~와 달리	• different (from) 다른
• more(less) than 비교급	• while 반면에(= whereas, on the other hand)
• fortunately 운좋게도(= luckily)	• unfortunately 불행하게도(= unluckily)
• nevertheless 그럼에도 불구하고(= nonetheless, even so)	

Ex 6 반대·대조의 Signal 찾기

Lemons and limes are both citrus fruits, but they are quite different. First of all, the color is different. Lemons are yellow. Limes are green. The taste is different, too. Also, lemons are grown all over the world, but limes are grown in only a few places. This is because lemons are an old kind of fruit, but limes are new. They are really a special kind of lemon. Scientists made them from lemons only about 50 years ago.

해석 레몬과 라임은 둘 다 감귤류의 과일이지만 그것들은 매우 다르다. 무엇보다, 우선 색깔이 다르다. 레몬은 노란색이고 라임은 녹색이다. 맛 또한 다르다. 또한, 레몬은 전 세계에서 재배되지만, 라임은 몇몇 장소에서만 재배된다. 이것은 레몬은 오래된 종류의 과일이지만 라임은 새로운 과일이기 때문이다. 그것(라임)들은 레몬의 정말 특별한 한 종류이다. 과학자들이 레몬에서 라임을 만들어 낸 것은 고작 50년 전이다.

해설 이 글은 레몬과 라임의 차이점을 설명하는 글이다.

어휘 citrus 감귤류 grow 성장하다, 자라다; ~이다, 되다, ~지다; 재배하다, 기르다 sour (맛이) 신

풀이 해법

4. 공간 순서(Spatial Order)의 전개 방식

Q 나열의 공간 개념

┌ B 설명이 끝나면 그다음 C를 설명한다.

단락의 도입부에 A, B, C …를 제시하고 순서대로 A부터 설명한다.

A부터 설명한다 ┘ └ A 설명이 끝나면 그다음 B를 설명한다.

참고 단락의 도입부에 ABC …를 제시하지 않고(생략하고) 바로 A부터 설명하는 전개 방식도 가능하다.

≫ 나열의 공간 개념은 빈칸 완성이나 일관성(글의 순서/삽입)에서 적용할 수 있다.

Ex 7 다음 글을 읽고, 빈칸에 가장 적절한 것을 고르시오.

According to psychologists, your physical appearance makes up 55% of a first impression. The physical appearance includes facial expressions, eye contact, and general appearance. The way you sound makes up 35% of the first impression. This includes how fast or slowly, loudly or softly you speak, and your tone of voice. The actual words you use count for only 10%. Therefore, it is safe to conclude that people form their first impressions based mostly on how you look, then on how you speak, and least of all on _____.

① who you are
② where you speak
③ what you say
④ the way you sound

해석 심리학자들에 따르면, 당신의 외모는 첫인상의 55%를 차지한다. 외모는 얼굴 표정, 눈 맞춤 그리고 일반적인 모습을 포함한다. 당신의 말하는 방식이 첫인상의 35%를 차지한다. 여기에는 당신이 얼마나 빠르게 아니면 느리게, 얼마나 크게 아니면 부드럽게 말하는가, 그리고 당신 목소리의 말투[어조]도 포함된다. 실제 당신이 사용하는 말은 고작 10% 정도 차지한다. 그러므로 사람들이 자신의 첫인상을 형성하는 데 대부분 어떻게 보이나, 그다음 어떻게 말하는가 그리고 가장 적게 무엇을 말하는가를 기반으로 한다고 결론지어도 무방하다.

해설 첫인상을 결정짓는 데에는 외모가 55%를 차지하고, 그다음 말하는 방식이 35%를, 그리고 실질적인 말이 10%를 차지한다고 했다. 결론을 이끄는 부분에서 순서대로 외모와 말하는 방식을 언급했으므로 빈칸에는 실질적인 말에 대한 내용이 나와야 한다. 따라서 정답은 ③이 된다.

어휘 psychologist 심리학자 physical appearance 외모, 용모, 모습 make up 차지하다 impression 인상 facial 얼굴의, 표정의 tone 어조, 말투 count for 중요하다, 가치가 있다 conclude 결론을 내리다

정답 07 ③

풀이 해법

🔍 반대 · 대조의 공간의 개념

```
            대조
        A  ≠  B
        └──┼──┬── 순서대로 A부터 설명하고
           │  └── A 설명이 끝나고, 그다음 반대 · 대조의 Signal이 나오고
           └───── 그다음 B를 설명한다.
```

[참고] 단락의 도입부에 AB를 제시하지 않고(생략하고) 바로 A부터 설명하는 전개 방식도 가능하다. 또한 A에서 B로 넘어가는 과정에서 문맥의 흐름이 명확할 때에는 반대 · 대조의 연결어가 생략되는 경우도 있다.

≫ 반대/대조의 공간 개념은 빈칸완성이나 일관성에서 적용할 수 있다.

Ex 8 다음 글을 읽고, 빈칸에 가장 적절한 것을 고르시오.

> Sociologists and psychologists have argued for centuries about how a person's character is formed. The argument between the two main opposing theories has long been known as Nature vs. Nurture. The first theory says that character is formed genetically before birth. According to this theory, nature—through genetics—determines what a person will be like. The other theory says, on the contrary, that a person's character is formed after birth. According to this theory, the most important factors are _____.

① natural and environmental　　② hereditary and natural
③ cultural and environmental　　④ genetical and cultural

[해석] 사회학자들과 심리학자들은 수 세기 동안 어떻게 인간의 성격이 형성되는가에 대해 논쟁해 왔다. 이 둘 사이의 주된 상반된 이론의 논쟁은 천성(타고난 것) 대 양육(후천적인 것)으로 오랜 기간 알려져 왔다. 첫 번째 이론은 성격이 유전적으로 출생 이전에 형성되었다고 말한다. 이 이론에 따르면 유전학 관점에서 천성은 한 사람이 어떤지를 결정한다는 것이다. 나머지 다른 이론에 따르면, 이와 반대로 한 개인의 성격은 출생 이후에 형성된다고 말한다. 이 이론에 따르면 대부분의 중요한 요소는 <u>문화적이고 환경적</u>이라는 것이다.

[해설] 이 글은 인간의 본성을 두 가지 다른 개념(Nature와 Nurture)으로 설명하고 있다. 빈칸 앞에는 Nature(태어나기 전에 유전적으로 결정됨)에 대한 설명이 나오는데, **on the contrary**가 있으므로 빈칸에는 Nurture에 대한 설명이 있어야 한다. 따라서 정답은 ③이 된다.

[어휘] sociologist 사회학자　argue 주장하다, 논쟁하다　character 성격　argument 논쟁, 주장　opposing 상반된, 서로 다른　theory 이론　nature 천성, 본성　nurture 양육(하다)　genetically 유전적으로 *genetics 유전학　determine 결정하다　on the contrary 이와 반대로　factor 요소　hereditary 유전적인, 세습되는

[정답] 08 ③

풀이 해법

5. 원인(cause)·결과(effect)의 전개 방식

🔍 인과 관계의 Signal words

- as ~ 때문에(= since, because)
- as a result 그 결과로서
- thus 그래서, 그러므로[= therefore, hence, thereby, and(so)]
- give rise to 야기시키다(= cause, lead to, result in, bring about, touch off)
- due to ~ 때문에(= owing to, on account of, because of)
- the cause(reason) of ~의 원인(이유)
- the result(effect, consequence) of ~의 결과
- this is why 그래서, 그러므로
- this is because 왜냐하면 ~ 때문에

Ex 9 인과관계의 Signal 찾기

There are many different causes for car accidents in the United States. Sometimes accidents are caused by bad weather. Ice or snow can make roads dangerous. Accidents also can result from problems with the car. A small problem like a flat tire can be serious. Bad roads are another cause of accidents. Some accidents happen because the driver falls asleep. Finally, some accidents are caused by drinking too much alcohol. In fact, this is one of the most important causes of accidents.

해석 미국 내 자동차 사고에는 다양한 원인들이 있다. 때로는 악천후가 원인이 되기도 한다. 빙판이나 눈은 길을 위험하게 한다. 사고는 또한 자동차의 차체 문제가 원인이 될 수도 있다. 펑크 난 타이어와 같은 작은 문제가 심각해질 수도 있다. 좋지 않은 길들도 또 다른 사고의 원인이다. 때때로 운전자가 졸아서 사고가 발생하기도 한다. 마지막으로 몇몇 사고들은 술을 너무 많이 마셔서 일어나기도 한다. 사실, 이 것이 사고의 가장 주요한 원인 중 하나이다.

해설 이 글은 자동차 사고의 원인을 다섯 가지로 설명하는 글이다.

어휘 cause 원인, 유발하다 result from ~로부터 기인하다, 원인이 되다 flat 평평한; 펑크 난 *flat tire 펑크 난 타이어

Ex 10 인과관계의 Signal 찾기

If you are too fat, you may soon have serious problems with your health. A group of doctors wrote a report about some of the effects of too much fat. One important effect is stress on the heart. If you are fat, your heart has to work harder. This may lead to a heart attack or to other heart problems. Extra fat can also change the amount of sugar in your blood. This can cause serious diseases, such as diabetes. High blood pressure is another possible result of being fat. Even cancer can sometimes be a result. More studies are needed about all these problems, but one thing is clear: Extra fat may make your life shorter.

해석 당신이 너무 뚱뚱하다면 당신은 건강상 심각한 문제가 생길 수 있다. 한 그룹의 의사들이 너무 살찐 것의 몇 가지 영향에 대해 보고서를 썼다. 한 가지 중요한 영향은 심장에 무리를 준다는 것이다. 만약 당신이 뚱뚱하다면, 당신의 심장은 더 세게 뛰어야 한다. 이것이 아마도 심장 마비를 초래하거나 다른 심장 문제를 야기할지도 모른다. 과다한 지방은 또한 혈액 내 당분의 양을 변화시킬 수도 있다. 이것은 당뇨와 같은 심각한 질병들을 야기할 수도 있다. 고혈압은 또 다른 있을 수도 있는 비만의 결과이다. 심지어 암도 가끔씩 유발될 수 있다. 이런 모든 문제들에 대해서 더 많은 연구가 필요하지만, 한 가지 확실한 것은 과다한 지방은 당신의 생명을 단축시킬지도 모른다는 것이다.

해설 이 글은 비만으로 인한 네 가지 건강상 문제를 설명하는 글이다.

어휘 effect 영향, 결과, 효과 lead to ~을 초래하다, 유발하다 extra 여분의; 추가되는; 과다한
diabetes 당뇨(병) high blood pressure 고혈압

01   다음 글의 제목으로 가장 적절한 것을 고르시오.

It is important to use water carefully. Here are some ways you can use less water. First, be sure to turn off faucets tightly. They should not drip in the bathroom or kitchen sink. Second, do not keep the water running for a long time. Turn it off while you are doing something else. For example, it should be off while you are shaving, brushing your teeth or washing the dishes. Finally, in the summer you should water your garden in the evening. That way you will not lose a lot of water. During the day the sun dries up the earth too quickly.

① Effective Ways in Using Water to Wash Dishes
② Importance in Using Water Carefully
③ What to Do in the Garden?
④ How to Save Water?

꼼꼼독해

01 It is important to use water carefully. Here are some ways you can use less water.

01
carefully 신중히, 조심스럽게
less 덜, 적은

[해석] 물을 신중히 사용하는 것은 중요하다. 여기 당신이 물을 적게 사용하는 몇 가지 방법이 있다.

02 First, be sure to turn off faucets tightly. They should not drip in the bathroom or kitchen sink.

02
turn off 잠그다, 끄다
faucet 수도꼭지
tightly 꽉, 단단히
drip 똑똑 물을 흘리다

[해석] 첫째, 수도꼭지를 꽉 잠그는 것을 명심하라. 화장실이나 부엌 싱크대에서 그것(수도꼭지)들이 물을 떨구어서는 안 된다(물이 새면 안 된다).

03 Second, do not keep the water running for a long time. Turn it off while you are doing something else. For example, it should be off while you are shaving, brushing your teeth or washing the dishes.

03
run (물이) 흐르다
shave 면도하다

[해석] 둘째, 오랫동안 물이 흐르게 두지 마라(물을 틀어 놓지 마라). 다른 일을 할 때에는 물을 잠가 두어라. 예를 들면, 면도를 하거나 이를 닦는 동안 또는 그릇을 씻을 때에도 물을 잠가야 한다.

04 Finally, in the summer you should water your garden in the evening. That way you will not lose a lot of water. During the day the sun dries up the earth too quickly.

04
water 물을 주다
lose 잃다, 낭비하다
earth 땅; 지구

[해석] 마지막으로, 여름철에는 저녁에 정원에 물을 주어야 한다. 그렇게 하면 당신은 물을 많이 낭비하지 않게 된다. 낮 동안에는 태양 때문에 땅이 너무 빨리 마른다.

[보기해석]
① 설거지를 위한 물 사용에 있어서 효과적인 방법
② 물을 신중히 사용하는 데 있어서의 중요성
③ 정원에서 무엇을 해야 하나?
④ 어떻게 물을 절약하나?

보기어휘
effective 효과적인
save 절약하다; 구하다

[정답] 01 ④

02 다음 글의 흐름으로 보아 주어진 문장이 들어가기에 가장 적절한 곳은?

> The sizes and shapes of coins are different in several countries, and the size and color of paper money also vary.

> When we think of money, we usually think of coins or bills. (①) In the modern world, almost every country uses coins and paper money to exchange for other objects of value. (②) In India, for instance, some coins have square sides. (③) In Japan, coins have holes in the center. (④) In the United States, all paper money is the same size and the same color; only the printing on the bills is different.

꼼꼼독해

01 When we think of money, we usually think of coins or bills.

[해석] 우리가 돈을 떠올릴 때, 우리는 보통 동전과 지폐를 떠올린다.

01
bill 지폐; 법안

02 In the modern world, almost every country uses coins and paper money to exchange for other objects of value.

[해석] 현대 사회에서, 거의 모든 나라는 다른 가치를 지닌 물건들과 교환을 하려고 동전과 지폐를 사용한다.

02
exchange 교환하다
modern 근대의, 현대의

03 The sizes and shapes of coins are different in several countries, and the size and color of paper money also vary.

[해석] 동전의 크기와 모양은 여러 나라에서 다르고 지폐의 크기와 색깔 역시 다양하다.

03
several 다양한, 많은
vary 다양하다, 다르다

04 In India, for instance, some coins have square sides.

[해석] 예를 들어, 인도에서는 몇 개의 동전은 사각형이다.

04
square 정사각형; 광장

05 In Japan, coins have holes in the center.

[해석] 일본에서는 동전 중앙에 구멍이 있다.

05
hole 구멍

06 In the United States, all paper money is the same size and the same color; only the printing on the bills is different.

[해석] 미국에서 모든 지폐는 같은 크기이며 색도 같다, 하지만 지폐에 인쇄되는 것이 다르다.

06
printing 인쇄(물)

[정답] 02 ②

03 다음 주어진 글 다음에 이어질 글의 순서로 가장 적절한 것은?

> One day when Brahms taught and traveled as a pianist, he served as a teacher and conductor.

> (A) During the last 30 years of his life, Brahms spent more and more time composing.
> (B) In 1863, in the end, he settled there as a conductor.
> (C) Brahms was composing large numbers of works by 1862, when he first visited Vienna.

① (A) − (C) − (B)　　　　② (B) − (A) − (C)

③ (B) − (C) − (A)　　　　④ (C) − (B) − (A)

꼼꼼독해

01 One day when Brahms taught and traveled as a pianist, he served as a teacher and conductor.

해석 Brahms가 피아니스트로서 가르치고 여행하던 어느 날, 그는 선생님과 지휘자로 일하고 있었다.

어휘

01
serve as ~로 일하다, 복무하다
conductor 지휘자

02 Brahms was composing large numbers of works by 1862, when he first visited Vienna.

해석 Brahms가 많은 작품을 작곡했던 때는 1862년쯤이었고, 그때 그는 처음으로 비엔나를 방문했다.

02
compose 작곡하다; 작문하다; 구성하다

03 In 1863, in the end, he settled there as a conductor.

해석 1863년에 마침내, 그는 지휘자로 그곳에 자리 잡았다.

03
in the end 마침내
settle 자리 잡다, 정착하다

04 During the last 30 years of his life, Brahms spent more and more time composing.

해석 그의 여생의 마지막 30년 동안, Brahms는 더욱 더 많은 시간을 작곡에 바쳤다.

04
spend A ⓥ-ing A를 ⓥ하는 데 소비하다

정답 03 ④

04 다음 글의 제목으로 가장 적절한 것을 고르시오.

Powerful computers capable of translating documents from one language into another have recently been developed. To interpret a document from English into Japanese, the computer first analyzes an English sentence, determining its grammatical structure and identifying the subject, verb, objects, and modifiers. Next, the words are shifted by an English-Japanese dictionary. After that, another part of the computer program analyzes the awkward jumble of words and meanings and produces an intelligible sentence based on the rules of Japanese syntax and the machine's understanding of what the original English sentence meant. Finally, the computer-produced translation is polished by a human bilingual editor.

① Development of New Software
② Software for Language Translation
③ Process of Machine Translation
④ Assembling Sentences by Computer

꼼꼼 독해

01 Powerful computers capable of translating documents from one language into another have recently been developed.

해석 문서를 한 언어에서 다른 언어로 번역할 수 있는 고성능 컴퓨터가 최근 개발되었다.

02 To interpret a document from English into Japanese, the computer first analyzes an English sentence, determining its grammatical structure and identifying the subject, verb, objects, and modifiers.

해석 영어 문서를 일본어로 해석하려면, 이 컴퓨터는 먼저 영어 문장을 분석하고, 문법적 구조를 결정하고 주어, 동사, 목적어 그리고 수식어를 확인한다.

03 Next, the words are shifted by an English-Japanese dictionary.

해석 그다음 단어들은 영-일 사전에 의해 변환된다.

04 After that, another part of the computer program analyzes the awkward jumble of words and meanings and produces an intelligible sentence based on the rules of Japanese syntax and the machine's understanding of what the original English sentence meant.

해석 그런 다음에, 컴퓨터 프로그램의 다른 부분에서 뒤죽박죽 섞인 어색한 단어들과 의미들을 분석해서 일본어 통사론의 규칙과 컴퓨터가 이해한 영어 원문이 의미하는 것을 기반으로 하여 이해할 수 있는 문장을 만들어 낸다.

05 Finally, the computer-produced translation is polished by a human bilingual editor.

해석 마지막으로, 컴퓨터가 만들어 낸 번역은 이중 언어를 사용하는 인간 편집자에 의해 퇴고된다.

보기해석
① 새로운 소프트웨어의 개발
② 언어 번역을 위한 소프트웨어
③ 기계 번역의 과정
④ 컴퓨터로 문장 조합하기

01
capable ~할 수 있는, 유능한
document 문서, 서류
translate 번역하다

02
interpret 해석하다
analyze 분석하다
sentence 문장
structure 구조
identify 확인하다
modifier 수식어

03
shift 이동하다, 변환시키다

04
awkward 어색한
jumble 뒤죽박죽 섞인 것
intelligible 이해할 수 있는
syntax 통사론, 구문론

05
polish 광을 내다, 퇴고하다
bilingual 이중 언어를 구사하는
editor 편집자

보기어휘
assemeble 모이다, 모으다;
　　　　조립하다, 조합하다

정답 04 ③

05 다음 글을 읽고, 빈칸에 가장 적절한 것을 고르시오.

Children will often express themselves openly. "Look at my painting! Isn't it pretty?" But adults are generally _____ about their need for support. A grown-up who tried his or her best at something isn't likely to ask, "Didn't I do a good job?" But the adult needs to hear it all the same. In other words, children and adults alike want to hear positive remarks. Therefore, don't forget to praise others when they need support.

① more honest   ② less revealed

③ less hidden   ④ being sick

꼼꼼독해

01 Children will often express themselves openly.

해석 아이들은 종종 공개적으로 스스로를 표현한다.

01
express 표현하다
openly 공개적으로

02 "Look at my painting! Isn't it pretty?"

해석 "내 그림을 보세요! 예쁘지 않아요?"

03 But adults are generally less revealed about their need for support.

해석 그러나 어른들은 지지를 받고 싶은 욕구에 대해 일반적으로 (아이들보다) 덜 솔직하다.

03
generally 일반적으로
reveal 드러내다

04 A grown-up who tried his or her best at something isn't likely to ask, "Didn't I do a good job?"

해석 어떤 일에 최선을 다한 어떤 어른이 "내가 일을 잘하지 않았나요?"라는 질문을 할 것 같지는 않다.

04
grown-up 성인

05 But the adult needs to hear it all the same.

해석 그러나 그는 항상 그 말을 들을 필요가 있다.

05
all the same 항상, 늘

06 In other words, children and adults alike want to hear positive remarks.

해석 즉, 아이들과 어른들은 똑같이 긍정적인 말을 듣길 원한다.

06
in other words 즉, 다시 말해서
positive 긍정적인
remark 논평, 말

07 Therefore, don't forget to praise others when they need support.

해석 따라서, 다른 사람들이 지원을 필요로 할 때 그들을 칭찬하는 것을 잊지 말아라.

07
praise 칭찬하다
support 지원

보기해석

① 더 정직한
② 덜 솔직한
③ 덜 숨기는
④ 병이 든

정답 05 ②

06 다음 글의 주제로 가장 적절한 것을 고르시오.

Advertising informs consumers of new products available on the market. It gives us more important information about everything from shampoo, to toothpaste, to computers and cars etc. But there is one serious problem with this. The 'information' is actually very often 'mis-information'. It tells us the products' benefits but hides their disadvantages. Advertising not just leads us to buy things that we don't need and can't afford, it also confuses our sense of reality. "Zuk-yum Toothpaste prevents cavities and gives you white teeth!" the advertisement tells us. But it doesn't tell us the complete truth —a healthy diet and a good toothbrush will have the same effect.

① 광고의 양면성   ② 광고의 문제점
③ 광고의 특수성   ④ 광고의 절대성

꼼꼼독해

01 Advertising informs consumers of new products available on the market.

해석 광고는 소비자들에게 시중에 나와 있는 구입 가능한 새로운 상품들에 대해 알려준다.

01
advertising 광고
consumer 소비자
available 이용 가능한,
　　　　 구입할 수 있는

02 It gives us more important information about everything from shampoo, to toothpaste, to computers and cars etc.

해석 광고는 우리에게 샴푸에서부터 치약, 컴퓨터, 자동차 등에 이르는 모든 것에 관한 더 중요한 정보를 알려 준다.

03 But there is one serious problem with this. The 'information' is actually very often 'mis-information'. It tells us the products' benefits but hides their disadvantages.

해석 하지만 이것에 따른 심각한 문제가 하나 있다. 그 '정보'는 실제로 매우 자주 '잘못된 정보'이다. 광고는 우리에게 상품의 장점을 알려 주지만 단점은 숨긴다.

03
serious 심각한; 진지한
actually 실제로
benefit 장점, 이점
hide 숨기다
disadvantage 단점

04 Advertising not just leads us to buy things that we don't need and can't afford, it also confuses our sense of reality.

해석 광고는 단지 우리에게 필요도 없고 구매할 능력이 안 되는 것들을 사도록 할 뿐만 아니라 우리의 현실 감각을 혼란스럽게도 한다.

04
afford 구매할 능력이 있다
confuse 혼동을 주다

05 "Zuk-yum Toothpaste prevents cavities and gives you white teeth!" the advertisement tells us.

해석 "죽염 치약은 충치도 예방하고 치아도 하얗게 해 줍니다!"라고 우리에게 광고한다.

05
prevent 예방하다, 막다
cavity 충치

06 But it doesn't tell us the complete truth — a healthy diet and a good toothbrush will have the same effect.

해석 그러나 광고는 완전한 진실을 알려 주진 않는다. 즉 건강한 식습관과 좋은 칫솔이 똑같은 효과를 낸다 는 것이다.

06
complete 완전한, 완벽한

정답 06 ②

07 다음 글을 읽고, 빈칸에 가장 적절한 것을 고르시오.

Different groups develop ideas in different ways. In successful groups, individuals are encouraged to produce imaginative and original ideas and share them with others. In unsuccessful groups, individual members are not encouraged to do so. Instead, they are always asked to do group-think. In the beginning, there are no differences in the abilities and qualities among the members of these two kinds of groups. However, in the end, the groups which encourage individual members to _____ will prosper, whereas those which do not will fail. Therefore, group leaders must learn this lesson and put it into practice in order to achieve productive and positive results.

① learn quickly   ② understand others
③ respond properly   ④ think creatively

꼼꼼독해

01 Different groups develop ideas in different ways.

[해석] 서로 다른 그룹은 아이디어를 개발하는 데 서로 다른 방법을 취한다.

02 In successful groups, individuals are encouraged to produce imaginative and original ideas and share them with others.

[해석] 성공적인 그룹들에서, 구성원들은 창의적이고 독창적인 아이디어를 내도록 격려되고 그런 것들을 다른 사람들과 공유한다.

02
encourage 격려하다, 독려하다
imaginative 상상력이 풍부한, 창의적인
original 독창적인

03 In unsuccessful groups, individual members are not encouraged to do so.

[해석] 실패하는 그룹들에서, 개인 구성원은 그렇게 하도록 독려되지 않는다.

04 Instead, they are always asked to do group-think.

[해석] 대신 항상 집단적 사고를 하도록 강요받는다.

05 In the beginning, there are no differences in the abilities and qualities among the members of these two kinds of groups.

[해석] 출발에 있어서, 이 두 그룹 구성원의 능력이나 자질은 차이가 없다.

05
quality 자질; 특성

06 However, in the end, the groups which encourage individual members to think creatively will prosper, whereas those which do not will fail.

[해석] 하지만, 결국에는, 창조적인 생각을 하도록 고무되었던 개개인의 구성원들은 성공할 것이고, 반면에 그렇지 않았던 사람들은 실패할 것이다.

06
prosper 번성하다, 성공하다
whereas 반면에

07 Therefore, group leaders must learn this lesson and put it into practice in order to achieve productive and positive results.

[해석] 그러므로, 그룹의 리더들은 이것을 교훈으로 삼아야 하며, 생산적이고 긍정적인 결과를 성취하기 위해서는 이 점을 실행해야 한다.

07
lesson 교훈
put A into practice
A를 실행[실천]하다
in order to ⓥ ⓥ하기 위해서
productive 생산적인

[보기해석]
① 빠르게 배우다
② 다른 사람들을 이해하다
③ 적절하게 대답하다
④ 창의적으로 생각하다

[정답] 07 ④

08 다음 글의 요지로 가장 적절한 것을 고르시오.

Soil management is the application of specific techniques to increase soil productivity in order to preserve soil resources. The most common practices are fertilization, irrigation, and drainage. Fertilizers are utilized in 'poor' soils in which continuous crops have depleted the nutrients in the soil or in which plant nutrients are present in very small quantities due to natural processes. Irrigation has allowed the production of two or more harvests from any piece of land by applying through different methods the amount of water necessary for a crop in dry periods. Drainage is used in places where excessive water makes growing crops very difficult; adequate drainage enhances the amount of land available for agriculture. If well applied, these practices will tend to increase productivity without deterioration of soil resources.

① 농토의 배수 처리가 가장 중요하다.
② 토양관리가 잘 돼야 생산성이 증대된다.
③ 토양의 생산성 증대가 농업 정책의 핵심이다.
④ 토양 자원의 보존을 위해 비료, 관개, 배수 처리가 이용된다.

01 Soil management is the application of specific techniques to increase soil productivity in order to preserve soil resources.

[해석] 토양 관리란 특정한 기법을 적용하여 토지 생산성을 향상시켜 토양 자원을 보존하려는 것이다.

02 The most common practices are fertilization, irrigation, and drainage.

[해석] 가장 흔한 방법은 (토지) 비옥화와 관개 그리고 배수다.

03 Fertilizers are utilized in 'poor' soils in which continuous crops have depleted the nutrients in the soil or in which plant nutrients are present in very small quantities due to natural processes.

[해석] 비료는 토양에서 지속적인 수확으로 양분이 고갈된 토양이나 자연적인 과정으로 식물의 양분이 매우 적은 수량만 남은 '좋지 못한' 토양에 사용된다.

04 Irrigation has allowed the production of two or more harvests from any piece of land by applying through different methods the amount of water necessary for a crop in dry periods.

[해석] 관개는 건기에 작물에 필요한 물의 양의 다른 방법들을 적용함으로써 어떤 토지에서나 이모작 이상의 생산을 가능하게 해 주었다.

05 Drainage is used in places where excessive water makes growing crops very difficult; adequate drainage enhances the amount of land available for agriculture. If well applied, these practices will tend to increase productivity without deterioration of soil resources.

[해석] 배수는 과도한 수량으로 작물 재배가 매우 힘든 곳에 이용된다. 즉 적절한 배수가 농작에 이용할 수 있는 토지의 양을 향상시킨다. 잘만 적용된다면, 이런 방법들은 토양 자원을 악화시키지 않고 생산성을 높여 주는 경향이 있게 된다.

01
soil 토양, 토지
application 적용, 응용
specific 특정한, 특별한; 구체적인
productivity 생산성
preserve 보존하다
resource 자원, 원천

02
practice 실천, 실행; 방법; 관습
fertilization 비옥화
irrigation 관개
drainage 배수

03
fertilizer 비료
utilize 이용하다, 활용하다
crop 작물, 수확(량)
deplete 고갈시키다
nutrient 영양분
present 존재하는, 있는
due to ~ 때문에

04
harvest 수확, 추수
apply 적용하다; 응용하다

05
excessive 지나친, 과도한
adequate 적절한, 적당한
enhance 향상시키다
deterioration 악화, 하락
*deteriorate 악화시키다

[정답] 08 ④

01 주어진 글 다음에 이어질 글의 순서로 적절한 것은? 2024. 국가직 9급

Interest in movie and sports stars goes beyond their performances on the screen and in the arena.

(A) The doings of skilled baseball, football, and basketball players out of uniform similarly attract public attention.

(B) Newspaper columns, specialized magazines, television programs, and Web sites record the personal lives of celebrated Hollywood actors, sometimes accurately.

(C) Both industries actively promote such attention, which expands audiences and thus increases revenues. But a fundamental difference divides them: What sports stars do for a living is authentic in a way that what movie stars do is not.

① (A) − (C) − (B)　　　　　② (B) − (A) − (C)

③ (B) − (C) − (A)　　　　　④ (C) − (A) − (B)

01 **[해석]** 영화와 스포츠 스타에 대한 관심은 극장과 경기장에서 그들이 행하는 것들을 뛰어 넘는다.
(B) 신문 칼럼, 전문 잡지, 텔레비전 프로그램 그리고 웹 사이트는 유명 할리우드 배우의 사생활을 때로는 정확하게 기록한다.
(A) 마찬가지로 유니폼을 입지 않은 노련한 야구, 축구, 농구 선수의 행동도 대중의 관심을 끈다.
(C) 두 업계 모두 그러한 관심을 능동적으로 장려하는데, 이는 관객을 늘리고 그래서 수익을 증가시킨다. 하지만 그들을 나누는 근본적인 차이가 있다. 즉, 그것은 스포츠 스타가 생계를 유지하기 위해 하는 일이 영화 스타가 하는 일과는 다르게 진정성이 있다는 점이다.

[해설] two 개념(movie stars vs. sports stars)과 지시형용사(such)를 이용해야 한다. 주어진 글에서 영화와 스포츠 스타 둘을 모두 설명하고 있고 (B)에서 영화 스타들을 설명하고 (A)에서 similarly(서로 다른 소재에 대한 공통점 설명)를 이용하여 스포츠 스타에 대한 설명을 이어나가는 것이 글의 흐름상 자연스럽다. 또한 (C)의 such attention 바로 앞에는 attention이 있어야 하므로 (C) 바로 앞에는 (A) 가 위치해야 한다. 따라서 주어진 글 다음 이어질 글의 순서로 가장 적절한 것은 ② (B) − (A) − (C)이다.

[어휘] go beyond 뛰어 넘다 performance 성과, 실적 arena 경기장 doing 행동 skilled 노련한, 숙련된 attract 매혹시키다 attention 관심, 주의 column 칼럼 specialized 전문화된 record 기록하다 celebrated 유명한 accurately 정확하게 industry 업계 actively 능동적으로, 적극적으로 promote 장려하다 expand 확장하다, 늘리다 revenue 수익 fundamental 근본적인 divide 나누다, 구분하다 do for a living 생계를 유지하다 authentic 진짜인, 진정한

[정답] 01 ②

02 주어진 글 다음에 이어질 글의 순서로 가장 적절한 것은? 2023. 지방직 9급

Just a few years ago, every conversation about artificial intelligence (AI) seemed to end with an apocalyptic prediction.

(A) More recently, however, things have begun to change. AI has gone from being a scary black box to something people can use for a variety of use cases.

(B) In 2014, an expert in the field said that, with AI, we are summoning the demon, while a Nobel Prize winning physicist said that AI could spell the end of the human race.

(C) This shift is because these technologies are finally being explored at scale in the industry, particularly for market opportunities.

① (A) − (B) − (C)   ② (B) − (A) − (C)
③ (B) − (C) − (A)   ④ (C) − (A) − (B)

02 〔해석〕 몇 년 전만 해도, 인공지능(AI)에 대한 모든 대화는 종말론적인 예측으로 끝나는 것 같았다.
(B) 2014년에 이 분야의 한 전문가는 AI를 통해 우리는 악마를 소환하고 있다고 말했고, 노
벨상을 수상한 한 물리학자가 AI가 인류의 종말을 불러올 수 있다고 말했다.
(A) 하지만 최근에는 상황이 달라지기 시작했다. AI는 무서운 블랙박스에서 사람들이 다양한
활용 사례에 이용할 수 있는 무언가로 바뀌었다.
(C) 이러한 변화는 이 기술들이 마침내 업계에서 적정 규모로 특히 시장 기회를 위해 탐색되
고 있기 때문이다.

〔해설〕 Two 개념(반대/대조의 공간개념)을 이용해야 한다. 제시문과 **(B)**는 인공지능의 (⊖)개념을
설명하고 있고 **(A)**의 **however**를 기준으로 인공지능의 (⊕)개념이 이어져야 하므로 글의 순
서로 가장 적절한 것은 ② **(B)−(A)−(C)**이다.

〔어휘〕 **artificial intelligence (AI)** 인공지능 **apocalyptic** 종말론적인 **prediction** 예측, 예상
scary 무서운 **a variety of** 다양한 **use cases** 활용 사례 **summon** 소환하다 **demon**
악마 **spell** ① 철자(를 쓰다, 말하다) ② 가져오다, 의미하다 **human race** 인류 **shift** 변화
explore 탐구하다, 탐험하다 **at scale** 적정 규모로

정답 02 ②

03 다음 글의 흐름상 가장 어색한 문장은? 2022. 국가직 9급

Beliefs about maintaining ties with those who have died vary from culture to culture. For example, maintaining ties with the deceased is accepted and sustained in the religious rituals of Japan. Yet among the Hopi Indians of Arizona, the deceased are forgotten as quickly as possible and life goes on as usual.   (A) , the Hopi funeral ritual concludes with a break-off between mortals and spirits. The diversity of grieving is nowhere clearer than in two Muslim societies—one in Egypt, the other in Bali. Among Muslims in Egypt, the bereaved are encouraged to dwell at length on their grief, surrounded by others who relate to similarly tragic accounts and express their sorrow.   (B) , in Bali, bereaved Muslims are encouraged to laugh and be joyful rather than be sad.

	(A)	(B)
①	However	Similarly
②	In fact	By contrast
③	Therefore	For example
④	Likewise	Consequently

정답 해설

03 해석 사망한 사람들과 유대를 유지하는 것에 관한 믿음은 문화마다 다르다. 예를 들어 일본의 종교 의식에서는 고인과 유대를 유지하는 것이 받아들여지고 지속된다. 하지만 Arizona의 Hopi인 디언들 사이에서 망자는 가능한 한 빨리 잊히고 삶은 늘 그렇듯이 지속된다. <u>사실상,</u> Hopi족 의 장례의식은 인간과 영혼 사이의 단절로 결론이 난다. 슬퍼하기의 다양성은 이집트와 발리 즉, 두 이슬람교 사회에서 가장 분명하다. 이집트의 이슬람교도 사이에서 유족들은 마찬가지 로 비극적인 이야기와 자신들의 슬픔을 표현하는 사람들에게 둘러싸여 그들의 슬픔을 충분히 심사숙고하도록 권장된다. <u>이와는 반대로,</u> 발리에서는 이슬람교 유족들이 슬퍼하기보다는 웃 고 기뻐하도록 권장된다.

해설 (A) 앞에 Hopi Indian들은 고인을 가능한 한 빨리 잊는다는 내용이 있고 (A) 뒤에는 Hopi족 의 장례의식이 인간과 영혼사이의 단절이라는 내용이 있으므로 (A)에는 논리의 방향이 같은 연결사 In fact가 필요하다. (B)는 two개념(반대/대조의 공간 개념)을 이용해야 한다. (B) 앞 에 두 이슬람 문화의 차이점을 제시하고 있으므로(Egypt → 슬픔을 표현 / Bali → 웃고 기뻐 함) (B)에는 By contrast가 있어야 한다. 따라서 정답은 ②이다.

어휘 belief 믿음 maintain 유지하다 tie 유대 deceased 사망한, 작고한 sustain 지속시키다 religious 종교적인 ritual (종교적) 의식 go on 계속되다, 계속하다 as usual 늘 그렇듯이, 여느 때처럼 funeral 장례식 break-off 단절, 중단 mortal ① 영원히 살 수 없는, 언젠가는 반드시 죽는 ② 사람, 인간 diversity 다양성 grieve 비통해하다, 슬프게 하다 *grief 비통, 슬픔 bereave 사별하다, 여의다 dwell on 심사숙고하다 at length 상세하게, 충분히 surround 에워싸다, 둘러싸다 tragic 비극적인 account 설명, 이야기 sorrow 슬픔 similarly 마찬가지로(= likewise) therefore 그러므로, 그래서 consequently 결과적으로

정답 03 ②

04 다음 글의 제목으로 가장 적절한 것은? 2022. 국가직 9급

Do people from different cultures view the world differently? A psychologist presented realistic animated scenes of fish and other underwater objects to Japanese and American students and asked them to report what they had seen. Americans and Japanese made about an equal number of references to the focal fish, but the Japanese made more than 60 percent more references to background elements, including the water, rocks, bubbles, and inert plants and animals. In addition, whereas Japanese and American participants made about equal numbers of references to movement involving active animals, the Japanese participants made almost twice as many references to relationships involving inert, background objects. Perhaps most tellingly, the very first sentence from the Japanese participants was likely to be one referring to the environment, whereas the first sentence from Americans was three times as likely to be one referring to the focal fish.

① Language Barrier Between Japanese and Americans
② Associations of Objects and Backgrounds in the Brain
③ Cultural Differences in Perception
④ Superiority of Detail-oriented People

정답 해설

04 **[해석]** 다른 문화의 사람들은 세상을 달리 볼까? 한 심리학자는 일본과 미국 학생들에게 물고기와 다른 수중 물체의 사실적인 애니메이션 장면을 보여 주었고 그들이 본 것을 보고하도록 요청했다. 미국인들과 일본인들은 이 초점 대상인 물고기를 거의 같은 수로 언급했지만, 일본인들은 물, 바위, 거품, 그리고 비활성식물과 동물들을 포함한 배경 요소들에 대해 **60%** 이상 언급했다. 게다가, 일본과 미국의 참가자가 대략 같은 수의 활동적인 동물을 포함한 움직임을 언급했던 반면, 일본 참가자는 비활성 배경 물체와 관련된 관계에 대해서는 거의 두 배 가까이 더 언급을 했다. 아마도 가장 확실한 것은 일본인 참가자의 첫 번째 문장은 환경을 언급하는 문장이었을 것이고 반면에, 미국인의 첫 번째 문장은 초점 대상인 물고기를 언급하는 문장이었을 것인데 그 가능성은 **3**배 더 높았다.

① 일본인과 미국인사이의 언어장벽
② 뇌 안의 물체와 배경의 연관성
③ 인식의 문화적 차이
④ 세부지향적인 사람들의 우월성

[해설] 단락의 도입부에 반대·대조를 나타내는 시그널 **different**(서로 다른 소재에 대한 차이점)를 이용해야 한다. 주어진 지문은 똑같은 사물을 보는 두 문화 사람들(미국인 **vs.** 일본인)의 차이점을 소개하는 내용의 글이므로 이 글의 제목으로 가장 적절한 것은 ③ '인식의 문화적 차이'이다.

[어휘] present 보여주다, 제공하다 realistic 사실적인 animated ① 생생한, 살아있는 ② 만화영화로 된 scene 장면 reference ① 언급 ② 참고 focal 중심의, 초점의 inert 무기력한, 비활성의 participant 참가자 tellingly 확실하게, 강력하게 barrier 장벽, 장애물 association 연관성, 관련 perception 인식 superiority 우월성 A-oriented A지향적인

정답 04 ③

05 다음 글의 흐름상 가장 어색한 문장은? 2021. 국가직 9급

The term burnout refers to a "wearing out" from the pressures of work. Burnout is a chronic condition that results as daily work stressors take their toll on employees. ① The most widely adopted conceptualization of burnout has been developed by Maslach and her colleagues in their studies of human service workers. Maslach sees burnout as consisting of three interrelated dimensions. The first dimension—emotional exhaustion—is really the core of the burnout phenomenon. ② Workers suffer from emotional exhaustion when they feel fatigued, frustrated, used up, or unable to face another day on the job. The second dimension of burnout is a lack of personal accomplishment. ③ This aspect of the burnout phenomenon refers to workers who see themselves as failures, incapable of effectively accomplishing job requirements. ④ Emotional labor workers enter their occupation highly motivated although they are physically exhausted. The third dimension of burnout is depersonalization. This dimension is relevant only to workers who must communicate interpersonally with others (e.g. clients, patients, students) as part of the job.

정답 해설

05 **[해석]** 번아웃은 일의 압박으로부터 "기진맥진"을 일컫는 용어이다. 번아웃은 일상적인 업무스트레스 요인의 결과물이 직원들에게 큰 해를 입히는 만성질환이다. 가장 널리 채택된 번아웃의 개념화는 Maslach와 그녀의 동료들이 사람을 대하는 근로자들에 대한 연구에서 개발되었다. Maslach는 번아웃을 세 가지 서로 관련된 관점으로 구성되어 있다고 여긴다. 첫 번째 관점인 감정적 피로감이 진정으로 번아웃 현상의 핵심이다. 근로자들이 피로감, 좌절감 그리고 몹시 지쳤다고 느끼거나 직장에서 또 다른 하루에 직면할 수 없을 때 감정적 피로로부터 고통을 받는다. 번아웃의 두 번째 관점은 개인적 성취의 부족이다. 번아웃 현상의 이러한 관점은 자기 스스로 업무 요구 사항을 효과적으로 달성할 수 없는 실패자로 여기는 근로자들을 일컫는다. (비록 감정 노동자들이 육체적으로는 피곤하다 하더라도 상당히 동기 부여된 상태로 자신들의 일을 시작한다.) 번아웃의 세 번째 관점은 비인격화이다. 이 관점은 단지 업무상 다른 사람들(예를 들어 고객, 환자, 학생)과 관계를 맺어야 하는 노동자들에 해당된다.

[해설] 주어진 지문은 번아웃의 ⊖ 관점 세 가지를 나열하는 내용의 글이다. 따라서 ④'비록 감정 노동자들이 육체적으로는 피곤하다 하더라도 상당히 동기 부여된 상태로 자신들의 일을 시작한다'는 내용의 ⊕ 관점은 글의 흐름상 어색하다. 따라서 정답은 ④이다.

[어휘] refer to ① ~을 참고하다 ② ~을 언급하다, ~라고 일컫다 wear out 닳아빠지다, 기진맥진하다 stressor 스트레스 요인 chronic condition 만성질환 take a toll on ~에게 해를 입히다, ~에게 피해를 주다 adopt 채택하다 conceptualization 개념화 colleague 동료 see A as B A를 B로 여기다, 간주하다 consist of ~로 구성되다 interrelated 상호 관련된 dimension ① 차원 ② 관점 exhaustion 피로, 탈진 fatigued 피로한, 지친 frustrated 좌절된 used up 몹시 지친 phenomenon 현상 failure 실패 incapable 할 수 없는 highly 아주, 매우, 상당히 requirement 요구 사항 motivated 동기 부여된, 의욕을 가진 depersonalization 비인격화 interpersonally 대인관계에서

[정답] 05 ④

빈칸에 들어갈 말로 가장 적절한(자연스러운) 것을 고르시오.

풀이 해법

올바른 독해법(독해의 최소화) + 단락의 전개 방식

1. 단락의 도입부에서 나열의 signal이 있는지 확인한다.

many	several	various	a few	some	for example(instance)

Ex 1 다음 글에서 빈칸에 들어갈 가장 적절한 말은?

> City dwellers prefer urban life because it makes many aspects of the good life readily available. First of all, more diverse educational institutions are at hand — college and art schools. The city also offers more conveniences and more services — medical centers, libraries, and financial institutions. The greater concentration of population also provides more career opportunities in business and industry. _____, access to work and leisure activities in the city is made possible by efficient internal transportation systems, too.

① In addition　　　　② However

③ For instance　　　　④ On the contrary

해석　도시 거주민들이 도심 생활을 선호하는 이유는 도심 생활이 풍족한 삶의 측면들을 손쉽게 구할 수 있게 해 주기 때문이다. 무엇보다도, 대학, 미술 학교와 같은 더욱 다양한 교육 기관들이 가까이 있다. 도시는 또한 의료 시설, 도서관 그리고 금융 기관과 같은 더 많은 편의시설과 서비스를 제공한다. 더 높은 인구 밀도 또한 기업과 산업에서 더 많은 직업 기회를 제공한다. 게다가 도시에서는 효율적인 내부 교통망에 의해 직장이나 여가 활동으로의 접근이 가능하게 되었다.

해설　나열의 전개 방식 구조이다. 따라서 빈칸에 들어갈 연결사는 ①이 된다.

어휘　dweller 거주자　urban 도시의, 도심의　readily 손쉽게　available 이용 가능한, 구할 수 있는　diverse 다양한　institution 기관　convenience 편의(시설)　financial 금융의, 재정의　concentration 집중, 밀도　access 접근　leisure activity 여가 활동　efficient 효율적인　internal 내부의, 안쪽의

정답　01 ①

풀이 해법

2. 단락의 도입부에서 two 개념이 있는지 확인한다. (반대·대조의 공간 개념)

Ex 2 다음 글에서 빈칸에 들어갈 가장 적절한 말은?

> Two Colombian rhythms which are very different have a foreign origin. The "cumbia" was created by African slaves who were brought to the hot regions of the country to work in the gold mines. It was a sad song of these people who missed their families. _____, the "bambuco" has a white, Spanish origin. It was created in colder zones and used when the Spanish wanted to express love to their girlfriends.

① Moreover　　　　② As a result
③ In short　　　　④ In contrast

해석 매우 다른 두 가지의 콜롬비아 리듬은 외국에서 유래되었다. "cumbia"를 만든 아프리카 노예들은 그 나라의 뜨거운 지역으로 끌려와 금광에서 일했다. 그것은 자신의 가족을 그리워하는 이런 사람들의 슬픈 노래였다. 반면에 "bambuco"는 백인계 스페인을 기원으로 한다. 그것은 추운 지역에서 만들어졌고 스페인 사람들이 그들의 여자친구에게 사랑을 표현하길 원할 때 사용되었다.

해설 이 글은 콜롬비아의 두 가지 리듬에 대한 차이점을 설명하고 있다. 따라서 빈칸에는 반대·대조의 연결사가 필요하므로, 정답은 ④가 된다.

어휘 foreign 외래의, 외국의　origin 기원, 유래　slave 노예　region 지역, 지방　mine 광산　zone 지역
express 표현하다

정답 02 ④

풀이 해법

3. 결론을 이끄는 연결사를 떠올린다.

Thus	Therefore	Hence
For these reasons	In conclusion	In short
In summary(In sum)	In brief	Briefly

[참고] 단락의 마지막 문장에 빈칸이 위치한다.

Ex 3 다음 글에서 빈칸 (A)와 (B)에 들어갈 말로 가장 적절한 것은?

> Some experts say that by concentrating our thoughts on certain colors, we can cause energy to go to the parts of the body that need treatment. ___(A)___, white is said to be cleansing, and it can balance the body's entire system. And yellow also stimulates the mind and creates a positive attitude, so it can help against depression. Green, which has a calming and restful effect, is supposed to improve heart condition. ___(B)___, it is believed that colors can be used to heal.

	(A)	(B)
①	For instance	In short
②	In brief	In short
③	For instance	However
④	In brief	However

[해석] 몇몇 전문가들이 말하기를 특정 색에 우리의 생각을 집중함으로써 우리는 치료가 필요한 우리 신체의 부분으로 에너지가 흘러가도록 만들 수 있다고 한다. <u>예를 들어</u>, 흰색은 정화한다고 전해지고 이것이 신체의 전체 시스템에 균형을 맞출 수 있다. 그리고 노란색은 또한 마음을 자극시켜 긍정적인 태도를 만들어 내고 그래서 우울증을 이겨내는 데 도움을 줄 수 있다. 녹색은 진정과 편안함을 주는 효과가 있는데 심장질환을 개선한다고 추정된다. <u>요약하면</u>, 색들이 치료에 이용될 수 있다고 생각된다.

[해설] (A) 다음 색깔에 대한 구체적인 예(white, yellow, green)가 나열되고 있으므로 (A)에는 For instance 가 필요하고 (B) 다음 이 글의 결론을 설명하므로 In short가 필요하다. 따라서 정답은 ①이 된다.

[어휘] expert 전문가 concentrate 집중하다 treatment 치료 cleansing 정화 entire 전체적인 stimulate 자극하다 attitude 태도, 자세 depression 우울증 calming 진정 restful 평온한, 편안한 heart condition 심장질환 heal 치료하다

[정답] 03 ①

풀이 해법

4. 문장과 문장 간의 전후 관계 논리(작은 흐름)를 살펴본다.
① 나열이나 two 개념이 아니라고 판단이 되면 빈칸을 기준으로 앞뒤 문장에서 반대·대조의 내용이 있는지 확인한다.
② 반대·대조의 내용이 없을 때에는 예시의 연결사를 떠올린다.

A　>　B
예시　└─ 고유명사가 나올 수 있다
　　　　 a + 명사가 나올 수 있다

Ex 4 다음 빈칸 (A), (B)에 들어갈 말로 가장 적절한 것은?

The assessments of physical quantities such as distance, size, depth, or height are all based on data of limited, subjective judgement.
_____(A)_____, a distance of between objects is determined in part by its clarity. The more sharply the object is seen, the closer it appears to be. This rule has some validity, because in any given scene the more distant objects are seen less apparently than nearer objects. In fact, the reliance on this rule leads to systematic errors in the estimation of distance. Specifically, distances are often overestimated when visibility is poor because the contours of objects are blurred. _____(B)_____, distances are often underestimated when visibility is good because the objects are seen sharply. Thus, the reliance on clarity as an indication of distance leads to common biases.

(A)	(B)
① For example	Thus
② For example	However
③ As a result	Thus
④ As a result	However

해석 거리, 크기, 깊이, 높이와 같은 물리적 양의 평가는 모두 제한적이고 주관적 판단에 근거를 둔다. <u>예를 들어</u>, 물체 사이의 거리는 부분적으로 그것의 선명도에 의해 결정된다. 물체가 더 명확하게 보일수록 그것이 그만큼 더 가까이 있는 것처럼 보인다. 이 규칙은 어떤 주어진 장면에서도 더 멀리 있는 물체가 더 가까이 있는 물체보다 덜 선명하게 보이기 때문에 약간의 타당성이 있다. 사실상 이 규칙에 의존하는 것은 거리를 판단할 때 조직적인 잘못을 저지르게 할 수 있다. 구체적으로, 물체의 윤곽이 흐려지기 때문에 가시도가 나쁠 때 거리는 종종 과대평가된다. <u>하지만</u>, 물체가 선명하게 보이기 때문에 가시도가 좋을 때 거리는 종종 과소평가된다. 따라서 거리의 지표로서 선명도에 의존하는 것은 흔한 선입견을 초래한다.

해설 physical quantities(물리적 양)의 구체적 예로서 distance를 제시했으므로 (A)에는 예시의 연결사가 필요하고 (B) 앞에는 가시도가 나쁠 때 거리는 종종 과대평가된다고 했고 (B) 뒤에는 가시도가 좋을 때 거리는 종종 과소평가된다고 했으므로 반대·대조의 연결사가 필요하다. 따라서 정답은 ② 이다.

정답 04 ②

어휘 assessment 평가 *assess 평가하다 physical ① 신체적인, 신체의 ② 물리적인 quantity 양 (↔ quality 질) depth 깊이 height 높이 subjective 주관적인 judgement 판단 determine 결정 [결심]하다 in part 부분적으로 clarity 명료함, 명확함 *clarify 명료[명확]하게 하다 sharp ① 날카로운, 예리한 ② 선명한 validity ① 유효함 ② 타당성 *valid ① 유효한 ② 타당한 apparent 명백한, 분명한, 선명한 reliance 의지, 의존 *rely on ~에 의지[의존]하다 systematic 조직적인, 체계적인 estimation 판단 *estimate ① 추정하다, 어림잡다 ② 추정(치) *overestimate 과대평가하다 (↔ underestimate 과소평가하다) specifically 구체적으로, 세부적으로 *specific ① 구체적인, 세부적인 ② 특정한 visibility 시계(視界), 가시도 *visible 눈에 보이는 *invisible 보이지 않는 indication ① 암시 ② 지표 bias 편견(= prejudice), 선입견

풀이 해법

5. 반대·대조나 예시가 적용되지 않을 때에는 다음의 기타 연결사를 떠올린다.

전후관계의 논리를 이용해야 하는 기타 연결사

종류	의미	연결사	특징
유사	마찬가지로	likewise, similarly, in the same way	두 개의 서로 다른 소재에 대한 공통점(같은 점)을 설명할 때 사용된다.
재진술	즉, 다시 말해서	that is (to say), in other words, namely (that)	똑같은 내용이 반복될 때 사용되고 주로, 내용은 같은데 단어만 바꾼다.
원인과 결과	왜냐하면, ~때문에, 그래서, 그러므로, 결과적으로	as, since, because, thereby, thus, therefore, consequently, as a result, owing to, on account of, due to, because of	인과 관계(원인과 결과)를 설명할 때 사용된다.
의미의 연결어	~에 관계없이, ~을 제외하고, 만약 그렇지 않으면, 사실은, 기껏해야, 고작, 마침내, 결국, ~에도 불구하고	regardless of, except(for), otherwise, unless, in fact, in effect, at best, at most, at last, in the end, in spite of, though	빈칸을 기준으로 전후 관계의 논리를 살펴본다.

Ex 5 다음 빈칸 (A), (B)에 들어갈 말로 가장 적절한 것은?

According to the religious and folk stories, many Indian ancestors in North America were nomads.   (A)   , they did not live in one place, but instead were always on the move as they looked for food. The nomadic tribes studied the stars for directions when they migrated from place to place. Hunters, too, needed information about the changes of seasons, which they got from the skies. For farmers, the different phases of the moon and the journey of the sun across the sky foretold the time for planting crops and the season for rain. As a result, Indian tribes knew the celestial bodies well.   (B)   , the ancient Indians were able to explain the mysteries of the universe to their people: their folk stories, symbols, and religious beliefs are full of attempts to make out astronomy.

	(A)	(B)
①	For example	In addition
②	For example	In contrast
③	In other words	In addition
④	In other words	In contrast

해석 종교적인 이야기와 민간전승에 따르면, 북미에 있었던 많은 인디언 선조들은 유목민들이었다. 다시 말해, 그들은 한 곳에 살지 않는 대신에 식량을 찾으면서 늘 이동을 했다. 유목 부족은 거주지를 이동할 때 방향을 찾기 위해 별자리를 연구했다. 사냥꾼들도 역시 계절의 변화에 대한 정보가 필요했고, 이 정보를 하늘에서 얻었다. 달의 다른 모양과 하늘을 가로지르는 태양의 이동은 농작물을 수확하는 시기와 우기를 농부들에게 예언해 주었다. 결과적으로, 인디언 부족들은 천체를 잘 알고 있었다. 더욱이, 고대 인디언들은 사람들에게 우주의 신비를 설명할 수 있었다. 즉, 그들의 전래동화, 상징과 종교적인 믿음은 천문학을 이해하려는 시도로 가득 차 있다.

해설 유목민(nomads)에 대한 구체적 진술이 (A) 뒤에 이어지므로 (A)에는 재진술의 연결사가 필요하고 (B) 앞에는 천체를 잘 알고 있다는 내용이 있고 (B) 뒤에는 우주의 신비를 설명할 수 있다고 했으므로 논리의 방향이 같다. 따라서 (B)에는 나열의 시그널이 필요하다. 그러므로 정답은 ③이다.

어휘 according to ~에 따르면   religious 종교적인   folk ① 민속의 ② 사람   ancestor 선조, 조상   nomad 유목민 *nomadic 유목민의   tribe 부족   phase 양상, 국면   journey 여정, 여행   foretell 예언하다, 예측하다   celestial 천상의, 하늘의 *celestial bodies 천체   deficiency 부족, 결핍 superstitious 미신의, 미신적인   astrology 점성술   attempt 시도   make out 이해하다   astronomy 천문학

Ex 6 빈칸 (A)와 (B)에 들어가기에 가장 적절한 말은?

The work week in America is generally 40 hours: eight hours a day, five days a week. Some companies have experimented with a new schedule: ten hours a day, four days a week. One effect of the four-day week may be happier workers. With a three-day weekend, workers have an extra day for leisure or for shopping. ___(A)___, the other effect of the new schedule may be ineffective at work. It is difficult to work ten hours a day, by the end of the day, workers may be tired. ___(B)___, they will not work as well and be less productive.

	(A)	(B)
①	Thus	For example
②	However	As a result
③	In addition	Therefore
④	On the other hand	However

해석 미국에서 주당 근로 시간은 보편적으로 40시간이다. 즉 하루 8시간, 주 5일을 말한다. 어떤 회사들은 하루에 10시간, 주 4일을 일하는 새로운 스케줄을 가지고 실험을 해보았다. 주 4일 근무의 효과 중 하나는 직원이 더 행복할 수도 있다. 3일간의 주말이 생겼기에, 노동자들은 여가나 쇼핑에 하루가 늘어난다. 그러나 이 새로운 스케줄의 다른 영향은 직장에서 비효율적일 수도 있다. 하루에 10시간 근무하는 것은 어렵다. 일과를 마칠 때쯤 노동자들은 지칠지도 모른다. 그 결과, 그들은 일을 잘하지 못할 뿐만 아니라 덜 생산적이게 될 것이다.

해설 (A)는 two 개념을 이용해야 하므로 반대·대조의 연결사가 필요하고 (B)는 인과 관계이므로 ②가 정답이 된다.

어휘 work week 주당 근로 시간 experiment 실험(하다) extra 추가의, 여분의 leisure 여가 ineffective 비효율적인, 효과가 없는 as well 뿐만 아니라 productive 생산적인

정답 06 ②

Ex 7 다음 빈칸 (A), (B)에 들어갈 말로 가장 적절한 것은?

Kohlrabi is one of the vegetables many people avoid, mainly because of its odd shape and strange name. (A) public avoidance, kohlrabi is delicious, versatile and good for you. Kohlrabi is a member of Brassica, which also includes broccoli and cabbage. Broccoli has much antioxidant. (B) , kohlrabi is no exception. Additionally, kohlrabi contains fiber, useful amounts of vitamin C, together with vitamin B, potassium and calcium. Kohlrabi can be eaten raw: it's delicious when thinly sliced and mixed into salads. You can also roast chunks of it in the oven, or use it as the base for a soup.

*brassica : 배추속(屬)

	(A)	(B)
①	In spite of	Similarly
②	Owing to	Similarly
③	In spite of	In contrast
④	Owing to	In contrast

해석 콜라비는 이상한 생김새와 이름 때문에 많은 사람들이 피하는 채소들 중 하나이다. 대중의 회피에도 불구하고 콜라비는 맛있고 여러 용도로 쓸 수 있고 당신에게 유익하다. 콜라비는 배추속과의 채소이며 브로콜리와 양배추도 여기에 포함된다. 브로콜리는 항산화제 성분을 많이 갖고 있다. 마찬가지로, 콜라비도 예외는 없다. 게다가 콜라비는 비타민 B, 칼륨 그리고 칼슘과 더불어 상당한 양의 유용한 비타민 C를 함유한 식이 섬유를 포함하고 있다. 콜라비는 날것으로 먹을 수 있다. 얇게 잘라서 샐러드와 섞어 먹으면 맛이 좋다. 당신은 이것을 덩어리로 오븐에서 굽거나 수프의 기본 재료로 사용할 수 있다.

해설 (A) 를 기준으로 반대·대조의 내용이 이어지므로 (A)에는 In spite of가 필요하고 (B)를 기준으로 서로 다른 소재에 대한 공통점을 설명하고 있으므로 (B)에는 Similarly가 있어야 한다. 따라서 정답은 ① 이다.

어휘 odd 이상한, 낯선 versatile 다용도의, 다목적의 cabbage 양배추 antioxidant 항산화제, 산화방지제 exception 예외 fiber 식이 섬유, 섬유질 potassium 칼륨 calcium 칼슘 raw 날것의, 요리하지 않은 thinly 얇게 roast 굽다 chunk 덩어리

정답 07 ①

01 다음 글의 빈칸 (A), (B)에 들어갈 말로 가장 적절한 것은?

We're always seeking the next opportunity for something big. If you talk to a cab driver in Manhattan, you're likely to find that he's going to school to get a better job. __(A)__ , if you meet a waitress in Southern California, she's likely to tell you that she has an audition for a movie next week. The cab driver might never get out of his cab and the waitress might be serving food for the next twenty years, but the sense that they're moving toward something more glamorous is very important to them personally. __(B)__ , those who fail to act, who accept the limitations of their work without complaining are likely to feel miserable about their lives. The hopelessness of their jobs has done critical damage to their identities.

	(A)	(B)
①	Likewise	However
②	Likewise	Similarly
③	On the contrary	Similarly
④	On the contrary	Therefore

꼼꼼독해

01 We're always seeking the next opportunity for something big.

해석 우리는 항상 무언가 큰 것을 위해 다음 기회를 찾고 있다.

02 If you talk to a cab driver in Manhattan, you're likely to find that he's going to school to get a better job.

해석 맨해튼에서 한 택시기사와 이야기를 해보면 그가 더 좋은 직장을 얻기 위해 학교에 다니고 있다는 사실을 알게 될 것이다.

03 Likewise, if you meet a waitress in Southern California, she's likely to tell you that she has an audition for a movie next week.

해석 마찬가지로 캘리포니아 남부에서 한 음식점 여종업원을 만나면 그녀가 다음 주에 영화 오디션을 본다는 이야기를 듣게 될 것이다.

04 The cab driver might never get out of his cab and the waitress might be serving food for the next twenty years, but the sense that they're moving toward something more glamorous is very important to them personally.

해석 그 운전기사는 아마 택시를 벗어나지 못할 것이고 그 여종업원도 향후 20년간 음식 서빙을 할 가능성이 높지만, 좀 더 매력적인 무언가를 향해 그들이 움직이고 있다는 의식은 개인적으로 그들에게 매우 중요하다.

05 However, those who fail to act, who accept the limitations of their work without complaining are likely to feel miserable about their lives.

해석 반면에, 행동에 옮기는 것을 실패하고 불평도 없이 자신이 하고 있는 일의 한계를 받아들이는 사람들은 자신의 삶을 비참하다고 느끼는 경향이 있다.

06 The hopelessness of their jobs has done critical damage to their identities.

해석 자신의 일에 대한 희망을 가지지 않는 것은 정체성에 대한 치명적인 손상을 가져 온다.

01
seek 찾다(= search for, look for), 구하다
opportunity 기회

02
cab 택시
*yellow cab (미국에서) 택시
be likely to ⓥ ⓥ인 것 같다
(= seem/appear to ⓥ)
*likely 가능성 있는, 있을 법한

04
glamorous 매혹적인
*glamour 매혹하다(= attract)

05
limitation 제한, 한계
complain 불평하다
miserable 불쌍한, 초라한
*misery 고통, 불행
*miserably 비참하게
*miser 구두쇠

06
hopelessness 절망(= despair)
[hopeless 절망적인(= desperate)]
critical 비판적인, 결정적인; 중요한
(= crucial, significant)
*criticize 비평하다
(= blame, censure, condemn)
*critic 비평가
identity 정체성
*identify 확인[증명]하다; 동일시하다

정답 01 ①

02 다음 빈칸 (A), (B)에 들어갈 말로 가장 적절한 것은?

Color adds beauty to our lives, but it does more than that. Color serves important signaling functions, both natural and contrived by humans. The natural and human-made world provides many color signals that help us identify things. I know a banana is ripe when it has turned yellow and I know to stop when the traffic light turns red. _____(A)_____, color facilitate perceptual organization, the process by which small elements become grouped perceptually into larger objects. Color perception greatly facilitates the ability to tell one object from another and especially to pick out objects within scenes, an ability crucial to the survival of many species. _____(B)_____, consider a monkey searching for fruit in the forest. A monkey with good color vision easily detects red fruit against a green background, but a color-blind monkey would find it more difficult to find the fruit. Thus, color vision enhances the contrast of objects that, if they didn't appear colored, would appear more similar.

	(A)	(B)
①	In addition	However
②	In addition	For example
③	Nonetheless	However
④	Nonetheless	For example

꼼꼼 독해

01 Color adds beauty to our lives, but it does more than that. Color serves important signaling functions, both natural and contrived by humans.

해석 색은 우리의 삶에 아름다움을 더해 주기도 하지만, 그 이상의 것을 더 해 준다. 색은 중요한 기호적 기능을 제공하는데, 그 기능은 자연 발생적이기도 하고 인간에 의해 만들어지기도 한다.

01
add 더하다
serve 제공하다, 주다
contrive 고안하다, 만들어 내다

02 The natural and human-made world provides many color signals that help us identify things. I know a banana is ripe when it has turned yellow and I know to stop when the traffic light turns red.

해석 자연 발생적이기도 하고 인위적이기도 한 세상은 우리가 물체를 확인하는 데 도움을 주는 많은 색상 기호를 제공해 준다. 바나나가 노란색으로 변할 때 나는 바나나가 익었다는 것을 알며, 신호등이 빨간 색으로 변할 때 나는 멈춰야 하는 것을 안다.

02
human-made 인위적인
identify 확인하다
ripe 익은
traffic light 신호등

03 In addition, color facilitates perceptual organization, the process by which small elements become grouped perceptually into larger objects. Color perception greatly facilitates the ability to tell one object from another and especially to pick out objects within scenes, an ability crucial to the survival of many species.

해석 게다가, 색은 작은 요소들이 모여서 지각적으로 더 큰 물체가 되는 과정인 지각 구성을 용이하게 해준다. 색의 지각 능력은 많은 종들의 생존에 중요한 능력인 한 물체와 다른 물체를 구별하고, 특히 (눈으로 보는) 장면 내에서 물체를 고르는 능력을 크게 용이하게 해준다.

03
facilitate 용이하게 하다, 돕다
perceptual 지각의
*perception 지각
organization 조직, 구성
element 요소
group 모이다, 모으다
tell A from B A와 B를 구별하다
pick out 고르다
scene 장면
crucial 중요한, 결정적인

04 For example, consider a monkey searching for fruit in the forest. A monkey with good color vision easily detects red fruit against a green background, but a color-blind monkey would find it more difficult to find the fruit.

해석 예를 들어, 숲속에서 과일을 찾는 원숭이를 생각해 보라. 좋은 색각을 가진 원숭이는 초록색 배경 속에 서 빨간 과일을 쉽게 감지해내지만 색맹인 원숭이는 그 과일을 찾는 것이 더 어렵다는 것을 알게 될 것이다.

04
search for 찾다
color vision 색각, 색의 지각
detect 감지하다
color-blind 색맹

05 Thus, color vision enhances the contrast of objects that, if they didn't appear colored, would appear more similar.

해석 그러므로, 색각은 이런 식으로 채색된 것으로 보이지 않으면 더욱 비슷하게 보일 물건들의 대조를 강화 시킨다.

05
enhance 강화하다, 강화시키다
contrast 대조
color 색칠하다, 채색하다

정답 02 ②

03 다음 글의 빈칸 (A), (B)에 들어갈 말로 가장 적절한 것은?

Stimuli may be so weak that we are not aware of the sensations they are arousing. But our perception of them may influence our thought or behavior. This perception of sensation aroused by stimuli that are too weak for an individual to report is called subliminal perception. A report claimed that such phrases as "Eat KIRKLAND popcorn K" and "Drink Coca-Cola" had been flashed on the screen during a movie. _____(A)_____ the report said, popcorn sales at the theater increased 50 percent and sales of the soft drink increased 18 percent. It was claimed that the phrases were flashed on the screen for only 1/3000 second, so the audience was not aware of seeing them. _____(B)_____, because of the rise in sales, it was thought that the members of the audience had perceived them.

	(A)	(B)
①	Nevertheless	Besides
②	For example	Besides
③	For example	However
④	As a result	However

꼼꼼독해

01 Stimuli may be so weak that we are not aware of the sensations they are arousing. But our perception of them may influence our thought or behavior. This perception of sensation aroused by stimuli that are too weak for an individual to report is called subliminal perception.

> **해석** 자극을 주는 것들이 너무 약해서 우리는 그것들이[그 자극제들이] 불러일으키는 감각[느낌]을 인식하지 못한다. 하지만 우리의 인식은 우리들의 사고나 행동에 영향을 줄 수 있다. 개인이 느끼기에 너무 약한 이러한 자극들에 의해 불러 일으켜지는 감각의 인식을 무의식적 인식이라고 부른다.

02 A report claimed that such phrases as "Eat KIRKLAND popcorn" and "Coca-Cola" had been flashed on the screen during a movie. As a result the report said, popcorn sales at the theater increased 50 percent and sales of the soft drink increased 18 percent.

> **해석** 가령 예를 들어서 "KIRKLAND 팝콘을 드세요" 그리고 "코카콜라를 마시세요"와 같은 어구가 영화 상영 동안 스크린에 깜빡였다. 그 결과 극장에서의 팝콘 판매가 50% 증가했고, 음료 판매는 18%가 증가했다.

03 It was claimed that the phrases were flashed on the screen for only 1/3000 second, so the audience was not aware of seeing them. However, because of the rise in sales, it was thought that the members of the audience had perceived them.

> **해석** 그 어구는 단지 3000분의 1초만 스크린에서 깜빡였고 그래서 관객은 그 어구들을 봤던 것을 인식할 수 없었다. 하지만 판매량이 증가했기 때문에 관객들이 그 어구들을 인식했을 것이라고 생각되었다.

01
stimuli 자극제들
*stimulus 자극제
*stimulation 자극
*stimulate 자극하다
so ~ that 너무 ~해서 …하다
weak 나약한, 약한
aware 알고 있는, 인식하고 있는
*be aware of ~을 알고 있다
        (인식하다)
sensation 느낌, 감각
arouse 불러일으키다
*arise 일어나다, 발생하다
(= take place, occur, happen)
perception 인식, 이해; 지각
*perceive 인식(이해)하다; 지각하다
*perceptible 인지할 수 있는;
         지각할 수 있는
*perceptive 통찰력 있는; 예리한
*perceptual 지각의
*perceptual ability 지각 능력
weak 약한
too ~ to ⓥ 너무 ~해서 ⓥ할 수 없다
subliminal 무의식적인

02
phrase 구(句), 문구, 어구
*clause 절(節)
claim 주장하다; 청구하다; 빼앗다
flash 깜빡이다; 번쩍이다, 비추다

03
claim 주장하다
second 초
aware 알고 있는, 인식하는

01 (A)와 (B)에 들어갈 말로 가장 적절한 것은? 2021. 지방직 9급

Ancient philosophers and spiritual teachers understood the need to balance the positive with the negative, optimism with pessimism, a striving for success and security with an openness to failure and uncertainty. The Stoics recommended "the premeditation of evils," or deliberately visualizing the worst-case scenario. This tends to reduce anxiety about the future: when you soberly picture how badly things could go in reality, you usually conclude that you could cope. ___(A)___, they noted, imagining that you might lose the relationships and possessions you currently enjoy increases your gratitude for having them now. Positive thinking, ___(B)___, always leans into the future, ignoring present pleasures.

	(A)	(B)
①	Nevertheless	in addition
②	Furthermore	for example
③	Besides	by contrast
④	However	in conclusion

정답 해설

01 【해석】 고대 철학자들과 영적 스승들은 긍정적인 것과 부정적인 것, 낙관주의와 비관주의, 성공과 안전을 위한 노력, 실패와 불확실성에 대한 개방의 균형을 맞출 필요성을 이해했다. 스토아학파는 "악을 미리 생각하기" 즉 최악의 시나리오를 의도적으로 시각화하는 것을 추천했다. 이것은 미래에 대한 걱정을 감소시키는 경향이 있다. 즉, 당신의 현실상황이 얼마나 악화될 수 있는지 냉정하게 생각해보면, 당신은 대체로 대처할 수 있다고 결론짓는다. <u>게다가</u>, 그들은 당신이 현재 누리고 있는 관계와 재산을 잃게 될 수도 있다고 상상하는 것은 지금 그것들을 가지고 있는 것에 대한 감사함을 증가시킨다고 언급했다. <u>이와는 대조적으로</u>, 긍정적 사고는 항상 현재의 즐거움을 무시한 채 미래에 기댄다.

【해설】 (A) 앞에 최악의 상황을 가정하는 경우 이것이 미래에 대한 불안감을 감소시키는 경향이 있다(⊕ 개념)고 했고 (A) 뒤에 지금 현재 가지고 있는 것에 대한 감사함이 늘어난다(⊕ 개념)고 했으므로 논리의 방향이 같다. 따라서 (A)에는 Besides(게다가)가 필요하고 (B) 뒤에 긍정적인 생각이 현재의 즐거움을 무시하고 미래에 기댄다(⊖)고 했으므로 (B) 앞에 나온 내용과는 반대·대조를 이룬다. 따라서 (B)에는 by contrast(이와는 대조적으로)가 필요하다.

【어휘】 ancient 고대의 spiritual 영적인, 정신의 balance A with B A와 B의 균형을 맞추다 optimism 낙관주의 pessimism 비관주의 striving 노력 *strive 노력하다, 애쓰다 security 안전, 안보 openness 개방 failure 실패 uncertainty 불확실성 Stoics 스토아학파 premeditation 미리 생각[명상]하기 *meditation 명상, 묵상 evil 악, 악마 deliberately 의도적으로, 일부러 visualize 시각화하다 worst-case 최악의 scenario 시나리오 reduce 줄이다, 감소시키다 anxiety 걱정, 불안 soberly 진지하게, 냉정하게 cope 대처하다 note ① 주목하다 ② 언급하다 possession 소유물, 재산 currently 현재 gratitude 감사(함) lean 기대다 ignore 무시하다 pleasure 즐거움, 기쁨

정답 01 ③

02 밑줄 친 (A), (B)에 들어갈 말로 가장 적절한 것은? 2020. 국가직 9급

Advocates of homeschooling believe that children learn better when they are in a secure, loving environment. Many psychologists see the home as the most natural learning environment, and originally the home was the classroom, long before schools were established. Parents who homeschool argue that they can monitor their children's education and give them the attention that is lacking in a traditional school setting. Students can also pick and choose what to study and when to study, thus enabling them to learn at their own pace.   (A)   , critics of homeschooling say that children who are not in the classroom miss out on learning important social skills because they have little interaction with their peers. Several studies, though, have shown that the home-educated children appear to do just as well in terms of social and emotional development as other students, having spent more time in the comfort and security of their home, with guidance from parents who care about their welfare.   (B)   , many critics of homeschooling have raised concerns about the ability of parents to teach their kids effectively.

	(A)	(B)
①	Therefore	Nevertheless
②	In contrast	In spite of this
③	Therefore	Contrary to that
④	In contrast	Furthermore

정답 해설

02 [해석] 홈스쿨링 지지자들은 아이들이 안전하고 사랑스러운 환경에 있을 때 더 잘 배운다고 믿는다. 많은 심리학자들은 집을 가장 자연스러운 학습 환경으로 간주하고, 원래 집은 학교가 만들어 지기 훨씬 전부터 교실이었다. 홈스쿨링을 하는 학부모들은 자녀의 교육을 관찰할 수 있고 전통적인 학교 환경에서는 부족한 관심을 (자녀들에게) 줄 수 있다고 주장한다. 학생들은 또한 무엇을 공부할지, 언제 공부할지를 선택할 수 있기 때문에 그들 자신만의 속도로 학습할 수 있다. 이와는 대조적으로, 홈스쿨링에 대한 비평가들은 학교에서 공부를 하지 않는 아이들은 또래와의 상호 작용이 거의 없기 때문에 중요한 사회적 기술을 배우지 못한다고 말한다. 하지만, 몇몇 연구들은 홈스쿨링을 하는 아이들도 다른 학생들만큼 사회적이고 정서적인 발달이 잘되는 것 같고, 그들의 복지에 신경을 쓰는 부모들의 지도와 함께 가정의 편안함과 안전 속에서 더 많은 시간을 보낸다는 것을 보여 주었다. 그럼에도 불구하고, 홈스쿨링에 대한 많은 비평가들이 아이들을 효과적으로 가르칠 수 있는 부모의 능력에 대한 우려를 제기해 왔다.

[해설] Two 개념(홈스쿨링 지지자 vs. 홈스쿨링 비판자)을 이용해야 한다. (A) 앞에는 홈스쿨링 지지자들의 ⊕ 개념이 있고 (A) 뒤에는 홈스쿨링을 비판하는 비평가들의 ⊖ 입장이 설명되고 있으므로 (A)에는 반대·대조의 연결사가 필요하다. (B) 앞에는 홈스쿨링의 ⊕ 개념이 있고 (B) 뒤에는 홈스쿨링의 ⊖ 개념이 있으므로 역시 반대·대조의 연결어가 필요하다. 따라서 정답은 ②가 된다.

[어휘] advocate 옹호자 secure 안전한 * security 안전 psychologist 심리학자 establish 설립하다, 세우다 critic 비평가 interaction 상호 작용 peer 또래 appear to ⓥ ⓥ인것 같다 in terms of ~의 관점에서 comfort 편안함 welfare 복지 concern ① 걱정 ② 관심 effectively 효과적으로 therefore 그래서, 그러므로 nevertheless 그럼에도 불구하고 contrary to~ ~와는 반대로 furthermore 더욱이, 게다가

정답 01 ②

출제 유형

1. 글의 흐름으로 보아 주어진 문장이 들어가기에 가장 적절한 곳은? 삽입
2. 주어진 글 다음에 이어질 글의 순서로 가장 적절한 것은? 배열

풀이 해법

1. 단락의 전개 방식을 이용
Q 나열(Listing)의 Signal 이용

Ex 1 다음 글의 흐름으로 보아 주어진 문장이 들어가기에 가장 적절한 곳은?

There are some ways in which people try to solve the problem of energy.

(①) One way is the greater production of common energy sources, such as coal, oil and gas. (②) Another way is energy conservation, which means using energy more efficiently. (③) In some very cold countries people build special houses to save energy. (④) They put materials between the inside and the outside of the walls of the house. Finally, renewable energy sources are used even though they are often expensive to exploit. One form of these is geothermal energy.

해석 사람들이 에너지 문제를 해결하기 위해 노력하는 몇몇 방법들이 있다. 한 가지 방법은 석탄, 석유, 가스와 같은 일반적인 에너지 자원의 생산을 더 늘리는 것이다. 또 다른 방법은 에너지 보존인데, 이것은 에너지를 더 효율적으로 사용하는 것을 의미한다. 몇몇 아주 추운 나라 사람들은 에너지를 절약하기 위해서 특별한 집을 짓는다. 그들은 집 벽의 안쪽과 바깥쪽 사이에 자재를 넣는다. 마지막으로 재생 가능한 에너지 자원은 비록 그것들이 흔히 개발하기에 비용이 많이 들더라도 사용된다. 이런 것들 중의 하나는 지열 에너지이다.

해설 주제문을 이끄는 나열의 Signal이 제시문에 있고 첫 번째 나열을 알리는 Signal(one)이 ①에 있으므로 정답은 ①이 된다.

어휘 material 물질, 재료; 교재 coal 석탄 conservation 보존, 보호 efficiently 효율[능률]적으로 renewable 재생 가능한 exploit 사용[이용]하다; 착취하다 geothermal 지열의

정답 01 ①

풀이 해법

🔍 시간 순서(Time Order)의 Signal 이용

Ex 2 다음 주어진 문장에 이어질 글의 순서로 가장 적절한 것은?

Politically, students these days are different from students in the past.

(A) In the 1960s and 1970s, many students demonstrated against the government and hoped to make big changes in society.

(B) Today, however, students seem to be a combination of the two: they want to make good money when they graduate, but they are also interested in helping society.

(C) In the 1980s, most students are interested only in their studies and future jobs.

① (A) − (C) − (B)   ② (B) − (A) − (C)
③ (B) − (C) − (A)   ④ (C) − (A) − (B)

[해석] 정치적으로 요즘 학생들은 과거의 학생들과 다르다.
(A) 1960년대에서 1970년대에는 많은 학생들이 정부에 대항하여 시위 운동을 했으며 사회에 큰 변화를 가져오기를 바랐었다.
(C) 1980년대에는 대부분의 학생들이 자신들의 공부와 미래의 직업에만 관심을 가졌다.
(B) 하지만 오늘날의 학생들은 이 둘을 결합한 것처럼 보인다. 그들은 졸업하면 많은 돈을 벌고 싶어 하지만, 사회에 도움을 주는 데에도 관심을 가지고 있다.

[해설] 이 글은 시간 순서의 전개 방식이다. (A)에 1960s and 1970s이 있고 (C)에 1980s 그리고 (B)에 today가 있으므로 글의 순서는 ① (A)−(C)−(B)이다.

[어휘] politically 정치적으로   these days 요즘, 요즘에는   demonstrate 설명하다; 시위하다

[정답] 02 ①

Ex 3 다음 글의 흐름으로 보아 주어진 문장이 들어가기에 가장 적절한 곳은?

> Make a plan for a bookcase that suits your own library.

> If you want to make a bookcase yourself, follow these simple steps. (①) Then, choose wood materials for the bookcase from a wood materials store. (②) When you have bought the wood, carefully cut it according to your design. (③) The next step is to put the different parts together with glue and nails. (④) After that, add the finishing touch by painting the woodwork. Now you have a fine piece of furniture.

해석 당신 스스로 책상을 만들려고 한다면, 다음의 간단한 과정을 따라라. 당신 서재에 어울리는 책장을 설계해라. 그리고 나서, 목재상에서 책장에 알맞은 목재를 골라라. 목재를 샀다면, 조심스럽게 설계에 따라 잘라라. 다음 단계는 아교와 못으로 서로 다른 부분들을 결합시키는 것이다. 그 후에는, 그 목제품에 칠을 함으로써 마무리 손질을 해라. 이제 당신은 멋진 가구를 가진 것이다.

해설 시간 순서의 전개 방식을 이용해야 한다. 계획을 세우고 그다음 목재를 선택해야 하므로 정답은 ①이 된다.

어휘 suit ~에 잘맞다, 어울리다   wood material 목재   according to ~에 따라서; ~에 따르면
put A with B A를 B로 붙이다

정답 03 ①

풀이 해법

🔍 반대·대조(Contrast)의 Signal 이용

Ex 4 다음 글의 흐름으로 보아, 주어진 문장이 들어가기에 가장 적절한 곳은?

> But many people seem to learn how to use a computer by reading the manual.

> Some people can learn a foreign language just by hearing it, and then trying to speak it. Other people have to read it and write it in order to learn it. (①) So some people use their ears more, and others use their eyes more to learn new things. (②) Take another example. (③) I can't learn how to use a computer just by reading an instruction manual. (④) In short, people learn things in different ways.

해석 어떤 사람들은 단지 들음으로써, 그리고 그것을 말하려고 시도함으로써 외국어를 배울 수 있다. 다른 사람들은 그것[외국어]을 읽고 씀으로써 배워야 한다. 그래서 몇몇 사람들은 귀를 더 많이 이용하고 다른 사람들은 새로운 것을 배우기 위해 눈을 더 많이 이용한다. 또 다른 예를 들어 보자. 나는 사용 설명서를 읽어서는 어떻게 컴퓨터를 사용할지 배울 수 없다. <u>하지만 많은 사람들은 사용 설명서만 읽어도 어떻게 컴퓨터를 사용할지 배우는 것 같다.</u> 결론적으로 사람들은 각기 다른 방식으로 무언가를 배운다.

해설 제시문의 **But**을 이용해야 한다. **But** 다음에 사람들이 컴퓨터 사용 설명서로 컴퓨터를 배울 수 있다고 했으므로 정답은 ④가 된다.

어휘 manual 손으로 하는; 사용 설명서   foreign language 외국어   instruction 지시; 가르침; 설명

정답 04 ④

풀이 해법

Q 결론을 유도하는 Signal 이용

Ex 5 다음 주어진 문장에 이어질 글의 순서로 가장 적절한 것은?

A farmer needs to be very careful about changing the food of his cows.

(A) In addition, the cow that suddenly eats lots of a new food may give less milk.

(B) If the farmer makes a sudden change in food for a cow, the cow may first lose weight.

(C) For these reasons, the farmer changes the cow's food slowly so that the cow can adapt to the new food.

① (A) − (C) − (B)　　　　② (B) − (A) − (C)
③ (B) − (C) − (A)　　　　④ (C) − (A) − (B)

[해석] 농장주는 소의 사료를 바꾸는 것에 대해 매우 주의해야 할 필요가 있다.
(B) 만약 농장주가 소를 위한 사료를 갑자기 바꾼다면, 그 소는 먼저 체중을 잃을 수도 있다.
(A) 더구나, 갑작스레 사료를 많이 먹는 소는 우유를 덜 생산할 수 있다.
(C) 이러한 이유들 때문에, 농장주는 그 소가 새로운 사료에 적응할 수 있도록 소의 사료를 점차적으로 바꾼다.

[해설] 나열과 결론의 전개 방식을 이용해야 한다. (B)에 first(첫 번째 나열)가 있고, (A)의 In addition(두 번째 나열), 그리고 (C)의 For these reasons(결론) 순으로 글이 이어져야 하므로 정답은 ②가 된다.

[어휘] careful 주의 깊은　lose weight 살이 빠지다　adapt 적응하다[시키다]

[정답] 05 ②

풀이 해법

Q 인과 관계(Cause and effect)의 Signal 이용

Ex 6 다음 글의 흐름으로 보아, 주어진 문장이 들어가기에 가장 적절한 곳은?

> So the leopard began to attack dogs and cattle in the village.

> Villagers heard a deer barking in the distance, but they were not the only ones to hear it. A leopard, stretched full-length on a large tree branch, heard it, too. (①) The leopard raised its head and then got up slowly. (②) Deer were its natural prey, but there weren't many left in this area. (③) After several attacks, the villagers no longer allowed their cattle to wander far, and at night they were securely locked into their barns. (④) Favorite dogs, used to walking around the village at night, were now called indoors before sunset.

해석 마을 사람들은 멀리서 한 사슴의 울음소리를 들었다. 그러나 그들만이 그 소리를 들은 것은 아니었다. 큰 나뭇가지 위에서 다리를 쭉 뻗고 있었던 한 표범도 그 소리를 들었다. 표범은 고개를 들고 서서히 일어났다. 사슴은 표범의 천연 먹이감이었으나 이 지역에 많이 남아 있지 않았다. <u>그래서 표범은 그 마을에 있는 개들과 가축들을 공격하기 시작했다.</u> 몇 번의 공격 후에 그 마을 사람들은 더 이상 그들의 가축들이 멀리 배회하도록 하지 않았다. 그리고 그들의 헛간으로 가축들을 안전하게 가두어 놓았다. 밤에 마을 주위를 걸어 다니곤 했던 가장 좋아하는 개는 이제 해가 지기 전에 실내로 불러들여졌다.

해설 인과 관계와 시간 순서의 전개 방식을 이용해야 한다. 먹잇감이 없어서 개나 소를 공격하고 그다음 시간 순서에 의해 '공격 후에'라는 말이 이어져야 하므로 정답은 ③이 된다.

어휘 leopard 표범 full-length 다리를 쭉 뻗고, 전신이 다 보이는 branch 가지 prey 먹이 cattle 소, 소떼 wander 배회하다 securely 안전하게 barn 곳간, 헛간

정답 06 ③

풀이 해법

Q 예시의 Signal(for example, for instance) 이용

　① 큰 흐름의 예시: 예가 하나, 둘, 셋 나열될 때 첫 번째 예를 들면서 for example (instance)가 나온다.

Ex 7 다음 주어진 문장이 들어가기에 가장 적절한 곳은?

For example, people associate red with a strong feeling like anger.

Many expressions in English use colors and these expressions show how people feel about the colors. (①) When someone is very angry, people say that he or she sees red. (②) Green is also an happy color. (③) When someone grows plants well, people would be happy and delightful. (④) Blue is a sad color, especially, when someone is very sad, she says she is blue.

해석 영어에 있어서 많은 표현들은 색깔과 그 색깔에 대해 사람들이 어떻게 느끼는가를 보여 준다. 예를 들어서, 사람들은 빨강색을 보면 분노와 같은 강렬한 감정을 연상시킨다. 누군가 아주 화날 때 사람들은 그가 몹시 화를 낸다(see red)고 말한다. 초록색은 또한 행복한 색깔이다. 누군가가 식물을 잘 재배할 때 사람들은 행복하고 기쁘다. 파란색은 슬픈 색이다. 특히 누군가가 슬플 때 그녀는 자신이 우울하다(blue)고 말한다.

해설 큰 흐름의 예시를 이용해야 한다. 이 글은 감정과 색깔의 연관성에 관한 글이다. 첫 번째 예에서 빨강색으로 분노의 감정, 그리고 두 번째 예에서 초록색과 행복, 마지막 예로 파랑색과 우울의 감정이 나열되므로 제시문은 ①에 위치해야 한다.

어휘 associate 관계[관련]시키다; 연상시키다; 연합[결합]시키다　grow 자라다, 성장하다; 재배하다, 기르다; 되다, 지다　blue 파란; 우울한

정답 07 ①

◦ 예시의 Signal(for example, for instance) 이용
② 작은 흐름의 예시: 예가 하나, 둘, 셋 나열되지 않고 단지 한 문장에 대한 구체적인 예
   가 제시될 때 사용된다.

Ex 8 다음 주어진 문장에 이어질 글의 순서로 가장 적절한 것은?

> There are some important differences between British and American English.

> (A) For example, Americans use the word elevator, but the British say the word lift.
> (B) Sounds are very different, too.
> (C) First of all, words are not same.

① (A) − (C) − (B)   ② (B) − (A) − (C)
③ (B) − (C) − (A)   ④ (C) − (A) − (B)

해석 영국영어와 미국영어에는 중요한 몇 가지 차이점이 있다.
(C) 무엇보다도 우선 단어가 다르다.
(A) 예를 들어서, 미국에서는 엘리베이터라는 단어를 사용하지만 영국에서는 리프트라는 단어를 사용한다.
(B) 발음 또한 아주 다르다.

해설 나열의 전개 방식과 작은 흐름의 예시를 이용해야 한다. (C)에 First of all이 있고 words에 대한 예로 (A)가 이어져야 하고 (B)에 too(두번째 나열)가 있으므로 글의 순서는 ④가 된다.

어휘 British 영국의 lift 들어 올리다; (영국) 엘리베이터

정답 08 ④

풀이 해법

2. 지시어 이용
Q 지시형용사 이용
① 지시형용사: · this(these) + ⓝ / that(those) + ⓝ / such + ⓝ
위의 지시형용사 다음에 나오는 명사는 반드시 바로 앞 문장에 있어야 한다.

Ex 9 다음 보기를 보고 순서대로 2개씩 짝지으시오.

① Such solutions   ② the trouble

③ this machine   ④ Solutions

⑤ A computer   ⑥ that problem

해설 ① such solutions 바로 앞에는 ④ solutions가 있어야 한다.
③ this machine 바로 앞에는 ⑤ machine(A computer)이 있어야 한다.
⑥ that problem 바로 앞에는 ② problem(the trouble)이 있어야 한다.

Ex 10 다음 주어진 문장 다음에 이어질 글의 순서로 가장 적절한 것은?

> We have the good fortune to live in a democracy.

> (A) Without this freedom, the decision-makers may make our lives difficult because they wouldn't know what we think.
>
> (B) We should, therefore, be ready to fight for the right to tell truth whenever it is threatened.
>
> (C) But what does the democracy mean to us if we don't have the freedom to tell the truth?

① (A) − (C) − (B)   ② (B) − (C) − (A)

③ (C) − (A) − (B)   ④ (C) − (B) − (A)

해석 우리는 민주주의에서 사는 행운을 가지고 있다.
(C) 그러나 만약에 우리가 진실을 말할 수 있는 자유가 없다면, 민주주의가 우리에게 무슨 의미가 있겠는가?
(A) 이러한 자유가 없다면, 의사결정자들은 우리가 무엇을 생각하는지 알지 못하기 때문에 우리의 생활을 힘들게 했을지도 모른다.
(B) 그러므로 우리는 위협을 당할 때는 언제나 진실을 말할 수 있는 권리를 위해 투쟁할 준비가 되어 있어야 한다.

해설 (A)의 this freedom 바로 앞 문장에는 freedom이 있어야 하므로, (A) 바로 앞에는 (C)가 있어야 하고, (B)에 결론을 유도하는 therefore가 있으므로 정답은 ③이 된다.

정답 09 ④-①/⑤-③/②-⑥
10 ③

어휘 democracy 민주주의   decision-makers 의사결정자   threaten 위협하다

풀이 해법

Q 지시(인칭)대명사 이용

② 지시(인칭)대명사: this(these) + ⓥ / that(those) + ⓥ / it(they) + ⓥ he, she …

위의 지시(인칭)대명사는 가리키는 명사가 반드시 바로 앞 문장에 있어야 한다.

Ex 11 다음 글의 흐름으로 보아, 주어진 문장이 들어가기에 가장 적절한 곳은?

Koreans tend to have one job for their whole life.

A professor of business studied employment patterns in Korea and the United States. She described in her book some important differences. (①) Among them, she paid particular attention to the number of years a person stays with a job. (②) When they are young, they go to work for a company, and they stay with that company. (③) In the United States, people move from one company to another. (④) They change jobs very frequently.

해석 한 경제학 교수는 한국과 미국의 고용 형태를 공부하였다. 그녀의 저서에는 몇 가지의 중요한 차이점들이 설명되어 있다. 그녀는 그들 중 특정적으로 한 사람이 몇 년 동안 한 직업에 종사하고 있는지에 관해 중점을 두었다. 한국인은 일생에 한 가지 일에 종사하는 경향을 보인다. 젊었을 때 그들은 한 직장에서 일을 하고, 또 그 직장에 머물러 있다. 미국에서는, 사람들은 한 직장에서 다른 직장으로 옮긴다. 그들은 매우 자주 직장을 바꾼다.

해설 ② 뒤의 they는 제시문의 Koreans를 지칭하므로 주어진 문장이 들어가기에 가장 적절한 곳은 ②가 된다.

어휘 pay attention to ~에 집중하다 frequently 자주, 빈번하게

정답 11 ②

풀이 해법

Q 정관사 이용

① 정관사: + the + ⓝ

(a) + ⓝ 다음에 위의 정관사 the + ⓝ가 나온다. (이때 명사는 동일 명사이다)

[참고] 반드시 a + ⓝ가 the + ⓝ 앞에 나오는 것은 아니다.

Ex 12 다음 글의 흐름으로 보아, 주어진 문장이 들어가기에 가장 적절한 곳은?

A new study shows that kids are becoming multitasking media users.

When doing your homework, do you listen to music or talk on the phone at the same time? (①) The study has measured kids' use of non-school media including television, videos and DVDs, music, video games, computers, movies, magazines, books and other print materials. (②) The finding is that kids who get the lowest grades spend more time playing video games and less time reading than did kids who received the highest grades though the total amount of time spent on non-school media use hasn't changed much. (③) Still, it is unclear if multitasking has any effect on kids' ability to focus on their studies. (④) Spending more time with more media is bad but this is something all parents have to decide based on their kids' age, their performance in school and the parents' own values.

[해석] 당신은 숙제를 하면서 동시에 음악을 듣거나 전화를 하는가? 새로운 연구는 아이들이 동시에 여러 가지 일을 할 수 있는 매체 사용자들임을 보여 준다. 그 연구는 아이들이 TV, 비디오, DVD, 음악, 비디오 게임, 컴퓨터, 영화, 잡지, 책 그리고 다른 인쇄 자료를 포함한 학교 매체 이외의 자료들을 사용하는 것을 측정해 왔다. 그 연구는 비록 학교 매체 이외의 자료 사용으로 보낸 시간이 많이 바뀌지 않았다 하더라도, 성적이 최하인 아이들이 성적이 최상에 있는 아이들보다 책을 덜 읽고 비디오 게임을 하는 데 더 많은 시간을 보낸다고 밝혀졌다. 그러나 여러 가지 일을 하는 것은 그들 연구에 집중할 수 있는 아이들 능력에 어떤 영향을 주는지는 명확하지 않다. 더 많은 매체와 함께 많은 시간을 보내는 것은 나쁘지만 이것은 아이들의 나이, 학교에서의 성적 그리고 부모의 가치에 기초해서 결정해야 하는 것이다.

[해설] ① The study 앞에 a study가 있어야 하므로 정답은 ①이 된다.

[어휘] measure 재다, 측정하다; 대책, 조치 material 물질; 재료, 자료; 교재 finding 연구 grade 성적; 등급; 학년 amount 양; 금액 still 아직도; 그러나

[정답] 12 ①

풀이 해법

3. 공간적 순서(Spatial Order)이용
Q 나열의 Signal을 이용한 공간 개념
① 같은 내용의 것들은 하나의 공간으로 묶는다.
② 나열의 Signal을 이용하여 공간을 분할시킨다.

Ex 13 다음 글의 흐름으로 보아, 주어진 문장이 들어가기에 가장 적절한 곳은?

> People use diamonds to cut other stones.

> Diamonds are very expensive for several reasons. First, they are difficult to find. They are only found in a few places in the world. (①) Second, they are useful. (②) Third, diamonds do not change. (③) They stay the same for millions of years. (④) And finally, they are very beautiful. So, many people want to buy them for beauty.

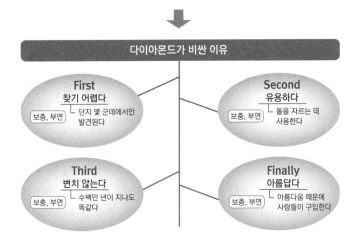

다이아몬드가 비싼 이유

First 찾기 어렵다
보충, 부연 └ 단지 몇몇 군데에서만 발견된다

Second 유용하다
보충, 부연 └ 돌을 자르는 데 사용한다

Third 변치 않는다
보충, 부연 └ 수백만 년이 지나도 똑같다

Finally 아름답다
보충, 부연 └ 아름다움 때문에 사람들이 구입한다

해석 다이아몬드는 여러 가지 이유로 매우 비싸다. 첫째, 그것들은 찾기가 어렵다. 그것들은 전 세계에서 오직 몇몇 장소에서만 발견된다. 둘째, 다이아몬드는 유용하다. 사람들은 다이아몬드를 사용해서 다른 돌을 자른다. 셋째, 다이아몬드는 변하지 않는다. 그것들은 수백만 년 동안 똑같은 상태를 유지한다. 그리고 마지막으로, 그것들은 매우 아름답다. 그래서 많은 사람들은 아름다움 때문에 다이아몬드를 사고 싶어 한다.

해설 다이아몬드가 비싼 이유를 네 가지 근거로 설명하는 글로, 주어진 문장은 다이아몬드가 유용하다는 주장에 대한 부연설명이므로, 주어진 문장은 ②에 들어가는 것이 가장 적절하다.

어휘 several 다양한, 여러 가지의 useful 유용한, 쓸모 있는

정답 13 ②

Ex 14 다음 글의 흐름으로 보아, 주어진 문장이 들어가기에 가장 적절한 곳은?

In addition, bathing a cat is almost never necessary.

Some of the most attractive features of cats as pets have their ease of care. First of all, cats do not have to be walked. (①) They get plenty of exercise as they play in the house. (②) That's because cats can clean themselves. (③) Finally, cats can be left home alone for a few hours without fear. (④) Unlike some pets, most cats will not destroy the furnishings when left alone.

[해석] 애완동물로서 고양이의 가장 매력적인 특징들 중 몇몇은 쉽게 돌볼 수 있다는 것이다. 무엇보다도 우선 고양이는 산책시킬 필요가 없다. 그들은 집에서 놀 때 충분히 운동을 한다. <u>게다가 고양이를 목욕시키는 것은 결코 필요치 않다.</u> 고양이는 스스로 깨끗이 할 수 있기 때문이다. 마지막으로 고양이는 무서워하지 않고 집에서 혼자 남아 있을 수 있다. 몇몇 애완동물과는 달리 대부분의 고양이는 혼자 있을 때에도 가구를 파괴하지 않는다.

[해설] 나열의 공간 개념을 이용해야 한다. 고양이 목욕과 관련된 내용이 하나의 공간에 있어야 하고 In addition이 먼저 와야 하므로 정답은 ②가 된다.

[어휘] attractive 매력적인 feature 특징 walk 산책시키다 plenty of 많은 destroy 파괴하다 furnishings 가구류

Ex 15 다음 글의 흐름으로 보아, 주어진 문장이 들어가기에 가장 적절한 곳은?

Finally, very cold weather can cause health problems.

A cold winter causes several problems in Florida. First of all, very cold weather can cause orange trees to die. (①) Cold weather also results in fewer tourists. (②) There are many hotels and vacation places in Florida, so these places are in trouble if there are fewer tourists. (③) Many people do not have heating in their homes, so they become ill from the cold. (④)

[해석] 추운 겨울은 플로리다에 몇 가지 문제점을 야기한다. 우선 추운 날씨로 인해 오렌지 나무가 죽는다. 추운 날씨는 또한 관광객의 수를 감소시킨다. 많은 호텔과 휴양지가 플로리다에 있다. 그래서 이 지역들은 관광객이 감소하면 어려움에 빠진다. <u>마지막으로 추운 날씨는 건강 문제를 초래한다.</u> 많은 사람들은 그들의 집에 난방 기구를 갖고 있지 않아서 감기로부터 아플 수 있다.

[해설] 나열의 공간 개념을 이용해야 한다. 날씨가 추워서 생기는 건강상 문제를 하나의 공간으로 묶어야 하고, finally가 먼저 나와야 하므로 정답은 ③이 된다.

[정답] 14 ② 15 ③

[어휘] result in 초래하다, 야기시키다(=cause) cold 감기

풀이 해법

Q 반대 · 대조의 공간 개념(two 개념)

두 개의 상반된 내용이 하나의 단락을 이룬다.

┌ 대조 ┐
A ≠ B

순서대로 A부터 설명하고
A 설명이 끝나고, 그다음
반대 · 대조의 연결어가 나오고,
(However, But, On the other hand, In contrast)
그러고 나서 B를 설명한다. ◄

두 개의 상반된 내용이 하나의 단락을 이룰 때에는 대체로 다음과 같다.

① 단락의 도입부에서 A와 B를 제시하고 순서대로 A와 B를 설명한다. 이때에는 two라는 숫자가 나올 수 있다.

② A를 설명할 때 one 또는 the first를 제시할 수 있고 B를 설명하면서 the other 또는 the second를 제시할 수 있다.

Ex 16 다음 글의 흐름으로 보아 주어진 문장이 들어가기에 가장 적절한 곳은?

In contrast, nonmaterial culture consists of human creations that are not physical.

Elements of culture can be divided into two categories. The first is the material culture, which is made up of all the physical objects that people make and give meaning to. (①) Books, clothing, and buildings are some examples. (②) We have a shared understanding of their purpose and meanings. (③) Examples of nonmaterial culture are values and customs. (④) Our beliefs and the languages we speak are also part of our nonmaterial culture.

해석 문화의 요소들은 두 범주로 나뉠 수 있다. 첫째는 물질적 문화인데, 그것은 사람들이 만들면서 의미를 부여한 모든 가시적 물체들로 이루어져 있다. 책, 의류, 건물 등이 그 예들이다. 우리는 그것들의 목적과 의미에 대한 공감적 이해를 하고 있다. 대조적으로 비물질적 문화는 눈에 보이지 않는 인간의 창조로 이루어진다. 비물질적인 문화의 예로는 가치관과 관습이 있다. 우리의 믿음과 우리가 쓰는 언어 또한 비물질적인 문화의 일부이다.

해설 반대 · 대조의 공간 개념과 대명사를 이용해야 한다. 도입부에 물질 문화에 대한 설명과 ②, ③부터 비물질 문화에 대한 설명이 이어지는데 ②의 their는 물질 문화를 대신하므로 비물질 문화에 대한 설명은 ③부터 시작해야 한다. 따라서 정답은 ③이 된다.

어휘 nonmaterial 비물질적인   consist of ~로 구성되다   creation 창조   physical 물질적인; 신체의
make up of ~을 구성하다   element 요소   divide 나누다   category 범주, 카테고리

정답 16 ③

풀이 해법

🔍 유사의 공간 개념

서로 다른 소재에 대한 공통점이 하나의 단락을 이룰 때 하나의 소재에서 다른 소재로 전환되는(A에서 B로 넘어가는) 지점에서 유사의 Signal이 나올 수 있다.

┌ 유사 ┐
A ≒ B

순서대로 A부터 설명하고
A 설명이 끝나고, 그다음
유사의 Signal Word가 나오고,
그다음, B를 설명한다. ◄─────

Ex 17 주어진 글 다음에 이어질 글의 순서로 가장 적절한 것은?

The impact of color has been studied for decades. For example, in a factory, the temperature was maintained at 72°F and the walls were painted a cool blue-green. The employees complained of the cold.

(A) Similarly, the psychological effects of warm and cool hues seem to be used effectively by the coaches of the Notre Dame football team. The locker rooms used for half-time breaks were reportedly painted to take advantage of the emotional impact of certain hues.

(B) The home-team room was painted a bright red, which kept team members excited or even angered. The visiting-team room was painted a blue-green, which had a calming effect on the team members. The success of this application of color can be noted in the records set by Notre Dame football teams.

(C) The temperature was maintained at the same level, but the walls were painted a warm coral. The employees stopped complaining about the temperature and reported they were quite comfortable.

① (A) − (C) − (B)　　　　② (B) − (A) − (C)
③ (C) − (A) − (B)　　　　④ (C) − (B) − (A)

[해석] 색깔의 영향은 수십 년 동안 연구되어 왔다. 예를 들어, 어떤 공장에서 온도가 72°F로 유지되었으며 벽들은 시원한 청록색으로 칠해졌다. 직원들은 춥다고 불평했다.

(C) 온도는 동일한 수준으로 유지되었지만, 벽들이 따뜻한 산호색으로 칠해졌다. 직원들은 온도에 관한 불평을 멈추었고 그들은 아주 편안하다고 보고했다.

(A) 이와 비슷하게, 따뜻하고 시원한 색조의 심리적 효과는 **Notre Dame** 미식축구 팀 코치들에 의해서 효율적으로 사용되는 것 같다. 하프타임 휴식 시간에 사용되는 라커룸들이 특정한 색조의 감정적 영향을 이용하기 위해서 칠해졌다고 한다.

(B) 홈 팀의 라커룸은 밝은 빨간색으로 칠해졌는데, 이것이 팀원들을 흥분하거나 심지어 분노에 찬 상태로 있게 했다. 방문 팀의 라커룸은 청록색으로 칠해졌는데, 이것이 팀원들을 차분하게 하는 효과를 나타냈다. 이런 색깔 적용의 성공은 **Notre Dame** 미식축구 팀의 전적에서 찾아볼 수 있다.

[해설] 유사의 공간 개념(서로 다른 소재에 대한 공통점)을 이용해야 한다. 제시문에 공장 근로자들의 이야기로 시작되었으므로 이와 같은 개념인 (C)가 제시문 다음에 위치해야 하고 (A)에 Similarly가 있으므로 (C) 다음에 (A)가 위치하는 것이 글의 흐름상 적절하다. 따라서 ③ (C)-(A)-(B)가 정답이 된다.

[어휘] impact 영향, 충격   decade 10년   maintain 유지하다; 주장하다   employee 근로자, 피고용인   complain 불평하다   psychological 심리적인   hue 색조, 색상   break 깨다, 부수다; 휴식   take advantage of ~을 이용하다   calming (마음을) 가라앉히는, 진정하는   application 적용, 응용   coral 산호; 산호색(분홍이나 주황색)

01 다음 주어진 글에 이어질 글의 순서로 가장 적절한 것은?

> Do you worry about losing your good health? Do you fear that crime, war, or terrorist attacks will disrupt the economy and your security?

> (A) It's because television focuses on news that makes the world seem like a more dangerous place than it actually is. Afraid of the world that is portrayed on TV, people stay in their homes with close family and do not build bonds with their neighbors.
>
> (B) These are legitimate concerns that many people share. We live in difficult and uncertain times. But are these fears real? Research shows that people who watch a lot of news on television overestimate the threats to their well-being. Why?
>
> (C) Thus, they become more vulnerable. Surrounding ourselves with a wall of fear, however, is not the answer. The only way to overcome this problem is to be more connected to others, and this connection will reduce fear and isolation.

① (A) − (C) − (B)　　　　② (B) − (A) − (C)

③ (C) − (A) − (B)　　　　④ (C) − (B) − (A)

꼼꼼독해

01 Do you worry about losing your good health? Do you fear that crime, war, or terrorist attacks will disrupt the economy and your security?

[해석] 당신은 당신의 좋은 건강을 잃을까봐 걱정하고 있는가? 범죄, 전쟁, 혹은 테러리스트들의 공격이 경제와 당신의 안전에 지장을 줄까봐 두려운가?

01
disrupt 방해하다(= interfere with),
　　　　　 지장을 주다
security 안전
*secure 안전한; 안전하게

02 These are legitimate concerns that many people share. We live in difficult and uncertain times. But are these fears real? Research shows that people who watch a lot of news on television overestimate the threats to their well-being. Why?

[해석] 이것들은 많은 사람들이 공유하고 있는 정당한 걱정이다. 우리는 어렵고 불확실한 시대에 살고 있다. 그러나 이러한 두려움들은 현실적인가? 연구는 텔레비전에서 많은 뉴스를 보는 사람들이 그들의 안녕[웰빙]에 대한 위협을 과대평가하고 있다는 것을 보여 주고 있다. 이유는?

02
legitimate 정당한, 타당한;
　　　　　　 합법적인(= legal)
concern 걱정; 관심
uncertain 불확실한(↔ certain)
*uncertainty 불확실성
overestimate 과대평가하다
*estimate 추정하다, 어림잡다
threat 위협(= fright)
*threaten 위협하다
(= horrify, terrify, frighten)

03 It's because television focuses on news that makes the world seem like a more dangerous place than it actually is. Afraid of the world that is portrayed on TV, people stay in their homes with close family and do not build bonds with their neighbors.

[해석] 그것은 텔레비전이 세상을 실제보다도 더 위험한 장소처럼 보이게 만드는 뉴스에 집중하기 때문이다. 텔레비전에서 묘사되는 세상을 두려워하여, 사람들은 가까운 가족들과 함께 그들의 집에서만 머물면서 그들의 이웃들과 유대를 형성하지 않는다.

03
portray 묘사하다; (초상화를) 그리다
*portrait 묘사; 초상화
close 가까운; 닫다
bond 유대, 결속(= tie, cohesion)

04 Thus, they become more vulnerable. Surrounding ourselves with a wall of fear, however, is not the answer. The only way to overcome this problem is to be more connected to others, and this connection will reduce fear and isolation.

[해석] 그리하여 그들은 더 공격받기 쉬워진다. 하지만, 우리들 자신을 두려움의 벽으로 둘러싸는 것이 해답은 아니다. 이 문제를 극복하는 유일한 방법은 타인들과 더 연결되는 것이고, 이 연결은 두려움과 고립을 줄일 것이다.

04
vulnerable 공격받기 쉬운, 취약한
surround 에워[둘러]싸다
*surrounding 에워[둘러]싸는
*surroundings 환경
(= environment)
only 단지, 다만, 오직; 유일한
overcome 극복하다
isolation 고립
*isolate 고립시키다
*isolated 고립된

정답 01 ②

02 다음 글의 흐름으로 보아, 주어진 문장이 들어가기에 가장 적절한 곳은?

The DNA extracted from these bits of whale skin not only identifies the individuals in the group, but also reveals their relationships to each other.

Sperm whales travel in social groups that cooperate to defend and protect each other, and may even share suckling of calves. It is difficult to determine the membership of these groups from sightings alone, because of the practical difficulties of observing whale behavior, most of which happens underwater. (①) To make things even more difficult, sperm whales can travel across entire oceans and can dive to a depth of a kilometer. (②) Biologists who study whale behavior generally have to be content with hanging around in boats, waiting for their subjects to surface. (③) But when they do surface, in addition to taking photos which allow individual whales to be identified, biologists can zip over in worryingly small boats and pick up the bits of skin that the whales leave behind on the surface when they re-submerge. (④) This has allowed researchers to describe sperm whale social groups in detail.

어휘

01

Sperm whales travel in social groups that cooperate to defend and protect each other, and may even share suckling of calves. It is difficult to determine the membership of these groups from sightings alone, because of the practical difficulties of observing whale behavior, most of which happens underwater.

해석 향유고래는 서로를 방어하고 보호하기 위해서 협동하는 사회적 집단을 이루어 이동하고, 심지어는 새끼 젖을 먹이는 것을 공유할 수도 있다. 고래의 행동은 대부분이 수중에서 이루어져 실질적으로 관찰하기가 어렵기 때문에, 단지 목격만으로 이 집단의 구성원을 밝혀내기는 어렵다.

01
sperm whale 향유고래
suckle 젖을 먹이다
calf(복수형 calves) 송아지; 새끼;
　　종아리
determine 결정[결심]하다(= decide,
　　resolve); 알아내다, 밝히다
sighting 목격
practical 실질적인
observe 관찰하다; 지키다,
　　준수하다

02

To make things even more difficult, sperm whales can travel across entire oceans and can dive to a depth of a kilometer. Biologists who study whale behavior generally have to be content with hanging around in boats, waiting for their subjects to surface.

해석 향유고래는 전 대양을 가로질러 이동할 수 있고, 1킬로미터의 깊이까지 잠수할 수 있어서 (구성원을 가려내는) 일은 훨씬 더 어려워진다. 고래의 행동을 연구하는 생물학자들은 보통 그들의 관찰 대상이 수면으로 올라오는 것을 기다리면서 보트 안에서 서성거리는 것에 만족해야만 한다.

02
dive 다이빙하다;
　　잠수하다(= submerge)
entire 전체의; 완전한
depth 깊이
*deep 깊은
be content with ~에 만족하다
*content 내용; 목차, 차례; 만족한
hang around 거닐다, 서성거리다,
　　배회하다
subject 주제; 과목; 피실험자
surface 표면; 표면으로 나오다

03

But when they do surface, in addition to taking photos which allow individual whales to be identified, biologists can zip over in worryingly small boats and pick up the bits of skin that the whales leave behind on the surface when they re-submerge.

해석 그러나 그것들[고래들]이 수면으로 올라올 때, 생물학자들은 개별 고래들을 확인할 수 있도록 해 주는 사진을 촬영할 뿐만 아니라 우려될 정도로 작은 보트를 타고 재빠르게 나아가서 고래들이 다시 잠수할 때, 표면에 남겨 두고 간 피부의 조각들을 주워 담을 수 있다.

03
in addition to ~ 이외에도
(= besides + 명사)
zip over 재빠르게 나아가다
worryingly 우려[걱정]할 정도로
leave behind 남겨두고 가다
submerge 잠수하다

04

The DNA extracted from these bits of whale skin not only identifies the individuals in the group, but also reveals their relationships to each other. This has allowed researchers to describe sperm whale social groups in detail.

해석 이러한 고래의 피부 조각에서 추출한 DNA는 집단에 있는 개별 개체들을 확인할 수 있을 뿐만 아니라, 서로에 대한 그들의 관계를 드러내기도 한다. 이것은 연구자들이 향유고래의 사회 집단에 대해 자세하게 설명할 수 있도록 해 주었다.

04
extract 추출하다, 뽑다; 추출물, 발췌
*subtract 빼다(↔ add 더하다)
identify 확인하다; 동일시하다
*identify A with B
A와 B를 동일시하다
reveal 드러내다(= disclose)
(↔ hide, conceal 숨기다)
in detail 자세하게

정답 02 ④

03 다음 주어진 글에 이어질 글의 순서로 가장 적절한 것은?

Even worse than reaching a conclusion with just a little evidence is the fallacy of reaching a conclusion without any evidence at all. Sometimes people mistake a separate event for a cause-and-effect relationship.

(A) You therefore leap to the conclusion that the man in the black jacket has robbed the bank. However, such a leap tends to land far from the truth of the matter. You have absolutely no evidence — only a suspicion based on coincidence. This is a post hoc fallacy.

(B) They see that "A" happened before "B", so they mistakenly assume that "A" caused "B". This is an error known in logic as a post hoc fallacy.

(C) For example, suppose you see a man in a black jacket hurry into a bank. You notice he is nervously carrying his briefcase, and a few moments later you hear a siren.

① (A) − (C) − (B)
② (B) − (A) − (C)
③ (B) − (C) − (A)
④ (C) − (B) − (A)

꼼꼼독해

01 Even worse than reaching a conclusion with just a little evidence is the fallacy of reaching a conclusion without any evidence at all. Sometimes people mistake a separate event for a cause-and-effect relationship.

> 해석 단지 약간의 증거만을 가지고 결론에 도달하는 것보다 훨씬 더 나쁜 것은 전혀 어떤 증거도 없이 결론에 이르는 오류이다. 때때로 사람들은 분리된 사건을 인과 관계로 오해한다.

01
conclusion 결론
*conclude 결론짓다
reach ~에 이르다, 다다르다
evidence 증거
*evident (증거가) 명백한; 분명한
separate 분리된
relationship 관계

02 They see that "A" happened before "B", so they mistakenly assume that "A" caused "B". This is an error known in logic as a post hoc fallacy.

> 해석 그들은 A가 B보다 먼저 일어난 것을 보고, A가 B의 원인이었다는 잘못된 추정을 한다. 이것은 논리학에서 인과관계의 오류라고 알려진 오류이다.

02
assume 추정하다, 생각하다
mistakenly 잘못하여, 실수로
logic 논리
*logical 논리적인
fallacy 오류(= flaw)
*post hoc fallacy 인과관계의 오류

03 For example, suppose you see a man in a black jacket hurry into a bank. You notice he is nervously carrying his briefcase, and a few moments later you hear a siren.

> 해석 예를 들어, 당신은 검은 웃옷을 입은 사람이 은행으로 급히 들어가는 것을 본다고 추정해 보자. 당신은 그가 그의 가방을 초조하게 가지고 가는 것을 주시하고, 몇 분 있다가 사이렌 소리를 듣는다.

03
suppose 추정하다, 생각하다
nervously 초조하게
briefcase (서류용) 가방

04 You therefore leap to the conclusion that the man in the black jacket has robbed the bank. However, such a leap tends to land far from the truth of the matter.

> 해석 따라서 당신은 그 불길한 검은 웃옷을 입은 사람이 은행에서 강도질을 했다고 속단한다. 그러나 그러한 비약은 그 문제의 진실과 거리가 먼 경향이 있다.

04
rob 강탈하다
*rob A of B A에게서 B를 빼앗다
leap 건너뛰다; 건너뜀, 도약
tend ~하려는 경향이 있다; 돌보다

05 You have absolutely no evidence — only a suspicion based on coincidence. This is a post hoc fallacy.

> 해석 당신은 단지 우연의 일치에 기초한 의심만 있을 뿐 증거가 전혀 없다. 이것이 인과관계의 오류이다.

05
absolute 절대적인
suspicion 의심
*suspicious 의심스러운
*suspect 의심하다
coincidence 우연의 일치

정답 03 ③

04 다음 주어진 문장이 들어가기에 가장 적절한 곳은?

> However, people from more interdependent cultural contexts tend to be less focused on issues of individual success and agency and more motivated towards group goals and harmony.

People from more individualistic cultural environment tend to be motivated to maintain self-focused agency or control as these play a role as the basis of one's self-esteem. (①) With this form of agency comes the belief that individual successes depend primarily on one's own abilities and actions, and thus, whether by influencing the environment or trying to accept one's circumstances, the use of control ultimately centers on the individual. (②) The independent self may be more driven to cope by appealing to a sense of agency or control. (③) Research has shown that East Asians prefer to seek more social support rather than do personal control in certain cases. (④) Therefore, people who are interdependent may prefer to cope in a way that promotes harmony in relationships.

꼼 꼼 독 해

어휘

01 People from more individualistic cultural environment tend to be motivated to maintain self-focused agency or control as these play a role as the basis of one's self-worth.

[해석] 더 개인주의적인 문화 환경의 출신자들은 자신에게 초점을 맞춘 주체성이나 통제력을 유지하려는 동기를 가지는 경향이 있는데 이는 이러한 것들이 자존감의 토대 역할을 하기 때문이다.

01
individualistic 개인주의적인
tend to ⓥ ⓥ하려는 경향이 있다
motivate 동기부여하다
maintain 유지하다
agency 주체성, 주도성
play a role 역할을 하다
self-esteem 자존감

02 With this form of agency comes the belief that individual successes depend primarily on one's own abilities and actions, and thus, whether by influencing the environment or trying to accept one's circumstances, the use of control ultimately centers on the individual.

[해석] 이러한 형태의 주체성의 결과로 개인의 성공이 주로 자신의 능력과 행동에 달려 있다는 믿음이 생기며, 따라서 환경에 영향을 미치거나, 자신의 상황을 받아들이려고 노력함에 의해서든, 통제력의 사용은 궁극적으로 개인에게 집중된다.

02
primarily 주로
ability 능력
circumstance 상황
ultimately 궁극적으로
center on ~에 집중되다

03 The independent self may be more driven to cope by appealing to a sense of agency or control.

[해석] 독립적 자아는 주체 의식이나 통제 의식에 호소함으로써 대처하도록 더 많이 유도될 수도 있다.

03
self 자아
drive 유도하다
cope 대처하다
appealing 호소하는

04 However, people from more interdependent cultural contexts tend to be less focused on issues of individual success and agency and more motivated towards group goals and harmony.

[해석] 하지만 더 상호의존적인 문화 환경의 출신자들은 개인의 성공과 주체성의 문제에 덜 집중하며 집단의 목표와 화합 쪽으로 더 많은 동기부여가 되는 경향이 있다.

04
interdependent 상호의존적인
tend to ⓥ ⓥ하려는 경향이 있다
motivate 동기부여하다

05 Research has shown that East Asians prefer to seek more social support rather than do personal control in certain cases.

[해석] 연구는 동아시아인들은 어떤 경우에 개인적인 통제를 추구하기보다는 오히려 더 많은 사회적인 지원을 추구하는 것을 선호한다는 것을 보여준다.

05
prefer A rather than B
B보다 A를 더 선호하다
seek 찾다, 구하다
certain 어떤

06 Therefore, people who are interdependent may prefer to cope in a way that promotes harmony in relationships.

[해석] 그러므로 상호의존적인 사람들은 관계 속에서의 화합을 증진하는 방식으로 대처하는 것을 선호할 수 있다.

06
prefer 선호하다
cope 대처하다
promote 증진시키다, 발전시키다
relationship 관계

정답 04 ③

01 주어진 문장이 들어갈 위치로 적절한 것은? 2024. 국가직 9급

Tribal oral history and archaeological evidence suggest that sometime between 1500 and 1700 a mudslide destroyed part of the village, covering several longhouses and sealing in their contents.

From the village of Ozette on the westernmost point of Washington's Olympic Peninsula, members of the Makah tribe hunted whales. (①) They smoked their catch on racks and in smokehouses and traded with neighboring groups from around the Puget Sound and nearby Vancouver Island. (②) Ozette was one of five main villages inhabited by the Makah, an Indigenous people who have been based in the region for millennia. (③) Thousands of artifacts that would not otherwise have survived, including baskets, clothing, sleeping mats, and whaling tools, were preserved under the mud. (④) In 1970, a storm caused coastal erosion that revealed the remains of these longhouses and artifacts.

정답 해설

01 **해석** 워싱턴주의 올림픽 반도 가장 서쪽 지점에 있는 Ozette 마을에서 Makah족의 구성원들은 고래를 사냥했다. 그들은 포획물을 선반 위나 훈제실에서 훈제했고 Puget Sound만 주변 및 Vancouver섬 근처에 있는 인근 부족들과 거래했다. Ozette는 그 지역에 수천 년간 터를 잡고 살아온 토착민인 Makah족이 거주하던 다섯 개의 주요 마을 중 하나였다. <u>부족의 구전 역사와 고고학적 증거는 1500년에서 1700년 사이 어느 때에 진흙 사태가 마을 일부를 파괴하면서, 여러 채의 전통가옥들을 덮어 그 안에 들어있는 내용물들이 빠져나가지 못하게 했다는 것을 보여준다.</u> 그러지 않았다면[내용물들이 빠져나갔다면] 살아남지 못했을, 바구니, 의복, 수면 매트, 고래잡이 도구를 포함한 수천 개의 인공물들이 진흙 아래에 보존되어 있었다. 1970년, 한 폭풍으로 인해 해안 침식이 일어났고, 그것이 이 전통가옥들과 인공물들의 유물들을 드러냈다.

해설 논리의 공백을 찾는 문제이다. ② 뒤에서 'Ozette는 수천 년간 터를 잡고 살아온 원주민인 Makah족이 거주하던 다섯 개의 주요 마을 중 하나였다'는 설명을 한 다음 '수천 개의 유물이 진흙 아래에 보존되어 있었다'는 ③의 내용은 글의 흐름상 매우 어색하다. 바로 이 부분에서 논리의 공백이 생겼기 때문에 주어진 문장이 들어가기에 가장 적절한 곳은 ③이다.

어휘 tribal 부족의 oral 말로 하는, 구전의 archaeological 고고학적인 evidence 증거 mudslide 진흙 사태 destroy 파괴하다 longhouse 전통가옥 seal in ~을 빠져 나가지 못하게 하다 content 내용(물) westernmost 가장 서쪽에 있는 peninsula 반도 tribe 부족 hunt 사냥하다 whale 고래 smoke (고기나 생선을) 훈제하다 catch 포획물 rack 선반, 받침대 smokehouse 훈제실 trade 거래하다 neighboring 인근의, 이웃의 nearby 근처에 inhabit 거주하다 indigenous 토착의, 고유의 be based in ~에 터를 잡다 region 지역, 영역 millennia(millennium의 복수형) 수천 년 *millennium 천년 artifact 인공물 otherwise 그렇지 않으면 survive 살아남다, 생존하다 whaling 고래잡이 preserve 보존하다 mud 진흙 coastal 해안의 erosion 침식 reveal 드러내다, 밝히다 remains 유물, 유적

정답 01 ③

02 주어진 문장이 들어갈 위치로 가장 적절한 것은? 2022. 국가직 9급

Thus, blood, and life-giving oxygen, are easier for the heart to circulate to the brain.

People can be exposed to gravitational force, or g-force, in different ways. It can be localized, affecting only a portion of the body, as in getting slapped on the back. It can also be momentary, such as hard forces endured in a car crash. A third type of g-force is sustained, or lasting for at least several seconds. (①) Sustained, body-wide g-forces are the most dangerous to people. (②) The body usually withstands localized or momentary g-force better than sustained g-force, which can be deadly because blood is forced into the legs, depriving the rest of the body of oxygen. (③) Sustained g-force applied while the body is horizontal, or lying down, instead of sitting or standing tends to be more tolerable to people, because blood pools in the back and not the legs. (④) Some people, such as astronauts and fighter jet pilots, undergo special training exercises to increase their bodies' resistance to g-force.

정답 해설

02 [해석] 사람들은 다른 방식으로 중력, 즉 g-force에 노출될 수 있다. 그것은 등을 찰싹 맞는 것처럼 신체의 한 부위에만 영향을 미치면서 국지적일 수 있다. 그것은 또한 자동차 충돌사고 시 겪는 강한 힘처럼 순간적일 수 있다. 중력(g-force)의 세 번째 유형은 계속되거나 최소 몇 초 동안 지속되는 경우이다. 지속적이고 전신에 걸친 중력이 사람들에게 가장 위험하다. 신체는 보통 국지적이거나 순간적인 중력을 지속적인 중력보다 더 잘 견뎌내는데, 이것이 치명적일 수 있다. 그 이유는 피가 다리로 몰려 나머지 신체부위에서 산소를 빼앗기 때문이다. 앉거나 서 있는 대신 신체를 수평으로 하거나 누울 때 가해지는 지속적인 중력은 피가 다리가 아닌 등에 고이기 때문에 사람들이 더 잘 견디는 경향이 있다. <u>그래서 피와 생명을 주는 산소는 심장이(피나 산소를) 뇌로 보내기가 더 쉽다.</u> 우주 비행사와 전투기 조종사와 같은 몇몇 사람들은 중력에 대한 몸의 저항을 증가시키기 위해 특별한 훈련 연습을 받는다.

[해설] 나열의 공간 개념과 인과관계를 이용해야 한다. 주어진 지문은 중력의 3가지 유형에 대한 글이고 3번째 유형인 지속적인 중력에 대한 내용 설명이 ①부터 ③까지 이어지고 있고 또한 주어진 제시문의 인과관계의 시그널 thus는 원인(몸을 수평으로 둘 때 피가 다리가 아닌 등에 고이는 것)과 결과(피가 뇌로 더 쉽게 전달)를 이어주고 있으므로 주어진 문장은 ④에 들어가는 것이 가장 적절하다.

[어휘] circulate 순환하다 expose 노출하다, 노출시키다 gravitational 중력의 localize 국한시키다, 국부적이 되게 하다 portion 부분 slap 찰싹 때리다 momentary 순간적인 endure 견디다 crash 충돌 sustain 지속시키다, 계속시키다 last 지속되다 at least 적어도 withstand 견디다, 견뎌내다 deadly ① 치명적인 ② 극도로, 완전히 deprive A of B A에게서 B를 빼앗다 horizontal 수평의 tolerable 참을 수 있는, 견딜 만한 astronaut 우주비행사 undergo 경험하다, 겪다 resistance 저항

정답 **02** ④

03 주어진 글 다음에 이어질 글의 순서로 가장 적절한 것은? 2022. 국가직 9급

Today, Lamarck is unfairly remembered in large part for his mistaken explanation of how adaptations evolve. He proposed that by using or not using certain body parts, an organism develops certain characteristics.

(A) There is no evidence that this happens. Still, it is important to note that Lamarck proposed that evolution occurs when organisms adapt to their environments. This idea helped set the stage for Darwin.

(B) Lamarck thought that these characteristics would be passed on to the offspring. Lamarck called this idea inheritance of acquired characteristics.

(C) For example, Lamarck might explain that a kangaroo's powerful hind legs were the result of ancestors strengthening their legs by jumping and then passing that acquired leg strength on to the offspring. However, an acquired characteristic would have to somehow modify the DNA of specific genes in order to be inherited.

① (A) − (C) − (B)　　　　② (B) − (A) − (C)

③ (B) − (C) − (A)　　　　④ (C) − (A) − (B)

03 [해석] 오늘날 Lamarck는 어떻게 적응이 진화로 이어지는지에 대한 잘못된 설명으로 아주 많이 부당하게 기억된다. 그는 생명체가 특정 신체 부위를 사용하거나 사용하지 않음으로써 특정 형질을 발달시킨다고 제안했다.

(B) Lamarck는 이러한 형질이 자손에게 전해질 것이라고 생각했다. Lamarck는 이 생각을 '획득형질의 유전'이라고 불렀다.

(C) 예를 들어, Lamarck는 캥거루의 강력한 뒷다리가 조상들이 뛰면서 그들의 다리를 강화시키고 그렇게 얻은 다리 힘을 자손들에게 전달한 결과라고 설명할지도 모른다. 하지만, 획득 형질은 유전되기 위해서 특정 유전자의 DNA를 어떻게든 변형시켜야만 할 것이다.

(A) 이런 일이 일어난다는 증거는 없다. 그러나, Lamarck가 생명체가 자신의 환경에 적응할 때 진화가 발생한다는 것을 제시한 것에 주목하는 것은 중요하다. 이 생각은 Darwin을 위한 무대를 마련하는 데 도움이 되었다.

[해설] (B)에 these characteristics는 제시문의 characreristics를 지칭하므로 주어진 지문 다음에는 (B)가 위치해야 하고 (C)의 캥거루 조상들이 강력한 뒷다리를 후손에게 물려줄 수 있었던 것은 획득형질유전의 구체적인 예가 되므로 (B) 뒤에는 (C)가 이어져야 한다. 그리고 (A)의 this는 (C)의 DNA의 변형을 지칭하므로 주어진 글 다음에 이어질 글의 순서로는 ③ (B) − (C) − (A)이다.

[어휘] unfairly 부당하게 explanation 설명 adaptation 적응 *adapt 적응하다 evolve 진화하다 propose 제안하다 certain 특정한 organism 유기체, 생명체 characteristics 특성, (유전학) 형질 evidence 증거 still ① 아직도, 여전히 ② 그러나 note 주목하다 evolution 진화 pass on 전달하다 offsprin 자손, 후손 inheritance 유산, 유전 *inherit 물려받다, 상속받다 acquired 획득된, 습득된 hind 뒤쪽의, 후방의 ancestor 선조, 조상 strengthen 강화시키다 *strength 힘 modify 수정하다, 고치다, 변형시키다 specific 특정한 gene 유전자

[정답] 03 ③

04 주어진 문장이 들어갈 위치로 가장 적절한 것은? 2021. 국가직 9급

> For example, the state archives of New Jersey hold more than 30,000 cubic feet of paper and 25,000 reels of microfilm.

Archives are a treasure trove of material: from audio to video to newspapers, magazines and printed material — which makes them indispensable to any History Detective investigation. While libraries and archives may appear the same, the differences are important. (①) An archive collection is almost always made up of primary sources, while a library contains secondary sources. (②) To learn more about the Korean War, you'd go to a library for a history book. If you wanted to read the government papers, or letters written by Korean War soldiers, you'd go to an archive. (③) If you're searching for information, chances are there's an archive out there for you. Many state and local archives store public records — which are an amazing, diverse resource. (④) An online search of your state's archives will quickly show you they contain much more than just the minutes of the legislature — there are detailed land grant information to be found, old town maps, criminal records and oddities such as peddler license applications.

*treasure trove: 귀중한 발굴물[수집물]
*land grant: (대학 · 철도 등을 위해) 정부가 주는 땅

정답 해설

04 **해석** 기록 보관소는 오디오에서 비디오, 그리고 신문, 잡지, 인쇄물에 이르기까지 모든 자료의 귀중한 수집물이며 기록 보관소는 역사 탐구 조사에도 없어서도 안 된다. 도서관과 기록 보관소는 똑같아 보이는 반면에 차이점도 아주 크다. 기록 보관소의 수집물들은 거의 항상 주 자료로 구성된다. 반면에 도서관은 부차적 자료로 구성된다. 한국 전쟁에 대해 더 많이 알고 싶으면 당신은 역사책을 찾기 위해 도서관에 가면 된다. 만약 정부 기록물이나 한국 전쟁 도중 군인들이 쓴 편지를 읽고 싶으면, 당신은 기록 보관소에 갈 수 있다. 만약 당신이 정보를 찾는 중이라면, 아마 당신에게 필요한 그 정보는 기록 보관소에 있을 것이다. 많은 주와 지역 기록 보관소에서는 놀랍고 다양한 공공 기록들이 보관되어 있다. <u>예를 들어, 뉴저지의 주 기록 보관소에는 30,000 입방피트 이상의 기록물과 25,000개 이상의 마이크로필름 릴이 보관되어 있다.</u> 주 기록 보관소를 온라인으로 검색하면 입법부의 의사록보다 훨씬 더 많은 내용이 있다는 것을 당신에게 빠르게 보여줄 것이다. 자세한 설립될 토지 보조금 정보, 구시가지 지도, 범죄 기록과 판매원 면허 신청서와 같은 특이 사항들까지 있다.

해설 예시의 논리(A > B)가 필요하다. ④ 앞에 Many state and local archives가 있고 제시문에 state archives of New Jersey가 있으므로 주어진 제시문은 ④에 들어가는 것이 가장 적절하다.

어휘 archive 기록 보관소 material 자료 indispensable 필수적인 investigation 조사 primary 주된, 주요한 secondary 부차(부수)적인, 두 번째의 amazing 놀라운 diverse 다양한 minute ① 분 ② 사소한 ③ (의회의) 의사록 criminal ① 범죄의 ② 범인 oddity ① 괴짜, 괴상한 사람 ② 특이한(괴상한) 것

정답 04 ④

05 주어진 글 다음에 이어질 글의 순서로 가장 적절한 것은? 2021. 국가직 9급

To be sure, human language stands out from the decidedly restricted vocalizations of monkeys and apes. Moreover, it exhibits a degree of sophistication that far exceeds any other form of animal communication.

(A) That said, many species, while falling far short of human language, do nevertheless exhibit impressively complex communication systems in natural settings.

(B) And they can be taught far more complex systems in artificial contexts, as when raised alongside humans.

(C) Even our closest primate cousins seem incapable of acquiring anything more than a rudimentary communicative system, even after intensive training over several years. The complexity that is language is surely a species-specific trait.

① (A) − (B) − (C)　　　　② (B) − (C) − (A)
③ (C) − (A) − (B)　　　　④ (C) − (B) − (A)

정답 해설

05 【해석】 확실히, 인간의 언어는 원숭이나 유인원의 제한된 발성과는 분명한 차이가 있다. 게다가, 인간의 언어는 어떤 다른 형태의 동물들의 의사소통을 훨씬 뛰어넘는 정도의 정교함을 보여준다.
(C) 심지어 우리의 가장 가까운 영장류 사촌들조차도 몇 년 동안 집중적인 훈련을 받은 후 기본적인 의사소통 체계 그 이상은 습득할 수 없는 것처럼 보인다. 언어의 복잡성은 확실히 종의 고유 특성이다.
(A) 그렇긴 해도, 인간의 언어에는 크게 못 미치지만, 그럼에도 불구하고 많은 종들은 자연환경에서 인상적으로 복잡한 의사소통 체계를 보여준다.
(B) 그리고 그들은 인간과 함께 길러지는 경우와 인위적인 상황에서 훨씬 더 복잡한 체계들을 배울 수 있다.

【해설】 주어진 제시문은 인간의 언어가 다른 동물의 언어보다 정교하고 뛰어나다는 내용이므로 그 다음에 '영장류들도 인간의 언어를 습득할 수 없다'는 내용인 (C)가 이어지는 것이 가장 자연스럽고 (B)의 they는 문맥상 (A)의 many species를 대신하므로 글의 순서로 가장 적절한 것은 ③ (C) − (A) − (B)이다.

【어휘】 to be sure 확실히　stand out 두드러지다, 눈에 띄다　decidedly 분명히, 확실히 restricted 제한된　vocalization 발성(법)　ape 유인원　exhibit 드러내다, 보여주다 sophistication 정교(함)　exceed 능가하다, 뛰어넘다　That said 그렇긴 해도　fall short of ~에 못 미치다, ~에 부족하다　impressively 인상적으로　complex 복잡한　artificial 인위적인, 인공적인　context 상황, 문맥, 맥락　alongside ~와 함께　primate 영장류　incapable of ~할 수 없는　acquire 습득하다, 얻다　rudimentary 기본적인, 기초의　intensive 집중적인 species-specific 종 고유의　trait 특성

【정답】 05 ③

빈칸 완성 (Cloze task)

출제 유형

밑줄 친 부분에 들어갈 말로 가장 적절한 것을 고르시오.

풀이 해법

1. Clues that Signal Main Idea

Ex 1 밑줄 친 부분에 들어갈 말로 가장 적절한 것을 고르시오

> We push down our feelings because most of us have been brought up to believe that there are feelings which are unacceptable. Some of us learned that all emotions are unacceptable, while others learned that specific emotions such as anger or crying are unacceptable, In fact, there is absolutely nothing wrong with any kind of feeling. When someone tells you not to feel sad or angry, he or she is asking the impossible. You can deny the feelings you are having but you cannot stop them from coming. All that feelings need, in order to pass, is to be acknowledged and accepted. Just saying to yourself, or someone else, "I feel angry" (or sad, or frightened) is a great start. Let yourself _____ the feelings, good or bad.

① deny ② respect
③ choose ④ disclose

해석 우리는 우리들 대부분 받아들일 수 없는 감정이 있다는 것을 믿도록 길러졌기 때문에 우리의 감정을 억누른다[밀어서 밖으로 몰아낸다]. 우리들 중 어떤 이들은 모든 감정을 받아들일 수 없다고 배웠지만 반면에 다른 이들은 화나 울음 같은 특별한 감정을 받아들일 수 없다고 배웠다. 사실 어떤 종류의 감정이라도 절대 틀리는 것이란 없다. 어떤 사람이 당신에게 슬퍼하거나 화내지 말라고 말할 때 그 사람은 불가능한 것을 요구하는 것이다. 당신이 가지고 있는 감정을 부정할 수는 있지만 당신은 그 감정이 다가오는 것을 막을 수는 없다. 감정이 필요한 모든 것은 지나치기 위해서 알아채는 것이고 받아들이는 것이다. 당신 자신에게나 타인에게 '화가 난다(슬프다 혹은 놀랐다.)'라고 말하는 것은 훌륭한 시작이다. 당신 스스로에게 좋은 것이든 나쁜 것이든 그 감정을 <u>드러내도록</u> 하라.

해설 이 글은 자신의 감정을 숨기지 말고 드러내라는 내용의 글이므로 정답은 ④가 된다.

정답 01 ④

어휘 bring up 기르다 acknowledge 인정하다 disclose 드러내다, 노출시키다

풀이 해법

2. Clues that Signal Patterns

Ex 2 밑줄 친 부분에 들어갈 말로 가장 적절한 것을 고르시오.

> The idea of evolution involves two processes. First is the gradual change of a population of living organisms. Usually these changes are adaptive; that is, the organisms become increasingly efficient at exploiting their environment. Second is the formation of new species. If we assume that life has arisen only once on the earth, the 1.2 million known species of microorganisms, plants and animals living today must have arisen from ancestors that they shared in common. So a theory of evolution must tell us not only how organisms become better adapted to their environment but also _____.

① how some of them become extinct

② how the environment changes

③ what the organisms need to survive

④ how new species are produced

해석 진화의 과정에는 두 가지가 있다. 첫 번째는 살아 있는 유기체의 점진적인 변화이다. 대체로 이 변화는 적응이다. 즉, 다시 말해서 유기체가 주변 환경을 이용하는 데 상당히 효율적이 되어 가는 것이다. 두 번째는 새로운 종을 만드는 것이다. 만약 우리가 생명체가 지구상에 딱 한 번만 나타난다고 추정할 때 오늘날 살아 있는 **120**만 종의 미생물, 식물 그리고 동물들은 그들이 보편적으로 공유했던 선조들로부터 생겨났음에 틀림없다. 따라서 진화의 이론은 우리에게 유기체가 어떻게 환경에 잘 적응했는가 뿐 아니라 어떻게 새로운 종을 만들었는가도 말해 준다.

해설 이 글은 진화의 두 가지 관점에 관한 글이다. 빈칸의 위치는 진화의 두 번째 과정(the formation of new species)이므로 정답은 ④가 된다.

어휘 gradual 점진적인 organism 유기체 adaptive 적응하는 efficient 효율적인 exploit 이용하다
assume 추정[생각]하다 microorganism 미생물 extinct 멸종한

정답 02 ④

풀이 해법

3. Clues that Signal Likeness

Ex 3 밑줄 친 부분에 들어갈 말로 가장 적절한 것을 고르시오.

Young writers visiting the National Library are brought to a special section where the rough drafts of famous authors are kept. This practice has quite an impact on those writers who previously thought that the works of geniuses arrived complete in a single stroke of inspiration. Here, young writers can examine how often a successful author starts with an apparently random series of ideas. Later, many of these ideas are not excluded in the final design, but they were essential to the process of developing a new concept. That is, the early drafts are not discarded like mistakes, but are viewed as the initial steps in _____.

① repeating mistakes
② unfolding the new idea
③ checking the catalogue
④ distracting young writers

[해석] 국립 도서관을 방문하는 젊은 작가들은 유명 작가들의 다듬지 않은 초고가 보관된 특별 구역으로 보내진다. 이러한 실습은 그 이전에 천재적 작가들의 작품이 단 한 번 찾아든 영감으로 완성에 이른다고 생각한 그 젊은 작가들에게 상당한 충격이 된다. 이곳에서 젊은 작가들은 성공한 작가가 얼마나 흔히 두서없이 연속된 아이디어로 작품을 시작하는지를 확인할 수 있다. 나중에 이러한 아이디어들 중 다수는 최종 구성에 제외되는 것이 아니라 새로운 개념을 개발하는 과정에 있어서 꼭 필요했던 것이다. 다시 말해, 초고는 잘못된 생각처럼 폐기되는 것이 아니라 새로운 아이디어를 펼쳐가는 데 있어서 초기 절차로 간주된다.

[해설] 빈칸 앞에 That is를 기준으로 Likeness를 이용한다. 빈칸 문장 앞에 developing a new concept (새로운 개념을 발전시키는 것)과 비슷한 내용의 글이 이어져야 하므로 빈칸에는 ②가 정답이 된다.

[어휘] rough 거친 draft 초안 practice 훈련; 관행 previously 이전에 stroke 타격; 뇌졸중 inspiration 영감 apparently 명백하게 exclude 제외시키다, 배제하다 discard 버리다 distract 흩어지게[산만하게] 하다

[정답] 03 ②

풀이 해법 ◆

4. Clues that Signal Differences

Ex 4 밑줄 친 부분에 들어갈 말로 가장 적절한 것을 고르시오.

The hazards of migration range from storms to starvation, but they are outweighed by the advantages to be found in the temporary superabundance of food in the summer home. The process of evolution ensures that a species migrates only if it pays it to do so. Birds of the same species may be migratory in one area, but *sedentary elsewhere. Most song *thrushes migrate from northern Scotland; but in the south of England, the balance of advantage against disadvantage is so delicate that while some migrate to Spain and Portugal, the majority normally _____ over winter. Moreover, England's winters have been getting warmer since the late 1980's and if the trend continues it is likely that our song thrushes will become increasingly sedentary.

*sedentary: 이주하지 않는 *song thrush: [조류] 노래지빠귀

① suffer from a scarcity of food
② stay in England
③ fly back to Scotland
④ migrate somewhere north of England

해석 (계절성) 이주의 위험은 폭풍에서 굶주림까지 범위에 이르지만 여름 이주지의 일시적인 먹이의 풍부함에서 발견되는 이점들은 그러한 이주의 위험보다 더 중요하다. 진화의 과정은 한 종이 이주가 그럴 만한 보상을 할 경우에만 이주를 하게 만든다. 같은 종의 새들이 한 지역에서는 이주를 하고, 그 밖의 지역에서는 이주를 하지 않을 수도 있다. 대부분의 노래지빠귀는 스코틀랜드 북쪽에서 이주해 온다. 그러나 영국 남부에서는 (이주로 인한) 이익과 불이익의 차이가 너무도 미세해서, 일부는 스페인이나 포르투갈로 이주하는 반면 대다수는 겨울철에 대개 <u>영국에 머문다</u>. 게다가, 영국의 겨울은 1980년대 이래로 점점 더 따뜻해지고 있다. 그리고 만일 이러한 경향이 계속된다면 아마도 우리의 노래지빠귀는 점점 더 이주를 하지 않게 될 수 있다.

해설 반대·대조의 연결사 while 다음에 '이주한다(migrate)'가 있으므로 빈칸에는 '이주하지 않는다'가 있어야 한다. 따라서 정답은 ②이다.

어휘 hazard 위험 migration 이주 starvation 굶주림 outweigh ~보다 더 크다 temporary 일시적인 superabundance 과다 delicate 미묘한 majority 다수

정답 04 ②

풀이 해법

5. Clues that Signal Cause and Effect

Ex 5 밑줄 친 부분에 들어갈 말로 가장 적절한 것을 고르시오.

> In Chinese food, the idea is that it should be boiling hot, because that is crucial to its flavor, embodied in the phrase wok hei, which means the 'breath' or essence of the combination of tastes added by a hot *wok. In 2005 Belgian researchers at Leuven University confirmed just how the link between temperature and taste works. They identified microscopic channels in our taste buds, which seem to respond differently at different temperatures. Apparently, the higher the temperature, the more intense the flavor. This is why _____, which is why ice cream makers add stacks of sugar as you can tell all too clearly when ice cream melts. In a similar way, some bitter tastes, like tea, taste better when hot because they are more intense.
>
> *wok: 중국 요리용 냄비

① ice cream tastes better when tea flavors are added
② ice cream does not taste that sweet straight from the fridge
③ it is not recommended to eat ice cream while drinking hot tea
④ ice cream tastes sweeter especially in the winter time

해석 중화요리에서는 뜨겁게 끓여야 한다는 생각이 있는데, 즉 wok(웍; 중화요리 기구)의 숨결 혹은 뜨거운 웍 안에서 이루는 그 진미를 뜻하는 wok hei(웍헤이)라는 문구가 표현하듯이 그것은 맛을 내는 데 굉장히 중요하다. 2005년 벨기에 루벤 대학(Leuven University)의 논문에선 음식의 온도와 맛의 연관성이 입증된 바 있다. 연구진은 각각의 맛을 느끼는 기관 속에 온도의 차이에 따라 다르게 반응하는 미세한 전달 통로가 있는 것을 알아냈다. 명백히 우리는 더 높은 온도에서 더 강한 맛을 느끼는 것이다. 이것이 바로 우리가 차가운 아이스크림을 냉장고에서 바로 꺼내 먹었을 때 덜 달게 느끼는 이유이며 아이스크림 회사가 (아이스크림이 녹을수록 더욱 단맛이 강해짐을 알듯이) 많은 양의 설탕을 넣는 이유이기도 하다. 또한 이것과 유사한 방법으로 차와 같이 쓴맛이 있는 것을 뜨거울 때 먹으면 더욱 좋은 맛이 나는 이유가 여기에 있다.

해설 빈칸 바로 다음 which(원인) is why(결과)가 있으므로 빈칸의 내용은 why에 대한 원인이어야 한다. 아이스크림을 만드는 사람들이 왜 설탕을 넣었는가에 대한 원인으로는 아이스크림이 달지 않기 때문일 것이므로 정답은 ②가 된다.

어휘 crucial 결정적인 flavor 맛 embody 포함하다 phrase 구, 문구 confirm 확인하다 identify 확인하다; 동일시하다 microscopic 미세한 taste bud 미뢰(맛 봉우리) apparently 명백하게, 명백히 intense 강력한, 격렬한 stacks of 많은 bitter (맛이) 쓴

정답 05 ②

풀이 해법

6. Clues that Signal Inference(Most Likely Answer)

Ex 6 밑줄 친 부분에 들어갈 말로 가장 적절한 것을 고르시오.

The human auditory system _____.
A psychologist named Richard Warren demonstrated this particularly
well. He recorded a sentence and cut out a piece of the sentence
from the recording tape. He replaced the missing piece with a burst
of *static of the same duration. Nearly everyone who heard the
altered recording could report that they heard both a sentence and
static. But a majority of people could not tell where the static was!
The auditory system had filled in the missing speech information, so
that the sentence seemed uninterrupted. Most people reported that
there was static and that it existed apart from the spoken sentence.
The static and the sentence formed separate perceptual streams due to
differences in the quality of sound that caused them to group separately.

*static: 잡음(雜音)

---

① plays an important role in speaking
② has its own version of perceptual completion
③ reacts differently according to different languages
④ analyzes auditory and visual cues at the same time

해석 인간의 청각 체계는 <u>그 나름대로의 지각의 완성 방식을 지니고 있</u>다. Richard Warren이라는 이름의
한 심리학자는 이를 특별히 잘 입증했다. 그는 한 문장을 녹음한 후 녹음테이프에서 그 문장의 일부를
떼어냈다. 그는 비어 있는 부분을 같은 시간 동안 지속되는 잡음의 분출로 대체했다. 변경된 녹음 내용
을 들은 거의 모든 사람들은 문장과 잡음을 모두 들었다고 알릴 수 있었다. 하지만 대다수의 사람들은
잡음이 어디에서 들렸는지를 말할 수 없었다. 청각 체계가 사라진 발화정보를 채워서 그 문장은 중단되
지 않은 것처럼 보인 것이다. 대부분의 사람들은 잡음이 있었고 그것은 발화된 문장과는 분리되어 존재
했다고 알렸다. 잡음과 문장이 음질의 차이 때문에 분리된 집단을 이루어서 분리된 지각의 흐름을 형성
한 것이다.

해설 이 글은 우리의 청각 체계가 자발적으로 빠져 있는 정보를 채워 준다는 글이므로 정답은 ②가 된다.

어휘 auditory 청각의 demonstrate 설명하다 replace A with B A를 B로 대체하다 burst 폭발, 소음
duration (지속) 기간 alter 바꾸다 uninterrupted 방해받지 않는 apart from ~와는 별도로, ~는
제쳐 두고 perceptual 인지의 stream 흐름; 개울

정답 06 ②

01 밑줄 친 부분에 들어갈 말로 가장 적절한 것을 고르시오.

> Think of taking a picture of a couple on the beach at sunrise. The sunlight is behind them and you're getting a beautiful silhouette. If they rotate by 90 degrees, the sunlight from their side adds dramatic effects to the subjects and brings out the pattern and texture. Now take the same photo at noon in the same location. You get an entirely different look from the sun when it is high above your subjects as opposed to when it is behind or to the side of them. This is just one example that shows the importance of _____. For a photographer, it is critical because it can give shape, make things appear flat, create mood, and do many other things.

① position of things ② light direction
③ brightness and darkness ④ fresh perspective

꼼꼼 독해

01 Think of taking a picture of a couple on the beach at sunrise. The sunlight is behind them and you're getting a beautiful silhouette.

> **해석** 일출에[해가 뜰 무렵에] 해변에 있는 남녀 한 쌍의 사진을 찍는다고 생각해 보라. 햇빛이 그들 뒤에 있어서 아름다운 실루엣이 나올 것이다.

02 If they rotate by 90 degrees, the sunlight from their side adds dramatic effects to the subjects and brings out the pattern and texture.

> **해석** 그들이 90도쯤 회전한다면 그들의 옆쪽에서 비추는 햇빛은 그 (촬영) 대상들에 극적인 효과를 더해 주고 그 모양과 질감을[많은 효과를] 만들어낸다.

03 Now take the same photo at noon in the same location. You get an entirely different look from the sun when it is high above your subjects as opposed to when it is behind or to the side of them.

> **해석** 이제 같은 위치에서 똑같은 사진을 정오에 찍어 보라. 태양이 (촬영) 대상의 뒤 또는 옆에 있었을 때와는 반대로 위쪽 높은 곳에 있을 때에는 완전히 다른 모습을 보게 된다.

04 This is just one example that shows the importance of light direction. For a photographer, it is critical because it can give shape, make things appear flat, create mood, and do many other things.

> **해석** 이것은 바로 빛의 방향의 중요성을 보여 주는 하나의 사례이다. 사진작가에게 그것은 매우 중요한데, 그 이유는 그것이 모습을 만들어내고 사물을 납작하게 보이게 하고 분위기를 창출하고 그 밖에 다른 것들을 할 수 있기 때문이다.

> **보기해석**
> ① 사물의 위치
> ② 빛의 방향
> ③ 명암
> ④ 신선한 원근법

01
take a picture 사진을 찍다
silhouette 실루엣

02
rotate 회전(자전)하다; 순환하다
　　　(= circulate)
*rotation 회전, 자전; 순환
　　　(= circulation)
degree 온도; 정도; 학위
dramatic 극적인, 드라마틱한
subject 주제; 피실험자; 대상
bring out 끌어내다, 만들어내다
texture 감촉; 질감

03
entirely 전반[체]적으로(= wholly);
　　　완전하게(= wholly)
*entire 전반[체]적인(= whole);
　　　세금(= whole)
look (~처럼) 보이다; 모습, 표정
　　　(= appearance)
as opposed to~ ~와는 반대로

04
just 단지, 다만, 오직(= only);
　　　정당한
*justice 정의(↔ injustice 불의)
direction 방향
critical 비판적인; 결정적인, 중요한
flat 평평한, 납작한

보기어휘
direction 방향
perspective 인식; 원근법

정답 01 ②

02 다음 빈칸에 들어갈 말로 가장 적절한 것을 고르시오.

> For 250 million years, reptiles—which appeared on Earth long before the first mammals—have been fighting over territory. Today, human beings do battle over property as well. But the reptiles' way of fighting is generally more _____ than that of human beings. Two lizards will take a few rushes at one another to test which one is stronger. After a few passes, the loser rolls over on his back to signal defeat. The winner allows him to flee unharmed. Rattlesnakes, similarly, will duel over territory. But they do it with their necks twined together so that they cannot injure each other with their fangs. Unfortunately, humans generally fight with the intent of injuring one another. The winner seems to feel he hasn't really won until he has wounded and humiliated his opponent.

① powerful   ② complicated

③ merciful   ④ thrilling

꼼꼼독해

01 For 250 million years, reptiles —which appeared on Earth long before the first mammals —have been fighting over territory.

[해석] 최초의 포유동물보다 훨씬 전에 지구상에 나타난 파충류들은 2억 5천만 년 동안 영토를 놓고 싸움을 벌여 왔다.

02 Today, human beings do battle over property as well. But the reptiles way of fighting is generally more merciful than that of human beings.

[해석] 오늘날, 인간도 또한 재산을 놓고 전투를 벌이고 있다. 하지만 파충류들이 싸우는 방식이 일반적으로 인간들이 싸우는 방식보다 더 자비롭다.

03 Two lizards will take a few rushes at one another to test which one is stronger. After a few passes, the loser rolls over on his back to signal defeat.

[해석] 두 마리 도마뱀은 누가 더 힘이 센지 테스트하기 위해 서로를 향해 몇 차례 돌진할 것이다. 몇 번의 돌진이 있은 후 패자는 패배를 알리기 위해 등을 대고 구른다.

04 The winner allows him to flee unharmed. Rattlesnakes, similarly, will duel over territory. But they do it with their necks twined together so that they cannot injure each other with their fangs.

[해석] 승자는 패자가 해를 입지 않은 상태로 도망치는 것을 허락한다. 마찬가지로 방울뱀도 영토를 놓고 결투를 벌일 것이다. 하지만 그것들은 그들의 송곳니로 서로를 다치게 하지 않도록 서로 목을 휘감으면서 결투를 벌인다.

05 Unfortunately, humans generally fight with the intent of injuring one another. The winner seems to feel he hasn't really won until he has wounded and humiliated his opponent.

[해석] 불행히도, 인간은 대체로 서로를 다치게 할 의도로[목적으로] 싸운다. 승자는 상대방을 다치게 하고 굴욕감을 느끼게 할 때까지 (가야) 진정으로 승리했다는 느낌을 갖는 것 같다.

[보기해석]
① 강력한
② 복잡한
③ 자비로운
④ 흥분되는

01
reptile 파충류
*lizard 도마뱀
*rattle snake 방울뱀
mammal 포유류
territory 영토, 영역

02
human being 인간, 인류
battle 전투, 싸움
property 재산
as well 또한
generally 일반적으로
merciful 자비로운

03
lizard 도마뱀
rush 돌진
roll 구르다; 감다, 말다
*rolled cake 롤[감겨진] 케이크
signal 신호, 시그널; 신호를 보내다
defeat 패배; 패배시키다

04
flee 도망치다, 달아나다
rattlesnake 방울뱀
duel 결투; 결투하다
*dual 두 개[이중]의
twine 노끈; 휘감다
*twin 쌍둥이
fang 송곳니

05
intent 의도. 목적
injure 부상을 입다[입히다](= wound)
humiliate 굴욕감을[창피를] 주다
*humiliating 굴욕적인, 창피한
*humiliation 굴욕, 창피
opponent 상대방; 적, 적수

보기어휘

complicated 복잡한
merciful 자비로운
thrilling 흥분되는

[정답] 02 ③

03 다음 빈칸에 들어갈 말로 가장 적절한 것을 고르시오.

In a classic set of studies over a ten-year period, biologist Gerald Wilkinson found that when vampire bats return to their communal nests from a successful night's foraging, they frequently vomit blood and share it with other nest-mates, including even non-relatives. The reason, it turns out, is that blood-sharing greatly improves each bat's chances of survival. A bat that fails to feed for two nights is likely to die. Wilkinson showed that the blood donors are typically sharing their surpluses and, in so doing, are saving unsuccessful foragers that are close to starvation. So the costs are relatively low and the benefits are relatively high. Since no bat can be certain of success on any given night, it is likely that the donor will itself eventually need help from some nest-mate. In effect, the vampire bats have created a kind of _____.

① complex social hierarchy
② ecological diversity
③ mutual insurance system
④ parasitic relationship

01 In a classic set of studies over a ten-year period, biologist Gerald Wilkinson found that when vampire bats return to their communal nests from a successful night's foraging, they frequently vomit blood and share it with other nest-mates, including even non-relatives.

> 해석 10년에 걸친 한 세트의 고전적인 연구에서 생물학자인 Gerald Wilkinson은 밤에 성공적으로 먹이를 찾아다닌 흡혈 박쥐들이 공동생활을 하는 둥지로 돌아오면 빈번히 (섭취한) 피를 토해내서 동족(同族)이 아닌 박쥐까지 포함해서 둥지에서 함께 사는 박쥐들과 그것을 함께 나눈다는 것을 알아냈다.

01
vampire bat 흡혈 박쥐
communal 공동[공유]의
nest 둥지
forage 먹이를 찾아 다니다
vomit 토하다(= throw up)
relative 친척; 상대적인
*relatively 비교적, 꽤

02 The reason, it turns out, is that blood-sharing greatly improves each bat's chances of survival. A bat that fails to feed for two nights is likely to die.

> 해석 이것은 피를 함께 나누어 먹음으로써 모든 박쥐의 생존 가능성을 대폭 향상시킨다는 이유 때문이라는 사실이 밝혀지고 있다. 이틀 밤 동안 먹이를 먹지 못하는 박쥐는 죽을 가능성이 있다.

02
turn out 판명되다, 밝혀지다;
       생산하다
feed 먹다, 먹이다

03 Wilkinson showed that the blood donors are typically sharing their surpluses and, in so doing, are saving unsuccessful foragers that are close to starvation. So the costs are relatively low and the benefits are relatively high.

> 해석 피를 제공하는 박쥐는 일반적으로 자기에게서 남는 것을 함께 나누고, 그렇게 해서 아사에 처한 먹이를 찾는 데 성공하지 못한 박쥐들을 구한다고 Wilkinson은 밝혀냈다. 그래서 비용은 비교적 저렴하고 이익은 비교적 높아진다.

03
donor 기증자
*donee 기증받는 자
typically 전형적으로
*typical 전형적인
surplus 잉여(물), 나머지
forage 먹이를 찾아다니다
starvation 배고픔(= famine,
       hunger), 기아
relatively 비교적, 상대적으로

04 Since no bat can be certain of success on any given night, it is likely that the donor will itself eventually need help from some nest-mate. In effect, the vampire bats have created a kind of mutual insurance system.

> 해석 어떤 박쥐도 어떤 특정한 밤에 성공할 수 있다고 확신할 수 없기 때문에 (피를) 제공하는 박쥐 자신도 언젠가는 둥지에서 함께 사는 어떤 박쥐로부터 도움을 필요로 할 것이다. 사실상 흡혈 박쥐들은 일종의 상호 보험 체계를 만들어 낸 것이다.

04
certain 확실한; 어떤
eventually 결국, 마침내
in effect 사실상, 사실은(= in fact)
mutual 상호 간의
insurance 보험

> 보기해석
> ① 복잡한 사회적 계급
> ② 생태적 다양성
> ③ 상호 보험 체계
> ④ 기생 관계

보기어휘

hierarch 계급, 위계
ecological 생태적인
insurance 보험
parasitic 기생의

정답 03 ③

04 다음 빈칸에 들어갈 말로 가장 적절한 것을 고르시오.

Televised sports, a couch, and a remote control are the elements that have made modern spectating possible. Now, without leaving our homes, we can enjoy athletic competition of every kind. It's the fun that comes from cheering on our team and celebrating its skills while grumbling at the opposing team's good luck. But some individuals sit and watch a football game or tennis match or golf tournament without cheering for anyone or any team. They aren't willing to risk the possible disappointment of picking the loser, so they give up the possible joy of picking the winner. They live in the world of neutrality. Don't be one of them. Sure, your team might lose. But then again, your team might win. Either way, your spectator experience will have been a fun one, and you will have shunned being merely _____.

① a passionate fan   ② a true sportsman

③ a keen spectator   ④ a passive observer

꼼꼼독해

01 Televised sports, a couch, and a remote control are the elements that have made modern spectating possible. Now, without leaving our homes, we can enjoy athletic competition of every kind.

> **해석** TV로 방영되는 스포츠, 소파 그리고 리모콘은 현대의 관람[문화]을 가능하게 해 주는 요인이다. 지금은 집을 떠나지 않고서도 모든 종류의 운동 경기[시합]를 즐길 수 있다.

02 It's the fun that comes from cheering on our team and celebrating its skills while grumbling at the opposing team's good luck. But some individuals sit and watch a football game or tennis match or golf tournament without cheering for anyone or any team.

> **해석** 그 즐거움은 우리 팀을 응원하면서 그리고 우리 팀의 기술을 축하[감탄해]하면서 반면에 상대팀의 행운은 투덜거리면서 오는 것이다. 하지만 몇몇 사람들은 어떤 사람도 또는 어떤 팀도 응원하지 않은 채 축구나 테니스 또는 골프 토너먼트를 앉아서 보기만 한다.

03 They aren't willing to risk the possible disappointment of picking the loser, so they give up the possible joy of picking the winner. They live in the world of neutrality.

> **해석** 그들은 패배자를 선택해서[우리 팀이 지는 것에 대해서] 생길 수 있는 실망감을 기꺼이 위험으로 무릅쓰려 하지 않는다[피하려고 한다]. 그래서 그들은 우리가 이길 수 있다는 즐거움을 포기한다. 그들은 중립의 세계에서 산다.

04 Don't be one of them. Sure, your team might lose. But then again, your team might win. Either way, your spectator experience will have been a fun one, and you will have shunned being merely a passive observer.

> **해석** 그들 중 하나[응원하지 않는 사람]가 되지 말자. 분명히 당신의 팀은 질 수 있다. 하지만 또는 당신의 팀이 이길 수도 있다. 이기든 지든 당신의 관람 경험은 즐거울 수 있고 당신이 그저 수동적 관찰자임을 피하게 될 수도 있을 것이다.

보기해석

① 열정적인 팬
② 진정한 스포츠맨
③ 열렬한 관객
④ 수동적인 관찰자

01
televised TV로 방송되는
couch 소파, 카우치
remote (거리가) 먼(= **distant**)
element 요소, 요인
spectate 관람하다
*spectation 관람
*spectator 관중
athletic 운동의; 탄탄한
competition 경쟁, 시합

02
cheer 응원하다
grumble 투덜거리다, 불평하다
opposing 반대의, 반대하는

03
be willing to ⓥ 기꺼이 ⓥ하다
(↔ **be reluctant to** ⓥ 마지못해 ⓥ하다)
give up 포기하다
neutrality 중립
*neutral 중립적인

04
merely 단순하게
*mere 단순한
shun 피하다(= **avert, evade**)
passive 수동적인
(↔ **active** 능동적인)
observer 관찰자, 관객

보기어휘

passionate 열정적인
keen 열렬한; 열망하는

정답 04 ④

05 다음 빈칸에 들어갈 말로 가장 적절한 것을 고르시오.

Not all authors trusted that the theater audience would automatically understand their plays in the intended manner. Thus, they repeatedly attempted to make it clear to their public that visiting the theater was not merely for the purpose of entertainment, but to draw lessons from the play offered onstage. It was, therefore, important for the viewer _____ _____ so as to facilitate interpretation of the content. This idea was developed by Bertolt Brecht with his 'epic theater,' which used alienation as a strategy to prevent the identification of the public with the figures of the drama. Through scattered narration and commentary throughout the play, for example, the viewers are invited to take a step back from the performance. In this way, they are given hints to better understand the play while the conclusion is left open so as to leave them to draw their own conclusions.

① to imitate the actor's performance
② to identify himself with the actors on the stage
③ to bridge the gap between himself and the actors
④ to create a distance from the actions on the stage

꼼꼼독해

01 Not all authors trusted that the theater audience would automatically understand their plays in the intended manner. Thus, they repeatedly attempted to make it clear to their public that visiting the theater was not merely for the purpose of entertainment, but to draw lessons from the play offered onstage.

[해석] 모든 (희곡) 작가들은 연극을 찾는 관객이 작가의 의도된 방식대로 자신의 연극을 이해한다고 믿지는 않는다. 그래서 작가들은 그들의 관객이 자신들의 연극을 보면서 재미만을 위해서가 아니라 교훈도 얻기를 분명히 하려는 시도를 해왔다.

01
intended 의도된
manner 방식
repeatedly 반복해서
attempt 시도하다
not merely A but B
A뿐만 아니라 B도 역시
onstage 무대 위에서

02 It was, therefore, important for the viewer to create a distance from the actions on the stage so as to facilitate interpretation of the content. This idea was developed by Bertolt Brecht with his 'epic theater,' which used alienation as a strategy to prevent the identification of the public with the figures of the drama.

[해석] 그러므로 관객이 연극의 내용을 좀 더 쉽게 이해하기 위해서 무대 위에서 연극을 하는 배우들과 거리를 두는 것이 중요했다. 이러한 생각은 '서사극장'이라 불리어지는데 관객과 연극배우들을 동일시하려는 것을 막으려는 전략으로서 고립을 사용한 Bertolt Brecht에 의해 개발되었다.

02
so as to ~하기 위하여
facilitate 용이하게 하다
interpretation 해석
content 내용
alienation 고립
strategy 전략
identification of A with B
A와 B를 동일시함
*identify A with B
A와 B를 동일시하다
figure 인물

03 Through scattered narration and commentary throughout the play, for example, the viewers are invited to take a step back from the performance.

[해석] 예를 들어, 연극 곳곳에 산만한 이야기와 해설을 통해서 관객을 연극으로부터 한발 물러서도록 하게한다.

03
scatter 흩어지게 하다, 산만하게 하다
narration 이야기
commentary 해설

04 In this way, they are given hints to better understand the play while the conclusion is left open so as to leave them to draw their own conclusions.

[해석] 이러한 방식으로 관객들로 하여금 결론을 직접 이끌어낼 수 있도록 연극의 결말을 남겨둔 채 연극을 더 잘 이해할 수 있게 힌트만을 제공하게 된다.

04
draw conclusion 결론을 내리다

[보기해석]
① 배우의 공연을 모방하는 것
② 자신을 무대 위에 있는 배우들과 동일시하는 것
③ 자신과 배우들 사이의 격차를 줄이는 것
④ 무대 위에 있는 배우들과 거리를 두는 것

보기어휘

imitate 모방하다
bridge a gab 간격을 메우다,
격차를 줄이다

[정답] 05 ④

06 다음 빈칸에 들어갈 말로 가장 적절한 것을 고르시오.

When we think of physical capital, what comes to mind are tools, machines, equipment, and factories. A new generation of management consultants and economists, however, is counseling companies to evade amassing physical capital. They say, "We need to walk away from the idea that owning is a necessary resource for fulfilling market needs. It often doesn't pay to own capital equipment and ownership can prove to be something which will interfere with the firm's ability to move rapidly out of one business line and into another." They understand that in a network economy, the capital as inventory must give way to 'just-in-time' capital as access to the use. Their first principle about capital is "_____."

① Use it, don't own it   ② Make a swift decision

③ Buy it, don't borrow it   ④ Save it, don't spend it

꼼꼼 독해

01 When we think of physical capital, what comes to mind are tools, machines, equipment, and factories.

> **해석** 우리가 물적 자본에 대해 생각할 때, 마음속에 떠오르는 것은 도구, 기계, 장비와 공장이다.

02 A new generation of management consultants and economists, however, is counseling companies to evade amassing physical capital.

> **해석** 하지만 새로운 세대의 관리 상담자들과 경제학자들은 회사들이 물적 자본을 축적하는 것을 피하라고 상담해 주고 있다.

03 They say, "We need to walk away from the idea that owning is a necessary resource for fulfilling market needs.

> **해석** 그들은, "소유한다는 것이 시장의 필요를 충족시키기 위해 필요한 자원이라는 생각으로부터 한 발짝 물러나 걸을[벗어날] 필요가 있습니다.

04 It often doesn't pay to own capital equipment and ownership can prove to be something which will interfere with the firm's ability to move rapidly out of one business line and into another."

> **해석** 자본 설비를 소유하는 것은 종종 이득이 되지 않으며 소유권은 하나의 사업 노선에서 빠르게 나와서 다른 사업 노선으로 가는 회사의 능력을 방해할 것으로 입증될 수 있습니다."라고 말한다.

05 They understand that in a network economy, the capital as inventory must give way to 'just-in-time' capital as access to the use. Their first principle about capital is "Use it, don't own it."

> **해석** 그들은 네트워크 경제에서는, 재고 목록으로서의 자본은 사용하기 위해 접근할 수 있는 '때에 알맞은' 자본에 양보해야[길을 내주어야] 한다고 이해한다. 자본에 대한 그들의 첫 번째 원칙은 "그것을 소유하지 말고 사용하라."이다.

> **보기해석**
> ① 그것을 소유하지 말고 사용하라
> ② 빠른 결정을 하라
> ③ 그것을 빌리지 말고 사라
> ④ 그것을 소비하지 말고 저축하라

01
physical 신체적인, 물리적인; 물질적인
capital 자본; 수도; 대문자(= Capital letter)
equipment 장비; 준비

02
generation 세대
consultant 상담가
counsel 상담하다
evade 피하다
amass 모으다, 축적하다 (= accumulate)

03
own 소유하다
resource 자원
fulfill 수행[실행]하다 (= perform, carry out)

04
pay 지불하다; 이익이 되다
interfere with ~을 방해하다
firm 견고한, 단단한; 회사
rapidly 빠르게, 신속하게

05
inventory 재고물품[목록]
just-in-time 제때에, 때에 맞는
give way to ~에 양보하다
access 접근(하다)
principle 원리, 원칙

보기어휘
swift 빠른, 신속한
borrow 빌리다
save 저축하다; 절약하다

정답 06 ①

01 밑줄 친 부분에 들어갈 말로 적절한 것을 고르시오. 2024. 국가직 9급

_____. Nearly every major politician hires media consultants and political experts to provide advice on how to appeal to the public. Virtually every major business and special-interest group has hired a lobbyist to take its concerns to Congress or to state and local governments. In nearly every community, activists try to persuade their fellow citizens on important policy issues. The workplace, too, has always been fertile ground for office politics and persuasion. One study estimates that general managers spend upwards of 80 % of their time in verbal communication — most of it with the intent of persuading their fellow employees. With the advent of the photocopying machine, a whole new medium for office persuasion was invented — the photocopied memo. The Pentagon alone copies an average of 350,000 pages a day, the equivalent of 1,000 novels.

① Business people should have good persuasion skills

② Persuasion shows up in almost every walk of life

③ You will encounter countless billboards and posters

④ Mass media campaigns are useful for the government

정답 해설

01 【해석】 <u>설득은 거의 각계각층에서 나타난다.</u> 거의 모든 주요 정치가들은 대중에게 어떻게 호소해야 하는지에 관한 조언을 제공하는 미디어 상담사와 정치적 전문가를 고용한다. 사실상 모든 주요 기업 및 특수 이익 단체는 자신들의 관심사를 의회나 주 정부 또는 지방 정부에 가져가기 위해 로비스트들을 고용해 왔다. 거의 모든 지역사회에서 활동가들은 중요한 정책 문제에 대해 동료 시민들을 설득하기 위해 노력한다. 직장 역시 언제나 사무실 정치와 설득 활동을 위한 비옥한 터전이 되어 왔다. 일반 관리자들은 업무 시간의 80% 이상을 언어적 의사소통에 소비하며 이 중 대부분은 동료 직원을 설득하기 위한 의도로 사용한다고 한 연구는 추정한다. 복사기의 출현으로 전 직원의 설득을 위한 완전히 새로운 매체, 즉 복사 메모가 발명되었다. 미국 국방부에서만 하루 평균 350,000페이지를 복사하는데, 이는 소설 1,000권과 맞먹는 분량이다.

① 기업인은 좋은 설득 기술을 가져야 한다
② 설득은 거의 각계각층에서 나타난다
③ 당신은 수많은 광고판이나 포스터와 마주칠 것이다
④ 대중 매체 캠페인은 정부에게 유용하다

【해설】 빈칸 완성은 항상 이 글이 무엇에 관한 글인지를 떠올려야 한다. 주어진 지문은 사회의 여러 분야에서 흔히 이루어지고 있는 설득의 다양한 모습을 나타내는 내용의 글이므로 빈칸에 들어가기에 가장 적절한 것은 ② '설득은 거의 각계각층에서 나타난다'이다.

【어휘】 nearly 거의 major 주된, 주요한 politician 정치가 consultant 상담사, 컨설턴트 expert 전문가 provide 제공하다 appeal 호소하다 virtually 사실상 special-interest group 특수 이익 단체 hire 고용하다 concern 관심, 관심사 state 주 activist 활동가 persuade 설득하다 fellow 동료 policy 정책 workplace 직장 fertile 비옥한 persuasion 설득 estimate 추정하다, 추산하다 upwards 위쪽으로, 이상 verbal 언어적인, 말로 하는 intent 의도, 목적 advent 출현, 도래 photocopy 복사하다 whole ① 전체의 ② 완전한 medium 매체 invent 발명하다 Pentagon 미국 국방부 equivalent 동등한, 맞먹는 show up 나타나다, 등장하다 every walk of life 각계각층의 encounter 만나다, 마주치다 countless 수많은, 셀 수 없는 billboard 광고판 mass media 대중 매체

【정답】 01 ②

02 밑줄 친 부분에 들어갈 말로 적절한 것을 고르시오. 2024. 국가직 9급

It is important to note that for adults, social interaction mainly occurs through the medium of language. Few native-speaker adults are willing to devote time to interacting with someone who does not speak the language, with the result that the adult foreigner will have little opportunity to engage in meaningful and extended language exchanges. In contrast, the young child is often readily accepted by other children, and even adults. For young children, language is not as essential to social interaction. So-called 'parallel play', for example, is common among young children. They can be content just to sit in each other's company speaking only occasionally and playing on their own. Adults rarely find themselves in situations where _____.

① language does not play a crucial role in social interaction
② their opinions are readily accepted by their colleagues
③ they are asked to speak another language
④ communication skills are highly required

정답 해설

02 [해석] 어른들에게 사회적 상호 작용은 주로 언어라는 매체를 통해 나타난다는 점에 주목하는 것이 중요하다. 모국어를 사용하는 어른들 중 그 언어를 사용하지 않는 사람과 교류하는데 기꺼이 시간을 쏟는 사람은 거의 없으며, 그 결과 성인 외국인은 의미 있는 폭넓은 언어 교환에 참여할 기회가 거의 없을 것이다. 이와는 반대로 어린아이는 다른 아이들에게, 심지어 어른들에게도 쉽게 받아들여진다. 어린아이들에게 언어는 사회적 상호 작용을 하는 데 필수적이지는 않다. 예를 들어, 소위 '평행 놀이'는 어린아이들 사이에서 보편적이다. 그들은 서로 함께 앉아서 가끔씩만 말을 하고 스스로 노는 것만으로도 만족할 수 있다. 어른들은 <u>사회적 상호 작용에서 언어가 결정적인 역할을 하지 않는</u> 상황에 처하는 경우가 거의 없다.

① 사회적 상호 작용에서 언어가 결정적인 역할을 하지 않는

② 그들의 의견이 동료들에게 쉽게 받아들여지는

③ 다른 언어를 사용하도록 요청받는

④ 의사소통 능력이 매우 요구되는

[해설] two 개념(adults vs children)과 부정어(rarely)를 이용해야 한다. 주어진 지문은 어른들에게는 언어가 상호 작용을 하는 데 필수적 요소이고 아이들은 그렇지 않다는 내용의 글로 빈칸 앞에 부정어(rarely)가 있으므로 빈칸에 들어가기에 가장 적절한 것은 ① '사회적 상호 작용에서 언어가 결정적인 역할을 하지 않는'이다.

[어휘] note 주목하다 interaction 상호 작용 mainly 주로 occur 나타나다 medium 매체 be willing to ⓥ 기꺼이 ⓥ하다 devote A to B A를 B하는 데 쏟다(몰두하다, 헌신하다) interact with ~와 상호 작용하다 opportunity 기회 engage in ~에 참여하다 meaningful 의미 있는 extended 폭넓은, 확장된 exchange 교환 in contrast 이와는 반대로 readily 쉽게, 즉시 accept 받아들이다, 수락하다 essential 필수적인 so-called 소위 parallel 평행(선) content 만족한 company 함께 있음 occasionally 가끔 rarely 거의 ~ 않는 situation 상황 play a role 역할을 하다 crucial 결정적인 colleague 동료 highly 아주, 매우 require 요구하다

정답 02 ①

03 밑줄 친 부분에 들어갈 말로 적절한 것을 고르시오. 2023. 지방직 9급

We live in the age of anxiety. Because being anxious can be an uncomfortable and scary experience, we resort to conscious or unconscious strategies that help reduce anxiety in the moment —watching a movie or TV show, eating, video-game playing, and overworking. In addition, smartphones also provide a distraction any time of the day or night. Psychological research has shown that distractions serve as a common anxiety avoidance strategy. _____, however, these avoidance strategies make anxiety worse in the long run. Being anxious is like getting into quicksand —the more you fight it, the deeper you sink. Indeed, research strongly supports a well-known phrase that "What you resist, persists."

① Paradoxically
② Fortunately
③ Neutrally
④ Creative

정답 해설

03 【해석】 우리는 불안의 시대에 살고 있다. 불안해하는 것은 불편하고 무서운 경험일 수 있기 때문에 우리는 영화나 TV쇼를 보고, 먹거나, 비디오 게임을 하고, 과로를 하는 등 순간의 불안을 줄이는 데 도움이 되는 의식 또는 무의식적인 전략들에 의존한다. 게다가, 스마트폰은 또한 하루 중 언제든지 주의를 산만하게 만들기도 한다. 심리학 연구는 주의를 산만하게 하는 것들이 일반적인 불안 회피 전략의 역할을 한다는 것을 보여주었다. 그러나 <u>역설적으로,</u> 이러한 회피 전략은 결국 불안을 악화시킨다. 불안해하는 것은 유사(流砂)에 빠지는 것과 같다. 즉, 그것과 싸우면 싸울수록 당신은 더 깊이 가라앉는다. 실제로, 연구는 "당신이 저항하는 것은 지속된다"라는 잘 알려진 문구를 강력하게 지지한다.

① 역설적으로
② 운 좋게도
③ 중립적으로
④ 창의적으로

【해설】 불안과 그 회피 전략에 관한 글이다. 빈칸 앞에는 스마트폰과 같은 주의를 산만하게 하는 것들이 흔히 불안 회피 전략 역할을 한다는 내용이 있는데, 빈칸 뒤에는 역접 접속사 however 와 더불어 그 회피 전략이 장기적으로는 불안을 악화시킨다는 상반되는 내용이 나오고 있다. 따라서 빈칸에 들어갈 말로 가장 적절한 것은 ① '역설적으로'이다.

【어휘】 anxiety 불안, 걱정   scary 무서운   resort to ~에 의존하다   conscious 의식적인 overwork 과로하다   distraction 주의를 산만하게 하는 것   serve 역할을 하다   avoidance 회피   in the long run 결국   quicksand 유사(流沙: 바람이나 물에 의해 아래로 흘러내리는 모래. 사람이 들어가면 늪에 빠진 것처럼 헤어 나오지 못함)   sink 가라앉다   phrase 문구 resist 저항하다   persist 지속되다   paradoxically 역설적으로   fortunately 운 좋게도 neutrally 중립적으로   creatively 창의적으로

정답 **03** ①

04 밑줄 친 부분에 들어갈 말로 적절한 것을 고르시오. 2023. 지방직 9급

How many different ways do you get information? Some people might have six different kinds of communications to answer — text messages, voice mails, paper documents, regular mail, blog posts, messages on different online services. Each of these is a type of in-box, and each must be processed on a continuous basis. It's an endless process, but it doesn't have to be exhausting or stressful. Getting your information management down to a more manageable level and into a productive zone starts by _____. Every place you have to go to check your messages or to read your incoming information is an in-box, and the more you have, the harder it is to manage everything. Cut the number of in-boxes you have down to the smallest number possible for you still to function in the ways you need to.

① setting several goals at once
② immersing yourself in incoming information
③ minimizing the number of in-boxes you have
④ choosing information you are passionate about

정답 해설

04 【해석】 얼마나 많은 다른 방법으로 당신은 정보를 얻는가? 어떤 사람들은 문자 메시지, 음성 메일, 종이 문서, 일반 우편, 블로그 게시물, 그리고 서로 다른 온라인 서비스의 메시지 등 6가지 서로 다른 종류의 통신수단에 답을 해야 할지도 모른다. 이것들 각각은 일종의 수신함의 유형이며, 연속적으로 처리되어야 한다. 그것은 끝이 없는 과정이지만, 지치거나 스트레스를 받을 필요는 없다. 당신의 정보 관리를 보다 더 관리하기 쉬운 수준으로 낮추고 생산적인 영역으로 전환하려면 <u>당신이 가진 수신함의 수를 최소화하는</u> 것으로 시작하면 된다. 당신이 메시지를 확인하거나 들어오는 정보를 읽으러 가야 하는 곳은 모두 수신함이며, 당신이 가진 것이 많을수록 모든 것을 관리하기가 더 어려워진다. 당신이 필요한 방식으로 계속 기능할 수 있도록 당신이 가진 수신함의 수를 최소한으로 줄여라.
① 한 번에 여러 목표를 설정하는
② 들어오는 정보에 몰두하는
③ 당신이 가진 수신함의 수를 최소화하는
④ 당신이 열정적인 정보를 선택하는

【해설】 주어진 지문은 받은 정보를 수신함에 보관하는데, 이 수신함이 많으면 관리하기가 어려우니 가능한 한 이 수신함의 수를 줄이라는 내용의 글이므로 빈칸에 들어갈 말로 가장 적절한 것은 ③ '당신이 가진 수신함의 수를 최소화하는'이다.

【어휘】 text message 문자 메시지 in-box 수신함 process 처리하다, 가공하다
on a continuous basis 연속적으로 exhausting 지치는 get down 낮추다 zone 영역
cut down 줄이다 function 기능하다, 작동하다 immerse ① 담그다 ② 몰두하게 하다, 몰두하다 passionate 열정적인

정답 04 ③

05 밑줄 친 부분에 들어갈 말로 적절한 것을 고르시오. 2023. 국가직 9급

Over the last fifty years, all major subdisciplines in psychology have become more and more isolated from each other as training becomes increasingly specialized and narrow in focus. As some psychologists have long argued, if the field of psychology is to mature and advance scientifically, its disparate parts (for example, neuroscience, developmental, cognitive, personality, and social) must become whole and integrated again. Science advances when distinct topics become theoretically and empirically integrated under simplifying theoretical frameworks. Psychology of science will encourage collaboration among psychologists from various sub-areas, helping the field achieve coherence rather than continued fragmentation. In this way, psychology of science might act as a template for psychology as a whole by integrating under one discipline all of the major fractions/factions within the field. It would be no small feat and of no small import if the psychology of science could become a model for the parent discipline on how to combine resources and study science _____.

① from a unified perspective
② in dynamic aspects
③ throughout history
④ with accurate evidence

정답해설

05 **해석** 지난 50년 동안 심리학의 모든 주요한 하위 분야는 교육이 점점 더 특화되고 그 초점이 좁혀 짐에 따라 서로 더욱더 고립되어 왔다. 일부 심리학자들이 오랫동안 주장해 온 것처럼, 만약 심리학 분야가 과학적으로 성숙해지고 발전하려면 그것의 이질적인 부분들(예를 들어, 신경과 학, 발달, 인지, 성격, 사회 등)이 하나가 되어 다시 통합되어야 한다. 과학은 단순화라는 이론 적 틀하에서 서로 다른 주제들이 이론적으로 그리고 경험적으로 통합될 때 발전한다. 과학 심 리학은 다양한 하위영역의 심리학자 간의 협업을 장려하여 이 분야가 계속적인 분열보다는 일관성을 이룰 수 있도록 도울 것이다. 이러한 방식으로 과학 심리학은 심리학 분야의 모든 주요 부분/파벌을 하나의 학문으로 통합함으로써 전체 심리학에 대한 본보기가 될 수 있다. 만약 과학 심리학이 자원을 결합하는 방식 및 과학을 통합된 관점에서 연구하는 방법에 대한 모(母)학문의 모델이 될 수 있다면, 이는 결코 적지 않은 위업이며 그 중요도 또한 적지 않을 것이다.

① 통합된 관점에서
② 역동적인 측면에서
③ 역사를 통틀어
④ 정확한 증거를 가지고

해설 빈칸 완성은 이 글이 무엇에 관한 글인가를 묻는다. 주어진 지문은 심리학의 하위 분야들 간 통합의 필요성과 이 과정에 있어서 과학 심리학이 통합의 중추적 역할을 해야 한다는 내용의 글이므로 빈칸에 들어갈 말로 가장 적절한 것은 ① '통합된 관점에서'이다.

어휘 major 주된, 주요한 subdiscipline 학문 분야의 하위 부분 psychology 심리학 isolated 고립된, 격리된 increasingly 점점 더 specialized 전문화된 narrow 좁은 mature 성숙 해지다 advance 진보[발전]하다 disparate 이질적인, 다른 neuroscience 신경과학 cognitive 인지의, 인식의 distinct 다른, (뚜렷이) 구별되는 integrated 통합된 theoretically 이론적으로 empirically 경험적으로 simplify 단순화하다 framework 틀 collaboration 협력, 협업 sub-area 하위영역 field 분야 achieve 이루다, 성취하다 coherence 일관성 fragmentation 분열 template 본보기 fraction 부분, 분수 faction 파벌, 분파 feat 위업 import ① 수입(하다) ② 중요성, 중요도 parent discipline 모(母) 학문 *discipline ① 규율, 훈육(하다) ② 지식분야, 학문, 학과목 unified 통합된 perspective 관점 dynamic 역동적인 aspects 측면 throughout ~의 전역에 걸쳐 accurate 정확한 evidence 증거

정답 05 ①

06 밑줄 친 부분에 들어갈 말로 가장 적절한 것은? 2022. 국가직 9급

Scientists have long known that higher air temperatures are contributing to the surface melting on Greenland's ice sheet. But a new study has found another threat that has begun attacking the ice from below: Warm ocean water moving underneath the vast glaciers is causing them to melt even more quickly. The findings were published in the journal Nature Geoscience by researchers who studied one of the many "ice tongues" of the Nioghalvfjerdsfjorden Glacier in northeast Greenland. An ice tongue is a strip of ice that floats on the water without breaking off from the ice on land. The massive one these scientists studied is nearly 50 miles long. The survey revealed an underwater current more than a mile wide where warm water from the Atlantic Ocean is able to flow directly towards the glacier, bringing large amounts of heat into contact with the ice and _____ the glacier's melting.

① separating
② delaying
③ preventing
④ accelerating

06 〔해석〕 과학자들은 높은 기온이 그린란드 빙상의 표면이 녹는 것에 기여하고 있다는 사실을 오래 전부터 알고 있었다. 하지만 새로운 연구가 아래쪽에서부터 얼음을 공격하기 시작한 또 다른 위협을 발견했는데 이는 거대한 빙하 아래에서 이동하는 따뜻한 바닷물이 빙하를 훨씬 더 빨리 녹게 하고 있다는 것이다. 그 연구결과는 그린란드 북동부에 있는 빙하 **79N(Nioghalvfjerdsfjorden Glacier)** 의 많은 "빙설" 중 하나를 연구한 연구자들에 의해 **Nature Geoscience**지에 실렸다. 빙설은 육지의 얼음에서 분리되지 않은 물 위를 떠다니는 얼음 조각이다. 이 과학자들이 연구한 그 어마어마한 빙설의 길이는 거의 **50**마일 정도이다. 그 조사는 대서양에서 나온 따뜻한 물이 빙하를 향해 직접 흐를 수 있어서 많은 양의 열기가 얼음과 접촉해서 빙하가 녹는 것을 <u>가속화시키는</u> 폭이 **1**마일 이상 되는 수중 해류를 발견하였다.

① 분리시키는

② 연기시키는

③ 예방하는

④ 가속화시키는

〔해설〕 주어진 지문은 빙하가 녹는 이유가 지구온난화가 아니라 대서양으로부터 흘러들어오는 따뜻한 수중해류 때문임을 밝히는 내용의 글이므로 빈칸에 들어가기에 가장 적절한 것은 ④ '가속화시키는'이다.

〔어휘〕 **air temperature** 기온 **contribute to** ~에 기여하다 **surface** 표면 **melt** ① 녹다 ② 녹이다 **ice sheet** 빙상 **threat** 위협 **attack** 공격하다 **underneath** ~의 밑에, ~의 아래에 **vast** 거대한 **glacier** 빙하 **finding** 연구결과 **ice tongue** 빙설 **strip** 조각 **float** (물에) 뜨다, 떠가다, 흘러가다 **break off** 분리되다, 갈라지다 **massive** 거대한, 어마어마한 **reveal** 드러내다 **current** 흐름 **separate** 분리시키다, 나누다 **accelerate** 가속화하다

〔정답〕 06 ④

07 밑줄 친 부분에 들어갈 말로 가장 적절한 것을 고르시오 2021. 국가직 9급

Social media, magazines and shop windows bombard people daily with things to buy, and British consumers are buying more clothes and shoes than ever before. Online shopping means it is easy for customers to buy without thinking, while major brands offer such cheap clothes that they can be treated like disposable items — worn two or three times and then thrown away. In Britain, the average person spends more than £1,000 on new clothes a year, which is around four percent of their income. That might not sound like much, but that figure hides two far more worrying trends for society and for the environment. First, a lot of that consumer spending is via credit cards. British people currently owe approximately £670 per adult to credit card companies. That's 66 percent of the average wardrobe budget. Also, not only are people spending money they don't have, they're using it to buy things _____. Britain throws away 300,000 tons of clothing a year, most of which goes into landfill sites.

① they don't need
② that are daily necessities
③ that will be soon recycled
④ they can hand down to others

정답 해설

07 [해석] 소셜 미디어, 잡지 그리고 상품 진열장은 매일 사람들에게 사야 할 물건들을 쏟아 내고 있으며, 영국의 소비자들은 이전 어느 때보다도 더 많은 옷과 신발을 사고 있다. 온라인 쇼핑은 고객들이 아무 생각 없이 쉽게 구매할 수 있다는 것을 의미하고 동시에 주요 브랜드들도 두세 번 입고 나서 버릴 수 있는 일회용품처럼 취급이 되는 값싼 옷을 제공한다. 영국에서, 보통 사람들은 일 년에 1천 파운드 이상을 새 옷을 사는 데 소비하는데, 이는 그들의 수입의 약 **4%**에 달한다. 4%가 많다고 여겨지진 않겠지만, 그 수치는 사회와 환경에 대한 훨씬 더 걱정스러운 두 가지 경향을 숨기고 있다. 첫째는, 많은 소비자 지출이 신용카드를 통해 이루어진다는 것이다. 영국인들은 현재 신용카드 회사에 성인 1인당 약 670파운드의 빚을 지고 있다. 이는 평균 옷 예산의 66%에 해당한다. 또한, 사람들은 가지고 있지 않은 돈을 쓸 뿐만 아니라, 그들이 필요하지 않은 물건을 사기 위해 돈을 사용하고 있다. 영국은 1년에 30만 톤의 의류를 버리고, 그 대부분은 쓰레기 매립지로 들어간다.
① 그들이 필요하지 않은
② 생필품인
③ 곧 재활용 될
④ 그들이 타인에게 물려줄 수 있는

[해설] 빈칸 완성 문제의 처음 시작은 항상 이 글이 무엇에 관한 글인가를 떠올리는 것이다. 주어진 지문은 영국인들이 불필요한 것을 구매하는 데 돈을 낭비하고 있다는 내용의 글이므로 빈칸에 들어가기에 가장 적절한 것은 ①'그들이 필요하지 않은'이다.

[어휘] bombard 쏟아 붓다, 쏟아 내다 treat 다루다, 취급하다 disposable 일회용의 throw away 내버리다 figure ① 인물 ② 모습, 형상 ③ 숫자, 수치 via ~을 경유하여, ~로 currently 현재 approximately 대략, 약 wardrobe 의상, 옷 landfill 쓰레기 매립지 daily necessities 생필품 hand over 물려주다

정답 07 ①

> **출제** 유형

다음 글의 내용과 일치하는(하지 않는) 것은?

> **풀이** 해법

1. 선택지(보기)를 먼저 읽는다.
2. 명사 중심 Key-word에 주목한다. 이 과정에서 고유명사 / 숫자 / 시간 개념이 있는지 확인한다.

✎ 숫자(횟수, 시간) 개념

- 분수 표현
  - 1/3 → one(a) third
  - 3/4 → three fourths(quarters)
  - 1/2 → one(a) second(half)
  - one out of (every) ten : 10 중에 하나(10% → 1/10)
- 횟수 표현
  - every other day(week/month/year) : 이틀(2주/2달/2년)에 한 번
  - every 2(3/4) years : 2(3/4)년에 한 번
  - once(twice/3 times …) a month : 한 달에 한 번(두 번/세 번 …)

✎ 부정어

never, little, few, rarely, barely, seldom, hardly, neither, not ~ either, nor

✎ 증감 표현

증가 : increase, multiply, extend, expand, enlarge, grow, raise, rise, swell, mount, boost, widen, strengthen, escalate, accelerate, up

감소 : decrease, diminish, reduce, lessen, contract, decline, shrink, drop, dwindle, subside, weaken, fall, cut, down

✎ 비교·최상 표현

- second tallest 두 번째로 키가 큰
- fourth highest 네 번째로 높은
- 5 more cars 다섯 대 이상의 자동차
- 10 more students 10명 이상의 학생들
- surpass (~보다) 능가하다(= exceed)
- outnumber (~보다 수적으로) 우세하다
- outweigh (~보다) 중요하다, 비중이 크다

3. 선택지의 재진술(restatement)에 주의한다.

 다음 글의 내용과 일치하는 것은?

> Sleeping is such a natural thing to do. We spend perhaps a third of our lives doing it. Why, then, do people have trouble sleeping? Often we can't sleep because something exciting is about to happen — a special party or a championship game, for example. Other times we can't sleep because we are nervous or upset. What can we do if we have trouble sleeping? One suggestion is to set up a sleep schedule. Whenever possible, try to get to bed about the same time each night. Also, try to get the right number of hours of sleep for you. Some people may need only six or seven hours of sleep a night. Others may need nine or ten. Seven or eight hours a night is the average.

① One third of people take naps during the day.
② The amount of sleep needed varies with each person.
③ A lack of sleep can cause excitement or nervousness.
④ The author thinks spending around a quarter a day sleeping is common.

해석 잠은 그렇게나 자연스러운 일이다. 우리는 아마도 우리 삶의 3분의 1을 그렇게 하면서[잠을 자면서] 보낼 것이다. 왜, 그렇다면, 사람들은 잠자는 데에 문제를 겪을까? 예를 들어 특별한 파티나 혹은 선수권 대회 경기 등 재미있는 무언가가 벌어지려고 하기 때문에 종종 우리는 잠을 자지 못한다. 다른 경우 우리가 초조하거나 화가 나기 때문에 우리는 잠을 자지 못한다. 만약 우리가 잠자는 데에 문제가 있다면 무엇을 해야 할까? 하나의 제안은 잠자기 스케줄을 짜는 것이다. 매일 밤 대략 같은 시간에 가능하다면 언제든지, 잠자리에 들도록 노력해라. 또한, 너에게 알맞은 시간 동안 잠을 자려고 노력해라. 어떤 사람들은 단지 6 또는 7시간의 잠만이 필요할지도 모른다. 다른 사람들은 9 또는 10시간이 필요할 수도 있다. 하룻밤에 7 또는 8시간이 평균치이다.
① 사람들의 1/3은 낮 동안 낮잠을 잔다.
② 필요한 잠의 양은 사람마다 다양하다.
③ 수면 부족이 흥분과 초조함을 초래한다.
④ 작가는 대략 하루에 1/4정도 잠을 자는 것이 보편적이라고 생각한다.

해설 ② 본문 9~10번째 문장에서 어떤 이들은 6~7시간이 필요하고 다른 이들은 9~10시간이 필요할지도 모른다고 했으므로 개인마다 필요로 하는 수면시간이 다양함을 알 수 있다. 따라서 본문의 내용과 일치한다.
① 본문 첫 번째 문장에서 우리의 삶의 3분의 1을 잠을 자는 데 보낸다고 했지 낮잠을 잔다고는 하지 않았으므로 본문의 내용과 일치하지 않는다.
③ 본문 3~4번째 문장에서 수면 부족이 불안과 흥분을 초래하는 것이 아니라 그 감정들 때문에 잠을 자는 데 문제를 겪을 수 있다고 했으므로 본문의 내용과 일치하지 않는다.
④ 본문 마지막 문장에서 평균 수면시간이 7~8시간이라고 했으므로 본문의 내용과 일치하지 않는다.

어휘 have trouble ~ing ~하는 데 어려움을 겪다 nervous 초조한 upset 화난 suggestion 제안
set up 설치하다, 세우다 take naps 낮잠 자다

정답 01 ②

01 George Stephenson에 관한 글의 내용과 일치하지 않는 것은?

> George Stephenson gained a reputation for working with the primitive steam engines employed in mines in the northeast of England and in Scotland. In 1814, Stephenson made his first locomotive, 'Blucher.' In 1821, Stephenson was appointed engineer for the construction of the Stockton and Darlington railway. It opened in 1825 and was the first public railway. In October 1829, the railway's owners staged a competition to find the best kind of locomotive to pull heavy loads over long distances. Stephenson's locomotive 'Rocket' was the winner, achieving a record speed of 36 miles per hour. The opening of the Stockton and Darlington railway and the success of 'Rocket' stimulated the laying of railway lines and the construction of locomotives all over the country. Stephenson became engineer on a number of these projects and also participated in the development of railways in Belgium and Spain.

① 탄광에 사용된 초기 증기 기관과 관련된 일을 하여 명성을 얻었다.
② 1814년에 그의 첫 번째 기관차를 만들었다.
③ 시속 36 마일의 기관차를 개발하여 기관차 대회에서 준우승했다.
④ 벨기에와 스페인의 철도 개발에도 참여했다.

꼼꼼 독해

01 George Stephenson gained a reputation for working with the primitive steam engines employed in mines in the northeast of England and in Scotland.

[해석] George Stephenson은 영국 북동지역과 스코틀랜드의 탄광에 사용된 초기 증기 기관과 관련된 일을 하면서 명성을 얻었다.

02 In 1814, Stephenson made his first locomotive, 'Blucher.' In 1821, Stephenson was appointed engineer for the construction of the Stockton and Darlington railway.

[해석] 1814년, Stephenson은 'Blucher'라는 최초의 기관차를 만들었다. 1821년, Stephenson은 Stockton과 Darlington을 잇는 철도 건설을 위한 엔지니어로 임명되었다.

03 It opened in 1825 and was the first public railway. In October 1829, the railway's owners staged a competition to find the best kind of locomotive to pull heavy loads over long distances.

[해석] 그 철도는 1825년에 개통되었으며 첫 번째 공영철도였다. 1829년 10월, 철도의 소유주들은 무거운 짐을 싣고 멀리 갈 수 있는 가장 좋은 기관차를 찾기 위한 대회를 개최하였다.

04 Stephenson's locomotive 'Rocket' was the winner, achieving a record speed of 36 miles per hour.

[해석] Stephenson의 기관차 'Rocket'은 시속 36 마일이라는 기록을 달성하며 우승을 차지했다.

05 The opening of the Stockton and Darlington railway and the success of 'Rocket' stimulated the laying of railway lines and the construction of locomotives all over the country.

[해석] Stockton과 Darlington을 잇는 철도의 개통과 'Rocket'의 성공은 전국적으로 철도의 건설과 기관차의 제작을 자극했다.

06 Stephenson became engineer on a number of these projects and also participated in the development of railways in Belgium and Spain.

[해석] Stephenson은 많은 프로젝트의 엔지니어가 되었으며 또한 벨기에와 스페인의 철도 개발에도 참여하였다.

01
gain 얻다
reputation 명성
primitive 초기의, 원시적인
employ ① 이용하다 ② 고용하다
mine 탄광

02
locomotive 기관차
appoint 임명하다
construction 건설
railway 철도

03
public 공공의, 공영의
stage ① 개최하다 ② 무대에 올리다
competition 경쟁
load 짐

04
achieve 성취하다, 달성하다
per 마다, 당

05
stimulate 자극하다
laying 제작
construction 건설

06
a number of 많은
participate in ~에 참여하다

정답 01 ③

02 다음 글의 내용과 일치하지 않는 것은?

For centuries, sundials and water clocks inaccurately told us all we needed to know about time. Mechanical clocks started appearing on towers in Italy in the 14th century, but their timekeeping was less impressive than their looks, wandering up to 15 minutes a day. By the 17th century some geniuses, including Galileo and Pascal, had theorized about, but failed to build, better timepieces. Then, in 1656, Dutch astronomer Christian Huygens constructed the first Pendulum clock, revolutionizing timekeeping. The precision of Huygens' clock allowed scientists to use it for their physics experiments, and shopkeepers to open and close at fixed hours. In 1761, Englishman John Harrison perfected a clock that worked at sea and put accurate time in a navigator's pocket.

① The Pendulum clock was invented in Netherlands for the first time.
② Galileo and Pascal couldn't complete precise timepieces by the 17th century.
③ Mechanical clocks appearing on towers in Italy in the 14th century were always 15 minutes fast a day.
④ The storeowners were allowed to use the Huygens' clock in order to open and close at fixed hours.

꼼꼼독해

01 For centuries, sundials and water clocks inaccurately told us all we needed to know about time.

해석 수 세기 동안, 해시계와 물시계는 시간에 대해 우리가 알 필요가 있는 모든 것을 부정확하게 말해 주었다.

02 Mechanical clocks started appearing on towers in Italy in the 14th century, but their timekeeping was less impressive than their looks, wandering up to 15 minutes a day.

해석 기계 장치로 된 시계가 14세기에 이탈리아의 탑들 위에 나타나기 시작했지만 시간을 맞추는 것은 하루에 15분까지 틀렸기 때문에 시계의 모습보다는 덜 인상적이었다.

03 By the 17th century some geniuses, including Galileo and Pascal, had theorized about, but failed to build, better timepieces.

해석 17세기쯤에 갈릴레오와 파스칼을 포함한 일부 천재들이 더 좋은 시계에 대한 이론을 만들었지만 그것을 만드는 데는 실패했다.

04 Then, in 1656, Dutch astronomer Christian Huygens constructed the first Pendulum clock, revolutionizing timekeeping.

해석 그러고 나서 1656년에 네덜란드의 천문학자 Christian Huygens가 최초의 추시계를 만들어 시간을 맞추는 것에 대변혁을 일으켰다.

05 The precision of Huygens' clock allowed scientists to use it for their physics experiments, and shopkeepers to open and close at fixed hours.

해석 Huygens의 시계의 정확성은 과학자들이 그들의 물리학 실험을 위해 그것을 사용하게 했고 가게 주인들이 정해진 시간에 문을 열고 닫게 해 주었다.

06 In 1761, Englishman John Harrison perfected a clock that worked at sea and put accurate time in a navigator's pocket.

해석 1761년에 영국인 John Harrison은 바다에서 작동하는 시계를 완성해서 정확한 시간을 항해자의 호주머니 속에 넣어 주었다.

01
sundial 해시계
inaccurately 부정확하게

02
mechanical 기계에 의한, 기계로 만든
timekeeping 시계가 정확하게 맞는 것
impressive 인상적인
wander 떠돌아다니다, 헤매다
up to ~까지

03
genius 천재
theorize 이론[학설]을 세우다
timepiece 시계

04
astronomer 천문학자
construct 만들다, 건설하다
revolutionize 혁명을 일으키다, 대변혁을 일으키다

05
precision 정확, 정밀
physics 물리학
fixed 고정된, 정해진

06
perfect 완성하다, 완전하게 하다
accurate 정확한
navigator 항해자

보기해석
① 추시계는 네덜란드에서 최초로 발명되었다.
② 갈릴레오와 파스칼은 17세기까지 정확한 시계를 만들 수 없었다.
③ 14세기에 이탈리아의 탑에 나타난 기계 장치 시계는 항상 매일 15분 빨랐다.
④ 가게 주인들은 정해진 시간에 문을 열고 닫기 위해 Huygens의 시계를 사용했다.

보기어휘
invent 발명하다
complete 완성하다
in order to ⓥ ⓥ하기 위해서
fixed 고정된, 정해진

정답 02 ③

03 다음 글의 내용과 일치하지 않는 것은?

When it comes to safety, you want nothing but the comfort. Over the past 20 years, CMC helmets have been employed with safety in athletics, whether your sport is hockey, American football or baseball, all of our helmets are fully certified and nationally approved by the highest safety standards. CMC is now proud to introduce our new V-line helmets. The V-line helmets are equipped with strong plexiglass visors composed of 5 exciting colors that can stand the impact of 10 tons. The state-of-the-art frame is made of a light composite yet, sturdy helmet. The new V-line helmets are designed for all contact sports and are in stores now.

*composite: 합성물질

---

① In terms of security, you only want the comfort.
② All CMC helmets must be qualified for the safe criteria.
③ The V-line helmets can put up with 10 ton collision.
④ The high-tech frame is not only light but also robust.

꼼꼼독해

01 When it comes to safety, you want nothing but the comfort.

[해석] 안전에 관한 한, 당신은 단지 편안함만을 필요로 합니다.

02 Over the past 20 years, CMC helmets have been employed with safety in athletics, whether your sport is hockey, American football or baseball, all of our helmets are fully certified and nationally approved by the highest safety standards.

[해석] 지난 20년 동안 CMC 헬멧은 당신이 참여하는 스포츠가 하키든, 미식축구든, 야구든, 운동경기에서 안전하게 이용할 수 있게 해 주었고, 모든 우리의 헬멧은 국가적으로 안전 기준에 가장 우수한 것으로 증명받았고 확실히 승인되었습니다.

03 CMC is now proud to introduce our new V-line helmets.

[해석] CMC는 지금 새로운 제품인 V라인 헬멧을 선보이게 된 것을 자랑스럽게 생각하고 있습니다.

04 The V-line helmets are equipped with strong plexiglass visors composed of 5 exciting colors that can stand the impact of 10 tons.

[해석] 이 V라인 헬멧은 강력한 플렉시 유리 마스크를 갖추고 있으며, 5가지 멋진 색깔로 구성된 이 유리 마스크는 10톤의 충격에도 견딜 수 있습니다.

05 The state-of-the-art frame is made of a light composite yet, sturdy helmet. The new V-line helmets are designed for all contact sports and are in stores now.

[해석] 그 최첨단 틀은 가벼운 합성 물질로 구성되어있지만 견고합니다. 이 새로운 V라인 헬멧은 신체 접촉이 있는 운동에 맞춰 만들어졌으며 지금 매장에 있습니다.

[보기해석]
① 안전에 관한 한 당신은 단지 편안함만을 필요로 한다.
② 모든 CMC 헬멧은 안전 기준을 갖추었음에 틀림없다.
③ V-line 헬멧은 10톤의 충격에도 견딜 수 있다.
④ 최첨단 틀은 가벼울 뿐 아니라 견고하다.

01
when it comes to ~에 관한 한
safety 안전
nothing but 단지, 다만, 오직
comfort 편안함

02
over ~동안에
employ ① 고용하다 ② 사용하다
safety 안전
athletics 운동경기
certify ① 증명하다
　　　② 자격증을 주다[교부하다]
nationally 국가적으로
approve 승인하다

03
proud 자랑스러운
introduce 소개하다

04
equip ① 준비하다 ② 장비를 갖추다
visor 바이저, 차양
composed of ~로 구성된
stand ① 서다 ② 참다, 견디다
impact 충돌

05
state-of-the-art 최첨단의
sturdy 강건한, 튼튼한

보기어휘
in terms of ~에 관한 한, 관점에서
put up with 견디다, 참다
robust 견고한, 강건한

정답 03 ③

04 다음 글의 내용과 일치하지 않는 것을 고르시오.

What an Indian eats depends on his region, religion, community, and caste. It also depends on his wealth. A vast proportion of the Indian population is made up of the rural poor who subsist on a diet that meets only about 80 percent of their nutritional requirements. Many of the poor, unable to find work all year round, and therefore unable to buy food everyday, have to manage their hunger by fasting on alternate days. In Bengal, the meals of the poor are made up of rice, a little dhal flavored with salt, chillies, and a few spices, some potatoes or green vegetables, tea and paan. Paan, which is an areca nut mixed with spices and rolled up in a betel leaf, is chewed after the meal. Although it seems a luxury, in fact, the poor use it to evade hunger.

① In Bengal, paan is luxurious food for the poor.
② Indians' diets vary across their religion and wealth.
③ Many poor Indians go without food every other day.
④ The food the rural poor in India take doesn't meet their nutritional requirements.

꼼꼼독해

01 What an Indian eats depends on his region, religion, community, and caste. It also depends on his wealth.

[해석] 인도 사람이 먹는 것은 지역, 종교, 지역사회 그리고 계급에 따라 다르다. 또한 부에 따라 달라지기도 한다.

02 A vast proportion of the Indian population is made up of the rural poor who subsist on a diet that meets only about 80 percent of their nutritional requirements.

[해석] 대부분의 사람들은 필수 영양소의 약 80%만을 채워 주는 식사로 근근이 살아가는 농촌의 가난한 사람들로 구성되어 있다.

03 Many of the poor, unable to find work all year round, and therefore unable to buy food everyday, have to manage their hunger by fasting on alternate days.

[해석] 일 년 내내 일할 수도 없고 따라서 매일 먹을 것을 살 수 없는 많은 가난한 사람들은 하루걸러 단식을 해서 배고픔을 달래야 한다.

04 In Bengal, the meals of the poor are made up of rice, a little dhal flavored with salt, chillies, and a few spices, some potatoes or green vegetables, tea and paan.

[해석] 벵갈에서는 가난한 사람들의 음식은 쌀, 소금 맛이 나는 작은 달콩, 칠리 그리고 몇 가지 양념, 조금의 감자나 푸른 채소, 차 그리고 paan으로 구성된다.

05 Paan, which is an areca nut mixed with spices and rolled up in a betel leaf, is chewed after the meal. Although it seems a luxury, in fact, the poor use it to evade hunger.

[해석] 양념을 섞어 구장 잎으로 말아 먹는 빈랑나무 열매인 paan을 밥을 먹고 난 후 씹는다. 비록 이것이 사치스러운 것처럼 보이지만 사실은 가난한 사람들이 굶주림을 피하기 위해서 그것을 이용한다.

[보기해석]
① 벵갈에서 paan은 가난한 사람들에게는 사치스러운 음식이다.
② 인도인의 식사는 종교와 부에 따라 다르다.
③ 많은 가난한 인도인들은 하루걸러 음식 없이 지내야 한다.
④ 인도 농촌 지역 가난한 사람들이 굶주림을 막기 위해서 이를 이용하는 것이다.

01
depend on ~에 달려있다
region 지역
religion 종교
caste 계급
wealth 부

02
vast 거대한
proportion 비율, 부분
rural 시골의
be made up of ~로 구성되다
subsist 살아가다
*subsist on ~로 생활하다
meet 만족시키다, 충족시키다
nutritional 영양분의
nutritional requirement 필수 영양소
03
all year round 일 년 내내
fasting 단식
*fast ① 단식하다 ② 빠른
on alternate days 하루걸러, 격일로

04
dhal 달콩(동인도산(産)의 누른 콩)
flavor ① 맛, 풍미
② 풍미를 내다, 맛을 내다
chilli 고추, 칠리
spice 양념

05
areca 빈랑(檳榔)나무
roll 감다, 말다
betel 구장(蒟醬)(후춧과)
chew 씹다
luxury 사치
evade 피하다

보기어휘
go without ~없이 지내다
meet 충족시키다

[정답] 04 ①

01 다음 글의 내용과 일치하지 않는 것은? 2024. 국가직 9급

The tragedies of the Greek dramatist Sophocles have come to be regarded as the high point of classical Greek drama. Sadly, only seven of the 123 tragedies he wrote have survived, but of these perhaps the finest is *Oedipus the King*. The play was one of three written by Sophocles about Oedipus, the mythical king of Thebes (the others being *Antigone* and *Oedipus at Colonus*), known collectively as the Theban plays. Sophocles conceived each of these as a separate entity, and they were written and produced several years apart and out of chronological order. *Oedipus the King* follows the established formal structure and it is regarded as the best example of classical Athenian tragedy.

① A total of 123 tragedies were written by Sophocles.
② *Antigone* is also about the king Oedipus.
③ The Theban plays were created in time order.
④ *Oedipus the King* represents the classical Athenian tragedy.

정답 해설

01 [해석] 그리스 극작가 Sophocles의 비극은 그리스 고전 드라마의 정점으로 여겨지게끔 되었다. 슬프게도 그가 쓴 123편의 비극 중 단지 7편만이 남아있지만, 그중에서도 아마 가장 좋은 작품은 <Oedipus the King>이다. 그 희곡은 Sophocles가 테베의 신화 속에 나오는 왕인 Oedipus에 대해 쓴 세 편의 희곡 중 하나이며 (다른 두 편은 <Antigone>와 <Oedipus at Colonus>이고), 모두 테베의 희곡들로 알려져 있다. Sophocles는 이 희곡 각각을 별개의 독립체로 구상했고, 그 작품들은 몇 년 간격으로 연대순을 벗어나 집필 및 제작되었다. <Oedipus the King>은 기존의 공식적인 구조를 따르고 있고 그것은 고전 아테네 비극의 가장 좋은 예로 여겨진다.

① Sophocles는 총 123편의 비극을 썼다.
② <Antigone>은 또한 Oedipus 왕에 관한 것이다.
③ 테베 희곡들은 시간 순으로 창작되었다.
④ <Oedipus the King>은 고전 아테네 비극을 대표한다.

[해설] ③ 본문 4번째 문장에서 테베의 희곡들이 연대순을 벗어나 집필 및 제작되었다고 했으므로 '테베 희곡들이 시대 순으로 창작되었다' 는 본문의 내용과 일치하지 않는다.
① 본문 2번째 문장에서 Sophocles는 총 123편의 비극을 썼다고 했으므로 본문의 내용과 일치한다.
② 본문 3번째 문장에서 왕인 Oedipus에 관한 세 작품 중 <Antigone>도 한 작품이라고 했으므로 본문의 내용과 일치한다.
④ 본문 마지막 문장에서 <Oedipus the King>은 고전 비극의 가장 좋은 예로 여겨진다고 했으므로 본문의 내용과 일치한다.

[어휘] tragedy 비극 Greek 그리스의 come to ⓥ ⓥ하게끔 되다 regard A as B A를 B로 여기다, 간주하다 high point 정점 survive 생존하다, 살아남다 perhaps 아마도 finest 가장 좋은 play 희곡, 연극 mythical 신화 속에 나오는 collectively 집합적으로(개별적이 아닌), 모두 (함께) conceive 구상하다, 상상하다 separate 별개의, 분리된 entity 독립체 apart 떨어져, 간격으로 chronological order 연대순 follow 따르다 established 기존의 formal 공식적인 structure 구조 Athenian 아테네의 time order 시간 순서 represent 대표하다

정답 **01** ③

02 다음 글의 내용과 일치하지 않는 것은? 2023. 지방직 9급

The traditional way of making maple syrup is interesting. A sugar maple tree produces a watery sap each spring, when there is still lots of snow on the ground. To take the sap out of the sugar maple tree, a farmer makes a slit in the bark with a special knife, and puts a "tap" on the tree. Then the farmer hangs a bucket from the tap, and the sap drips into it. That sap is collected and boiled until a sweet syrup remains — forty gallons of sugar maple tree "water" make one gallon of syrup. That's a lot of buckets, a lot of steam, and a lot of work. Even so, most of maple syrup producers are family farmers who collect the buckets by hand and boil the sap into syrup themselves.

① 사탕단풍나무에서는 매년 봄에 수액이 생긴다.
② 사탕단풍나무의 수액을 얻기 위해 나무껍질에 틈새를 만든다.
③ 단풍나무시럽 1갤론을 만들려면 수액 40갤론이 필요하다.
④ 단풍나무시럽을 만들기 위해 기계로 수액 통을 수거한다.

정답 해설

02 [해석] 단풍나무시럽을 만드는 전통적인 방법은 흥미롭다. 매년 봄 사탕단풍나무는 땅 위에 여전히 많은 눈이 있을 때 물기가 많은 수액을 생산한다. 사탕단풍나무에서 수액을 채취하기 위해 농부는 특수한 칼로 나무껍질에 틈새를 만들고 나무에 '수도꼭지'를 꽂는다. 그런 다음 농부는 수도꼭지에 통을 걸고 그러면 수액이 그 안으로 떨어진다. 달콤한 시럽이 남을 때까지 그 수액을 모으고 끓이는데, 40갤런의 사탕단풍나무 '물'로 1갤런의 시럽을 만든다. 이는 많은 통, 많은 증기, 많은 노동을 의미한다. 그럼에도 불구하고 단풍나무시럽 생산자들 대부분은 손으로 통을 수거하고 직접 수액을 끓여 시럽으로 만드는 가족 단위의 농부들이다.

[해설] ④ 본문 마지막 문장에서 단풍나무시럽 생산자 대부분은 손으로 통을 수거한다고 했으므로 본문의 내용과 일치하지 않는다.
① 본문 2번째 문장에서 매년 봄 사탕단풍나무는 많은 수액을 생산한다고 했으므로 본문의 내용과 일치한다.
② 본문 3번째 문장에서 농부는 특수한 칼로 나무껍질에 틈새를 만든다고 했으므로 본문의 내용과 일치한다.
③ 본문 5번째 문장에서 40갤런의 사탕단풍나무 '물'로 1갤런의 시럽을 만든다고 했으므로 본문의 내용과 일치한다.

[어휘] maple 단풍나무 watery 물기가 많은 sap 수액 slit 구멍, 틈새 bark 나무껍질 tap 수도꼭지 hang 걸다, 매달다 bucket 양동이, 들통

[정답] 02 ④

03 다음 글의 내용과 일치하지 않는 것은? 2023. 국가직 9급

Are you getting enough choline? Chances are, this nutrient isn't even on your radar. It's time choline gets the attention it deserves. A shocking 90 percent of Americans aren't getting enough choline, according to a recent study. Choline is essential to health at all ages and stages, and is especially critical for brain development. Why aren't we getting enough? Choline is found in many different foods but in small amounts. Plus, the foods that are rich in choline aren't the most popular: think liver, egg yolks and lima beans. Taylor Wallace, who worked on a recent analysis of choline intake in the United States, says, "There isn't enough awareness about choline even among health-care professionals because our government hasn't reviewed the data or set policies around choline since the late '90s."

① A majority of Americans are not getting enough choline.

② Choline is an essential nutrient required for brain development.

③ Foods such as liver and lima beans are good sources of choline.

④ The importance of choline has been stressed since the late '90s in the U.S.

03 〔해석〕 콜린을 충분히 섭취하고 있는가? 이 영양소는 당신의 레이더에조차도 잡히지 않을 가능성이 있다. 이제 콜린이 마땅히 받아야 할 관심을 받을 때이다. 최근 연구에 따르면, 충격적이게도 미국인의 90%가 콜린을 충분히 섭취하고 있지 않다. 콜린은 모든 연령과 (발달) 단계에 있어 건강에 필수적이며, 특히 두뇌 발달에 매우 중요하다. 왜 우리는 (콜린을) 충분히 섭취하고 있지 않은가? 콜린은 다양한 음식에서 발견되지만 소량으로 발견된다. 또한 콜린이 풍부한 음식이 가장 인기 있는 것도 아닌데, 그 예로 간, 달걀 노른자, 리마콩을 생각해 보라. 최근 미국의 콜린 섭취량을 분석한 **Taylor Wallace**는 "우리 정부가 90년대 후반부터 콜린에 관한 데이터를 검토하거나 정책을 수립하지 않았기 때문에 의료 전문가들조차도 콜린에 대한 인식이 충분하지 않다."라고 말한다.

① 대다수의 미국인들은 충분한 콜린을 섭취하고 못하고 있다.
② 콜린은 두뇌 발달에 필요한 필수 영양소이다.
③ 간과 리마콩과 같은 음식은 콜린의 좋은 원천이다.
④ 미국에서 90년대 후반부터 콜린의 중요성이 강조되어 왔다.

〔해설〕 ④ 본문 마지막 문장에서 정부가 90년대 후반부터 콜린에 관한 데이터를 검토하거나 정책을 수립하지 않아 의료 전문가들조차 콜린에 대해 잘 모른다고 했으므로 본문의 내용과 일치하지 않는다.
① 본문 4번째 문장에서 미국인의 90%가 콜린을 충분히 섭취하지 못하고 있다고 했으므로 본문의 내용과 일치한다.
② 본문 5번째 문장에서 콜린은 두뇌 발달에 중요하다고 했으므로 본문의 내용과 일치한다.
③ 본문 8번째 문장에서 콜린이 풍부한 음식은 사람들에게 인기가 없고 그 예로서 간, 달걀 노른자, 리마콩이 있다고 했으므로 본문의 내용과 일치한다.

〔어휘〕 choline 콜린 chances are (that) ~할 가능성이 있다 nutrient 영양소, 영양분 deserve ~받아 마땅하다 essential 필수적인 critical 중요한 liver 간 yolk 달걀 노른자 intake 섭취 awareness 인식, 인지 review 재검토하다, 검토하다 policy 정책 majority 다수

정답 03 ④

04 다음 글의 내용과 일치하는 것은? 2023. 국가직 9급

Around 1700 there were, by some accounts, more than 2,000 London coffeehouses, occupying more premises and paying more rent than any other trade. They came to be known as penny universities, because for that price one could purchase a cup of coffee and sit for hours listening to extraordinary conversations. Each coffeehouse specialized in a different type of clientele. In one, physicians could be consulted. Others served Protestants, Puritans, Catholics, Jews, literati, merchants, traders, Whigs, Tories, army officers, actors, lawyers, or clergy. The coffeehouses provided England's first egalitarian meeting place, where a man chatted with his tablemates whether he knew them or not.

① The number of coffeehouses was smaller than that of any other business.
② Customers were not allowed to stay for more than an hour in a coffeehouse.
③ Religious people didn't get together in a coffeehouse to chat.
④ One could converse even with unknown tablemates in a coffeehouse.

정답 해설

04 [해석] 1700년경 일설에 따르면 런던에 2,000개가 넘는 커피 하우스가 있어, 다른 어느 업종보다도 더 많은 부지를 점유하고 더 많은 임차료를 냈다고 한다. 그것은 '페니 유니버시티' 로 알려지게 되었는데, 그 가격(1페니)에 커피 한 잔을 사서 몇 시간 동안 앉아 특별한 대화들을 들을 수 있었기 때문이다. 각 커피 하우스는 각기 다른 유형의 고객층에 특화되어 있었다. 한 곳에서는 의사와 상담할 수 있었다. 다른 곳들은 개신교도, 청교도, 천주교도, 유대인, 문인, 무역상, 상인, 휘그당원, 토리당원, 육군 장교, 배우, 변호사, 성직자들이 이용했다. 커피 하우스는 영국 최초의 평등주의적 만남의 장소를 제공했고 아는 사람이든 모르는 사람이든 그곳에선 같은 테이블 사람들과 대화를 나눴다.
① 커피 하우스의 수는 다른 어떤 사업체의 수보다도 적었다.
② 고객들은 커피 하우스에 한 시간 이상 머물 수 없었다.
③ 종교인들은 대화를 나누려 한 커피 하우스에 모이지 않았다.
④ 커피 하우스에서는 같은 테이블에 있는 모르는 사람들과도 대화를 나눌 수 있었다.

[해설] ④ 본문 마지막 문장에서 커피 하우스에서는 아는 사람이든 모르는 사람이든 같은 테이블에 있는 사람들과 대화를 나눴다고 했으므로 본문의 내용과 일치한다.
① 본문 첫 번째 문장에서 런던에 2,000개가 넘는 커피 하우스가 다른 어느 업종보다도 더 많은 부지를 점유하고 있다고 했으므로 본문의 내용과 일치하지 않는다.
② 본문 2번째 문장에서 커피 한 잔을 사서 몇 시간 동안 앉아 대화를 들을 수 있다고 했으므로 본문의 내용과 일치하지 않는다.
③ 본문 5번째 문장에서 개신교도, 청교도, 천주교도, 유대인들이 커피 하우스를 이용했다고 했으므로 본문의 내용과 일치하지 않는다.

[어휘] occupy 차지하다 premise 부지, 건물 extraordinary 놀라운 clientele 고객, 손님 physician 내과의사 consult 상담하다 protestants 개신교도 puritans 순교도 literati 교양 있는 사람들, 인문학자 merchant 상인 clergy 성직자 egalitarian 평등주의의 chat 잡담하다, 수다 떨다 converse 대화하다

[정답] 04 ④

05 다음 글의 내용과 일치하지 않는 것은? 2022. 국가직 9급

Umberto Eco was an Italian novelist, cultural critic and philosopher. He is widely known for his 1980 novel *The Name of the Rose*, a historical mystery combining semiotics in fiction with biblical analysis, medieval studies and literary theory. He later wrote other novels, including *Foucault's Pendulum and The Island of the Day Before*. Eco was also a translator: he translated Raymond Queneau's book *Exercices de style* into Italian. He was the founder of the Department of Media Studies at the University of the Republic of San Marino. He died at his Milanese home of pancreatic cancer, from which he had been suffering for two years, on the night of February 19, 2016.

① *The Name of the Rose* is a historical novel.
② Eco translated a book into Italian.
③ Eco founded a university department.
④ Eco died in a hospital of cancer.

정답 해설

05 [해석] Umberto Eco는 이탈리아의 소설가이자 문화 비평가 그리고 철학자였다. 그는 1980년 <장미의 이름> 이란 소설로 널리 유명세를 탔는데 그 소설은 역사적 수수께끼를 다루고 있고 소설 속 기호학을 성서 분석, 중세 연구 그리고 문학 이론과 결합하고 있다. 그는 후에 <푸코의 추> 그리고 <그 전날의 섬>을 포함해서 다른 소설들도 썼다. Eco는 또한 번역가였는데 레몽 크노의 책 <스타일의 연습>을 이탈리아어로 번역했다. 그는 San Marino공화국 대학교 미디어학부의 설립자였다. 그는 2016년 2월 19일 밤에 2년간 앓아왔던 췌장암으로 밀라노의 자택에서 죽었다.

① <장미의 이름>은 역사 소설이다.
② Eco는 이탈리어어로 책을 번역했다.
③ Eco는 대학 학부를 설립했다.
④ Eco는 암으로 병원에서 죽었다.

[해설] ④ 본문 마지막 문장에서 암 때문에 집에서 죽었다고 했으므로 '병원에서 죽었다'는 내용은 본문의 내용과 일치하지 않는다.
① 본문 2번째 문장에서 <장미의 이름>이란 소설로 유명해졌고 그 소설이 역사적 수수께끼에 관한 것이라 했으므로 본문의 내용과 일치한다.
② 본문 4번째 문장에서 <스타일의 연습>이란 소설을 이태리어로 번역했다고 했으므로 본문의 내용과 일치한다.
③ 본문 5번째 문장에서 대학의 미디어학부 설립자라 했으므로 본문의 내용과 일치한다.

[어휘] critic 비평가 philosopher 철학가 be known for ~로 유명하다, ~로 알려져 있다 widely 폭넓게 combine A with B A와 B를 결합시키다 semiotics 기호학 biblical 성서의, 성서속의 analysis 분석 medieval 중세의 literary 문학의, 문학적인 translator 번역가 * translate 번역하다 founder 설립자 *found 설립하다, 세우다 pancreatic 췌장의

[정답] 05 ④

06 다음 글의 내용과 일치하는 것은? 2021. 국가직 9급

The most notorious case of imported labor is of course the Atlantic slave trade, which brought as many as ten million enslaved Africans to the New World to work the plantations. But although the Europeans may have practiced slavery on the largest scale, they were by no means the only people to bring slaves into their communities: earlier, the ancient Egyptians used slave labor to build their pyramids, early Arab explorers were often also slave traders, and Arabic slavery continued into the twentieth century and indeed still continues in a few places. In the Americas some native tribes enslaved members of other tribes, and slavery was also an institution in many African nations, especially before the colonial period.

① African laborers voluntarily moved to the New World.
② Europeans were the first people to use slave labor.
③ Arabic slavery no longer exists in any form.
④ Slavery existed even in African countries.

정답 해설

06 **해석** 수입된 노동력의 가장 악명 높은 경우는 당연히 대서양 노예 무역이고 이로 인해 농장일을 시키려고 천만 명의 아프리카인들을 신세계로 끌고 오게 되었다. 하지만 유럽인들이 비록 가장 큰 규모로 노예 제도를 시행했을지라도 그들은 자신들의 지역사회로 노예들을 데리고 온 유일한 사람들은 결코 아니었다. 즉, 초기의 고대 이집트인들은 피라미드를 건설하기 위해서 노예 노동력을 이용했고 초기 아랍 탐험가들 또한 노예 무역상이었다. 그리고 아랍의 노예 제도는 20세기에도 지속되었고 실제로 여전히 몇몇 지역에서는 아직도 계속되고 있다. 미국에서는 몇몇 토속부족들이 다른 부족의 구성원들을 노예로 만들었고 특히 식민지시기 이전의 노예 제도는 또한 많은 아프리카 국가에서는 관습이었다.

① 아프리카 노동자들은 자발적으로 신세계로 이주했다.
② 유럽인들은 노예 노동력을 이용한 최초의 사람들이었다.
③ 아랍의 노예 제도는 더 이상 어떤 형태로도 존재하지 않는다.
④ 노예 제도는 심지어 아프리카 국가들에서도 존재했다.

해설 ④ 본문 마지막 문장에서 노예 제도는 많은 아프리카 국가에서 관습이었다고 했으므로 본문의 내용과 일치한다.

① 본문 첫 번째 문장에서 농장일을 시키려고 천만 명의 아프리카인들을 신세계로 끌고 오게 되었다고 했으므로 '자발적으로 신세계로 이주했다'는 내용은 본문과 일치하지 않는다.

② 본문 2번째 문장에서 유럽인들이 자신들의 지역 사회로 노예들을 데리고 온 유일한 사람들은 결코 아니었다고 했으므로 '최초의 유럽인'은 본문과 일치하지 않는다.

③ 본문 4번째 문장에서 아랍의 노예 제도는 20세기에도 지속되었고 실제로 여전히 몇몇 지역에서는 아직도 계속되고 있다고 했으므로 '더 이상 어떤 형태로도 존재하지 않는다'는 내용은 본문과 일치하지 않는다.

어휘 notorious 악명 높은 import 수입하다 slave 노예 * slavery 노예 제도 * enslave 노예로 만들다 plantation 농장 practice 실행하다 on the large scale 대규모로 by no means 결코 ~않는 only 유일한 explorer 탐험가 trader 무역상 indeed 실제로 tribe 부족 institution ① 기관, 단체 ② 관습, 제도 especially 특히 colonial 식민지의 laborer 노동자 voluntarily 자발적으로 no longer 더 이상 ~않다 exist 존재하다

정답 06 ④

김세현 영어

All In One

실용문

1. 다음 글의 목적으로 가장 적절한 것은?
2. 다음 글의 밑줄 친 단어의 의미와 가장 가까운 것은?

1. 글의 목적은 대체로 지문 후반부에 나타난다.
2. 목적과 관련된 주요 표현을 익힌다.

목적을 나타내는 주요 표현	(Would you) please~ 정중한 제안 Would(Will) you~ 정중한 부탁 would like to~ 소망(~하고 싶다) wonder if~ 궁금, 여부(~인지 아닌지 궁금해 하다) may(can, shall) I~ 허락(~해도 될까요?)
요청/요구/부탁	request 요청하다 require 요청하다 ask(for) 요청하다 want 원하다 desire 바라다 hope 희망하다 wish 소망하다 need 필요로 하다 demand 요구하다
제안/제공	suggest 제안하다 propose 제안하다 insist 주장하다 offer 제공하다 provide 제공하다 supply 공급하다
홍보/안내	promote 홍보하다 publicize 공표하다 advertise 광고하다 announce 발표하다 inform 알리다 notify 알리다 introduce 소개하다 remind 상기시키다 encourage 격려하다
감사	thank 감사하다 grateful 고마워하는 appreciate 고마워하다 acknowledge 감사해하다
수락/허락/승인	accept 받아들이다 allow 허락하다 agree 동의하다 permit 허락하다 approve 승인하다 admission 승인
거부/거절/부인/연기	refuse 거절하다 reject 거절하다 turn down 거절하다 deny 부인하다 postpone 연기하다 put off 미루다 delay 연기하다 hold off 보류하다
중요/필수	important 중요한 essential 필수적인 necessary 필요한 crucial 중요한 vital 필수적인 desirable 바람직한 critical 중요한; 비판적인
축하/확인/ 경고/명령/ 지시/추천/설명	congratulate 축하하다 celebrate 축하하다 check 확인하다 confirm 확인하다 warn 경고하다 command 명령하다 order 명령하다 indicate 지시하다 instruct 지시하다 direct 지시하다 recommend 추천하다 explain 설명하다 account for 설명하다

Ex 1 다음 글을 읽고 물음에 답하시오.

	Send Preview Save
To	Clifton District Office
From	Rachael Beasley
Date	June 7
Subject	Excessive Noise in the Neighborhood

My PC   Browse

Times New ▼   10pt ▼   G G *G* G̲ G   ≡ ≡ ≡ ≡

To whom it may concern,

I hope this email finds you well. I am writing to express my concern and frustration regarding the excessive noise levels in our neighborhood, specifically coming from the new sports field.

As a resident of Clifton district, I have always appreciated the peace of our community. However, the ongoing noise disturbances have significantly impacted my family's well-being and our overall quality of life. The sources of the noise include crowds cheering, players shouting, whistles, and ball impacts.

I kindly request that you look into this matter and take appropriate <u>steps</u> to address the noise disturbances. Thank you for your attention to this matter, and I appreciate your prompt response to help restore the tranquility in our neighborhood.

Sincerely,
Rachael Beasley

1. **윗글의 목적으로 가장 적절한 것은?**

① 체육대회 소음에 대해 주민들의 양해를 구하려고
② 새로 이사 온 이웃 주민의 소음에 대해 항의하려고
③ 인근 스포츠 시설의 소음에 대한 조치를 요청하려고
④ 밤 시간 악기 연주와 같은 소음의 차단을 부탁하려고

2. **밑줄 친 "steps"의 의미와 가장 가까운 것은?**

① movements　　　　② measures
③ levels　　　　　　④ stairs

해석 관계자에게,

이 이메일을 당신이 잘 보실 수 있기를 바랍니다. 특히, 우리 동네 근처에 있는 새로운 운동장에서 발생하는 지나친 소음 수준에 관하여 저의 걱정과 좌절을 말씀드리고자 이 글을 쓰고 있습니다.

Clifton 지역의 거주자로서 전 늘 우리 공동체의 평화에 감사하고 있습니다. 하지만, 계속되는 소음 방해가 우리 가정의 행복과 전반적인 삶의 질에 상당히 영향을 주고 있습니다. 그 소음의 원천은 관중들의 응원, 선수들의 외침, 휘슬 소리 그리고 공 맞는 소리 등입니다.

당신께서 이 문제를 살펴보시고 소음방해를 해결하실 수 있도록 적절한 조치를 취해주실 것을 정중히 요청드립니다. 이 문제에 관심을 기울여 주실 것과 우리 이웃의 고요함에 대한 복원을 위해 즉각적인 도움을 주실 것에 감사드립니다.

진심을 다해서,
Rachaell Beasley가

해설 1. 이메일의 도입부에서 새로운 운동장으로 인한 소음에 대한 내용을 언급하면서 마지막 부분에서 이 소음에 대한 대책을 마련해 달라는 요청을 하고 있으므로 이 글의 목적으로 가장 적절한 것은 ③이다.
2. 문맥상 steps는 '대책 마련, 조치'의 의미이므로 이와 가장 가까운 것은 ② measures이다.

어휘 to whom it may concern 관계자에게 express 표현하다 concern 걱정, 근심 frustration 좌절 regarding ~에 관하여, ~에 대하여 excessive 과도한 specifically ① 특히 ② 분명하게 resident 거주자 district 지역 appreciate 감사하다 ongoing 계속 진행 중인, 계속되는 disturbance 방해 significantly 상당히, 꽤 많이 impact ~에 영향을 주다 well-being 행복, 안녕 overall 전반적인 crowds 군중, 관중 kindly 정중하게, 간절하게 look into (주의 깊게)살펴보다, 조사하다 appropriate 적절한, 적당한 step 단계, 과정, 절차 address 다루다, 해결하다 prompt 신속한, 즉각적인 restore 복원하다 tranquility 고요함, 평온함 measure 대책, 조치; 재다, 측정하다 star 계단

정답 01 ③　02 ②

01 다음 글을 읽고 물음에 답하시오.

| 🖉 | **Send** | Preview | Save |

To	Custard Valley Park members
From	Park Management Team
Date	May 25
Subject	Custard Valley Park's grand reopening event

📎 [My PC] [Browse]

[Times New ▼] [10pt ▼] G G *G* G̶ G ≡ ≡ ≡ ≡

Dear Custard Valley Park members,

Custard Valley Park's grand reopening event will be held on June 1st. For this exciting occasion, we are offering free admission to all visitors on the reopening day. There will be a food stand selling ice cream and snacks. We would like to invite you, our valued members, to celebrate this event. Please come and explore the park's new <u>features</u> such as tennis courts and a flower garden. Just relax and enjoy the beautiful scenery. We are confident that you will love the new changes, and we are looking forward to seeing you soon.

Sincerely,
Katherine Carter

---

1. 윗글의 목적으로 가장 적절한 것은?

   ① 공원 재개장 행사에 초대하려고
   ② 공원 이용 규칙 준수를 당부하려고
   ③ 공원 입장 시 유의 사항을 안내하려고
   ④ 공원 리모델링 사업 계획을 설명하려고

2. 밑줄 친 "features"의 의미와 가장 가까운 것은?

   ① facilities　　　　　② admissions
   ③ experiences　　　④ characteristics

01 Custard Valley Park's grand reopening event will be held on June 1st. For this exciting occasion, we are offering free admission to all visitors on the reopening day.

해석 6월 1일에 Custard Valley 공원의 성대한 재개장 행사가 열릴 것입니다. 이 신나는 행사를 위해, 우리는 재개장 당일 모든 방문객에게 무료 입장을 제공합니다.

01
grand 거대한, 성대한
occasion 행사
free 무료의
admission 입장

02 There will be a food stand selling ice cream and snacks. We would like to invite you, our valued members, to celebrate this event.

해석 아이스크림과 간식을 판매하는 음식 노점이 있을 것입니다. 이 행사를 축하하기 위해 우리의 소중한 회원인 여러분을 초대하고 싶습니다.

02
stand 가판대, 노점
would like to ~하고 싶다
invite 초대하다
valued 소중한, 귀중한
celebrate 축하하다

03 Please come and explore the park's new features such as tennis courts and a flower garden. Just relax and enjoy the beautiful scenery.

해석 오셔서 테니스 코트와 꽃 정원 같은 공원의 새로운 특별 시설물들을 둘러보시기를 바랍니다. 그저 긴장을 풀고 아름다운 경치를 즐기십시오.

03
explore 탐구하다, 둘러보다
feature ① 특징, 특색
　　　　② (행사) 볼거리
　　　　③ 시설물
scenery 경치, 풍경

04 We are confident that you will love the new changes, and we are looking forward to seeing you soon.

해석 우리는 당신이 새로운 변화를 매우 좋아하실 것으로 확신하며 당신을 곧 뵙기를 학수고대하고 있습니다.

04
confident 확신하는, 자신감 있는
look forward to ~하기를 학수고대
　　　　하다

정답 01 1. ① 2. ①

02 다음 글을 읽고 물음에 답하시오.

	Send	Preview	Save

To Residents in Rosehill Apartments

From Manager in Apartment Office

Date October 10

Subject a package was delivered to the Rosehill Apartment Complex

My PC | Browse

Times New ▼ | 10pt ▼ | G G *G* G̲ G | ≣ ≣ ≣ ≣

Dear Residents,

We hope this notice finds you in good health and high spirits. We are writing to inform you that a package was delivered to the Rosehill Apartment Complex on October 9th, specifically addressed to your home. However, despite multiple attempts to deliver the package to you, it has remained at our front desk for an extended period. As the management office, it is our responsibility to ensure the safekeeping of all delivered items and help deliver them quickly to the right residents. Therefore, we kindly request that you visit the management office during our office hours to <u>claim</u> your package. We genuinely appreciate your cooperation in this matter.

Sincerely,
Katherine Carter

1. 윗글의 목적으로 가장 적절한 것은?
   ① 잘못 찾아간 물품의 반납을 부탁하려고
   ② 배달된 물품을 찾아갈 것을 요청하려고
   ③ 배달 물품의 도난 방지 조치를 설명하려고
   ④ 관리 사무실 운영 시간 변경을 공지하려고

2. 밑줄 친 "claim"의 의미와 가장 가까운 것은?
   ① deliver
   ② fetch
   ③ take
   ④ ship

꼼꼼 독해

01 We hope this notice finds you in good health and high spirits.

[해석] 귀하가 건강하고 기분 좋게 이 통지를 받으시기를 바랍니다.

01
notice 통지(서), 알림(장)
in high spirit 기분 좋게

02 We are writing to inform you that a package was delivered to the Rosehill Apartment Complex on October 9th, specifically addressed to your home.

[해석] 10월 9일에 Rosehill 아파트 단지로, 귀하의 집 주소가 분명하게 적힌 소포가 배달되었다는 것을 귀하에게 알려 드리기 위해 글을 쓰고 있습니다.

02
inform 알리다
package 소포
complex (복합)단지
specifically ① 특히 ② 분명하게
address (~앞으로 우편물을) 보내다

03 However, despite multiple attempts to deliver the package to you, it has remained unclaimed at our front desk for an extended period.

[해석] 하지만, 귀하에게 그 소포를 전달하려고 여러 번 시도했으나, 그것은 저희 프런트 데스크에 장기간 남아 있습니다.

03
despite ~에도 불구하고
multiple 다수의
attempt 시도(하다)
remain 남아있다
for an extended period 장기간

04 As the management office, it is our responsibility to ensure the safekeeping of all delivered items and help deliver them quickly to the right residents.

[해석] 관리 사무실로서, 모든 배달된 물품을 안전 보관하고 그것들이 신속하게 해당 입주민에게 전달되도록 돕는 것이 저희의 책임입니다.

04
management 관리
responsibility 책임
ensure 확실[분명]하게 하다
safekeeping 안전보관
right 올바른
resident 거주자

05 Therefore, we kindly request that you visit the management office during our office hours to claim your package. We genuinely appreciate your cooperation in this matter.

[해석] 그러므로, 귀하가 저희 업무시간 동안에 관리 사무소를 방문하셔서 귀하의 소포를 찾아가시기를 정중히 요청드립니다. 이 문제와 관련하여 귀하의 협조에 진심으로 감사드립니다.

05
therefore 그래서, 그러므로
kindly 정중하게, 간절하게
management office 관리사무소
office hours 업무시간
claim package 소포를 찾아가다
genuinely 진정으로, 진심으로
appreciate 감사하다, 고마워하다
cooperation 협조, 협동

정답 02 1. ② 2. ③

03 다음 글을 읽고 물음에 답하시오.

	Send	Preview	Save

To	Parents of Techville High School
From	Principal of Techville High School
Date	September 17
Subject	road construction scheduled in front of the school

	My PC	Browse

Times New ▼	10pt ▼	G G G G G	≡ ≡ ≡ ≡

Dear Parents,

My name is Danielle Hamilton, and I am the principal of Techville High School. As you may know, there is major road construction scheduled to take place in front of our school next month. This raises safety concerns. Therefore, we are asking for parent volunteers to <u>facilitate</u> with directing traffic. The volunteer hours are from 8:00 to 8:30 a.m. and from 4:30 to 5:00 p.m. on school days. If you are willing to take part in the traffic safety volunteer group, please email us with your preferred schedule at info@techville.edu. Your participation will be helpful in building a safer school environment for our students. Thank you in advance for your contributions.

Sincerely,

1. 윗글의 목적으로 가장 적절한 것은?
   ① 학교 시설 공사에 대한 자원봉사를 부탁하려고
   ② 학교 앞 도로 공사의 필요성을 설명하려고
   ③ 자원봉사 교육 일정을 공지하려고
   ④ 교통 정리 봉사 참여를 요청하려고

2. 밑줄 친 "facilitate"의 의미와 가장 가까운 것은?
   ① help　　　　　　　　② revoke
   ③ block　　　　　　　　④ urge

꼼꼼독해

01 My name is Danielle Hamilton, and I am the principal of Techville High School. As you may know, there is major road construction scheduled to take place in front of our school next month.

> 해석 제 이름은 Danielle Hamilton이고 저는 Techville 고등학교 교장입니다. 아시다시피, 다음 달에 우리 학교 앞에서 큰 도로 공사가 있을 것으로 예정되어 있습니다.

01
principal 교장
major ① 주된, 주요한 ② 거대한, 큰
road construction 도로 공사
scheduled 예정된
take place 일어나다, 발생하다

02 This raises safety concerns. Therefore, we are asking for parent volunteers to facilitate with directing traffic.

> 해석 이것이 안전에 대한 염려를 불러일으킵니다. 그래서 우리는 교통 정리를 도와주실 학부모 자원봉사자를 요청하고자 합니다.

02
raise 올리다
concern 걱정, 근심
therefore 그래서, 그러므로
ask for 요구하다, 요청하다
volunteer 자원봉사자
facilitate 용이하게 하다
direct 지시하다, 안내하다
traffic 교통

03 The volunteer hours are from 8:00 to 8:30 a.m. and from 4:30 to 5:00 p.m. on school days. If you are willing to take part in the traffic safety volunteer group, please email us with your preferred schedule at info@techville.edu.

> 해석 자원봉사 시간은 등교일 오전 8시부터 8시 30분까지, 그리고 오후 4시 30분부터 5시까지입니다. 교통 안전 자원봉사단에 기꺼이 참여하실 의사가 있으시면, info@techville.edu로 저희에게 원하시는 일정을 이메일로 보내주시기 바랍니다.

03
be willing to 기꺼이 ~하다
take part in 참여하다
prefer 선호하다

04 Your participation will be helpful in building a safer school environment for our students. Thank you in advance for your contributions.

> 해석 여러분의 참여는 우리 학생들을 위해 더 안전한 학교 환경을 만드는 데 도움이 될 것입니다. 여러분의 기여에 미리 감사드립니다.

04
participation 참여
in advance 미리, 앞서서
contribution 기여

정답 03 1. ④ 2. ①

04 다음 글을 읽고 물음에 답하시오.

	Send	Preview	Save

To	Blue Light Theater
From	Christian Rickerts
Date	August 2
Subject	Performance of Modern Art Association

	My PC	Browse

Times New ▼	10pt ▼	G G *G* G̲ G	≡ ≡ ≡ ≡

Dear Blue Light Theater,

Every year the Modern Art Association holds an awards night to honor accomplished artists in our state. For this year's program, we are featuring new and progressive artistic groups like yours.

In a matter of one year, your vocal group has become well known for its unique style and fantastic range. We will be honored if you help us celebrate this year's accomplishments in modern art by performing two selections for us on the evening of September 6.

If you accept our invitation, your travel and lodging expenses will be entirely <u>covered</u>. We must finalize our schedule by August 18, so we would appreciate it if you could let us know as early as possible if you are able to accept our invitation.

Best regards,
Christian Rickerts

1. 윗글의 목적으로 가장 적절한 것은?

① 새로 발매된 앨범을 광고하려고
② 수상자로 선정된 것을 알리려고
③ 시상식의 축하 공연을 요청하려고
④ 추가 지불된 숙박비의 반환을 요청하려고

2. 밑줄 친 "covered"의 의미와 가장 가까운 것은?

① content   ② in a bad place
③ free of charge   ④ negotiated

꼼꼼 독해

01 Every year the Modern Art Association holds an awards night to honor accomplished artists in our state.

[해석] 매년 현대 미술 협회는 우리 주의 뛰어난 미술가들을 기리기 위해 시상식의 밤을 개최합니다.

01
hold 열다, 개최하다
award 시상식
honor 기리다, 영광을 베풀다
accomplished 뛰어난
state 주(州)

02 For this year's program, we are featuring new and progressive artistic groups like yours.

[해석] 올해의 프로그램을 위해, 저희는 귀 그룹 같은 새롭고 진보적인 예술 그룹들을 특별히 출연시키고자 합니다.

02
feature 특별 출현을 시키다
progressive 진보적인

03 In a matter of one year, your vocal group has become well known for its unique style and fantastic range.

[해석] 불과 1년 만에, 귀 보컬 그룹은 독특한 스타일과 환상적인 음역으로 유명해졌습니다.

03
in a matter of 불과 ~만에
become well known for
~로 유명해지다
unique 독특한
range 음역, 범위

04 We will be honored if you help us celebrate this year's accomplishments in modern art by performing two selections for us on the evening of September 6.

[해석] 여러분이 9월 6일 저녁에 저희를 위해 선곡하신 두 곡을 공연함으로써 저희가 현대 미술에서의 올해의 업적을 축하하도록 도와주신다면 저희에게 영광일 것입니다.

04
accomplishment 업적, 성취
perform 공연하다
selection 선택, 선곡

05 If you accept our invitation, your travel and lodging expenses will be entirely covered.

[해석] 만약 여러분이 저희의 초청을 받아들이신다면, 여러분의 이동 경비와 숙박비는 (저희가) 전부 부담하겠습니다.

05
invitation 초대, 초청
lodging 숙박
expense 비용
entirely 전적으로, 전부
cover (돈을)충당하다

06 We must finalize our schedule by August 18, so we would appreciate it if you could let us know as early as possible if you are able to accept our invitation. Best regards, Christian Rickerts

[해석] 저희가 8월 18일까지 저희 일정 계획을 마무리해야 하므로, 여러분이 저희의 초청을 받아들이실 수 있는지 가능한 한 일찍 저희에게 알려 주실 수 있다면 감사하겠습니다.
건승을 빌며, Christian Rickerts드림

06
finalize 마무리하다
appreciate 감사하다
regards 안부(의 말),
(편지에서의) 안부 인사

정답 04 1. ③ 2. ③

출제 유형

간단한 안내문을 제시하고 두 가지 유형의 문제가 출제된다.
1. (A)에 들어갈 제목으로 가장 적절한 것은?
2. ○○○에 관한 내용과 일치하는[일치하지 않는] 것은?

풀이 해법

1. 주제/제목/요지 문제풀이와 동일하다.
2. 내용일치 문제풀이와 동일하다.

다음 글을 읽고 물음에 답하시오.

(A)

We're pleased to announce the upcoming City Harbour Festival, an annual event that brings our diverse community together to celebrate our shared heritage, culture, and local talent. Mark your calendars and join us for an exciting weekend!

Details
• **Dates**: Friday, June 16−Sunday, June 18
• **Times**: 10:00 a.m.−8:00 p.m. (Friday & Saturday)
  10:00 a.m.−6:00 p.m. (Sunday)
• **Location**: City Harbour Park, Main Street, and surrounding areas

Highlights
• **Live Performances**
Enjoy a variety of live music, dance, and theatrical performances on multiple stages throughout the festival grounds.
• **Food Trucks**
Have a feast with a wide selection of food trucks offering diverse and delicious cuisines, as well as free sample tastings.

For the full schedule of events and activities, please visit our website at www.cityharbourfestival.org or contact the Festival Office at (552) 234-5678.

---

1. (A)에 들어갈 윗글의 제목으로 가장 적절한 것은?

① Make Safety Regulations for Your Community
② Celebrate Our Vibrant Community Events
③ Plan Your Exciting Maritime Experience
④ Recreate Our City's Heritage

2. City Harbour Festival에 관한 윗글의 내용과 일치하지 않는 것은?

① 일 년에 한 번 개최된다.
② 일요일에는 오후 6시까지 열린다.
③ 주요 행사로 무료 요리 강습이 진행된다.
④ 웹사이트나 전화 문의를 통해 행사 일정을 알 수 있다.

해석 우리가 공유하는 문화유산, 문화 그리고 지역의 재능 있는 사람들을 축하하기 위해 우리의 다양한 지역 사회를 하나로 묶을 수 있는 연례행사인 City Harbour Festival이 다가오고 있음을 알리게 되어 기쁩니다. 달력에 표시해 놓고 신나는 주말을 우리와 함께 하세요.

세부사항
- 날짜: 6월 16일 금요일 – 6월 18일 일요일
- 시간: 오전 10시 – 오후 8시(금요일&토요일)
  오전 10시 – 오후 6시(일요일)
- 장소: City Harbour 공원, 메인 거리와 그 주변 지역들

강조사항
- 라이브 공연
  축제 장 전역에 있는 다수의 무대 위에서 펼쳐지는 라이브 음악과 춤 그리고 연극을 즐기세요.
- 푸드 트럭
  무료 시식 뿐 아니라 다양하고 맛있는 요리를 제공하는 푸드 트럭이 다양하게 엄선한 연회를 즐기세요.

행사와 활동의 전체 일정을 알고 싶으시면 우리의 웹사이트(www.cityharbourfestival.org)를 방문하시거나 행사 사무소에 전화(552) 234-5678]주세요.

해설 1. 주어진 안내문은 해마다 열리는 지역 행사에 대한 여러 사항을 알리는 내용이므로 이 글의 제목으로 가장 적절한 것은 ② '우리의 신나는 지역 행사를 축하하세요'이다.
① 지역사회를 위한 안전 규정을 마련하세요
② 우리의 신나는 지역 행사를 축하하세요
③ 당신의 신나는 해양 경험을 계획하세요
④ 우리 도시의 문화유산을 다시 만드세요
2. 주요 행사로 무료 요리 강습에 대한 언급은 없으므로 ③은 글의 내용과 일치하지 않는다.

어휘 announce 알리다 upcoming 다가오는 annual 매년의 bring A together A를 하나로 묶다, 합치다 diverse 다양한 heritage (문화)유산 talent ① 재주, 재능 ② 재주[재능] 있는 사람(들) surrounding 주변의, 주위의, 근처에 있는 theatrical performance 연극 multiple 다수의 throughout 전역에 걸쳐 feast 연회, 잔치 cuisine 요리 B as well as A A뿐만 아니라 B도 역시 tasting 시음, 시식 regulation 규정, 규제 *safety regulation 보안 규정 vibrant 활기찬, 신나는 maritime 바다의, 해안의 heritage 문화유산

Ex 2 Enter-K 앱에 관한 다음 글의 내용과 일치하지 않는 것은?

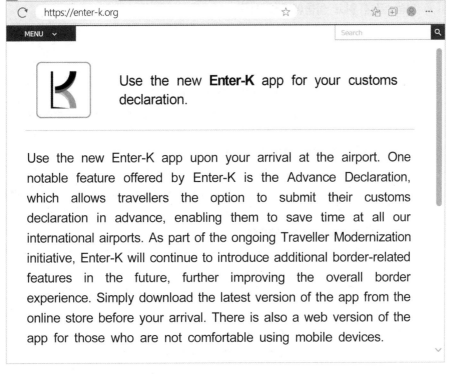

① It allows travellers to declare customs in advance.
② More features will be added later.
③ Travellers can download it from the online store.
④ It only works on personal mobile devices.

[해석] 공항에 도착하자마자 새로운 **Enter-K** 앱을 사용해 보세요. **Enter-K**가 제공하는 한 가지 주목할 만한 특징은 사전 신고인데 이는 여행객들에게 모든 국제 공항에서 시간을 절약해 주기 위해 그들의 세관신고서를 미리 제출할 수 있는 선택을 제공하는 것입니다. 지속적인 여행객 현대화 계획의 일환으로 **Enter-K**는 미래에 국경과 관련된 편의성을 추가적으로 도입할 것이고 국경을 통과할 때의 전반적인 경험을 한층 더 개선해 나갈 겁니다. 도착 전에 온라인 매장에서 최신 버전의 앱을 다운 받으세요. 모바일 장치를 사용하는 데 불편한 분들을 위해 웹 버전 또한 있습니다.
① 그것은 여행객들이 세관 신고를 미리 할 수 있게 해 준다.
② 더 많은 편의성이 나중에 추가될 것이다.
③ 여행객들은 그것을 온라인 스토어에서 다운로드할 수 있다.
④ 그것은 오직 개인 모바일 기기에서만 작동한다.

[해설] 본문 마지막 문장에서 모바일 장치를 사용하는 데 불편한 분들을 위해 웹 버전 또한 있다고 했으므로 개인 모바일 기기에서만 가능하다는 ④는 본문의 내용과 일치하지 않는다.

[어휘] upon(on) + 명사/~ing ~하자마자 arrival 도착 notable 주목할 만한, 눈에 띄는 feature ① 특징 ② 편의(성) submit 제출하다 customs 세관 declaration ① (세관)신고 ② 선언 in advance 미리, 앞서서 as part of ~의 일환으로서 ongoing 지속적인, 계속 진행 중인 initiative ① 계획 ② 주도권, 진취성 border 국경 further 한층 더, 더 이상의, 더 많은 overall 전반적인 latest 최신의 device 장치

[정답] 02 ④

실전 문제

01　다음 글을 읽고 물음에 답하시오.

(A)

OPENING THE SAFE FOR THE FIRST TIME
Upon first use, users should open the safe with the emergency key.

INSERTING THE BATTERIES
• Insert four AA batteries, and the green light will flash.
• If both the green light and the red light are on, replace the batteries.

SETTING A PASSWORD
• With the door open, press the reset button. Then, input a four-digit password and press the "enter" button.
• When the new password is set, the green light will flash twice.

OPENING THE DOOR WITH A PASSWORD
Input your password and press the "enter" button.

CAUTION: A wrong password input will set off an alarm.

---

1. (A)에 들어갈 윗글의 제목으로 가장 적절한 것은?

   ① Report of a Password Malfunction
   ② Electronic Safe User Manual
   ③ How to Open Electronic Safe
   ④ Right Use of Password: What Is Problem?

2. Electronic Safe에 관한 윗글의 내용과 일치하지 않는 것은?

   ① 처음으로 금고를 열 때는 비상 열쇠를 사용해야 한다.
   ② AA 건전지 네 개를 넣으면, 녹색 불이 깜빡일 것이다.
   ③ 녹색과 빨간색 불이 둘 다 켜져 있으면, 건전지를 교체해야 한다.
   ④ 잘못된 비밀번호를 입력하면 경보음이 꺼진다.

해석 처음으로 금고 열기

처음 사용 시 사용자는 비상 열쇠로 금고를 열어야 합니다.

건전지 넣기
- AA 건전지 네 개를 넣으면, 녹색 불이 깜빡일 것입니다.
- 만약 녹색 불과 빨간색 불 둘 다 켜져 있으면, 건전지를 교체하십시오.

비밀번호 설정하기
- 문을 연 채로 재설정[리셋] 버튼을 누르십시오. 그런 다음, 네 자리 비밀번호를 입력한 후 '입력' 버튼을 누르십시오.
- 새로운 비밀번호가 설정되면, 녹색 불이 두 번 깜빡일 것입니다.

비밀번호로 문 열기
여러분의 비밀번호를 입력하고 '입력' 버튼을 누르십시오.

주의: 잘못된 비밀번호의 입력은 경보음이 울리게 할 것입니다.

해설 1. 주어진 지문은 전자금고 사용과 관련된 여러 가지 안내사항을 설명하고 있으므로 이 글의 제목으로 가장 적절한 것은 ②'전자금고 사용자 매뉴얼'이다.
　① 비밀번호 오작동 보고서
　② 전자금고 사용자 매뉴얼
　③ 어떻게 전자금고를 여는가
　④ 올바른 비밀번호의 사용: 무엇이 문제인가?
2. 본문 제일 마지막 부분에 잘못된 비밀번호를 입력하면 경보음이 울린다고 했으므로 ④는 본문의 내용과 일치하지 않는다.

어휘 safe 금고　user 사용자　emergency 응급, 비상　*emergency key 비상 열쇠　insert 넣다
flash 깜빡이다　replace 교체하다　press 누르다　reset 재설정, 리셋　input 입력하다　digit 자리, 자릿수
twice 두 번　caution 주의　wrong 잘못된　set off (경보장치를) 울리다　malfunction 오작동

정답 01 1. ② 2. ④

02 다음 글을 읽고 물음에 답하시오.

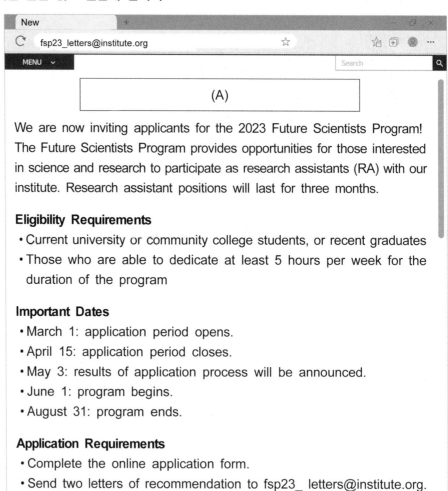

We are now inviting applicants for the 2023 Future Scientists Program! The Future Scientists Program provides opportunities for those interested in science and research to participate as research assistants (RA) with our institute. Research assistant positions will last for three months.

Eligibility Requirements
• Current university or community college students, or recent graduates
• Those who are able to dedicate at least 5 hours per week for the duration of the program

Important Dates
• March 1: application period opens.
• April 15: application period closes.
• May 3: results of application process will be announced.
• June 1: program begins.
• August 31: program ends.

Application Requirements
• Complete the online application form.
• Send two letters of recommendation to fsp23_ letters@institute.org.
• There is a $20 USD application fee.

1. (A)에 들어갈 윗글의 제목으로 가장 적절한 것은?
   ① Applying for Future Scientists Program
   ② Future Scientists: What is beneficial?
   ③ Satisfying Application Requirements
   ④ Challenge Is Always Beautiful

2. Future Scientists Program에 관한 다음 글의 내용과 일치하는 것은?
   ① 현 대학생들만 지원할 수 있다.
   ② 프로그램이 끝나고 주 5시간 근무를 한다.
   ③ 5월 3일에 지원 처리 결과가 발표된다.
   ④ 지원자의 추천서를 우편으로 받는다.

해석 미래 과학자 프로그램에 지원하기

우리는 지금 2023년 미래 과학자 프로그램 지원자를 초대합니다!

미래 과학자 프로그램은 과학과 연구에 관심 있는 사람이 우리 기관에서 연구 조교로 참여할 기회를 제공합니다. 연구 조교직은 3개월 동안 지속될 것입니다.

자격 요건
- 현재 대학이나 지역 전문대학의 학생, 또는 최근 대학 졸업자
- 프로그램 기간에 적어도 1주일에 5시간을 근무할 수 있는 사람

중요 날짜
- 3월 1일: 지원 기간이 시작됩니다.
- 4월 15일: 지원 기간이 종료됩니다.
- 5월 3일: 지원 처리 결과가 발표될 것입니다.
- 6월 1일: 프로그램이 시작됩니다.
- 8월 31일: 프로그램이 종료됩니다.

지원 요건
- 온라인 지원서를 작성하세요.
- 추천서 2장을 fsp23_letters@institute.org로 보내세요.
- 지원 비용은 미화 20달러입니다.

해설 1. 주어진 지문은 미래 과학자 프로그램에 지원을 요청하고 있으므로 이 글의 제목으로 가장 적절한 것은 ① '미래 과학자 프로그램에 지원하기'이다.

2. 5월 3일 지원 처리 결과가 발표될 것이라 했으므로 ③은 본문의 내용과 일치한다.
  ① 미래 과학자 프로그램에 지원하기
  ② 미래 과학자: 무엇이 이로운가?
  ③ 지원 요건 충족하기
  ④ 도전은 늘 아름답다

어휘 applicant 지원자 opportunity 기회 participate 참여하다 research assistant 연구 조교 institute 기관 last 지속되다 eligibility 자격, 적격성 current 현재의 community college 지역 전문대학 graduate 대학 졸업자 dedicate (시간·노력을) 쓰다, 바치다 per 마다, 당 for the duration of ~하는 동안에, ~중에 *duration 지속, (지속되는)기간 application 지원 letter of recommendation 추천서 apply for ~에 지원하다 beneficial 이로운, 유익한

정답 02 1. ① 2. ③

03 Magnificent Uluru Tour에 관한 다음 안내문의 내용과 일치하지 않는 것은?

Magnificent Uluru Tour

Visit Uluru for a powerful and moving experience of wonder! There is plenty to see and do on this tour.

Tour activities
- Experience the presence of Uluru, a large stone formation
- Take a complete circuit tour around the base of Uluru
- See, touch, and even climb the Uluru base
- Witness and Uluru sunset while eating dinner and drinking wine

What to bring
- Hats, sunscreen, comfortable walking shoes, and bottled water

General information
- Tours run daily: depart at 12:00 p.m. and return after sunset

---

① Uluru consists of a large single rock.
② Individuals don't have to fetch drinking water.
③ Tourists leave for Uluru at noon and return after dusk.
④ Visitors are able to experience all the rounds of the Uluru base.

해석

장대한 울루루 관광

강렬하고 감동적인 경이로운 경험을 위해 울루루를 방문하세요! 이 관광에는 볼거리와 할 거리가 많이 있습니다.

관광 활동
- 하나의 거대한 돌로 형성된 울루루의 존재를 경험합니다.
- 울루루 기슭 둘레를 완전히 한 바퀴를 돕니다.
- 울루루 기슭을 보고, 만지고, 심지어는 등반합니다.
- 저녁을 먹고 와인을 마시면서 울루루의 석양을 봅니다.

지참물
- 모자, 자외선 차단제, 편안한 걷기용 신발, 그리고 생수

일반 정보
- 관광은 매일 운영합니다: 낮 12시에 출발해서 일몰 후에 돌아옵니다.

해설 지참물(what to do)에 생수(bottled water)가 포함되어 있으므로 ②는 본문의 내용과 일치하지 않는다.
① 울루루는 거대한 하나의 바위로 구성되어 있다.
② 개개인이 식수를 가져올 필요는 없다.
③ 관광객들은 정오에 울루루를 향해 떠나서 일몰 후에 돌아온다.
④ 방문객들은 울룰루 기슭을 완전히 순회하는 경험을 할 수 있다.

어휘 magnificent 장대한, 훌륭한 wonder 경이, 불가사의 formation 형성 circuit ① 순회 ② 회로
base ① 기슭 ② 기초 witness 보다, 목격하다 sunset 일몰 depart 출발하다 fetch 가지고 오다
leave for~ ~를 향해 가다 dusk 황혼녘, 일몰 all the rounds 완전히 순회하는(한 바퀴 도는)

정답 03 ②

04 Office of the Labor Commissioner에 관한 다음 글의 내용과 일치하는 것은?

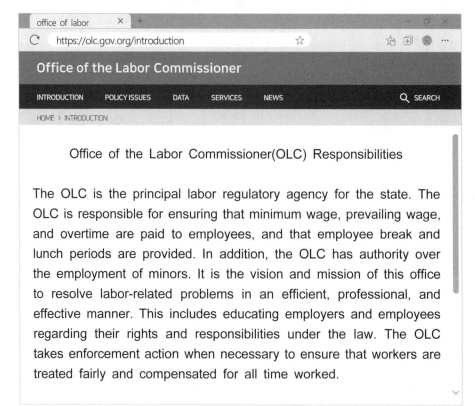

① It ensures that employees pay taxes properly.

② It has authority over employment of adult workers only.

③ It promotes employers' business opportunities.

④ It takes action when employees are unfairly treated.

[해석] 노동위원회 책무

노동위원회(OLC)는 국가의 주요한 노동 규제 기관입니다. 노동위원회(OLC)는 근로자에 제공되는 최저 임금과 적정 임금 그리고 초과 임금을 보장하고 근로자들의 휴식과 점심시간 제공을 책임지고 있습니다. 게다가, 노동위원회(OLC)는 미성년자 고용에 대한 권한이 있습니다. 그것은 효율적이고 전문적이고 그리고 효과적인 방식으로 노동과 관련된 문제를 해결하기 위한 이 위원회의 비전과 임무입니다. 이것은 법률에 의하여 그들의 권리와 책임에 관한 고용인과 근로자들의 교육을 포함합니다. 노동위원회(OLC)는 노동자들이 공정하게 대접을 받아야 하고 일한 모든 시간에 대해 보상을 받을 것을 분명히 하기 위해 필요할 때 집행조치를 취합니다.

[해설] 본문 마지막 문장에서 '노동자가 부당한 대접을 받으면 조치를 취한다'고 했으므로 ④는 본문의 내용과 일치한다.
① 그것은 근로자들이 세금을 적절히 낼 수 있게 해준다.
② 그것은 성인 노동자들의 고용에만 권한이 있다.
③ 그것은 고용인들의 사업기회를 증진시킨다.
④ 그것은 근로자들이 부당하게 대접을 받을 때 조치를 취한다.

[어휘] office of the labor commissioner 노동위원회 responsibility 책임 principal ① 주요한, 주된 ② 교장 labor 노동 regulatory agency 규제기관 responsible 책임지는 ensure 분명히 하다, 보장하다 wage 임금 prevailing wage 적정 임금, 평균 임금 overtime 초과 근무, 야근 employee 근로자, 피고용인 authority 권한, 권위 minors 미성년자 mission 임무 resolve 해결하다, 풀다 efficient 효율적인 professional 전문적인 effective 효과적인 regarding ~에 관한 right 권리 under the law 법률에 따라서, 법률에 의해서 enforcement 집행 treat 대접하다, 취급하다 fairly 공정하게, 정당하게 compensate for ~을 보상하다 properly 적절하게 opportunity 기회

[정답] 04 ④

05 Central Square Summer Youth T-ball Camp에 관한 다음 글의 내용과 일치하지 않는 것은?

① 일주일에 두 번 만나게 된다.
② 팀당 최대 **13**명의 선수로 구성된다.
③ 날씨가 좋지 않은 경우에도 캠프는 개최된다.
④ 등록은 **5**월 **15**일에 시작하고 온라인으로만 가능하다.

PART 02

[해석] Central Square 여름 청소년 티볼 캠프

여러분의 자녀를 티볼을 배우고 친구를 사귈 수 있는 재미있는 여름 캠프에 등록하세요. 이 캠프는 아이들에게 던지기, 잡기, 치기 기술의 기초를 가르치는 데 초점을 맞추고 있습니다.

일반 정보:

• 캠프는 일주일에 두 번, 월요일과 수요일마다 모입니다.
• 4팀이 있을 것이고 팀마다 최대 13명의 선수가 있게 됩니다.
• 각 참가자는 캠프 티셔츠와 모자를 받게 됩니다.
• 간식과 함께 점심이 제공됩니다.

시간: 6월 5일~7월 12일, 월요일/수요일, 오전 10시~오후 2시

장소: Central Square 공원. 날씨가 좋지 않은 경우, 캠프는 Central Square의 실내 경기장에서 개최됩니다.

등록: 등록은 5월 15일에 시작하는데, Central Square 주민 센터에서 본인이 직접 하거나, www.centralsquare.org에서 온라인으로 할 수 있습니다. 자리가 한정되어 있으니, 서둘러 등록하십시오!

비용: 어린이 한 명당 45달러

저희 캠프에는 부모 자원봉사 코치가 필요합니다. 자원봉사가 가능하시다면, 주민 센터로 연락해 주십시오. 교육이 제공될 것입니다.

[해설] 안내문의 등록(Registration)부분에서 등록은 센터에서 본인이 직접 할 수도 있다고 했으므로 ④는 본문의 내용과 일치하지 않는다.

[어휘] enroll 등록하다　　fundamental (주로 복수형태로) 기초, 기본　　per 마다, 당　　maximum 최대 participant 참가자　　along with ~와 함께　　arena 경기장　　registration 등록 *register 등록하다 in person (본인이) 직접　　due to ~ 때문에

[정답] 05 ④

김세현 영어
All In One

부록

구문독해

부록으로 들어가기 전에

한 학생과 상담 도중 다음과 같은 질문을 받았습니다.
"선생님이 말씀하신 올바른 독해법은 어느 정도 이해가 되는데 전 진짜
노베이스라서 영어 문장을 우리말로 해석을 못하겠어요!"
이 질문을 받고 노베이스 학생들은 이런 고민을 충분히 할 수 있겠구나
생각하면서 많은 고민 끝에 다음의 부록 파트를 만들었습니다. 이
부록은 말 그대로 구문독해(해석독해)입니다. 즉, 한 문장 한 문장을
어떻게 해석하는가에 대한 방법론을 제시합니다. 외우려고 하지 말고
그냥 읽기만 하면 됩니다. 3회독 정도 하면 해석 요령이 생기고 독해의
제일 마지막 단계인 이해 독해로 넘어갈 수 있습니다. 참고로 기본서
문법 파트와 연계해서 제작했기 때문에 문법 공부와 병행하면 많은
도움이 될 것입니다.

건승을 기원합니다.

부록 구문독해

구문독해 ✦ 01 문장의 형식

01 명사 주어

아이들이 운동장에서 축구를 했다.

<u>Students</u> <u>played</u> soccer on the ground.
     S   V

참고 전치사와 연결되는 명사는 주어가 될 수 없어요.

On the ground <u>students</u> <u>played</u> soccer. (전치사 on과 연결되는 명사 ground는 주어가 될 수 없어요)
                   S   V

02 대명사 주어

그들은 학교에 갔다.

<u>They</u> <u>went</u> to school.
  S   V

03 to부정사(to ⓥ) 주어

영어를 이해하는 것은 시간이 필요하다.

<u>To understand</u> English <u>needs</u> time.
     S   V

04 동명사(ⓥ -ing) 주어

너무 많은 음식을 먹는 것이 질병을 초래한다.

<u>Eating</u> too much food <u>causes</u> illness.
  S   V

One Tip to부정사 / 동명사 해석 요령

to부정사가 주어 자리에 올 때 해석요령은 의외로 간단해요. 그냥 동사에 약간의 어미변화만 해주면 됩니다. 예를 들어서 [Understand : 이해하다 → To understand : '이해하기' 또는 '이해하는 것은(이)]' 정도로요. 동명사도 마찬가지예요. to부정사처럼 그냥 동사에 약간의 어미 변화만 해주면 됩니다. [Eat : 먹다 → Eating : '먹기' 또는 '먹는 것은(이)]' 정도로요.

Two Tips to부정사나 동명사와 연결되는 의미상 목적어 / 보어 또는 전치사구 / 부사(구)를 하나로 묶기

to부정사나 동명사는 준동사이기 때문에 뒤에 의미상 목적어 또는 의미상 보어가 위치할 수 있어요. 물론 전치사구나 부사(구)도 올 수 있구요. 따라서 준동사 뒤에 이어지는 딸린 어구를 준동사와 연결시켜 글을 읽으면 의미단위가 자연스럽게 만들어 집니다.

05 명사절 주어

연결사 + S1 + V1 + ⋯ / 동사
　　　　S　　　　　　　　V

① That I have much money / makes him angry.
　　　　　S　　　　　　　　　　V

② What I want now / is to look at him.
　　　S　　　　　　　V

③ Whether he believes it or not / is not important.
　　　　　　　　S　　　　　　　　　V

④ Why the building was made / is a mystery.
　　　　　　S　　　　　　　　　V

⑤ When he leaves the company / depends on her.
　　　　　　S　　　　　　　　　　V

① 내가 많은 돈을 갖고 있는 것이 그를 화나게 한다.

② 내가 지금 원하는 것은 그를 보는 것이다.

③ 그가 그것을 믿든지 믿지 않든지는 중요치 않다.

④ 왜 그 건물이 만들어졌는지는 불가사의하다.

⑤ 언제 그가 그 회사를 떠나는지는 그녀에게 달려있다.

참고 to부정사 주어나 명사절 주어는 '가주어 진주어' 구문으로 사용 가능합니다.

- To understand English needs time.(영어를 이해하는 것은 시간이 필요하다.)
  → It needs time to understand English.
- That I have much money makes him angry.(내가 많은 돈을 갖고 있는 것이 그를 화나게 한다.)
  → It makes him angry that I have much money.
- Why the building was made is a mystery.(그 건물이 왜 만들어졌는지는 미스터리하다.)
  → It is a mystery why the building was made.

One Tip 명사절 해석 요령

접속사 That과 What이 주어 자리에 올 때에는 That과 What 다음에 이어지는 주어와 동사를 붙여 'S1 + V1 ⋯ 하는 것은(이)' 정도로 해석하면 돼요.

Two Tips 기타 의문사 해석 요령

의문사의 기본 의미[Whether : ~인지 아닌지 / Why : 왜(~ 한 이유) / When : 언제(~ 할 때) / Where : 어디(~ 한 곳) / How : 어떻게]를 뒤에 이어지는 주어, 동사에 붙여 각각 해석하면 돼요.

확인학습 문제 1

다음 문장을 읽고 주어를 찾아 S 표시하고 동사 앞에서 끊어 읽기(/)한 다음 주어 파트를 분석한 후 우리말로 해석해 보세요.

보기/

> <u>When he goes to the school</u> / is not important. (언제 그가 학교를 가는지는)
> S(명사절 주어)

01 To make a right choice is difficult.

02 Riding a bicycle in the park is fun.

03 To wear a seat belt is good for your safety.

04 Getting up in the early morning is not easy.

05 That she is not guilty is really true.

06 Whether we lose or win does not matter.

07 When they can finish the project is not clear.

08 What is beautiful is not always valuable.

09 Why the truth was revealed is a mystery.

10 What's learned in the cradle is carried to the grave.

정답 해설

01 <u>To make</u> <u>a right choice</u> / is difficult.
　　S(To부정사)　　의미상 목적어
(올바른 선택을 하는 것은)

02 <u>Riding</u> <u>a bicycle</u> in the park / is fun.
　　S(동명사) 의미상 목적어　전치사구
(공원에서 자전거를 타는 것은)

03 <u>To wear</u> <u>a seat belt</u> / is good for your safety.
　　S(To부정사)　의미상 목적어
(안전벨트를 매는 것은)

04 <u>Getting up</u> in the early morning / is not easy.
　　　S(동명사)　　　　전치사구
(이른 아침에 일어나는 것은)

05 <u>That she is not guilty</u> / is really true.
　　　　　S(명사절)
(그녀가 죄가 없다는 것은)

06 <u>Whether we lose or win</u> / does not matter.
　　　　　S(명사절)
(우리가 이기든지 지든지는)

07 <u>When they can finish the project</u> / is not clear.
　　　　　　S(명사절)
(그들이 언제 그 프로젝트를 끝낼수 있는지는)

08 <u>What is beautiful /</u> is not always valuable.
　　　　S(명사절)
(아름다운 것이)

09 <u>Why the truth was revealed</u> / is a mystery.
　　　　　S(명사절)
(왜 그 진실이 밝혀졌는지는)

10 <u>What's learned in the cradle</u> / is carried to the grave.
　　　　　S(명사절)
(요람에서 배워지는 것은)

구문독해 ✦ 02 명사(주어) 앞에 올 수 있는 모든 것들

01 한정사(Determiner) + 명사(주어)

① 인구가 아주 빠르게 감소했다.

① The population has decreased very rapidly.
　　한정사　　　S

② 몇몇 고용주들이 사무실에서 일하고 있다.

② Some employers are working in the office.
　　한정사　　　S

③ 그들의 부모가 아이들을 벌했다.

③ Their parents have punished their children.
　　한정사　　　S

One Tip 한정사

한정사(Determiner)는 명사를 제한한다는 사전적 의미를 가지고 있고 아래 표에 있는 것들이 한정사의 종류들입니다. 외우려고 하지 말고 그냥 시간을 갖고 여러 번 읽어 보세요. 저절로 외워질 거예요!!!

한정사(Determiner)
관사 : a(an), the
지시형용사 : this(these), that(those), such
부정 형용사 : some, many, most, another, other, the other...
수사(기수, 서수) : one, two, three, first, second, third...
소유격 : my, your, his, her, our, its, their

02 (부사) + 형용사 + 명사(주어)

① 그 아름다운 건물은 모퉁이에 서 있다.

① The beautiful building stands on the corner.
　　한정사　　형용사　　　S

② 이 영리한 학생이 나를 행복하게 해준다.

② This smart student makes me happy.
　　한정사　　형용사　　S

One Tip

아래 예문에서처럼 형용사 앞에는 부사가 올 수 있어요.

• This very smart student makes me happy. 이 아주 영리한 학생이 나를 행복하게 해준다.
　한정사 부사　형용사　　　S

03 분사(현재분사/과거분사) + 명사(주어)

① The <u>sleeping</u> <u>mother</u> had not noticed her child go out.
　　　현재분사　　S

② Her <u>singing</u> <u>voice</u> is beautiful and attractive.
　　현재분사　　S

③ A <u>broken</u> <u>window</u> was across from the stairs.
　　과거분사　　S

④ The <u>thrown</u> <u>balls</u> are filled with the street.
　　과거분사　　S

① 그 잠자는 엄마는 아이가 밖에 나가는 것을 보지 못했다.

② 그녀의 노래하는 목소리는 아름답고 매력적이다.

③ 깨진 유리창이 계단 맞은편에 있었다.

④ 버려진 공들이 길에 가득 차있다.

One Tip 현재분사와 과거분사

명사(주어) 앞에 있는 분사는 명사를 수식하는 형용사 역할을 합니다. 이때 현재분사는 '**능동 / 진행**'의 느낌으로 과거분사는 '**수동 / 완료**'의 느낌 정도로 해석하면 됩니다. 또한 명사(주어)를 수식하는 분사 앞에도 역시 형용사처럼 부사가 올 수 있습니다.

• This <u>perfectly</u> <u>broken</u> <u>computer</u> is in front of me. 이 완벽하게 분해된 컴퓨터가 내 앞에 있다.
　　한정사　　부사　　과거분사　　S

04 명사 + 명사(주어)

① The <u>bicycle</u> <u>factory</u> has been remodeled after the fire.
　　　명사　　S

② The <u>nuclear</u> <u>bomb</u> <u>test</u> was conducted on Monday.
　　　명사　　S

① 그 자전거 공장은 화재 후에 개조되었다.

② 핵폭탄 실험이 월요일에 행해졌다.

One Tip

아래 예문에서처럼 명사(주어) 앞에서 명사를 수식하는 명사 앞에는 역시 한정사나 형용사가 올 수도 있어요.

• The <u>dangerous</u> <u>nuclear</u> <u>bomb</u> <u>test</u> was conducted on Monday.
　한정사　　형용사　　　명사　　S
　그 위험한 핵폭탄 실험이 월요일에 행해졌다.

① 역사 이슈 때문에 한국은 일본과 긴장관계에 있다.

② 몇 주 전에 그 남자는 아내에 의해서 병원으로 데려다 졌다.

05 전치사구 / 부사(구) + 명사(주어) + 동사

① <u>Because of the history issue</u> <u>Korea</u> has a tense relationship with Japan.
　　　전치사구　　　　　　　　　　　S

② <u>A few weeks ago</u> <u>the man</u> was taken to the hospital by his wife.
　　부사구　　　　　　　S

One Tip 명사 앞 전치사구/부사(구)

명사 앞에 전치사구나 부사(구)는 독립된 개념입니다. 명사(주어) 앞에 있는 전치사구(전치사 + 명사)나 부사(구)는 명사를 수식하지는 않아요. 명사(주어)와는 완전히 독립된 개념입니다. 그래서 ,(콤마)와 함께 사용되는 경우가 많지요. 어쨌든 명사(주어) 앞에는 언제든지 전치사구(전치사 + 명사)나 부사(구)가 올 수 있으니까 독해할 때 주의하세요! 또한 전치사구나 부사(구)는 2개 이상이 겹쳐서 나오기도 해요. 아래 예문을 보세요.

• <u>The day before yesterday</u> <u>in the evening</u> <u>the students</u> played the game.
　　　　부사구　　　　　　　　　전치사구　　　　S
그제 저녁에 학생들은 게임을 했다.

• <u>Early</u> <u>in the morning</u> <u>yesterday</u> <u>from France</u> <u>my uncle</u> visited my parents.
　부사　　전치사구　　　　부사　　　전치사구　　　S
어제 이른 아침에 프랑스에서 나의 삼촌이 부모님을 방문했다.

• <u>Due to the new plan</u> <u>for building the museum</u> <u>in Seoul</u> all <u>things</u> changed.
　　전치사구　　　　　　　전치사구　　　　　　　전치사구　　　S
서울에서 박물관을 짓기 위한 새로운 계획 때문에 모든 것이 변했다.

06 To ⓥ ~, 명사(주어) + 동사

① <u>To see the result of your test</u>, <u>students</u> must log in to the school website.
　　　　To부정사　　　　　　　　　　　　　S

② <u>To know how to join the club</u>, <u>he</u> is very busy looking for the man.
　　　　To부정사　　　　　　　　　　　S

① 시험 결과를 보기 위해서 학생
들은 학교 웹사이트에 로그인해
야 한다.

② 클럽에 어떻게 가입해야 할지를
알기 위해서 그는 그 사람을 찾
느라 바쁘다.

부록

One Tip 문장 처음에 시작하는 to부정사

문두(문장 처음)에 시작하는 **to**부정사는 주어가 될 수 있어요. 하지만 위의 예문처럼 부사 기능을 하기도 합니다. 문두에 주어 역할을 하는 **to**부정사와 부사 역할을 하는 **to**부정사의 구별 방법은 ,(콤마)예요. ,(콤마) 없이 뒤에 동사가 나오면 문두의 **to**부정사는 주어 역할을 하고 ,(콤마)가 있고 ,(콤마) 다음 주어 동사가 나오면 문두의 **to**부정사는 부사 역할을 합니다. 주어 역할을 하는 **to**부정사는 '**ⓥ하는 것은(이)**' 정도로 해석하면 되고요. 부사 역할을 하는 **to**부정사는 '**ⓥ하기 위해서**' 정도로 해석하면 됩니다. 아래 예문을 참고하세요.

• <u>To study English</u> is not interesting. [,(콤마) 없이 동사가 바로 나오네요.]
　　주어 역할　　　　　V

영어를 공부하는 것은 흥미롭지 않다.

• <u>To study English</u>, <u>you</u> <u>must do</u> your best. [,(콤마) 다음 주어 + 동사가 나오네요.]
　　부사 역할　　　　　S　　　V

영어를 공부하기 위해 당신은 최선을 다해야 한다.

구문독해　437

07 ⓥ-ing / ⓥ-ed ~, 명사(주어) + 동사

① 미국에서 살았을 때, 그 남자는
   영어를 잘하지 못했다.

② 텔레비전을 보면서, 그 학생은
   다른 것을 할 수 있다.

③ 그의 개를 돌봐 달라고 부탁받았
   을 때, 나는 그럴 수 없다고 말했다.

① <u>Living</u> in America, <u>the man</u> <u>didn't speak</u> English well.
                        S   V

② <u>Watching</u> television, <u>the student</u> <u>can do</u> another thing.
                            S   V

③ <u>Asked</u> to look after his dog, <u>I</u> <u>said</u> I couldn't.
                               S   V

One Tip 문장 처음 시작하는 ⓥ-ing

문두(문장 처음)에 ⓥ-ing는 동명사로서 주어가 될 수 있어요. 하지만 위의 예문처럼 분사구문의 역할
(부사적 기능)을 하기도 해요. 동명사와 분사구문의 구별방법도 to부정사처럼 ,(콤마)예요. ,(콤마)없
이 뒤에 동사가 바로 나오면 ⓥ-ing는 동명사로서 주어 역할을 하고 ,(콤마) 다음 주어 동사가 나오면
ⓥ-ing는 분사구문으로서 부사 역할을 합니다. 주어 역할을 하는 동명사는 'ⓥ하는 것은(이)' 정도로
해석하면 되고요, 분사구문 역할을 하는 ⓥ-ing는 'ⓥ하면서(할 때) 또는 ⓥ 때문에' 정도로 해석 하
면 돼요. 물론 아주 가끔은 'ⓥ한다면 또는 ⓥ일지라도'로 해석이 되기도 해요. 다음의 예문을 참고해
보세요.

• <u>Having</u> a meal together is the most important. [,(콤마)없이 동사가 바로 나오네요.]
  동명사
  함께 식사하는 것이 가장 중요하다.

• <u>Having</u> a meal together, they will talk about it. [,(콤마)있고 뒤에 주어 동사가 있네요.]
  분사구문
  식사를 함께 하면서, 그들은 그것에 대해 말할 것이다.

08 접속사 + 주어 + 동사(부사절) ~, 명사(주어) + 동사 ~

① <u>When he lived in America</u>, <u>the man</u> <u>didn't speak</u> English well.
　　　부사절　　　　　　　　　　　　S　　　V

② <u>While the student is watching</u> television, <u>he</u> <u>can do</u> another thing.
　　　　부사절　　　　　　　　　　　　　　S　　　V

③ <u>Because they are too young</u>, <u>they</u> <u>cannot lift</u> the heavy table.
　　　　부사절　　　　　　　　　　　S　　　V

① 그가 미국에서 살았을 때, 그 남자는 영어를 잘하지 못했다.

② 그 학생은 텔레비전을 보면서, 그는 다른 것을 할 수 있다.

③ 그들은 너무 어리기 때문에, 그 무거운 테이블을 들 수 없다.

부록

One Tip 부사란?

시간/이유, 원인/조건/양보/목적/정도/빈도/방법/장소의 의미를 가지면 모두 부사로 간주하면 돼요. 단 주어와 동사가 없는 여러 개의 단어가 모이면 부사구가 되고 접속사와 함께 주어동사가 이어지면 부사절이 되는 겁니다.

◆ 확인학습 문제 2

다음 문장을 읽고 주어를 찾아 S 표시하고 동사 앞에서 끊어 읽기(/)한 다음 주어 파트를
아래 예문처럼 분석한 후 우리말로 해석해 보세요.

> **보기**
>
> <u>The</u> <u>comfortably</u> <u>sleeping</u> <u>baby</u> / is 7-months-old. (그 편안하게 자고 있는 아기는)
> 한정사　　부사　　현재분사　　S

01　The most beautiful lady is always wearing a black jacket.

02　His unpublished book will disclose all the secret.

03　To make a copy, the employee had the machine fixed.

04　Long long time ago in England a king made a great castle.

05　A leading manufacturer started making new product.

06　Singing and dancing together, the couple had a good time.

07　For collecting information, the five-story building is on the street.

08　In the process of description the writers will choose a principle.

09　Some books are expensive but other books are cheap.

10　At the next stage in the food cycle the animals want to eat other foods.

11　If I don't know the meaning of a word in English, I always use it.

12　When I came to the America, I was only 19-years-old.

정답 해설

01 The most beautiful lady / is always wearing a black jacket.
　　한정사 한정사　형용사　　S
(그 가장 아름다운 여성은)

01
wear—wore—worn 입다

02 His unpublished book / will disclose all the secret.
　　한정사　과거분사　　S
(그의 출판되지 못한 책이)

02
disclose 폭로하다
secret 비밀

03 To make a copy, the employee / had the machine fixed.
　　부사구(to부정사)　　한정사　　S
(복사하기 위해서 그 피고용인은)

03
make a copy 복사하다
fix 고치다, 수리하다

04 Long long time ago in England a king / made a great castle.
　　　　부사구　　　　전치사구　한정사 S
(아주 오래전에 영국에서 어떤 왕이)

04
castle 성(城)

05 A leading manufacturer / started making new product.
한정사　현재분사　　　S
(한 주도적인 제조업자가)

05
leading 주도적인, 주도하는
product 물건

06 Singing and dancing together, the couple / had a good time.
　　　　부사구 (분사구문)　　　한정사　S
(함께 춤추고 노래하면서 그 커플은)

07 For collecting information, the five-story building / is on the street.
전치사　동명사　의미상 목적어　한정사　형용사　　S
(정보를 수집하기 위한 그 5층 건물은)

07
collect 모으다, 수집하다
story (건물의) 층

08 In the process of description the writers / will choose a principle.
　　전치사구　　　　전치사구　한정사　S
(묘사의 과정에서 그 작가들은)

08
description 묘사
principle 원리

09 Some books / are expensive but other books / are cheap.
　한정사　S　　　　　　　　　한정사　　S
(몇몇 책들은 하지만 다른 책들은)

09
cheep 값 싼

10 At the next stage in the food cycle the animals / want to eat other foods.
　　전치사구　　　　　전치사구　　한정사　S
(음식순환의 다음 단계에서 그 동물들은)

11 If I don't know the meaning of a word in English, I always / use it.
　　　　　　부사절(조건)　　　　　　　　　S
(만약 내가 영단어의 의미를 모른다면)

12 When I came to the America, I / was only 19-years-old.
　　　　부사절(시간)　　　　S
(내가 미국에서 왔을 때)

구문독해 ✦ 03 명사(주어) 뒤에 올 수 있는 모든 것들

01 명사(주어) + 전치사구 + V

① 그 음식에 있는 비타민 C는 당신의 건강에 이롭다.

① The vitamin C in the food is beneficial to your health.
　　　S　　　　전치사구　　　V

② 이 마을의 클리닉 센터에 있는 근로자들은 날씬하다.

② Employees in the clinic center of this town are thin.
　　　S　　　　전치사구　　　　전치사구　　　V

③ 이 가게에는 음식을 먹기 위한 장소가 충분치 않다.

③ The place for eating meals in this store is not enough.
　　　S　　　　전치사구　　　　전치사구　　　V

02 명사(주어) + 관계사 / 동격의 접속사 that + ... V₁ ... V₂

① 그 경기에 진 선수들이 화가 났었다.

① The players [who lost the game] were angry.
　　　S　　　　관계사절　　　V

② 그들이 살았던 집은 페인트칠이 필요하다.

② The house [where(in which) they lived] needs to be painted.
　　　S　　　　관계사절　　　V

③ 그의 여동생이 시험에 합격했다는 사실이 나를 놀라게 했다.

③ The fact [that his younger sister passed the exam] surprised me.
　　　S　　　　관계사절　　　V

One **Tip**　관계사 / 동격의 접속사 해석 요령

• The book that I wanted...
　그　책　어떤 책(?) 내가 원했던 책

• The day when we talked together...
　그　날　어떤 날(?) 우리가 함께 얘기했던 그 날

• The news that she killed herself...
　그　소식　어떤 소식(?) 그녀가 자살했다는 소식

03 명사 (주어) + (관계사 / 동격의 접속사 that 생략) + ... S₁ + V₁ ... V₂

① The members [I met at the office] were kind.
      S   V

① 내가 사무실에서 만났던 그 회원들은 친절했다.

② Houston [we lived for years] is a wonderful and nice city.
    S   V

② 우리가 여러 해 동안 살았던 휴스턴은 훌륭하고 멋진 도시다.

③ The evidence [the obesity was growing] turned out to be true.
    S   V

③ 비만이 늘어나고 있다는 증거가 사실로 판명됐다.

04 명사(주어) + 형용사 + 딸린 어구(전치사구/ 부사(구)) + V

① The food poor (in nutrition) makes me sick.
    S   형용사   전치사구   V

① 영양분이 부족한 그 음식이 우리를 아프게 한다.

② The problems difficult (in the exam) could be solved.
    S   형용사   전치사구   V

② 시험에서 어려운 문제들이 해결될 수 있다.

③ The issue important (10 days ago) was revealed in the media.
    S   형용사   전치사구   V

③ 10일 전에 중요했던 그 이슈가 언론에 노출되었다.

05 명사(주어) + 과거분사 + 딸린 어구(전치사구/ 부사(구)) + V

① 어제 그 쇼핑몰에서 도난당한 지
갑이 내게 돌아왔다.

① The wallet stolen (in the mall) (yesterday) returned to me.
     S   과거분사   전치사구   부사   V

② 실험실에서 만들어진 인공지능
로봇이 우리가 일하는 것을 도
왔다.

② The AI robot made (in the laboratory) helped us to work.
     S   과거분사   전치사구   V

③ 혁신에 의해 만들어진 기술이
세계 산업을 바꾸어 놓았다.

③ The technology created (by innovation) changed the world industry.
     S   과거분사   전치사구   V

One Tip 과거동사와 과거분사 구별방법

- The waste thrown on the street reflected our morality.
  거리에 버려진 쓰레기가 우리의 도덕성을 반영했다.

- The achievement gained from efforts helped her attend the college.
  노력으로부터 얻어진 성취는 그녀가 대학을 들어가는 것을 도왔다.

- The news heard from his best friend really surprised him at the moment.
  그의 가장 친한 친구로부터 들었던 그 소식이 그 순간에 그를 정말로 놀라게 했다.

06 명사(주어) + 현재분사 + 딸린 어구(의미상 목적어/ 전치사구/ 부사(구)) + V

① 어려움을 경험한 그 남자는 많은
돈을 벌었다.

① The man experiencing (the difficulty) earned much money.
     S   현재분사   의미상 목적어   V

② 라운지에서 기타를 치는 그 음
악가가 내 친구이다.

② The musician playing (the guitar) (at the lounge) is my friend.
     S   현재분사   의미상 목적어   전치사구   V

③ 어제 나를 비난한 그 대변인이
이사회에서 해고됐다.

③ The spokesman blaming me (yesterday) was fired from the board.
     S   현재분사   의미상   부사   V
                    목적어

07 명사(주어) + to 부정사 + 딸린 어구(의미상 목적어 / 전치사구/ 부사(구)) + V

① The ability to earn money is valuable to him.
　　　S 　　　to부정사　　의미상　　V
　　　　　　　　　　　　　목적어

② The knowledge to make her succeed is from her mom.
　　　　S　　　　　　to부정사　의미상 의미상 보어　V
　　　　　　　　　　　　　　目적어

③ The custom to exist (in this town) is precious to the villagers.
　　　S　　　to부정사　　전치사구　　V

① 돈을 버는 능력이 그에게 가치 있다.

② 그녀를 성공하게 한 그 지식은 그녀의 엄마로부터 나왔다.

③ 이 마을에 존재하는 그 관습은 마을사람들에게 소중하다.

부록

08 명사(주어) + 부사(구) + V

① The students [always / sometimes / hardly / never / really] get up early.
　　　S　　　　　　　　　　　　부사　　　　　　　　　　　　　V

② The students [then / two days ago] realized that the teacher was nice.
　　　S　　　　　　부사　　　　　　V　　　　　　S　　　　V

① 그 학생들은 항상/가끔/거의 않는 /결코 않는/정말로 일찍 일어난다.

② 그 학생들은 그때/이틀 전에 선생님이 멋지다는 것을 깨달았다.

One Tip 부사의 역할

주어와 동사 사이에 있는 부사(구)는 앞에 있는 주어에는 영향을 주지 않아요. 항상 뒤에 있는 동사에만 영향을 준답니다. 여기에 있는 부사는 독해할 때 그렇게 중요치 않아요. 그냥 무시하고 넘어가도 큰 무리는 없어요. 단, 부정부사는 꼭 신경 쓰세요. 내용이 완전 바뀌니까요.

부정부사
never, little, no longer, hardly, seldom, rarely, barely, scarcely

09 명사(주어) +, (−) 삽입구(절), (−) + V

① Mr. Kim, a nice guy, is an excellent teacher.
　　　S　　　삽입구　　V

② Mr. Kim − as you know − is an excellent teacher.
　　　S　　　삽입절　　　V

① 멋진 남자인 김 선생님은 뛰어난 선생님이다.

② 아시다시피 김 선생님은 뛰어난 선생님이다.

One Tip 삽입구(절) 의 역할

주로 주어와 동사 사이에 삽입구(절)가 위치합니다. 중요한 것은 독해를 할 때 삽입구(절)는 skip하고 넘어가도 돼요. 정말 별 볼일 없는 정보랍니다. 그냥 무시하셔도 됩니다.

확인학습 문제 3

다음 문장을 읽고 주어를 찾아 S 표시하고 동사 앞에서 끊어 읽기(/) 한 다음 주어 파트를
아래 예문처럼 분석한 후 우리말로 해석해 보세요.

> 보기
>
> People climbing the high mountain / are my friends. (높은 산을 오르는 사람들이)
> S   현재분사   의미상 목적어   V
>
> The development (of the country) (10 years ago) / was excellent.
>   S   전치사구   부사구   V
> (10년 전 그 나라의 발전은)

01 The heavy rain of the area caused the river to overflow.

02 People living along the beach are familiar with swimming.

03 The man whom I invited to the party was looking for me.

04 The prime factor to be considered in education is our child.

05 My question, why she did it herself, was never answered.

06 A failure in knowing the difference makes a wrong policy.

07 The computer program we bought last summer is not cheap.

08 Egyptians conquered by Romans in 30 B.C. kept on worshipping gods.

09 The difference between the impossible and the possible lies in your mind.

10 The day when I met her parents for the first time was on Monday.

11 Young people learning a second language can achieve fluency easily.

12 The translating file from one language to another has been developed.

13 The process of introducing a new idea or object is known as innovation.

14 The actor suitable for Hamlet is very famous to all of us.

15 The creatures, which appeared on earth long before, are reptiles.

16 The reporter all of a sudden contacted me for an interview.

17 The obvious way we avoid the attack is to hide in the safe house.

18 The way to solve the problem, I think, is not easy and comfortable.

19 Another language, French, used in Canada made me sad and angry.

20 The information available last night is useless today.

정답 해설

01
overflow 흘러넘치다

01 The heavy rain (of the area) / caused the river to overflow.
　　　　　S　　　　　　　전치사구　　V
(그 지역의 폭우가)

02
familiar 친숙한, 익숙한

02 People living (along the beach) / are familiar with swimming.
　　　S └─현재분사　전치사구　　　　V
(해안을 따라 살고 있는 사람들은)

03
invite 초대하다
look for 찾다, 구하다

03 The man [whom I invited to the party] / was looking for me.
　　　S　　　　　관계사절　　　　　　　　V
(내가 파티에 초대했던 그 남자가)

04
prime 주요한
factor 요소

04 The prime factor to be considered (in education) / is our child.
　　　　　S　　└─ to부정사　　전치사구　　V
(교육에서 고려되는 주요한 요소는)

05 My question, [why she did it herself], / was never answered.
　　　S　　　　　삽입절　　　　　　　V
(왜 그녀가 스스로 그것을 했는지에 대한 내 질문은)

06
failure 실패
policy 정책

06 A failure (in knowing the difference) / makes a wrong policy.
　　S　　전치사 동명사　　의미상 목적어　　V
(차이를 아는 데 있어서 실패는)

07 The computer program [we bought last summer] / is not cheap.
　　　　　　S　　　　　　관계사절　　　　　V
(우리가 지난 여름에 샀던 컴퓨터 프로그램은)

08
conquer 정복하다
worship 숭배하다

08 Egyptians conquered (by Romans) (in 30 B.C.) / kept worshipping gods.
　　　S └─ 과거분사　전치사구　　전치사구　　V
(B.C. 30년 로마인들에 의해 정복된 이집트인들은)

09
lie in ~에 있다

09 The difference (between the impossible and the possible) / lies in your mind.
　　　S　　　　　　전치사구　　　　　　　V
(불가능한 것과 가능한 것들 사이의 차이점은)

10 The day [when I met her parents for the first time] / was on Monday.
　　　S　　　　　　관계사절　　　　　　　　V
(내가 그녀의 부모님을 처음 만난 그날은)

11
achieve 성취하다
fluency 유창함

11 Young people learning a second language] / can achieve fluency easily.
　　　S └─현재분사　의미상 목적어　　　v
(제2외국어를 배우는 젊은이들은)

12 The translating file (from one language) (to another) / has been developed.
       S   전치사구   전치사구   V
(한 언어에서 다른 언어로 번역하는 파일은)

13 The process (of introducing a new idea or object) / is known as innovation.
       S   전치사   동명사   의미상 목적어   V
(새로운 아이디어나 물건을 소개하는 과정은)

14 The actor suitable (for Hamlet) / is very famous to all of us.
      S   └형용사   전치사구   V
(햄릿에 적절한 배우는)

15 The creatures, [which appeared on earth long before], / are reptiles.
       S   삽입절   V
(오래전부터 지구상에 나타났던 생명체들은)

16 The reporter (all of a sudden) / contacted me for an interview.
      S   부사구   V
(갑자기 그 리포터는)

17 The obvious way [we avoid the attack] / is to hide in the safe house.
       S   관계사절   V
(우리가 공격을 피하는 분명한 방법은)

18 The way to solve the problem, [I think], / is not easy and comfortable.
    S └to부정사 의미상 목적어 삽입절   V
(그 문제를 해결하는 방법은)

19 Another language, (French), used (in Canada) / made me sad and angry.
      S   └삽입구┘과거분사 전치사구   V
(캐나다에서 사용되는 또 다른 언어인 프랑스어가)

20 The information available (last night) / is useless today.
      S └형용사 부사구   V
(어젯밤 이용 가능한 정보는)

12
translate 번역하다

13
process 과정
introduce 소개하다
innovation 혁신

14
suitable 알맞은, 적절한

15
reptile 파충류

16
all of a sudden 갑자기

17
obvious 분명한
hide 숨다; 숨기다

18
comfortable 편안함

20
available 이용가능한
useless 쓸모없는

부록

구문독해 ◆ 04 동사를 하나로 묶어라

01 have + (부사) + p.p

① 많은 선생님들은 수업시간에 대게 빔 프로젝터를 사용해왔다.

① Many teachers <u>have usually used</u> a beam projector in class.
                                   V

② 채식주의자들은 결코 고기나 닭을 먹지 않아왔다.

② Vegetarians <u>have never eaten</u> the meat and chicken.
                             V

02 be + (부사) + ⓥ-ing / ⓥ-ed

① 나는 늘 점심시간에 축구를 해왔다.

① I <u>was always playing</u> soccer during lunch.
               V

② 그는 지배자에 의해 진정으로 제한받았다.

② He <u>was really limited</u> by the ruler.
               V

03 have + (부사) + been + ⓥ-ing / ⓥ-ed

① 그는 경찰에 의해 체포되었다.

① He <u>has been arrested</u> by the police.
               V

② 가장 건조한 날들이 늘 계속되고 있다.

② The driest days <u>have always been continuing</u>.
                             V

04 조동사 + (부사) + 동사원형

① 그녀는 그 사실을 알았어야 했다.

① She <u>should have known</u> the fact.
               V

② 그 요리사는 당신을 건강하게 하는 데 도움을 줄 것이다.

② The chef <u>will help</u> you stay healthy.
               V

05 구동사(숙어동사)

그 고객은 관리자의 태도를 참을 수 없었다.

The client <u>could not put up with</u> the manager's attitude.
               V

확인학습 문제 4

다음 문장을 읽고 동사를 하나로 묶어 밑줄 긋고 우리말로 해석하세요.

01 The train has never arrived at the station.

02 Making a bad decision has accounted for this phenomenon.

03 Her novel has often been written by easy English.

04 He has rarely been using Internet for getting information.

05 The poor boy should take care of both his brother and sister.

정답 해설

01 The train <u>has never arrived</u> at the station. (결코 도착하지 않았다)

02 Making a bad decision <u>has accounted for</u> this phenomenon. (설명했다)

03 Her novel <u>has often been written by</u> easy English. (종종 쓰여져 왔다)

04 He <u>has rarely been using</u> Internet for getting information. (거의 사용하지 않는다)

05 The poor boy <u>should take care of</u> both his brother and sister. (돌봐야만 한다)

02
account for 설명하다

03
phenomenon 현상

05
take care of 돌보다

구문독해 ✦ 05 동사 뒤에 올 수 있는 모든 것들

01 동사 + [부사(구/절) / 전치사구]

① 나의 자동차가 멈췄다.

① My car stopped.

② 나의 자동차가 갑자기 멈췄다.

② My car stopped <u>suddenly</u>.
　　　　　　　　　　　부사

③ 나의 자동차가 고속도로에서 멈췄다.

③ My car stopped <u>on the highway</u>.
　　　　　　　　　　　　　전치사구

One Tip 1형식 구조

주어와 동사만으로 의미전달이 되는 경우 우리는 이러한 문장 구조를 흔히 1형식 문장 구조라고 합니다. 1형식 동사 뒤에는 주로 '시간, 장소, 방법' 등을 나타내는 전치사구나 부사(구)가 따라오지요. 자 이제부터 주어와 동사를 묶고 뒤에 나오는 전치사구나 부사(구)를 하나의 의미덩어리로 묶어 의미부여 하는 연습을 해봅시다. 단어만 알고 있으면 1형식 구조를 이해하는 것은 크게 어렵지 않아요. 그러므로 문법서에 나오는 1형식 동사를 외우셔야 해요. 시간이 되는 대로 계속 반복하세요. 독해에 큰 도움이 됩니다. 물론 그 동사들 이외에도 1형식 동사는 더 있답니다. 당황하지 말고 유연하게 '동사+전치 사구/부사(구)'구조에 익숙해지시면 됩니다.

✦ 확인학습 문제 5

다음 문장에서 주어와 동사를 표시하고 동사 앞에서 끊어 읽기 표시(/)하고 동사 뒤에 전치사구나 부사(구)를 각각 묶은 다음 동사와 그 다음 내용을 우리말로 해석하시오.

┌─ 보기 ─
| <u>The foreign students</u> / <u>lived</u> (in China) (for several years).
| S   V   전치사구   전치사구
| (여러 해 동안 중국에서 살았다)
└─

---

01 This machine works by remote control.

02 On the way home an earthquake happened on the street.

03 Many other hurricanes occur in the Atlantic Ocean.

04 A terrible car accident arose near my house last night.

05 People who are looking for herbs are always in the mountain.

06 A huge demonstration for peace lasted in 2021 in Myanmar.

07 The man can roll like waves on the ocean despite the worst condition.

08 Schools closed in several big cities when the war broke out early in this year.

09 The Korean national flag waved proudly in the wind at the award ceremony.

10 The Alpine Belt starts in Spain in the west, goes through the Himalayas, and ends in southeast Asia.

정답 해설

01 This machine / works (by remote control).
　　　 S 　　　 V 　　　전치사구
(리모컨으로 작동된다)

02 (On the way home) an earthquake / happened (on the street).
　　 전치사구 　　　　　 S 　　　　 V 　　　전치사구
(길 위에서 발생했다)

03 Many other hurricanes / occur (in the Atlantic Ocean).
　　　 S 　　　　　 V 　　　전치사구
(대서양에서 발생한다)

04 A terrible car accident / arose (near my house) (last night).
　　　 S 　　　　 V 　　 전치사구 　　 부사구
(어젯밤 우리집 근처에서 일어났다)

05 People [who are looking for herbs] / are always (in the mountain).
　 S 　　　 관계사절 　　　　 V 　 부사 　 전치사구
(늘 산에 있다)

06 A huge demonstration for peace / lasted (in 2021) (in Myanmar).
　　 S 　　　 전치사구 　 V 　 전치사구 　 전치사구
(미얀마에서 2021년에 지속됐다)

07 The man / can roll (like waves) (on the ocean) (despite the worst condition).
　 S 　 V 　 전치사구 　 전치사구 　　 전치사구
(최악의 조건에도 불구하고 바다위의 파도처럼 구를 수 있다)

08 Schools / closed (in several big cities) [when the war broke out early (in this year)].
　 S 　 V 　 전치사구 　 부사절 　 S 　 V 　 부사 　 전치사구
(몇몇 대도시에서 휴교를 했다 / 올해 초 발발했다)

09 The Korean national flag / waved proudly (in the wind) (at the award ceremony).
　　 S 　　　 V 　 부사 　 전치사구 　　 전치사구
(시상식에서 바람에 자랑스럽게 펄럭였다)

10 The Alpine Belt / starts (in Spain) (in the west), / goes (through the Himalayas), and /
　　 S 　　 V 　 전치사구 　 전치사구 　 V 　 전치사구 　 접속사

ends (in southeast Asia).
　 V 　 전치사구
(스페인 서쪽에서 시작하고 / 히말라야를 통해 가고 / 남동아시아에서 끝난다)

02 동사 + 보어 + [부사(구/절) / 전치사구]

① She became <u>a lawyer</u> (at age 28).
　　　　　　　C 　　　　전치사구

② He kept <u>silent</u> (during the meeting).
　　　　　　C 　　　　전치사구

③ My friend felt <u>lonely</u> [when he was in new school].
　　　　　　　　C 　　　　　　부사절(시간)

① 그녀는 28살에 변호사가 되었다.

② 그는 회의기간 동안 침묵했다.

③ 나의 친구는 그가 새로운 학교에 있었을 때 외로웠다.

부록

One Tip 2형식 구조

어떤 동사들은 주어를 보충해 주는 보어가 필요한데 이 문장 구조를 2형식 문장 구조라고 합니다. 이 때 보어 자리에는 형용사나 분사(현재분사/과거분사)가 주로 따라옵니다. 참고로 명사가 뒤에 오는 경우가 있는데 전체 2형식 문장 구조와 비교해 보면 그리 흔하지는 않아요. be, become, remain 정도가 뒤에 명사를 보어로 사용하고 be동사 뒤에 to ⓥ나 ⓥ-ing가 보어 역할을 하기도 합니다. 그 외의 동사는 모두 형용사가 보어 자리에 위치합니다. 여기서 주의해야 할 것은 2형식 동사의 해석 요령입니다. 다음처럼 해석하시면 돼요.

S + <u>2형식 동사</u> + 형용사
　 ↳ 해석 요령 : '이다, 하다, 되다, 지다'

그리고 문법서의 2형식 동사와 VC를 하나로 묶는 것을 계속 연습하세요. 의미가 팍팍 떠오르게 됩니다.

✦ 확인학습 문제 6

다음 문장에서 주어와 동사를 표시하고 동사 앞에서 끊어 읽기 표시(/)하고 동사와 보어를 하나로 묶어 우리말로 해석하시오.

보기

The employer / (kept silent) during the meeting. (침묵했다)
      S   V

---

01 We got late due to a heavy traffic.

02 She stayed sick all summer.

03 They became good friends all their lives.

04 My mother turned pale at the news.

05 Broken glasses lay scattered all over the road.

06 As the weather got cold, the leaves turned red.

07 His snoring grew louder, and I went angry from the noise.

08 That apple pie looked delicious, but it tasted terrible.

09 You felt nervous and your voice sounded strange yesterday.

10 His plan seemed brilliant but remained a failure.

01 We / (got late) due to a heavy traffic. (늦었다)
     S   V

02 She / (stayed sick) all summer. (아팠었다)
     S   V

03 They / (became good friends) all their lives. (좋은 친구가 되었다)
     S   V

04 My mother / (turned pale) at the news. (창백해졌다)
     S   V

05 Broken glasses / (lay scattered) all over the road. (흩어졌다)
     S   V

06 As the weather / (got cold), the leaves / (turned red). (추워졌다 / 빨개졌다)
     S   V   S   V

07 His snoring / (grew louder), and I / (went angry) from the noise. (더 시끄러워졌다 / 화났었다)
     S   V   S   V

08 That apple pie / (looked delicious), but it / (tasted terrible). (맛있어 보였다 / 맛이 끔찍했다)
     S   V   S   V

09 You / (felt nervous) and your voice / (sounded strange) yesterday. (초조해졌다 / 이상해졌다)
     S   V   S   V

10 His plan / (seemed brilliant) but / (remained a failure). (빛났다 / 실패였다)
     S   V   V

01
due to ~ 때문에
heavy traffic 교통 혼잡

04
pale 창백한

05
scatter 흩어지다, 흩어지게 하다

07
snore 코골다

09
nervous 초조한

10
brilliant 빛나는

03 동사 + 목적어 + [부사(구/절) / 전치사구]

① 나는 새 자전거를 위해 150달러를 저축했다.

② 그는 뉴욕에 있었을 때 그녀를 사랑했다.

③ 그녀는 성공을 위해서 그 어려움들을 견뎌냈다.

④ 그는 2년 전에 히말라야를 등반하기로 결심했다.

⑤ 그녀는 쉬는 시간에 만화책 읽기를 즐긴다.

⑥ 나는 영어 선생님이 잘생기고 멋지다고 생각한다.

⑦ 나는 남편이 집에 올지 안 올지 모른다.

① I saved 150 dollars (to buy a new bike).
　　　　　O　　　　　　　부사구

② He loved her [when he was in New York].
　　　　O　　　　부사절(시간)

③ She endured the difficulties (for a success).
　　　　　　O　　　　　　전치사구

④ He decided to climb the Himalayas (two years ago).
　　　　　O　　의미상 목적어　　　부사구

⑤ She enjoys reading a comic book (during a break time).
　　　　　O　　의미상 목적어　　　부사구

⑥ I think [that my English teacher is handsome and nice].
　　　　　　　　　　　O

⑦ I don't know [whether my husband will come home or not].
　　　　　　　　　　O

One Tip 3형식 구조 해석 요령

주어와 동사만으로는 의미전달이 안 되고 동사의 목적어(대상)가 있어야 의미가 통하는 문장 구조를 흔히 3형식 문장 구조라고 합니다. 이 경우에 목적어(대상) 자리에는 '명사, 대명사, to부정사, 동명사 그리고 명사절'이 올 수 있습니다. 또한 목적어가 명사일 때 명사 뒤에 올 수 있는 모든 것들이 올 수 있고 물론 목적어 뒤에 전치사구나 부사(구/절)가 올 수도 있고요. 목적어를 우리말로 바꿀 때에는 대체로 '을, 를(목적격 조사)'을 붙여서 해석하면 됩니다. 자, 이제부터 동사와 목적어를 하나의 의미덩어리로 묶어서 해석하는 연습을 해볼게요. 단어만 알고 있으면 3형식 문장 구조를 이해하는 것은 크게 어렵지 않아요.

Two Tips to부정사와 동명사 해석 요령

목적어 자리에 to부정사나 동명사가 위치할 때에는 앞에서도 공부했듯이 to부정사나 동명사의 딸린 어구[의미상 목적어/보어, 전치사구, 부사(구)를] 하나의 의미덩어리로 묶어서 의미부여를 하면 돼요. 물론 동사에 약간의 어미변화를 해주면 되는 거 아시죠?

• We hadn't planned to perform *Romeo and Juliet* on the stage.
  우리는 무대에서 <로미오와 줄리엣>을 공연할 계획이 없었다.

• People should consider visiting Europe when the pandemic ends.
  사람들은 대유행이 끝날 때 유럽 방문을 고려해야 한다.

Three Tips 명사절 해석 요령

목적어가 명사절인 경우 그 명사절을 하나의 의미 단위로 묶고 명사절을 이끄는 접속사에 의미부여해서 동사와 연결시키면 돼요. 이때 명사절을 이끄는 접속사는 **3**가지 유형이 있는데요. 그 하나는 **that**이고 또 하나는 **if/whether** 그리고 마지막으로 **wh-**의문사입니다. 각각의 접속사 해석요령은 다음과 같아요.

V + [(that) S + V~] → 'S + V~하는 것을'
V + [if/whether S + V~] → 'S + V~인지(아닌지)를'
V + [when S + V~] → 'S + V~하는 때를 또는 언제 S + V~하는지를'
V + [where S + V~] → 'S + V~하는 곳을 또는 어디서 S + V~하는지를'
V + [why S + V~] → 'S + V~하는 이유를 또는 왜 S + V~하는지를'
V + [how S + V~] → '어떻게 S + V~하는지를 또는 얼마나 S + V~하는지를'
V + [who S + V~] → 'S + V~가 누군지 또는 누가 S + V~하는지를'
V + [what S + V~] → 'S + V~하는 것을 또는 무엇이 S + V~하는지를'

- I don't know [(that) she left]. 나는 [그녀가 떠났다는 것을] 모른다.
- I don't know [if(whether) she left (or not)]. 나는 [그녀가 떠났는지 (아닌지를)] 모른다.
- I don't know [when she left]. 나는 [그녀가 언제 떠났는지를] 모른다.
- I don't know [where she left]. 나는 [그녀가 어디로 떠났는지를] 모른다.
- I don't know [why she left]. 나는 [그녀가 왜 떠났는지를] 모른다.
- I don't know [how she left]. 나는 [그녀가 어떻게 떠났는지를] 모른다.
- I don't know [who she is]. 나는 [그녀가 누군지를] 모른다.
- I don't know [what I want to do] 나는 [내가 하고 싶은 것을] 모른다.

04 동사 + 목적어 + 전치사구

provide / supply / furnish / present / endow A with B A에게 B를 주다[제공하다]

① He provided her with rice.

① 그는 그녀에게 쌀을 주었다.

② You must supply a user with the useful information.

② 당신은 사용자에게 유용한 정보를 제공해야 한다.

③ I want to furnish you with some examples to prove this.

③ 나는 당신에게 이것을 증명할 수 있는 몇몇 예를 주고 싶다.

④ We presented the older people with a medical service.

④ 우리는 노인들에게 의료 서비스를 제공했다.

rob / deprive / rid / ease / relieve A of B   A에게(서) B를 제거[박탈하다]
강탈하다   빼앗다   없애다 진정시키다   완화시키다

① 그 큰 남자가 나에게서 시계를 빼앗아 갔다.

② 그녀의 질병이 그녀에게서 대학에 갈 기회를 빼앗았다.

③ 나의 할머니는 거실에 있는 오래된 가구를 없앴다.

④ 이 약이 그녀의 두통을 진정시켜줄 것이다.

⑤ 그 새로운 비서가 우리의 몇몇 업무를 덜어주었다.

① The big man robbed me of my watch.

② Her illness deprived her of a chance to go to college.

③ My grandma rid the living room of the old furniture.

④ This medicine will ease her of her headache.

⑤ The new secretary relived us of some of the paperwork.

inform / remind / assure / convince / warn / accuse A of B   A에게B를... A를 B 때문에...
알리다   상기시키다 장담하다 확신시키다 경고하다 고발하다

① 그녀는 그녀의 고객에게 그 주소를 알려주었다.

② 그 사진이 그녀에게 아버지를 떠올리게 했다.

③ 그들은 그에게 자신들의 무죄를 장담했다.

④ 그는 그의 상사에게 자신의 능력을 확신시켜야만 한다.

⑤ 많은 의사들이 그에게 약물 남용을 경고했다.

⑥ 그 고객은 그 직원이 정직하지 않아서 고발했다.

① She informed her customer of its address.

② This picture reminded her of her father.

③ They assured him of their innocence.

④ He must convince his boss of his ability.

⑤ Many doctors warned him of drug abuse.

⑥ The customer accused the employee of his dishonest.

blame / punish / scold / praise / reward   A for B   A를 B 때문에(로) 비난/칭찬/보상하다
비난하다   벌하다   꾸짖다   칭찬하다 보상하다

① 그 철학자는 서구 나라들의 도덕적 해이를 비난했다.

② 그들은 그 범죄자가 올바르게 행동을 하지 않은 것 때문에 처벌하곤 했다.

③ 그 선생님은 그 학생의 게으름과 무례함을 꾸짖었다.

④ 그 사설은 정부관료의 투자를 칭찬했다.

⑤ 그들은 그녀의 노력을 현찰 보너스와 휴가로 보상했다.

① The philosopher blames Western countries for moral hazard.

② They used to punish the criminal for not behaving correctly.

③ The teacher scolded the student for his laziness and rudeness.

④ The column praised a government official for the investment.

⑤ They rewarded her efforts for a cash bonus and vacation

distinguish / discriminate / tell / know A from B A와 B를 구별하다[식별하다]

① They cannot distinguish him from his classmate.

② The program is to discriminate letters from numbers.

③ He can tell the right from the wrong.

④ Do you know my voice from his one?

① 그들은 그와 그의 학우를 구별할 수 없다.

② 그 프로그램은 문자와 숫자를 식별하는 것이다.

③ 그는 옳고 그름을 구별할 수 있다.

④ 당신은 내 목소리와 그의 목소리를 구별할 수 있나요?

부록

---

stop / keep / prevent / hinder / deter / discourage / prohibit A from B
A가 B하는 것을 막다[못하게 하다]

① They kept their kids from attending the club.

② The boss deterred the employee from smoking.

③ To prohibit them from entering the place is discrimination.

① 그들은 그들의 아이들이 그 클럽에 가입하는 것을 못하게 했다.

② 그 사장은 직원이 흡연하는 것을 못하게 했다.

③ 그들이 그 곳에 들어가지 못하는 것은 차별이다.

---

regard / see / view / look upon / think of / describe A as B A를 B로 여기다[간주하다]

① The businessman thought of himself as a successful leader.

② Some people looked upon going to a shopping mall as luxury.

③ Describing him as 'king of kings' was not a good judgement.

① 그 사업가는 자신을 성공한 리더라고 여겼다.

② 몇몇 사람들은 쇼핑몰에 가는 것을 사치라고 여겼다.

③ 그를 '왕중왕'으로 묘사하는 것은 좋은 판단이 아니었다.

---

attribute / ascribe / owe A to B A를 B탓으로 돌리다[A는 B 때문이다]
~의 탓으로 돌리다   ~덕분이다   빚지다

① He attributed(ascribed) his error to his wife.

② We owe our success to your guide and help.

① 그는 자신의 실수를 그의 아내 탓으로 돌렸다.

② 우리의 성공은 당신과 인내와 도움 때문[덕분]이다.

확인학습 문제 7

다음 문장을 읽고 동사와 목적어 + (전치사구)를 하나로 묶어 우리말로 해석하세요.

> **[보기]**
>
> Teenagers <u>have used</u> <u>smart phone</u> (in class). (교실에서 스마트폰을 사용했다)
>   V   O   전치사구
>
> They <u>discourage</u> <u>him</u> (from being an actor). (그가 배우가 되는 것을 막았다)
>   V   O   전치사구
>
> She <u>supplied</u> them <u>with</u> free samples. (그녀는 그들에게 무료 샘플을 제공했다)
>   V   A   B

01 Fruit peels contain essential vitamins.

02 The company endowed his clients with stock information.

03 I searched all my pockets but couldn't find my key.

04 My father refused to buy a pet cat for my sister.

05 You shouldn't have falsely accused an innocent person of a thief.

06 I wanted to earn some money so I got a part-time job.

07 We often think of death as an inevitable event.

08 The students will never forget helping the old and sick.

09 I should have said what had happened on my vacation to her.

10 The Greeks ascribed the moratorium to the recession.

11   He said that he felt cold and asked if windows were open.

12   She knew when the new price list would come out.

13   The teacher scolded his students for playing too many games.

14   Doctors found keeping your negative feelings inside could cause illness.

15   She postponed sending her secretary to New York.

16   The employer looks upon his employees as a working machine.

17   She determined to do the task to stand out among her friends.

18   He couldn't know if she was laughing or crying.

19   The manager hindered his staff from taking a break during the day.

20   We need to discuss whether we will return to Korea or not.

정답 해설

01
peel 껍질

01 Fruit peels <u>contain</u> essential <u>vitamins</u>.
　　　　　　　V　　　형용사　　　O
(필수적인 비타민을 포함한다)

02
stock 주식

02 The company <u>endowed</u> his clients <u>with</u> stock information.
　　　　　　　　　V　　　　A　　　　B
(그의 고객에게 주식정보를 제공했다)

03
search 찾다

03 I <u>searched</u> all my <u>pockets</u> but <u>couldn't find</u> my　<u>key</u>.
　　V　　　　　　O　　　　　V　　　　　O
(모든 나의 주머니를 뒤졌지만 나의 열쇠를 찾을 수 없었다)

04
refuse 거절하다

04 My father <u>refused</u> <u>to buy</u> a pet cat (for my sister).
　　　　　　V　　　O　　의미상 목적어　　　전치사구
(내 여동생을 위해서 애완 고양이를 사주는 것을 거절했다)

05
should have p.p. ~했어야 했다

05 You <u>shouldn't have falsely accused</u> an innocent person <u>of</u> a thief.
　　　　　　　　　V　　　　　　　　　　A　　　　　　　B
(무고한 사람을 도둑으로 잘못 고발해서는 안됐다)

06
earn 벌다

06 I <u>wanted</u> <u>to earn</u> some money so I <u>got</u> <u>a part-time job</u>.
　　V　　O　　의미상 목적어　　　V　　　O
(약간의 돈을 벌고 싶어서 아르바이트를 구했다)

07
inevitable 필연적인

07 We often <u>think of</u> death <u>as</u> an inevitable event.
　　　　　　V　　　A　　　　B
(죽음을 필연적인 사실로 여긴다)

08 The students <u>will never forget</u> helping the old and sick.
　　　　　　　　V　　　　　O　　　의미상 목적어
(노인들과 환자들을 도왔던 것을 결코 잊지 않을 것이다)

09 I <u>should have said</u> <u>what had happened</u> (on my vacation) (to her).
　　　　　V　　　　　　O　　　　전치사구　　　　전치사구
(내 휴가 때 그녀에게 일어났던 일을 말 하지 않았어야 했다)

10
recession 불황

10 The Greeks <u>ascribed</u> the moratorium <u>to</u> the recession.
　　　　　　　V　　　　A　　　　B
(모라토리엄을 불황 탓으로 돌렸다)

11 He <u>said</u> <u>that he felt cold</u> and <u>asked</u> <u>if windows were open</u>.
　　V　　O　S　V　　C　　　V　　O　S　V　　C
(그가 춥다고 말했고 창문이 열렸는지 물었다)

12 She <u>knew</u> [when the new price list would come out].
       V   O(명사절) S   V

(언제 새로운 가격표가 나왔는지 알았다)

13 The teacher <u>scolded</u> his students <u>for</u> playing too many games.
            V   A   B   의미상 목적어

(그의 학생들을 너무 많은 게임을 하는 것 때문에 꾸짖었다)

14 Doctors <u>found</u> [(that) keeping your negative feelings inside could cause illness].
         V O(명사절) S   의미상 목적어   부사   V   O

(내부에 있는 부정적인 감정을 유지하는 것은 질병을 초래할 수 있었다는 것을 알았다)

15 She postponed sending her secretary (to New York).
       V   O   의미상 목적어   전치사구

(그녀의 비서를 뉴욕으로 보내는 것을 연기했다)

16 The employer <u>looks upon</u> his employees <u>as</u> a working machine.
             V   A   B

(그의 근로자들을 일하는 기계로 여겼다)

17 She <u>determined to do</u> the task [to stand out (among her friends)].
       V   O 의미상 목적어   부사(구)   전치사구

(친구들 사이에 두드러져 보이려고 그 일을 하기로 결심했다)

18 He <u>couldn't know</u> [if she was laughing or crying](명사절 목적어).
         V   S   V

(그녀가 웃는 것인지 우는 것인지 알 수 없었다)

19 The manager <u>hindered</u> his staff <u>from</u> taking a break (during the day).
           V   A   B   전치사구

(그의 직원들이 하루 동안 휴식을 취하는 것을 못하게 했다)

20 We <u>need to discuss</u> [whether <u>we</u> <u>will return</u> (to Korea or not)].
      V   O 의미상 목적어 S   V   전치사구

(한국으로 돌아가야 할지 말아야 할지 토론해야 한다)

15
postpone 연기하다, 미루다
secretary 비서

17
determine 결정하다, 결심하다

18
if ~인지 아닌지

19
take a break 휴식하다

부록

05 주어 + 동사 + 사람(간접목적어) + 사물(직접목적어)

① 그 남자는 그의 친구에게 책 몇 권을 주었다.

② 그 운전자는 경찰관에게 운전면허증을 보여주었다.

③ 그 고객은 점원에게 10달러짜리 지폐를 건네주었다.

① The man gave his friend some books.
　　　　　　　　사람(간목)　　사물(직목)

② The driver showed the policeman his driver's license.
　　　　　　　　　　사람(간목)　　　　사물(직목)

③ The customer handed the clerk a ten-dollar bill.
　　　　　　　　　　사람(간목)　　　사물(직목)

참고 S + V + 사람 + 명사절(직접목적어)

4형식 구조에는 직접목적어 자리에 명사절이 위치할 수도 있어요. 다음 예문을 보면서 연습해 봅시다.

* Supporters informed the team that their cheering had been delayed.
　(지지자들은 그 팀에게 자신들의 응원을 미룰 것이라고 알렸다.)
* The ad reminds us that the information of the product is valuable.
　(그 광고는 우리에게 그 물건의 정보가 귀중하다는 것을 상기시켜 준다.)
* He asked me if(whether) I can delay our appointment date.
　(그는 내게 우리의 약속 날짜를 미룰 수 있는지 물었다.)
* Tell me what happened and show me how you dealt with it.
　(내게 무슨 일이 일어났는지 말해주고 어떻게 네가 그것을 다룰지 보여줘.)

One Tip 4형식 구조

give와 같이 기본의미가 '주다'인 동사(주다, 보여주다, 사주다, 만들어주다 등)는 '누구에게 무엇을 주었는지'가 있어야 말이 됩니다. 이런 문장 구조를 흔히 4형식 문장 구조라고 합니다. 이 경우에 간접목적어 자리에는 주로 '사람'이 직접목적어 자리에는 주로 '사물'이 옵니다. 해석 요령은 간접목적어(사람)는 '-에게'로 직접목적어(사물)는 '-을/를' 붙여 동사와 두 개의 목적어를 하나의 의미덩어리로 묶어서 해석하면 됩니다. 늘, 4형식 동사 다음 사람, 사물 구조에 익숙해지는 것이 중요합니다.

◆ 확인학습 문제 8

다음 문장을 읽고 동사와 두 개의 목적어를 하나로 묶어 우리말로 해석하세요.

> **보기**
>
> The lawyer <u>asked</u> <u>the witness</u> <u>a few questions</u>. (목격자에게 몇몇 질문을 했다)
>   V   O(사람)   O(사물)
>
> She <u>bought</u> <u>me</u> <u>an interesting story book</u>. (나에게 흥미로운 책을 사 주었다)
>   V O(사람)   O(사물)

01 Peter Smith made his daughter a beautiful dress.

02 Could you find my son a more interesting book?

03 My boss promised the workers a Christmas bonus.

04 This machine saved the farmers lots of effort and time.

05 The earthquake caused every individual great damage.

06 Kathy cooked her mother a special meal for her birthday.

07 My English teacher lent the student his own reading book.

08 He told his teacher he didn't steal anything that she possessed.

09 She assured her clients that everything possible was being done.

10 Many Americans send their lovers candies and flowers on Valentine's day.

정답 해설

01 Peter Smith <u>made</u> <u>his daughter</u> <u>a beautiful dress</u>.
      V   O(사람)   O(사물)
(그의 딸에게 아름다운 드레스를 만들어 주었다)

02 Could you <u>find</u> <u>my son</u> <u>a more interesting book</u>?
           V   O(사람)   O(사물)
(나의 아들에게 더 흥미로운 책을 찾아주시겠습니까?)

03 My boss <u>promised</u> <u>the workers</u> <u>a Christmas bonus</u>.
          V   O(사람)   O(사물)
(노동자들에게 크리스마스 보너스를 약속했다)

04
effort 노력

04 This machine <u>saved</u> <u>the farmers</u> <u>lots of effort and time</u>.
              V   O(사람)   O(사물)
(농부들에게 많은 노력과 시간을 절약해 주었다)

05
earthquake 지진

05 The earthquake <u>caused</u> <u>every individual</u> <u>great damage</u>.
                V   O(사람)   O(사물)
(모든 개개인에게 큰 피해를 초래했다)

06
meal 음식, 식사

06 Kathy <u>cooked</u> <u>her mother</u> <u>a special meal</u> (for her birthday).
         V   O(사람)   O(사물)   전치사구
(그녀의 엄마에게 생일날 특별한 음식을 요리해 주었다)

07 My English teacher <u>lent</u> <u>the student</u> <u>his own reading book</u>.
                  V   O(사람)   O(사물)
(그 학생에게 자신의 독서책을 빌려 주었다)

08
steal(—stole—stolen) 훔치다

08 He <u>told</u> <u>his teacher</u> (that) he didn't steal anything that she possessed.
       V   O(사람)   O(사물)
(그의 선생님에게 그녀가 소유했던 어떤 것도 자신이 훔치지 않았다고 말했다)

09 She <u>assured</u> <u>her clients</u> <u>that</u> everything possible was being done.
         V   O(사람)   O(사물)
(그녀의 고객들에게 가능한 한 모든 것을 하겠다는 것을 분명히 했다)

10 Many Americans <u>send</u> <u>their lovers</u> <u>candies and flowers</u> (on Valentine's day).
                V   O(사람)   O(사물)   전치사구
(밸런타인데이에 그들의 연인들에게 사탕과 꽃을 보낸다)

06 주어 + 동사 + 목적어 + 목적격 보어

① People elected <u>him</u> <u>president</u>.
　　　　　　　　　O　　　O.C

② The girl made <u>her father</u> <u>happy</u>.
　　　　　　　　　O　　　　O.C

③ I want <u>you</u> <u>to find</u> me a job.
　　　　　　O　　　O.C

④ This always made <u>me</u> <u>get</u> angry.
　　　　　　　　　　O　　O.C

⑤ He watched <u>her</u> <u>stealing</u> something.
　　　　　　　　O　　　O.C

⑥ Please keep <u>the land</u> <u>undeveloped</u>.
　　　　　　　　O　　　　O.C

One Tip 5형식 구조

　주어와 동사 그리고 목적어만으로는 의미전달이 안되고 목적어를 보충·부연하는 말(목적격 보어)이 있어야 의미가 통하는 문장 구조를 흔히 5형식 문장 구조라고 합니다. 이때 목적격 보어 자리에는 여러 가지 형태의 내용들이 나올 수 있는데 차근차근 하나씩 짚어보도록 할 거고요, 또한 각 형태별로 어떻게 해석해야 하는지 그 해석 요령도 함께 공부해 보겠습니다. 여기서 중요한 점은 5형식 구조는 S + V보다는 목적어 + 목적격 보어에 더 집중(목적어 + 목적격 보어가 더 중요한 정보입니다.)해야 한다는 거예요. 이 점에 주의해서 글을 읽는 연습을 꾸준히 해야 합니다.

1 목적격 보어 자리에 명사가 오는 경우

목적격 보어 자리에 명사가 오는 5형식 구조의 해석 요령은 '목적어를 목적격 보어로 ⓥ하다' 정도로 해석하시면 돼요.

① They called me Terius.

② The members appointed him president of the club.

One Tip 목적격 보어 자리에 명사를 사용하는 5형식 동사

call 부르다	name 이름 짓다
elect 선출하다	appoint 임명하다
make 만들다, 하게 하다	consider 여기다, 생각하다
keep 유지하다, 지키다	address 부르다
find 알다	

부
록

① 사람들은 그를 대통령으로 선출했다.

② 그 소녀는 그의 아빠를 행복하게 했다.

③ 나는 당신이 나에게 일자리를 찾아주기를 원한다.

④ 이것이 늘 나를 화나게 했다.

⑤ 그는 그녀가 무언가를 훔치는 것을 보았다.

⑥ 제발 그 땅이 개발되지 않게 해 주세요.

① 그들은 나를 테리우스라고 불렀다.

② 회원들은 그를 클럽 의장으로 임명했다.

2 목적격 보어 자리에 형용사가 오는 경우

목적격 보어 자리에 형용사가 오는 5형식 구조의 해석 요령은 '목적어가(를) 목적격 보어하게' 정도로 해석하면 돼요.

① 당신은 어린아이를 홀로 남겨두면 안 된다.

① You must not leave the little child alone.

② 당신은 이 머리스타일이 아름답다고 생각하나요?

② Do you consider this hair style wonderful?

One Tip 목적격 보어 자리에 형용사를 사용하는 5형식 동사

make 만들다, 하게 하다	find 알다
keep 유지하다, 지키다	leave 남겨두다
consider 여기다, 생각하다	get 하게 하다, 시키다
drive 몰다, 하게 하다	

3 목적격 보어 자리에 to ⓥ가 오는 경우

목적격 보어 자리에 to ⓥ가 오는 5형식 구조의 해석 요령은 '목적어에게(를) 목적격 보어할 것을 (하라고, 하도록) ⓥ하게 하다(시키다)' 정도로 하시면 돼요.

① 경찰관은 그 여자에게 천천히 운전하라고 지시했다.

① The police officer told the woman to drive slowly.

② 그 의사는 내가 병원에서 퇴원할 것을 허락했다.

② The doctor allowed me to leave the hospital.

③ 그 감독은 선수들에게 운동장에서 능동적일 것을 요청했다.

③ The coach asked the players to be active in the field.

④ 그 선생님은 그의 학생들이 열심히 공부할 것을 강요했다.

④ The teacher forced his students to study hard.

One Tip 목적격 보어 자리에 to ⓥ를 사용하는 5형식 동사

명령 · 지시 동사	tell, instruct(지시하다), order(명령하다), command(명령하다)
소망 · 기대 동사	want, like, expect(기대하다), long for(갈망하다)
허락 · 금지 동사	allow, permit(허락하다), forbid(금지하다)
강요(~하게 하다) 동사	force, get, cause, compel, impel, drive, lead, oblige(의무적으로 …하게 하다)
요구 · 요청 동사	ask, beg, require(요구하다)
설득 · 격려 동사	persuade, induce(설득하다), advise(충고하다), encourage, inspire(격려하다), enable(~할 수 있게 하다)
인지 동사	perceive(감지하다), consider(여기다, 간주하다), think, believe

4 목적격 보어 자리에 원형부정사(ⓥ) 또는 현재분사(ⓥ-ing)가 오는 경우

목적격 보어 자리에 원형부정사나 ⓥ-ing가 오는 5형식 구조의 해석 요령은 '목적어가 목적격 보어하게 시키다(하게 하다) 또는 지각하다' 정도로 해석하시면 돼요.

① She made her husband repair the kitchen sink.

② The police noticed him enter the bank in a hurry.

③ This book will help (you) (to) understand English grammar.

One Tip S + V + O + **원형부정사**/ⓥ-ing

❶ <u>사역동사</u> + O + 원형부정사(to 없는 부정사)
have, make, let

❷ <u>지각동사</u> + O + 원형부정사(to 없는 부정사) / ⓥ-ing
see, watch, hear, listen to, notice, observe

❸ help + (O) + ┌ to ⓥ(BrE)
             └ ⓥ(AmE)

5 목적격 보어 자리에 과거분사가 오는 경우

목적격 보어 자리에 과거분사가 오는 5형식 구조의 해석 요령은 '목적어가 목적격 보어되다(당하다→수동 느낌)' 정도로 해석하시면 돼요.

① I wanted the problem solved at the same time.

② Some of the customers left their meal untouched.

① 그녀는 그녀의 남편에게 부엌 싱크대를 고치게 했다.

② 경찰은 그가 서둘러서 은행에 들어가는 것을 보았다.

③ 이 책이 (당신이) 영문법을 이해하는 데 도움을 줄 것이다.

부록

① 나는 그 문제가 동시에 해결되기를 원했다.

② 몇몇 고객들은 음식을 손도 대지 않았다.

✦ 확인학습 문제 9

다음 문장에서 동사와 목적어 + 목적격 보어를 하나로 묶어 우리말로 해석하세요.

보기

He <u>asked</u> <u>the witness</u> <u>to describe her</u>. (목격자에게 그녀를 묘사할 것을 요청했다)
     V   O   O.C

He <u>considered</u> <u>himself</u> <u>an expert</u> (on the subject). (자신을 그 주제의 전문가라고 여겼다)
     V   O   O.C   전치사구

01 I found the weather cold in that country.

02 He will make the project a success.

03 Stress from work drove me crazy.

04 He advised me to accept the offer.

05 What caused you to change your mind?

06 The noise from the party kept all my family awake all night.

07 As the farmland decreased, people found their food supply a great problem.

08 Again and again I have warned you not to arrive late.

09 The teacher encouraged Jack to study abroad.

10 The great hardness of a diamond makes it one of the most important materials.

11 The short skirt made Susan look young.

12 He suddenly observed someone pull her by the elbows.

13 What makes your teacher respected by all the students?

14 This blueprint will help you build your own house.

15 She felt something burning and saw smoke rising from the stove.

정답 해설

01 I found the weather cold (in that country).
　　 V　　 O　　 O.C　　 전치사구
(그 나라의 날씨가 춥다는 것을 알았다)

02 He will make the project a success.
　　　 V　　　 O　　 O.C
(그 프로젝트를 성공하게 만들 것이다)

03 Stress from work drove me crazy.
　　　　　　　　　 V　　 O　 O.C
(나를 미치게 했다)

04 He advised me to accept the offer.
　　　 V　　 O　　 O.C　 의미상 목적어
(나에게 그 제안을 받아들이라고 충고했다)

04
accept 받아들이다

05 What caused you to change your mind?
　　　　 V　　 O　　 O.C　 의미상 목적어
(당신이 당신의 마음을 바꾸게 했는가?)

06 The noise from the party kept all my family awake (all night).
　　　　　　　　　　　　　 V　　 O　　　 O.C　 부사구
(나의 모든 가족을 밤새도록 깨어있게 했다)

07 As the farmland decreased, people found their food supply a great problem.
　　　　　　　　　　　　　　　　　 V　　 O　　　　 O.C
(그들의 음식 공급이 큰 문제라는 것을 알았다)

07
decrease 감소하다
supply 공급(하다)

08 Again and again I have warned you not to arrive late.
　　　　　　　　　　 V　　 O　　 O.C　 부사
(당신이 늦게 오지 않을 것을 경고했다)

08
warn 경고하다

09 The teacher encouraged Jack to study abroad.
　　　　　　 V　　　 O　　 O.C　 부사
(그 선생님은 잭이 해외에서 공부하도록 격려했다)

09
abroad 해외에서

10 The great hardness of a diamond makes it one (of the most important materials).
　　　　　　　　　　　　　　　　 V　 O O.C　　　 전치사구
(이것을 가장 중요한 물질 중 하나로 만든다)

10
material 물질

11 The short skirt had Susan look young.
　　　　　　　 V　　 O　　 O.C 의미상 보어
(수잔을 젊어 보이게 했다)

12 He suddenly <u>observed</u> <u>someone</u> <u>pull</u> her (by the elbows).
                       V   O   O.C 의미상   전치사구
                                             목적어
(누군가가 그녀의 팔꿈치를 잡는 것을 관찰했다)

13 What <u>makes</u> <u>your teacher</u> <u>respected</u> (by all the students)?
           V   O   O.C   전치사구
(당신의 선생님을 모든 학생들이 존경하게 하는가?)

14 This blueprint <u>will help</u> <u>you</u> <u>build</u> your own house.
                   V   O   O.C   의미상 목적어
(당신에게 당신 자신의 집을 짓는 데 도움을 줄 것이다)

15 She <u>felt</u> <u>something</u> <u>burning</u> and <u>saw</u> <u>smoke</u> <u>rising</u> (from the stove).
        V   O   O.C   V   O   O.C   전치사구
(무엇인가가 타는 것을 느꼈고 가스레인지에서 연기가 올라가는 것을 보았다)

구문독해 ✦ 06 연결고리

01 병렬구조

① He has a <u>notebook</u> and a <u>book</u>. (명사)

② My English teacher is <u>handsome</u> and <u>nice</u>. (형용사)

③ The doctor's records must be kept <u>easily</u> and <u>safely</u>. (부사)

④ The bus <u>leaves</u> at 9 o'clock and <u>arrives</u> at 10 o'clock. (동사)

⑤ They warned us <u>to stay</u> quiet or <u>to leave</u>. (부정사)

⑥ I don't like sports. I prefer <u>reading</u> or <u>watching</u> movies. (동명사)

⑦ You can find some pencils <u>on the desk</u> or <u>in the box</u>. (전치사구)

⑧ <u>He is rich</u> but <u>I'm poor</u>. (절)

⑨ <u>She is beautiful</u> so <u>she is popular</u>. (절)

① 그는 공책과 책을 가지고 있다.

② 내 영어 선생님은 잘생기고 친절하다.

③ 의사의 (진료) 기록은 쉽고 안전하게 보관되어야만 한다.

④ 그 버스는 9시에 출발해서 10시에 도착한다.

⑤ 그들은 우리에게 조용히 있다가 가라고 경고했다.

⑥ 나는 운동이 싫다. 나는 독서나 영화 감상을 선호한다.

⑦ 당신은 연필 몇 자루를 책상 위나 상자 안에서 찾을 수 있다.

⑧ 그는 부유하지만 나는 가난하다.

⑨ 그녀는 예쁘다 그래서 그녀는 인기가 있다.

One Tip 병렬구조

대등접속사(and, or, but, so)를 기준으로 동일한 문법 구조가 나열되는 것을 병렬 구조라 해요.

Two Tips 병렬구조의 확장

A, B		C
A, B, C	and, or	D
A, B, C, D		E

❶ 우선 and, or 다음에 어떤 형태의 문법 요소가 있는지 확인하세요.
❷ 앞에 comma(,)가 있으면 마찬가지로 comma(,) 다음에 어떤 문법 요소가 있는지 확인해서 병렬의 시작점(A)을 찾으세요.
❸ 그리고 그 (A)를 찾았으면 (A)가 무엇과 연결됐는지 확인하시면 돼요.

• He likes to hike, to swim **and** to jog.
  그는 하이킹, 수영 그리고 조깅을 좋아한다.

• She must think, talk **and** explain the problem to her parents.
  그녀는 부모님에게 그 문제를 말하고 설명해야 한다.

• He loves hiking, swimming, jogging, fishing **and** shopping.
  그는 하이킹, 수영, 조깅, 낚시 그리고 쇼핑을 사랑한다.

확인학습 문제 10

다음 문장을 읽고 병렬의 짝을 찾아 밑줄을 그으시오.

01 He discussed the problem with his classmates and acquaintances.

02 Hunters could survive by catching some insects or picking up fruit.

03 He liked to play tennis, to make cakes and to swim in the pool.

04 To hear, speak, and write English, we need constant practice.

05 There are meetings in the morning, in the afternoon, in the evening and at night.

06 Jane is young, enthusiastic, sincere, candid and talented.

07 We learned what to do, when to start, where to go or how to make.

08 Because of global warming, cods, squids, tunas, skates and other sea creatures will disappear.

09 She went on winning contest and singing on concert tours so she became a world-famous solo singer.

10 The man went to the library, turned to page 720 and saw the list of the greatest baseball players.

정답 해설

01 대등접속사 and를 기준으로 명사 classmates와 acquaintances가 병렬을 이룬다.
[해석] 그는 학우들과 지인들과 함께 그 문제를 토의했다.

02 대등접속사 or를 기준으로 동명사 catching과 picking이 병렬을 이룬다.
[해석] 사냥꾼들은 곤충을 잡고 과일을 채집해서 살아남을 수 있었다.

03 대등접속사 and를 기준으로 부정사 to play, to make와 to swim이 병렬을 이룬다.
[해석] 그는 테니스를 치고, 케이크를 만들고 풀장에서 수영하는 것을 좋아했다.

04 대등접속사 and를 기준으로 to다음 동사원형 hear, speak와 write가 병렬을 이룬다.
[해석] 영어를 듣고, 말하고 쓰기 위해서 우리는 지속적인 훈련이 필요하다.

05 대등접속사 and를 기준으로 전치사구 in the morning, in the afternoon, in the evening 그리고 at night이 병렬을 이룬다.
[해석] 아침에도 점심에도 저녁에도 그리고 밤에도 회의가 있다.

06 대등접속사 and를 기준으로 형용사 young, enthusiastic, sincere, candid와 talented가 병렬을 이룬다.
[해석] Jane은 젊고 열정적이고 진실되고 솔직하고 그리고 재능이 있다.

07 대등접속사 or를 기준으로 의문사 + to부정사 what to do, when to start와 how to make가 병렬을 이룬다.
[해석] 우리는 무엇을 해야 할지, 언제 시작할지, 어디로 가야할지 그리고 어떻게 해야 할지를 배웠다.

08 대등접속사 and를 기준으로 명사 cods, squids, tunas, skates와 other sea creatures가 병렬을 이룬다.
[해석] 지구 온난화 때문에 대구, 오징어, 참치, 홍어 그리고 다른 바다 생물들이 사라질 것이다.

09 대등접속사 and를 기준으로 동명사 winning과 singing이 병렬을 이루고 또한 대등접속사 so를 기준으로 주어 + 동사 she went와 she became이 병렬을 이룬다.
[해석] 그녀는 계속해서 대회에서 승리하고 콘서트에서 노래를 해서 결국 그녀는 세계적으로 유명한 솔로 가수가 되었다.

10 대등접속사 and를 기준으로 과거동사 went, turned와 saw는 병렬을 이룬다.
[해석] 그 남자는 도서관으로 가서, 720쪽을 찾아 가장 위대한 야구선수의 명단을 보았다.

01
acquaintance 지인, 아는 사람

02
insect 곤충

03
constant 지속적인

06
enthusiastic 열정적인
sincere 진실된
candid 솔직한

08
cod (물고기) 대구
squid 오징어
skate 홍어
creature 생물, 생명체

부록

02 상관접속사 병렬

① 그는 그녀가 요리하는 것을 도왔을 뿐만 아니라 접시도 닦아 줬다.

② 그녀는 그 책임을 지든지 이 회사를 떠나든지 해야 한다.

③ 이 소설은 재미도 없고 교훈도 없다.

④ 그는 이론과 실행 둘 다에 경험이 많다.

⑤ 그가 했던 말과 그가 했던 행동에는 큰 차이가 있다.

⑥ 당신이 아니라 나를 그녀가 정말 좋아한다.

⑦ 그는 더이상 어린아이가 아니라 다 큰 어른이다.

⑧ 그녀가 일을 관둔 이유는 그녀가 원해서가 아니라 강요받아서였다.

⑨ 그 생물은 육식도 초식도 아닌 잡식성이다.
carnivorous 육식(성)의
herbivorous 초식(성)의
omnivorous 잡식(성)의

① He <u>not only</u> helped her cook <u>but (also)</u> did the dishes.

② She should <u>either</u> take the responsibility <u>or</u> leave the company.

③ This novel is <u>neither</u> interesting <u>nor</u> informative.

④ He is experienced <u>both</u> in theory <u>and</u> in practice.

⑤ There is much difference <u>between</u> what he said <u>and</u> what he did.

⑥ It is <u>not</u> you <u>but</u> me that she really cares for.

⑦ He is <u>no longer</u> a child <u>but</u> an adult.

⑧ She quit her job <u>not because</u> she wanted <u>but (because)</u> she was forced.

⑨ The creature is <u>neither</u> carnivorous <u>nor</u> herbivorous <u>but</u> omnivorous.

One Tip 상관접속사 병렬

둘 이상의 단어가 항상 커플로 다니며 연결어의 역할을 하는 상관접속사는 접속사의 짝이 동일한 문법 구조를 갖추고 있어야 합니다.

❶ not only A but (also) B   A뿐만 아니라 B 역시
❷ either A or B   A, B 둘 중 하나
❸ neither A nor B   A, B 둘 다 아니다
❹ both A and B   A, B 둘 다
❺ between A and B   A와 B 사이에서
❻ not A but B   A가 아니라 B다
❼ no longer A but B   더 이상 A가 아니라 B다
❽ not because A but (because) B   A 때문이 아니라 B 때문이다
❾ neither A nor B but C   A도 B도 아닌 C이다.

✦ **확인학습 문제 11**

다음 문장을 읽고 병렬의 짝을 찾아 밑줄을 그으시오.

01 The author's last name is either Raymond or Rachel.

02 Both the winner and the loser were satisfied with the game.

03 He not only read the book, but remembered what he had read.

04 He was able to go towards neither East nor West but South.

05 Cosmetic surgery is no longer a luxury but an investment for a better life.

정답 해설

01 상관접속사 either A or B를 기준으로 Raymond와 Rachel이 서로 병렬을 이룬다.
[해석] 그 작가의 성은 Raymond가 아니면 Rachel 둘 중에 하나이다.

02 상관접속사 both A and B를 기준으로 the winner와 the loser가 서로 병렬을 이룬다.
[해석] 승자와 패자 둘 모두 그 경기에 만족했다.

03 상관접속사 not only A but (also) B를 기준으로 과거동사 read와 remembered가 서로 병렬을 이룬다.
[해석] 그는 책을 읽었을 뿐만 아니라 그가 읽었던 것을 기억했다.

04 상관접속사 neither A nor B but C를 기준으로 East, West 그리고 South가 서로 병렬을 이룬다.
[해석] 그는 동쪽도 서쪽도 아닌 남쪽으로 향할 수 있었다.

05 상관접속사 no longer A but B를 기준으로 luxury와 investment가 서로 병렬을 이룬다.
[해석] 성형수술은 더이상 사치가 아니라 더 나은 삶을 위한 투자이다.

01
author 작가
last name 성(씨)

04
towards ~를 향하여

05
cosmetic surgery 성형수술
luxury 사치
investment 투자

김세현

주요 약력
- 현 박문각 공무원 영어 온라인, 오프라인 교수
- Eastern Michigan University 대학원 졸
- TESOL(영어교수법) 전공
- 전 EBS 영어 강사
- 전 Megastudy/Etoos/Skyedu 영어 강사
- 전 에듀윌 영어 강사

주요 저서
종합서
- 박문각 공무원 김세현 영어 All In One 기본서
- 박문각 공무원 김세현 영어 All In One VOCA
- 박문각 공무원 김세현 영어 문법 줄세우기
- 박문각 공무원 김세현 영어 단원별 기출문제
- 박문각 공무원 김세현 영어 실전 400제
- EBS 완전 소중한 영문법
- EBS 이것이 진짜 리딩스킬이다

역서
- Longman 출판사 Reading Power 번역
- Longman 출판서 TOEIC/TOEFL 번역

김세현 영어 ✧✦ All In One

초판 발행 | 2024. 7. 10.   **2쇄 발행** | 2024. 10. 10.   **편저** | 김세현
발행인 | 박 용   **발행처** | (주)박문각출판   **등록** | 2015년 4월 29일 제2019-000137호
주소 | 06654 서울시 서초구 효령로 283 서경 B/D 4층   **팩스** | (02)584-2927
전화 | 교재 문의 (02)6466-7202

저자와의
협의하에
인지생략

정가 33,000원
ISBN 979-11-7262-043-1